Julius Wolff

Der Raubgraf

Eine Geschichte aus dem Harzgau

Julius Wolff

Der Raubgraf
Eine Geschichte aus dem Harzgau

ISBN/EAN: 9783742894151

Hergestellt in Europa, USA, Kanada, Australien, Japan

Cover: Foto ©ninafisch / pixelio.de

Manufactured and distributed by brebook publishing software
(www.brebook.com)

Julius Wolff

Der Raubgraf

Grote'sche Sammlung

· von

Werken zeitgenössischer Schriftsteller.

Zwanzigster Band.

———◆———

Julius Wolff, Der Raubgraf.

Der Raubgraf.

Eine Geschichte aus dem Harzgau

von

Julius Wolff.

Achtundzwanzigstes Tausend.

Berlin,

G. Grote'sche Verlagsbuchhandlung.

1891.

Druck von Fiſcher & Wittig in Leipzig.

Der Raubgraf.

—◆◆◆—

Erstes Kapitel.

———•———

Auf einem Felſen hoch über der Stadt Quedlinburg im alten Harzgau ſteht eine Kaiſerpfalz, die ſchaut rundum in das blühende, fruchtbare Land vom fernblauenden Hackelforſt und vom Huywald im Norden bis zu dem langhingeſtreckten Kamme des Gebirges, der den Blick im Süden begrenzt.

Die ragende Burg iſt die Schöpfung und zugleich das erinnerungsreiche Grabmal König Heinrichs des Städtegründers, des Vogelſtellers und ſeiner Gemahlin Mathilde aus des alten Sachſenhäuptlings Wittekind Geſchlecht. Wie ſie beide dort oben gehauſt, ſo ruhen ſie auch beide dort in der ſchönen Krypta der Schloßkirche und mit ihnen ihre Enkelin Mathilde, des großen Otto's rühmliche Tochter.

Bedeutende Menſchen und denkwürdige Tage hat dieſes Schloß geſehen. Die Kaiſer ſächſiſchen und fränkiſchen Stammes und auch die Hohenſtaufen nahmen hier oft langen Aufenthalt und hielten Reichstage und glänzende Hoftage. Mehr als einmal haben auch königliche Frauen von hier aus das Deutſche Reich regiert, ſo die Kaiſerin Adelheid, ferner die geiſtvolle Theophano und endlich Mathilde, die als Reichsverweſerin für ihren nach Italien gezogenen Neffen Otto III. im nahen Derenburg ſogar einmal einen Reichstag hielt.

Julius Wolff, der Raubgraf.   1

Diese jüngere Mathilde, die dort oben in der Krypta schlummernde Tochter Kaiser Otto's I., war die erste Äbtissin des freiweltlichen Frauenstiftes, das König Heinrich hier errichtete und das er und seine Nachfolger mit einer Fülle von hoheitlichen Rechten ausstatteten, wie sie kein zweites geistliches oder weltliches Stift im heiligen Römischen Reiche besessen hat. Für Töchter aus Herrscher= und vornehmen Adelsfamilien bestimmt und an keine Ordensregel gebunden, stand es unmittelbar unter dem Kaiser. Die aus der freien Wahl der Conventualinnen hervorgehende Äbtissin hatte den Rang eines Reichs=fürsten, hatte Sitz und Stimme auf der rheinischen Prälaten=bank des Reichstages zu Regensburg, und kein Herzog oder Graf hatte irgend welche Gewalt in ihrem Gebiet, als einzig der von ihr eingesetzte Schirmvogt.

In dem Zeitraume von vier Jahrhunderten, die seit seiner Gründung vergangen waren, hatte das Stift an Land und Leuten stetig zugenommen, und als unter Kaiser Ludwig dem Bayer die fünfzehnte Äbtissin, Jutta von Kranichfeld aus Thüringischem Grafenhause, im Schlosse zu Quedlinburg den goldgefaßten Krummstab führte, gebot sie über einen sehr an=sehnlichen Besitz, zu dessen Schutz und Schirm sie eines starken männlichen Armes bedurfte.

Ein solcher fehlte ihr auch keineswegs. Seit zwei Menschenaltern waren Schutzvögte des Stiftes die Grafen von Regenstein, die schon eine fürstliche, auf eigenem Erb=gut und beträchtlichen Lehen ruhende Macht besaßen und deren Stammsitz, eine gewaltige Bergfeste, sich fast im Mittelpunkte des großen Harzgaues erhob.

Innerhalb der Grenzen dieses Gaues, d. h. zwischen Oker und Bode im Westen und Osten und zwischen dem Kamme des Gebirges im Süden und der großen Niederung,

die sich von Aschersleben bis Börßum zieht, im Norden, lag
außer der Grafschaft Regenstein und dem Stifte Quedlinburg
auch das von Karl dem Großen gegründete Bisthum Halber=
stadt mit den ihm untergebenen Bezirken, ferner die Herr=
schaft der Grafen von Blankenburg, einer losgelösten Seiten=
linie des Regenstein'schen Gesammthauses, das kleine Gebiet
der Grafen von Wernigerode und endlich ein schmaler Streifen
des Fürstenthums Anhalt in der Gegend von Wegeleben.

Die Hauptmachthaber im Gau, der regierende Graf von
Regenstein, die Äbtissin von Quedlinburg und der Bischof
von Halberstadt, waren alle drei in ihren Ämtern und
Würden noch ziemlich neu.

Graf Albrecht II. von Regenstein war als ein Mann
Anfangs der Dreißiger und als der älteste sechs noch lebender
Brüder seinem Vater Ulrich erst vor ein paar Jahren in der
Regierung gefolgt.

Nicht lange danach hatte die Gräfin Jutta von Kranich=
feld den erledigten Stuhl der Äbtissin bestiegen, jedoch ohne
den Wunsch, zeitlebens darauf sitzen zu bleiben.

Und um dieselbe Zeit war auch der Bischof gleichen
Namens wie der Graf, Albrecht II., Bruder des Herzogs
von Braunschweig=Wolfenbüttel, nach langen Streitigkeiten
im Domkapitel gewählt, hatte auch das bischöfliche Regiment
in seiner Diöcese sofort übernommen, war aber von dem in
Avignon residirenden Papst Johann XXII. nicht bestätigt, weil
man sich dort nur einer geringen Fügsamkeit zu ihm versah.

Der herrschsüchtige Prälat wußte jedoch die Bischofs=
weihe auch ohne den päpstlichen Segen zu erlangen. Der
Erzbischof Matthias von Mainz hatte sich endlich bereit erklärt,
ihm dieselbe im Dome zu Halberstadt zu ertheilen, und auf dem
Schlosse Heinrichs des Voglers war ein Schreiben eingetroffen,

welches die Äbtissin und das ganze Kapitel des weltlichen Gotteshauses zu Quedlinburg zur Inthronisation des Bischofs feierlich einlud.

Die Fürstin schwankte, ob sie die Einladung annehmen sollte oder nicht, denn Manches sprach dafür und Manches dagegen. Nicht allein die Pflicht der Höflichkeit, sondern auch Rücksichten der Staatskunst geboten der Äbtissin, der Consecration mit ihren Dignitarien beizuwohnen, allein sie fürchtete ihrer reichsunmittelbaren Hoheit etwas zu vergeben, wenn sie zur Verherrlichung, gleichsam im Gefolge des trutzigen Nachbars erschien, der ohnehin schon nach einem ihm nicht zukommenden Übergewicht strebte. Schon aus früherer Zeit, wo sie beide Jahre lang an demselben Fürstenhofe gelebt hatten, kannte sie seinen hochfahrenden und begehrlichen Sinn, und diese Erinnerungen trugen sehr dazu bei, der Äbtissin die Entscheidung über Annahme oder Ablehnung der Einladung zu erschweren. Die Zwei, mit denen sie in ihrem Wohngemach darüber zu Rathe saß, die Pröpstin Kunigunde von Woldenberg und der Stiftshauptmann Willekin von Herr=testorf, der als Kanzler ihren weltlichen Geschäften und Rechtssachen vorstand, waren beide für die Annahme.

„Bedenket wohl, gnädigste Frau," sprach der Stifts=hauptmann, ein untersetzter Herr mit ausdrucksvollem Gesicht und schon stark ergrautem Haar, „bedenket wohl, daß der hochwürdigste Bischof es übel vermerken würde, wenn Ihr nicht kämet! Ist er doch vor Jahr und Tag zu Euch ge=kommen, als Ihr das Kreuz mit der Reliquie des heiligen Servatius zum ersten Male vor versammeltem Volk auf öffentlichem Markte truget."

Die Äbtissin sah den Stiftshauptmann mit großen Augen an und sagte: „Glaubt Ihr wirklich, der Bischof

hätte uns nur geladen, um uns seine Lieb' und Freund=
schaft zu beweisen?"

„Welchen andern Grund könnte er haben, Fürstin?"

„Denselben, Herr Stiftshauptmann, aus welchem er sich
im vergangenen Jahre anmaßte, in unserem Stift eine ober=
hirtliche Visitation vornehmen zu wollen. Ihr erinnert Euch
wohl, wie ich dieses hochmüthige Ansinnen zurückwies. Und
damit fing die Freundschaft an."

„Nun, mit der Visitation war es wohl nicht so ernst
gemeint," erwiederte Herr Willekin. „Der ritterliche Bischof
suchte wohl nur nach einer schicklichen Gelegenheit, Euch
wiederzusehen und Euch seine große Verehrung zu be=
zeugen."

Die Äbtissin schüttelte das Haupt; die Pröpstin aber
nickte dem Stiftshauptmann verständnißvoll lächelnd zu und
sagte: „So mein' ich auch, und jedenfalls haben wir alle
Ursache, die Hand, die er uns aus eigener Bewegniß zur
Versöhnung bietet, anzunehmen."

„Versöhnung, Gräfin Kunigunde? Nein, nein! ich kenne
ihn besser," sprach die Äbtissin. „Sein Gemüth und Für=
nehmen steht ganz wo anders hin Unter der langen Regierung
unserer in Gott ruhenden Vorgängerin Bertradis hat kein
Bischof von Halberstadt versucht, sich in die Angelegenheiten
unseres Kapitels zu mischen"

„Laßt das vergessen sein, gnädige Frau!" begütigte der
Stiftshauptmann. „Er wird den Versuch nicht wiederholen,
und am Ende gebietet es die Klugheit, den geistlichen Nachbar
bei gutem Frieden und Wohlmeinung zu erhalten. Dann
könnten wir in schwierigen Fällen leicht Freundschaft, Hülf und
Trost von ihm haben."

„Was meint Ihr für schwierige Fälle?" frug die Äbtissin.

„Ist in dem eisernen Kasten unserer Schwester Thesauraria wieder einmal Ebbe?"

Der Schloßhauptmann nickte nur.

„Freilich!" sagte die Pröpstin spitz, „wie soll der Schatz sich füllen, wenn man an Sparen niemals denkt!"

Jutta warf ihr einen finsteren Blick zu, schwieg aber still.

„Das ist's auch nicht allein," sprach der Kanzler, „und für unseren Stiftsschatz wüßte ich schon noch eine andere Quelle."

Die Äbtissin sah ihn fragend an.

„Dort unten unsere gute Stadt," fuhr er fort.

„Die Stadt?"

„Nun ja. Ihr wißt wohl, erlauchte Herrin, wohin des Rathes Wünsche zielen."

„Ihr meint die Lauenburg," sprach die Äbtissin und zog die Brauen zusammen.

„Die Stadt würde Euch für die Belehnung damit einen guten Pfandschilling zahlen, einen besseren, als Euch die Grafen von Blankenburg dafür geboten haben."

„Soll ich die Burg Heinrichs des Löwen dem Meistbietenden im Aufstrich geben?" erwiederte die Äbtissin unwillig. „Wahr ist's, die Blankenburger machen sich starke Hoffnung auf die Burg, aber so lange Leutfried lebt, der seligen Bertradis alter Getreuer, soll dort kein Andrer hausen. Sagt das Euren wohlweisen Freunden im Rath!"

„Der Burgvogt ist mit vielen Jahren beladen, also daß er langen Lebens keine Hoffnung mehr hat; er liegt krank danieder und wird sich vom Siechbett schwerlich wieder erheben," bemerkte Herr Willekin. „Die Burg ist fast schutzlos, gnädige Frau!"

„Schutzlos! Wenn Euch Graf Albrecht von Regenstein

so reden hörte, Herr Willekin!" Die Äbtiffin sprach das mit ihrer tiefen, klangvollen Stimme und im Tone eines ernsten Vorwurfs.

Aber der Stiftshauptmann erwiederte schnell: „Graf Albrecht von Regenstein! Das war es, was ich meinte, wenn ich von schwierigen Fällen sprach, derowegen wir uns zum hochwürdigsten Bischof von Halberstadt gut zu stellen hätten. Es könnte sein, daß wir einmal seines Schutzes auch gegen unsern edlen Schutzvogt bedürften."

„Herr von Herrkestorf," fuhr die Äbtiffin auf, „da sprecht Ihr wieder einmal als Quedlinburger! Ich weiß, in der Stadt grollen sie dem Grafen, weil seine Knechte ihnen eine Schafherde oder ein paar Kühe oder dann und wann eine Wagenladung Frachtgut weggenommen haben."

„Auch Bürger der Stadt, die er auf der Landstraße niedergeworfen, hat er eingelegt und will sie nicht freilassen," eiferte der Stiftshauptmann.

„Dann wird er auch wissen warum, und solltet Ihr es nicht wissen?"

„Er raubt, wo er kann; darum heißt er der Raub= graf."

„Wer nennt ihn so? Ihr Städter, sonst Niemand. Und ich will das Wort nie wieder hören, Herr von Herr= kestorf!" sprach Jutta sehr erregt und faßte mit rascher Bewegung nach dem großen silbernen Kreuz mit einem gol= denen Crucifixus darauf, das sie an einer Goldschnur um den bloßen Hals trug.

„Burgen und feste Häuser hat er ringsum zwischen Oker und Bode, als wäre ihm schon der ganze Harzgau unterthan, wonach er ja mit aller Gewalt strebt," fuhr der Stiftshaupt= mann im Zorne fort. „Wir haben sichere Kunde, daß er mit dem Fürsten Bernhard von Ballenstedt auch um Belehnung mit Burg und Gericht Gersdorf verhandelt."

„Das ist mir lieb zu hören," erwiederte die Äbtissin kurz.

„Höret mich nur weiter, achtbare Fürstin!" sprach Herr Willekin. „Im ganzen Reiche treten die großen Herren heimlich oder offen zur Unterdrückung der Städte zusammen, die in hohem Ton und Aufgang begriffen sind und dem Adel Abbruch thun, wie die Herren meinen. Wenn sie aber erst die Städte bezwungen haben, dann kommt die Reihe an Euch, an die großen Stifter und die geistlichen Fürsten, nach deren Lehen sie trachten und denen sie ein Recht nach dem anderen nehmen werden."

„Unnöthige Sorge!" sprach die Äbtissin mit geringschätzigem Tone. „Das wird der Kaiser nicht dulden"

„Der Kaiser! du lieber Himmel! als wenn der nicht schon genug mit sich selber zu schaffen hätte!" versetzte der Stiftshauptmann. „Ich beschwöre Euch, gnädige Frau, beleidigt den Bischof nicht mit einer Ablehnung! Er ist Euer nächster und natürlichster Bundesgenosse, der Einzige, der Euch Farbe hält. Versaget ihm nicht die kleine Höflichkeit, die Euch doch so wenig kostet!"

„Domina!" mahnte auch die Pröpstin noch einmal, „Herr Willekin hat Recht; laßt uns hinüber nach Halberstadt! das ist auch mein Rath. Ihr vergebt Euch ja nichts damit, könnt ja dem Bischof zeigen, daß Ihr hier im Stifte die Herrin seid, so gut wie er in seinem Bisthum der Herr ist!"

Jutta erhob sich, trat an ein Fenster und blickte in die Landschaft hinaus nach dem westlichen Harze.

„Wann kommt der Erzbischof nach Halberstadt?" frug sie endlich ohne sich umzuwenden.

„In zehn Tagen," antwortete der Stiftshauptmann.

„Also haben wir noch Zeit zur Entscheidung."

„Nicht lange, gnädige Frau! und nicht wahr? ich darf mit Eurer Erlaubniß das Domkapitel unter der Hand schon wissen lassen, daß Ihr kommen wollt."

„In Gottes Namen, ja! wenn es denn sein muß," erwiederte die Äbtissin.

„Schreibt nur, Herr Willekin!" sagte die Pröpstin. „Unsere schöne Domina wird sich in Halberstadt recht gern einmal im vollen Glanz und Schmuck ihrer fürstlichen Würde zeigen."

„Herzog Albrecht sieht schöne Frauen gern," bemerkte der Kanzler halblaut und mit einem bewundernden Blick auf den herrlichen Wuchs der Äbtissin, die ihm den Rücken zuwandte und in Gedanken versunken auf das weitere Gespräch der Beiden nicht hörte.

Seit fast fünf Jahren nun war Jutta als Conventualin auf dem Schlosse zu Quedlinburg. Ihr Vater, ein kampflustiger Herr, dem es auf abenteuerlichen Fehdezügen im ganzen Reiche herum viel wohler war als in seinem stillen Burgfrieden zu Hause, hatte nach dem Tode seiner Gemahlin die einzige, damals kaum siebzehnjährige Tochter an den Hof des Landgrafen von Thüringen Friedrich des Ernsthaften auf die Wartburg gebracht, wo sie drei Jahre lang als Edelfräulein blieb und in so hoher Gunst bei der Gemahlin des Landgrafen, einer Tochter Kaiser Ludwigs, stand, daß diese sie durchaus nicht von sich lassen wollte, als der etwas hitzköpfige Graf von Kranichfeld eines zwischen ihm und dem Landgrafen ausgebrochenen Streites wegen ihre Entfernung verlangte. Die stolze Kaisertochter bat umsonst; sie konnte der ungern scheidenden Jutta nur ihre dauernde Zuneigung und ihren Schutz in allen Schicksalsfällen geloben, aber nicht hindern, daß ihr Vater sie nach dem freiweltlichen Stifte Quedlinburg entführte.

Auch hier gewann das lebhafte, reichbegabte Mädchen schnell die Liebe aller Schloßbewohner, besonders die der Äbtissin Bertradis, so daß sie, als diese Würde neu zu vergeben war, Kanonissin wurde. Aber damit nicht genug. Bertradis, ihr Ende nahe fühlend, empfahl statt der ihr dem Range nach am nächsten stehenden Pröpstin Kunigunde und der dann folgenden Dekanissin Gertrud von Meinersen, die beide wenig beliebt im Stifte waren, den Kapitularinnen ihren Liebling, die Kanonissin zu ihrer Nachfolgerin.

Darauf wurde Gräfin Jutta von Kranichfeld trotz ihrer dreiundzwanzig Jahre vom Kapitel gewählt, und als sie sich nach altem Brauche auf dem Markte zu Quedlinburg von Rath und Bürgerschaft öffentlich huldigen ließ, entfaltete sie vor den Augen des über ihre blendende Erscheinung entzückten Volkes eine Pracht, welche diejenige ihrer Vorgängerinnen bei derselben Gelegenheit noch überstrahlte. Sie erschien mit ihren Kapitularinnen und von ihrem Hofstaat umgeben, in kostbarem, goldschimmerndem Gewande, ein blitzendes Diadem auf dem Haupte, einen langwallenden Purpurmantel um die Schultern, alle Frauen und selbst viele Männer an Hoheit überragend. Der Bischof Albrecht von Halberstadt mit Domherren und Klerikern, der Schirmvogt des Stiftes, Graf Albrecht von Regenstein mit seinen Brüdern, die ritterlichen Inhaber der vier stiftischen Erbämter und viele Grafen und Edle aus den benachbarten Gauen waren mit stattlichem Gefolge herbeigekommen, der glänzenden Feierlichkeit beizuwohnen.

Die Erwählte mit ihren Damen sowie der gesammte Rath standen auf einer erhöhten Bühne; der erste Bürgermeister Herr Nikolaus von Bekheim verlas mit lauter Stimme den Treuschwur, die versammelten Bürger sprachen ihn nach, und Alles jubelte und jauchzte der neuen Äbtissin begeistert zu.

Dann gab es auf dem Schlosse ein großes Festmahl, zu dem die edlen Gäste, der Rath und die vornehmsten Bürger der Stadt geladen waren, und bei dem Jutta wie eine Königin geehrt und gefeiert wurde. Die Augen der Männer hingen mit Bewunderung an ihrer voll entwickelten Schönheit, und vor Allen war der nur wenige Jahre ältere Bischof von Halberstadt, der als Junker fürstlichen Standes ihr fröhlicher Genosse auf der Wartburg gewesen war, eifrig beflissen, ihr wieder wie damals die wärmsten und minniglichsten Huldigungen darzubringen.

Sie nahm alle die Ehren, alle das Werben um ihre Gunst lächelnd und verbindlich, aber mit einem gewissen gnädigen Stolze wie etwas ihr vollkommen Gebührendes hin und verstand es gleich von Anfang an, ihren hohen Rang mit Anmuth und Würde zu tragen. Obwohl sich ihr Ehrgeiz manchmal schon in dieses Glück hineingeträumt hatte, erstaunte sie doch, als es ihr wirklich zu Theil wurde, und suchte die durch ihre Zurücksetzung tief gekränkte Pröpstin damit zu entschädigen, daß sie sich in wichtigeren Angelegenheiten wenigstens scheinbar ihres Rathes bediente, was zu beanspruchen jene durchaus kein Recht hatte.

Eine ihrer ersten Handlungen war, daß sie die große Krypta unter dem hohen Chore der herrlichen, im reinsten romanischen Stil erbauten Basilika mit einem wunderschönen, reich verzierten Portale schmücken ließ. Da in dieser Krypta nicht allein die Königsgräber waren, sondern es auch von dort zu der Gruft der Äbtissinnen hinabging, so rechnete man ihr diesen Bau als einen Ausdruck der Verehrung der dort Schlummernden an und lobte sie dafür. Manche aber legten es ihr als Stolz aus, als wäre sie nur bestrebt, die Fürstin zu zeigen, die ihr Andenken selbst durch Ausschmückung ihrer künftigen Ruhestätte sichern wollte.

So ganz Unrecht hatten die Bedenklichen nicht, denn Jutta schien zum Herrschen geboren. In ihren Adern rollte das heiße Blut ihres Vaters, und ihre heftige, leidenschaftliche Natur trug ungern die Fesseln eines fremden Willens. Als sie mit der unumschränkten Gewalt im Stifte bekleidet war, trat sie sofort als gebietende Herrin auf, die ihren Winken und Befehlen überall Gehorsam zu verschaffen wußte.

Der Einzige, bei dem ihr dies nicht immer gelang, war Graf Albrecht von Regenstein. In seiner freimüthigen, zuweilen etwas derben Kraft und in seinem hellen, weitschauenden Geiste trat ihr etwas entgegen, das ihr überlegen war, dem sie mit aller Gewalt ihrer fürstlichen Stellung nichts anhaben konnte und an dem ihre schnell wechselnden Launen machtlos abprallten. Dabei machte auch die äußere Erscheinung des in schöner, fester Männlichkeit blühenden Grafen und sein ritterliches Wesen einen Eindruck auf sie, dem sie auf keinerlei Weise zu wehren versuchte. Vielmehr strebten Herz und Sinne der jungfräulichen Äbtissin mit starken Gefühlen zu dem Helden hin, und ihre Gedanken beschäftigten sich viel mit ihrem noch unvermählten Edelvogte. Anwesend oder abwesend übte er auf ihre Entschließungen einen nicht geringen Einfluß, und auch in dem vorliegenden Falle, Angesichts der bischöflichen Einladung, die zweifellos auch ihm zugegangen war, hätte sie gern seine Meinung gehört.

Darum schaute sie beinahe mit Sehnsucht, als könnte ihr Blick den tapferen Grafen herbeiziehen, in das Land hinaus nach Westen, wo sich der Regenstein mit seiner hohen, schroff abstürzenden Felswand klar und scharfkantig am Horizonte zeichnete.

Zweites Kapitel.

Während die Pröpstin und der Stiftshauptmann sich in vertrautem Gespräch zu einander neigten und die Äbtissin träumerisch in die Ferne blickte, trat eine Kammerfrau ein, nahte sich der Fürstin und sprach nach einer halben Kniebeugung leise Worte zu ihr.

Eine freudige Ueberraschung strahlte aus Jutta's Antlitz, und nachdem sich auf einen Wink die Kammerfrau wieder entfernt hatte, rief die Äbtissin schier jubelnd den andern Beiden zu: „Was meint Ihr, welche Meldung ich soeben erhielt? — Graf Albrecht von Regenstein ist im Schloßhof vom Pferde gestiegen. Nun bin ich begierig zu hören, ob er nach Halberstadt zum Bischof reiten wird."

„Da komm' ich schnurstracks her, gnädigste Domina!" klang es augenblicks von der offenen Thür, und auf der Schwelle erschien Graf Albrechts hohe Gestalt, von Kopf zu Fuß im Panzerhemd, das aus lauter kleinen Eisenringen geflochten war, und über welches sich ein kurzer, ärmeloser Waffenrock von dunkelrother Farbe schmiegte.

„Habt Ihr ihm zugesagt oder abgesagt?" frug die Äbtissin dem Eintretenden lebhaft entgegen.

„Keines von beidem war nach der Zwiesprach, die ich mit ihm hatte, noch von Nöthen!" erwiederte der Graf.

„Hattet Ihr Streit mit dem Bischof?"

„Man könnte es fast so nennen," lachte er, indem er auf eine Handbewegung der Äbtissin ihr gegenüber am Tische Platz nahm. „Denkt Euch, Domina, wie mir der Gesalbte des Herrn in die Wolle gegriffen hat! Vor etlichen Monden bietet er mir Burg Schwanebeck zum Tausch gegen Schloß Emersleben, weil jenes allernächst bei Halberstadt und dieses unserem Hause Crottorf bequemer liegt. Ich war es zufrieden, und wir wechseln die Handfesten darüber aus. Wie er mir die seinige schickt, sehe ich nur nach der Unterschrift des Bischofs und werfe das Ding ungelesen in den Kasten. Jetzt fordert er mich auf, als sein Lehensträger zur Inthronisation zu kommen. Lehensträger? denk' ich und reibe mir die Augen, du des Bischofs Lehensträger? Da fährt mir's wie ein Blitz durch den Kopf, ich hole die Schwanebecker Schrift hervor, und meiner Seele! es ist kein Kaufbrief, sondern nur ein Lehens= brief über die Burg. Ich springe in den Sattel, jage hin= über und stelle den Bischof zur Rede. Da antwortet er mir: er wäre nicht geständig, etwas Verbindliches Kaufs halber mit mir verhandelt zu haben; Kirchengut wäre ihm nicht feil, das könnte er nur zu Lehen geben; ich hätte es ja schwarz auf weiß. Solcher Untreue hatte ich mich nicht versehen, wollte den Tausch rückgängig machen und meine sechshundert Mark Wersilber heraus haben, die ich ihm noch darauf gegeben hatte. Aber der ehrsame Herr lacht mich aus, er hätte meinen ge= siegelten Kaufbrief, und Schloß Emersleben wäre in guten Händen. — Was sagt Ihr zu dem Stücklein, Domina?"

„Ein Schelmenstück ist es!" erwiederte die Äbtissin.

„Nicht wahr? Nun ich habe ihm den Hafer ausgedroschen und mir den Handel ins Achtbuch geschrieben," sagte der Graf in aufloderndem Zorne.

„Als Andenken daran, daß Ihr es nicht vergeßt, habt Ihr ja nun auch Schwanebeck zu Lehen, Herr Graf," spottete Kunigunde.

„Ich danke Euch für den Trost, gefühlvollste aller Pröpstinnen!" versetzte der Graf.

Die Äbtissin aber wandte sich zu ihrem Kanzler und sagte: „Nun, Herr Stiftshauptmann, heißt das Farbe halten?"

„Der hochwürdigste Bischof ist ein weltläufiger und gar geschwinder Herr," erwiederte der also Gefragte. „Ihr habt ihn bei dem Tauschgeschäft wohl falsch verstanden, Herr Graf; denn er pflegt sonst Vornehm und Gering reinen Wein einzuschenken."

„Hütet Euch, daß ein solcher Ehrentrunk nicht auch einmal an Euch gelangt, Herr Willekin!" warnte der Graf. „Ihr Herren Quedlinburger scheint zwar mit dem Bischof auf einem sehr guten Fuße zu stehen."

„Warum sollten wir nicht? er hat uns nie ein Leids gethan."

„Aber er macht Euch Leute zu Feinden, die besser Eure Freunde wären!"

„Ad exemplum den edlen Grafen Albrecht von Regenstein. Ihr habt es uns merken lassen, Herr Graf!"

„Daß Euch das Wetter, Herr! Ihr sollt es noch anders merken!" brauste der Graf und stieß mit dem Schwert auf den Boden.

„Heia! was giebt es zwischen Euch, Ihr Herren?" frug die Äbtissin lachend.

„O ich habe noch einen anderen Span mit dem Bischof," erwiederte der Graf finster. „Er ist meiner Gerichtsbarkeit ins Gehege gekommen, hat hier in der Stadt ohne mein Wissen und Willen ein geistlich Gericht bestellt, und der Rath scheint

mit ihm unter einer Decke zu stecken, denn er läßt ihn
gewähren und leistet ihm Vorschub mit seinem Aftergericht.
Zwei Hintersassen waren vor meine Dingbank geladen,
haben sich aber nicht gestellt, sondern hier in der Stadt
vom Rector an Sankt Ägidien Recht genommen. Da habe
ich mir als Geißeln ein paar Quedlinburger gefangen und
eingelegt."

„Die aber ganz unschuldig sind," warf der Stiftshaupt=
mann ein.

„So liefert mir die Schuldigen aus, daß ich ihrem Be=
schulden nach mit ihnen verfahren kann. Bis dahin und so
lange Ihr ein bischöflich Gericht in Euren Mauern duldet,
will ich der Stadt Feind sein," entgegnete der Graf mit großer
Heftigkeit.

„Habt Ihr dem Bischof seinen Übergriff nicht vor=
gehalten?" frug die Äbtissin.

„Mit recht deutlichen Worten, gnädige Domina!" er=
wiederte der Graf und bewegte dabei zum größeren Nachdruck
nickend das Haupt. „Wißt Ihr, was er mir darauf ant=
wortete? — Geistlich Recht ginge vor weltlich Recht, sein
Krummstab reichte weiter als mein Schwert!"

„Und Ihr?"

„Ich schlug mit der Faust auf den Tisch, daß er krachte
und schrie den Bischof an: Dann sehet zu, wie sich Krumm
und Grade mit einander verträgt! Danach saß ich flugs auf,
trabte hierher — und da bin ich!"

„Und dabei laßt Ihr's bewenden?"

„Daß ich ein Narr wäre!" lachte der Graf. „Ehe mein
hinterlistiger Namensvetter auf seinem bischöflichen Throne
sitzt, sitz' ich wieder in Schloß Emersleben, und wenn ich jeden
einzelnen seiner eingenisteten Pfaffenknechte kopfüber von den

Zingeln in den Graben werfen soll. Bin ich damit fertig, so kommen die Herren Quedlinburger an die Reihe. Ich will ihnen zeigen, wer hier Gerichtsherr ist, ich oder der Bischof!"

„Gräfin Kunigunde," sprach die Äbtissin sich rasch erhebend, „wir gehen nicht nach Halberstadt!"

„Domina!!"

„Wir gehen nicht nach Halberstadt!" wiederholte sie herrisch befehlend.

„Jesus, mein Beistand! das kann Euer Ernst nicht sein!" jammerte Kunigunde, „es wäre nicht zu verantworten!"

„Ihr braucht es ja nicht zu verantworten, das thu' ich!" erwiederte Jutta.

Die Pröpstin seufzte und sandte einen verzweifelnden Blick gen Himmel.

Der Stiftshauptmann rückte ärgerlich auf seinem Sessel und begann: „Aber unter welchem Vorwande, gnädigste Frau —"

„Vorwand?" sagte Graf Albrecht, der sich zugleich mit der Äbtissin erhoben hatte, „braucht es eines Vorwandes, wenn die Fürstin von Quedlinburg den Bischof von Halberstadt meiden will? Aber wenn Ihr darum verlegen seid, Herr Stiftshauptmann, so will ich Euch einen Vorwand sagen. Dem Bischof fehlt die Konfirmation des heiligen Stuhles. Der Papst hat den Herzog Albrecht nicht bestätigt und wird ihn nie bestätigen."

„Wie wollt Ihr das wissen, Herr Graf?" frug die Pröpstin herausfordernd dazwischen.

„Das schreibt, Herr Willekin!" gebot aber schnell die Äbtissin. „Schreibt dem Bischof, nächst des Kaisers Majestät wäre der heilige Vater unser Oberherr; wir könnten uns daher an einer Weihe nicht betheiligen, die ohne den päpstlichen Segen in unseren Augen keine rechte Weihe wäre."

„Gut, gut!" frohlockte der Graf

Der Stiftshauptmann schüttelte den grauen Kopf und sagte: „So erlaubt wenigstens, gnädige Fürstin, daß ich nach Halberstadt reite und Eure Ablehnung beim hochwürdigsten Bischof mit allem Glimpf selber ausrichte."

„Thut das, Herr Stiftshauptmann!" erwiederte die Äbtissin, „meinen Willen wißt Ihr."

„Das sollte nicht geschehen," widersprach der Graf.

„Herr Willekin reitet nach Halberstadt," befahl die Äbtissin erhobenen Hauptes. „Euer Einspruch ändert daran nichts, Herr Graf!"

Graf Albrecht lachte hell auf: „Meinetwegen laßt ihn auf allen Vieren zum Bischof kriechen, hochgebietende Fürstin und Domina!"

Der Äbtissin schoß das Blut in die Wangen; zürnend wandte sie sich ab.

Der Stiftshauptmann war beleidigt aufgefahren, zu einer raschen Erwiderung bereit, aber ein stolzer Blick des Grafen band ihm die Zunge. Mit einem gnädigen Nicken gab die Äbtissin ihm Urlaub; er verließ das Gemach und begab sich von der Burg hinab in die Stadt zu geheimer Unterredung mit dem Bürgermeister und einigen Rathsherren.

Gräfin Kunigunde freute sich über die dem Grafen ertheilte Zurechtweisung ebenso sehr, wie sie der Äbtissin die darauf erfolgte Antwort desselben gönnte. Selber jedoch verstimmt, daß sie mit ihrem schon so oft erprobten Rathe nicht durchgedrungen war und die Äbtissin unter dem Einflusse des übermüthigen Grafen von Regenstein wieder einmal einen großen Fehler beging, zog auch sie sich nach einem sparsamen Gruße zurück und ließ die Äbtissin mit ihrem mächtigen Schutzvogt allein.

Graf Albrecht machte eine tiefe Verbeugung hinter der mürrisch Davonsegelnden her und sagte dann: „Die Gunst unserer holdseligen Pröpstin hab' ich einmal wieder verspielt und muß nun ihre Ungnade tragen."

Die Äbtissin antwortete nicht; sie stand am Fenster und schmollte. Des Grafen höhnisches Lachen hatte sie sehr empfindlich berührt, und sie wartete nun auf ein versöhnendes Wort aus seinem Munde. Hatte er denn nicht gemerkt, was in ihrem Schwanken zwischen Annahme und Ablehnung der bischöflichen Einladung den Ausschlag gegeben hatte? Freilich, — seiner großen Erregtheit mußte man etwas zu Gute halten, und Jutta hatte ihn gereizt. Das that ihr jetzt leid, und an ihr war es, nun wieder einzulenken. Er mußte noch etwas Besonderes auf dem Herzen haben, daß er nicht ging. Sie wollte ihm zu Hülfe kommen.

Sich zu ihm wendend sprach sie ein wenig schüchtern: „Herr Graf, was glaubt Ihr, daß der Bischof thun wird, wenn wir beide nicht zu seiner Weihe kommen?"

Der Graf zuckte die Achseln und erwiederte: „Zunächst wird er sich gründlich darüber ärgern, und das gönn' ich ihm."

„Wird er meine Bedenken wegen des Papstes gelten lassen?" frug die Äbtissin weiter.

„Schwerlich," versetzte der Graf.

„Aber dann wird er nach einem anderen Grunde suchen, vielleicht wähnen, daß ich nur Euch — daß nach Eurem Streite —"

„Daß Ihr nur mir zur Liebe wegbliebet?" ergänzte der Graf. „Nun, laßt ihn doch in dem Irrthum; er hat ja keine Gewalt über Euch."

Jutta schwieg und machte sinnend einige Schritte auf und ab. Endlich sagte sie: „Was meint Ihr, Herr Graf, wenn

2*

ich schon vorher zum Bischof ginge und versuchte, Euch zwei mit einander zu befrieden?"

„Ich sage Euch so freundlichen Willens und Erbietens großen Dank, Domina!" erwiederte der Graf, „aber ich nehme das Opfer nicht an."

„Das Opfer, Graf Albrecht, bring' ich Euch gern," sprach Jutta, „Ihr habt mir schon mehr als eins gebracht."

„Dafür bin ich Euer Schutzvogt, Domina!"

„So laßt mich auch einmal Euer Schutzvogt sein!" bat sie fast schmeichelnd.

„Nein, nein! Ihr dürft nicht nach Halberstadt, am allerwenigsten meinetwegen," entschied der Graf. „Der Bischof will keinen Frieden mit mir. Und wenn Ihr darum selber zu ihm kämet und mit der Wärme, die ich an Euch kenne, meine Sache bei ihm führtet, so würde er denken —." Er vollendete nicht und preßte die Lippen zusammen, als sollte das Wort nicht darüber hinaus.

„Nun? was denn? was würde er denken?"

„Ich bring' es kaum heraus," sagte der Graf.

„Sprecht es nur aus, Graf Albrecht," lächelte Jutta dicht vor ihm stehend mit leuchtendem Blick, und ihre Brust hob sich in raschem Athemgange.

„Ihr werdet mich auslachen."

„Wartet das ab!" sprach sie leise, mit tiefem Erröthen die Augen niederschlagend.

„Er würde denken, — daß ich mich vor ihm fürchte!" stieß der Graf heraus.

Die Äbtissin hatte ganz etwas Anderes erwartet. Sie trat einen Schritt zurück. „Ja, ja, — ganz recht, — Ihr habt ganz Recht, — was sollte er auch anders denken?" sprach sie vor sich hinstarrend. Plötzlich warf sie den Kopf hoch und

sagte schnell: „Übrigens könnten wir Euch auch kaum ver=
theidigen, Herr Graf; es kommen zu viel Klagen über Euch."

„Die Vertheidigung gegen meine Kläger führ' ich am
liebsten selber, Domina!" erwiederte der Graf bestimmt.

„Wenig kümmert uns, was Ihr in Eurer Grasschaft
thut, aber im Stiftsgebiete solltet Ihr billig Frieden halten,"
sprach sie in verweisendem Tone.

„Ist Euer Frieden gestört, gnädige Frau?"

„Ihr umlauert unsere gute Stadt Quedlinburg und
fangt ihre Bürger weg. Das ist Friedensbruch, Herr Graf!
Aber das nicht allein. Die Mönche von Sankt Wiperti
hausen gar übel hier unter unseren Augen. Ihr wüstes
Treiben ist ein Ärgerniß für Rath und Bürgerschaft," er=
wiederte die Äbtissin immer heftiger werdend.

„Und das soll meine Schuld sein?"

„Ihr haltet die Hand über sie, habt ihr Kloster be=
festigt wie einen Burgstall. Was soll das? Habt Ihr nicht
genug an der Gunteckenburg hier dicht vor den Thoren der
Stadt?"

„Aha!" lachte der Graf, „da hängen die Glocken, die
mir so liebliche Vesper läuten! Rath und Bürgerschaft schilt
den unbequemen, allzu wachsamen Nachbar. Gnädigste Do=
mina, laßt's Euch nur gefallen, wenn ich Eure gute Stadt
Quedlinburg scharf im Auge behalte; es ist nicht für mich,
sondern für Euch. Denen da unten schwillt der Kamm ge=
waltig, seit sie zum Hansabunde gehören; jetzt sind sie mir
widerhaarig, nächstens bedrohen sie Euch, wenn wir ihnen
nicht fest auf dem Dache sitzen."

Da blickte sie ihn wieder freundlich an und sagte: „Ist's
so gemeint? in der Sorge um mich? Das hab' ich nicht ge=
wußt, das hatt' ich nicht gedacht, Graf Albrecht!"

„Was soll ich viel Rühmens darum machen!" erwie=
derte er. „Aber Eins wollt' ich noch fragen, Domina. Ist's
Euch bekannt, wie es auf der Lauenburg aussieht?"

Die Lauenburg! Also darum war er bei ihr geblieben.
Ein rascher Gedanke kreiste hinter Jutta's von dunklem Haar
umwallter Stirn, und sie sagte bedächtig: „Ich weiß, Leut=
fried liegt schwer danieder; wir werden bald einen neuen
Burgvogt einsetzen müssen."

„Es ist ein wichtiger Platz, Domina! Die Lauenburg
verlangt einen sichern Mann," bemerkte der Graf.

„Den ich seiner Zeit zu finden hoffe," gab sie lächelnd
zur Antwort und fügte einer Erwiederung von ihm zuvor=
kommend, mit beredtem Blick hinzu: „Habt Geduld wie ich;
nicht hinter Eurem Rücken geb' ich die Burg in andere Hände."

„Dessen getröst' ich mich, Domina! Lebt wohl!"

„Auf Wiedersehen, Herr Graf!"

Sie reichte ihm die Hand, und Graf Albrecht ging.

Die Äbtissin stand mitten im Zimmer und blickte ihm
nach. „Die Lauenburg!" lächelte sie und drohte mit dem Finger
nach der geschlossenen Thür.

Der Graf ritt den steilen Weg vom Schloßberge ver=
gnügten Sinnes hinab. Er hatte erreicht, weswegen er ge=
kommen war: die Äbtissin fuhr so wenig zur Inthronisation
wie er und seine Brüder. Er lachte sich ins Fäustchen, indem
er dachte, wie der Bischof sich fuchsen würde, wenn die Ersten
und Mächtigsten im Gau bei seiner Weihe fehlten. Mochten
dann die lieben Vettern, die Grafen von Blankenburg, die ja
den Regensteinern in allen Dingen das Widerspiel hielten, mit=
sammt den Wernigerödern sich dort breit machen und dem dünkel=
haften Bischof Weihrauch streuen, so viel sie wollten. Ob die
anderen Harzgrafen aus dem Schwabengau und Helmgau er=

scheinen würden, war immerhin sehr zweifelhaft; sicher nicht, wenn ihnen Albrecht eine abrathende Botschaft sandte. Der Bischof sollte sich umsehen nach allen denen, die fehlten, und dem Grafen war es gerade recht, wenn jener von Willekin von· Herrkestorf erfuhr, wie es nur sein, Albrechts Werk war, daß die Äbtissin von Quedlinburg mit ihren vornehmen Kapitularinnen ausblieb. Dann mochte der geistliche Herr nur an Schwanebeck denken und an seinen langen Krummstab, mit dem er dem Grafen von Regenstein zu drohen gewagt hatte.

Und was die Lauenburg betraf, die mit ihrem Gebiet theils an den Stadtforst der Quedlinburger, theils an die großen Harzforsten der Blankenburger Vettern grenzte, — nun die Äbtissin hatte ihm ja versprochen, nicht ohne seinen Rath den neuen Burgvogt zu wählen. Das wäre da oben in den waldumrauschten Bergen so ein Horst für seinen herz= lieben Siegfried, den jüngsten, blühendsten, blondesten der sechs Regensteiner Brüder. Und Jutta? Welchen Wunsch würde sie ihm nicht erfüllen? Hatte er doch heute wieder recht deutlich gesehen, wie sehr sie ihm gewogen war. Ja, er war über= zeugt, daß die schönheitsstolze, sehnsuchtdurchglühte Domina ihren reichsunmittelbaren Fürstenthron lieber heute als morgen mit einem andern, weniger einsamen Platze vertauschte, wenn —

„Ho! ho! ho! Brun! Brun! was ist denn?" sprach der Graf laut zu seinem Braunen und klopfte ihm den kräftigen Hals, um das scheuende Thier zu beruhigen. Es hatte, von einem Steinwurf getroffen, plötzlich ein paar heftige Sprünge gemacht, deren Ursache dem Reiter ver= borgen blieb, denn der Bube, der den Stein geschleudert hatte, der Sohn eines der vom Grafen gefangen gehaltenen Quedlinburger, hielt sich versteckt.

„Das kommt davon, wenn man sich mit eitlen Ge=
danken trägt, statt sein Rößlein am Zügel zu haben," sagte
der Graf im Weiterreiten zu sich selber. „Wenn die das
gesehen hätte, an die ich in dem Augenblick dachte!"

Sie hatte es gesehen, auch den Steinwurf. Die Äbtiffin
folgte von ihrem Fenster aus dem langsam Dahinreitenden
mit den Augen und hatte ihre Freude daran, wie sich die
Sonnenstrahlen auf der blanken Eisenhaube des Ritters blitzend
spiegelten. Als sie nun das kleine Abenteuer des im Sattel
Träumenden gewahrte, rief sie empört: „O diese nichts=
würdige Brut! Er hat ganz Recht, dies Stadtvolk muß kurz
gehalten werden, sonst schlägt es über die Stränge!"

Bald sah sie, wie der Graf vor dem Zugange zur
Guntecenburg hielt, die zwischen dem Münzenberge und dem
Wipertikloster lag. Er ließ sich den Vogt herausrufen und
sprach lange mit ihm ohne vom Pferde zu steigen. Dann
trabte er dem Kloster zu, und in den Hof desselben ein=
reitend entschwand er ihren Blicken.

„Nun geht er doch wieder zu diesen argen 'Kindern
unserer Liebe', — so pflegte die selige Bertradis die Mönche
zu nennen, mit denen sie in stetem Kampfe lag — oder
will er dem sündhaften Prior nur unser zunehmendes Miß=
fallen verkünden?" sprach sie zu sich. „Geh nur, Heldenherz!
Dir folg' ich auf jedem Wege."

Im Klosterhofe sprang der Graf aus den Bügeln. Ein
Laienbruder nahm ihm das Roß ab und frug: „Soll ich Brun
abzäumen, Herr?"

„Nein," antwortete der Graf, „ich halte nur kurze
Rast, um einen Vespertrunk zu thun und Euch die Glatzen
zu scheuern. Wo ist der würdige Bavo?"

„Im — im —"

„Im Refectorium natürlich!" lachte der Graf, „bei feuchter Abendmette; das kommt' ich mir denken."

„Herr, morgen ist der Tag des heiligen Eustathius des Standhaften," sagte der Bruder.

„Und den müßt Ihr ja feiern!" erwiederte Graf Albrecht. „Gut! helfen wir bei den Vigilien Eustathius des Standhaften!"

Und er trat in das Klostergebäude.

———————

Drittes Kapitel.

Die Pröpstin Kunigunde verſetzte das ganze Kapitel darüber in Aufregung, daß die Domina mit den Conventualinnen nicht zur Biſchofsweihe wollte. Die älteren Damen waren empört, daß das Stift bei der Feier nicht mit aller Pracht und Würde vertreten ſein ſollte, die jüngeren jammerten und klagten, daß ſie von den glänzenden Feſtlichkeiten fern bleiben ſollten, und die Domina bekam in dieſen Tagen kein freundliches Geſicht zu ſehen, mit einer einzigen Ausnahme.

Dieſe Ausnahme machte die Kanoniſſin, die ſchöne, lebensfrohe Gräfin Adelheid von Hallermund, die das Vertrauen der Äbtiſſin, wenn auch nicht einen unbedingten Einfluß auf ſie beſaß. Sie war dem ritterlichen Schirmvogte des Stiftes ſehr gewogen und ſtimmte der Domina vollkommen zu, daß man dem edlen Grafen die Genugthuung ſchuldig wäre, die Einladung des Biſchofs abzulehnen. Nun war Jutta vollends unwiderruflich feſt entſchloſſen und ließ am zweiten Abend dem Stiftshauptmann den Befehl zugehen, mit der Überbringung ihrer Abſage an den Biſchof nicht länger zu zögern.

Da mußte er gehorchen, und als am andern Tage die Sonne über die halbe Mittagshöhe hinaus war, befand ſich Herr Willekin von Herrkestorf auf dem Wege nach

Halberstadt. Neben ihm ritt der Stiftsschreiber Florencius, der um die Gunst gebeten hatte, seinen Vorgesetzten statt eines reisigen Knechtes begleiten zu dürfen.

Dieser Florencius, ein frischer, klug dreinschauender Gesell aus einem alten, aber herabgekommenen Adelsgeschlechte stammend, hatte geistlich werden sollen, es aber vor lauter losen Streichen nicht einmal bis zu den untersten Weihen gebracht und war, der Studien und Exercitien überdrüssig, aus der Klosterschule zu Sankt Gallen heimlich entwichen und fahrender Schüler geworden. Als solcher war er vor mehreren Jahren nach Quedlinburg gekommen und hatte unter Anderen auch den Stiftshauptmann mit der Bitte um einen Zehrpfennig heimgesucht. Herr Willekin, dem er seine Herkunft und seine Schicksale anvertraute, hatte sich von den mannichfaltigen Kenntnissen und Fähigkeiten des Fahrenden überzeugt und ihm mit Bewilligung der Äbtissin Bertradis ein Amt und eine Wohnung auf dem Schlosse angewiesen.

Stiftsschreiber hieß Florencius, damit das Ding doch einen Namen hatte, denn obwohl er in der höheren Schreibkunst außerordentlich geübt war und diese auch mit Vorliebe pflegte, so gab es doch im Stifte nicht viel zu schreiben für ihn. Er füllte aber seine müßige Zeit gern damit aus, daß er Köpfe und Anfänge von Urkunden und Briefen auf Vorrath schrieb. Eingangsworte wie z. B. „Wir Jutta, von der Gnade Gottes Äbtissin zu Quedlinburg u. s. w." prangten auf einer ganzen Anzahl von Pergamentblättern mit großen, buntfarbig gemalten und goldverzierten Anfangsbuchstaben, von Blumenranken und vielverschlungenen Schnörkeln umgeben. Er war auch der vertraute und verschwiegene Geheimschreiber der Conventualinnen, die ihm alle wohlwollten, weil er, obschon ihm zuweilen der Schalk im Nacken saß, von

guten Sitten, gefällig und bescheiden war. Der Stiftshaupt=
mann hatte ihnen seine Abkunft verrathen, die er eigentlich
verschwiegen wissen und durch einen angenommenen Namen
vergessen machen wollte, und so betrachteten ihn die Damen
als ihnen ebenbürtig und behandelten ihn mehr wie einen
abligen Junker, als wie einen Dienenden. Im Übrigen machte
er sich nützlich, wo und wie er konnte, als Vorleser, Sänger
und Lautenist, kurz, er war der allbeliebte, unentbehrlich ge=
wordene Spiritus familiaris des ganzen Schlosses.

Als die beiden über den Hungerplan, einem hügeligen
Anger zwischen der Stadt und den sogenannten Weinbergen,
hinwegritten, sagte der Stiftshauptmann, der ihn auf seine
ausdrückliche Bitte Du nannte: „Sieh mal, Florencius, wie
auf dem Brocken der Schnee im Sonnenscheine glänzt!"

„Und hier unten im Lande sprießen fröhlich die Saaten,
und Sträucher und Hecken fangen an sich zu belauben," er=
wiederte der Stiftsschreiber. „Aber wir werden bald Regen
bekommen."

„Woher hast Du diese Wissenschaft?" frug Herr Willekin.

„Ei Herr, wißt Ihr denn nicht, daß sich unsere Deka=
nissin, Fräulein Gertrud von Meinersen, auf das Wetter ver=
steht wie der älteste Schäfer? Sie hält sich einen Laubfrosch,
für den sie im ganzen Schlosse herum Fliegen fängt und auf
den sie sich mit ihren Weissagungen verläßt."

„Trifft es denn auch ein, was sie weissagt?"

„Nicht immer," lachte Florencius, „und dann kriegt der
Laubfrosch zur Strafe, daß er gelogen hat, zwei Fliegen
weniger."

„Du lieber Gott!" sagte Herr Willekin. „Wo hat sie
denn den Laubfrosch her?"

„Wo soll sie ihn her haben! Ich habe ihn ihr fangen

müssen, als der vorige seine letzte Fliege gefressen hatte; es
war eine giftige, — sagt die Scholaftika."

„Sagt die Scholaftika, so! Die ift wohl die Luftigfte im
ganzen Kapitel?" frug Herr Willekin.

„Das ift ſchwer zu ſagen, Herr Stiftshauptmann," antwortete Florencius und fuhr nach einer kurzen Überlegung
fort: „Ich glaube, die Cuſtodin und die Sangmeiſterin über-
treffen ſie noch. Wenn die beiden ihre blonden Köpfe zu-
ſammenſtecken, ſo läuft es in der Regel auf einen merklichen
Poſſen hinaus, über den es ein paar Tage lang zu lachen giebt.
Am liebſten hängen ſie einer der beiden Älteſten, der Pröpſtin
und der Dekaniſſin, eine Schelle an."

„Florencius!" drohte der Stiftshauptmann, „wem hängt
man Schellen an?!"

„Verzeiht, Herr!" lachte der Jüngere, „aber ich muß ja
oft genug helfen; ſie laſſen mir keine Ruhe, und wenn Gräfin
Luitgard von Stolberg nicht wäre, die immer zu ſchlichten und
zu ſühnen ſucht, was die jüngeren Fräulein in ihrem Übermuth geſehlt haben, ſo ging es manchmal arg zu."

„Und die Domina?"

„Die Domina? nun, Herr, — Ihr wißt wohl, die
freut ſich, wenn die Pröpſtin ſich ärgert, und Gräfin Adelheid von Hallermund lacht auch lieber, als daß ſie weint.
Neulich haben es unſere lieben Jüngſten aber doch einmal zu
toll getrieben, ſo daß ſie es büßen mußten."

Auf einen ermunternden Blick des Stiftshauptmanns
erzählte Florencius: „Wie Euch bekannt, iſt die Dekaniſſin
eine Meiſterin im Sticken ſchwerer Wandteppiche mit Figuren
aus der Geſchichte der Heiligen, eine Liebhaberei von ihr,
mit deren aufgezwungener Erlernung ſie den jüngeren Damen
manche qualvolle Stunde bereitet. Nun hatte ſie kürzlich wieder

einen solchen Teppich in Arbeit, auf dem die heilige Apollonia, die viel angerufene, von der Dekaniſſin beſonders verehrte Helferin bei Zahnſchmerzen, in Pflegung ihres gnadenreichen Amtes dargeſtellt war. Da ſchmiedete unſer durchtriebenes Vierblatt einen muthwilligen Plan und brachte ihn, ſorglich vorbereitet, zur Ausführung. Die Cameraria, Gräfin Agnes von Schrapelau, und die Scholaſtika, Fräulein Hedwig von Hakeborn, mußten die Dekaniſſin beim Fliegenfangen in einem entlegenen Theile des Schloſſes möglichſt lange feſthalten; unterdeſſen ſchlichen ſich die Cuſtodin und die Sangmeiſterin in das Zimmer des Fräulein Gertrud von Meinerſen und ſtickten der heiligen Apollonia mit flüchtigen, groben Stichen eine ſchneckenartig gewundene Haarflechte an die Schläfe, wie ſie die Dekaniſſin ſelber trägt, verſahen auch die Heilige mit einer ſo langen Naſe und einem ſo eckigen Kinn, daß ihr Bild mit den Zügen der Dekaniſſin eine überraſchende Ähnlichkeit erhielt Die alſo Abkonterfeite erhob einen fürchterlichen Lärm über die Unthat. Auch die ſtets nachſichtige Theſauraria ſtellte ſich diesmal auf die Seite der Beleidigten und ſetzte mit dieſer und der Pröpſtin trotz Fürbitte der Gräfin Adelheid die Beſtrafung der Schuldigen durch. Die beiden überführten Miſſethäterinnen Mechtild von Klettenberg und Sophia von Hohenbuch mußten am anderen Morgen auf vierundzwanzig Stunden in das dunkle Bußkämmerlein unterhalb der Krypta wandern, zu ihrem Glück beide zuſammen, damit ſie ſich gegenſeitig tröſten konnten. An dem Nachmittage aber kam der Erbmarſchall des Stiftes Herr Gerhard von Ditfurt zum Beſuch, vermißte die beiden Blonden und erfuhr die Geſchichte. Erſt lachte er aus vollem Halſe zum großen Verdruß der beiden alten Kat —"

„Florencius!!"

„— der beiden ehrwürdigen Fräulein Kunigunde und

Gertrud, dann bat er um Gnade für die zwei Eingesperrten. Er brauchte nicht lange zu bitten; die Domina war froh, einen Anlaß zu waltender Milde zu haben. Die Kanonissin Gräfin Adelheid holte die mäßig Zerknirschten aus ihrem tiefen Verließ herauf, und nach einer Strafpredigt der gnädigen Frau, bei der das ganze Kapitel, die Einen vor verbissenem Ärger, die Anderen vor unterdrücktem Lachen, roth wurde, war die Sache für diesmal todt und abgethan. Soll mich nur wundern, was der nächste Schelmenstreich sein wird."

Jetzt mußte auch Herr Willekin lachen, und der Stiftsschreiber stimmte fröhlich ein.

Unter so kurzweiligem Gespräch ritten die Beiden selbander durch die grünende Flur. Ihnen theils zur Linken, theils im Rücken dehnte sich der gewaltige, dunkelblaue Kamm des Gebirges in langer, sich immer höher hebender Linie von der weit sichtbaren Burg zu Ballenstedt bis zu dem schneebedeckten Gipfel des Brockens. Auf der Höhe des Liebfrauenberges haltend und die Rosse wendend, betrachteten sie mit Freuden das ihnen wohlbekannte, entzückende Bild.

Im Lande vor ihnen wechselten fruchtbare Ackerbreiten und Wiesen, durch welche die Bode und eilende Bäche an freundlichen Dörfern und umbuschten Mühlen blinkend vorüber zogen, mit klippengekrönten Hügeln und gewölbten Bergrücken ab, auf denen einsame Warten standen zum Auslug in die Runde. Die noch unvollendeten Domthürme von Halberstadt winkten aus der Ferne herüber, während die Stadt Quedlinburg hinter Bergen versteckt lag; nur das Schloß, aus dessen innerem Leben Florencius eine so ergötzliche Schilderung zum Besten gegeben hatte, ragte darüber hinaus. Dahinter aber, halbwegs vor der breiten Schlucht des Bodethales, starrte das größte von den zackigen Riffen der Teufelsmauer,

die mit den Gegensteinen bei Ballenstedt beginnend sich als
ein oft unterbrochener, aber immer wieder auftauchender Klippen=
zaun meilenlang durch das Vorland des Harzes zieht und erst
beim Regenstein endet, schwarz und ungeheuerlich empor. Fern
im Osten schaute Burg Gersdorf aus der Ebene herauf, süd=
lich, den Reitern grade gegenüber, schimmerte die Lauenburg
vom Bergwalde her, und im Westen drohte des Regensteins
riesenhafter Felsblock, dem zur Rechten die auf spitzem Kegel
trotzende Heimburg, wo Graf Bernhard von Regenstein hauste,
und zur Linken der hochgelegene Sitz der Grafen von Blanken=
burg sich nachbarlich anschlossen.

So umfaßte der Blick von hier aus ein beträchtliches
Stück des herrlichen Harzgaues, ein mit aller Pracht wechseln=
der Farben und fesselnder Formen geschmücktes Gemälde, das
zu den Füßen der Beschauer aufgerollt war und sich unter
dem klaren Frühlingshimmel in seinem vollen Glanze zeigte.
Ein leiser Wind mit kühlkräftigem Hauch strich über die freie
Höhe und machte die Gräser und die Reiser der Bäume
schaukeln und nicken. Über der Ferne schwebte ein matter
Dunstschleier, und hoch im Blauen jubelten die Lerchen.

Nachdem die beiden wieder eine Weile neben einander her=
geritten waren, sagte Florencius: „Herr Stiftshauptmann,
wenn ich mich nicht täusche, so kriegen wir es jetzt mit der
bösen Sieben zu thun. Kommt da nicht der Ritter Bock auf
seinem großen Schecken angetrottet?"

„Du scheinst Recht zu haben, Florencius," erwiederte
der Stiftshauptmann; „aber laß ihn doch kommen, Ritter
Bock ist guten Freunden gegenüber ein höflicher Mann."

Aus dem Waldsaume des Steinholzes, das jetzt den
ruhig Dahinziehenden zur Linken lag, waren drei Reiter
hervorgebrochen, von denen zwei sofort abschwenkten mit der

unverkennbaren Absicht, jenen nach vorwärts wie nach rück=
wärts den Weg abzuschneiden, während der dritte grade auf
sie losgetrabt kam.

Dieser Dritte bot eine abenteuerliche Erscheinung. Auf
einem knochigen Schecken saß eine lange, hagere Gestalt in ritter=
licher Wehr und Kleidung. Der Mann stak vom Scheitel bis zur
Sohle im Kettenpanzer und trug darüber einen kurzen, gezattelten
Waffenrock von stark verblichener gelber Farbe. Über seine eiserne
Beckenhaube bogen sich von hinten her zwei flatternde Hahnen=
federn, und die eisengeflochtene Helmkapuze legte sich ihm wie ein
Pilgerkragen um Nacken, Wangen, Hals und Schultern, so
daß kaum das Gesicht frei blieb. Die Kniekacheln liefen in
spitze Eisendornen aus. Geschiente Handschuhe und unmäßig
lange Sporen vervollständigten die Rüstung. Außer Schwert
und Dolch am Wehrgehänge führte er eine Lanze mit scharfer
Spitze und den kleinen dreieckigen Reiterschild. Ein schmales,
wettergebräuntes Gesicht mit ein Paar bald unruhig umher=
spähender, bald zudringlich bohrender Augen, einer großen
Habichtsnase und einem lang herabhängenden Schnurrbart
schaute keck aus der umschließenden Helmbrünne und ließ das
Alter des Mannes auf vierzig und einige Jahre schätzen.

Es war der Ritter Bock von Schlanstedt, ein Vasall
des Grafen Albrecht von Regenstein und ein in der ganzen
Umgegend bekannter Stoßvogel, der mit einem steten Gesolge
von sechs reisigen Knechten, ausgesucht wilden Gesellen, das
Land durchstreifte und überall auftauchte, wo man ihn am
wenigsten vermuthete. Weil dieses erlesene Fähnlein aber
selten Gutes, sondern meist Schaden stiftete, wo es erschien,
so hatte es den Namen 'die böse Sieben' erhalten.

Als er den beiden Quedlinburgern nahe genug gekommen
war, um sie zu erkennen, setzte der Ritter seinen hochtrabenden

Schecken in langsamere Gangart, schwenkte die Lanze und rief:
„Gruß und Ehr' Euch zu Roß und zu Fuß, Herr Willekin
von Herrkestorf! und Euch, wackerer Florencius!"

„Allen Dank zum Gegengruß!" erwiederte der Stifts=
hauptmann. „Thut mir leid, Herr Ritter Bock von Schlan=
stedt, daß unseretwegen Euer braver Schecke die Sporen fühlen
mußte; es war der Mühe nicht werth, ihn in Trab zu setzen."

„Gott giebt mir ein ander Mal mehr Glück," lachte der
Ritter, lenkte sein Roß an Herrn Willekins Seite und winkte
seinen zwei Knechten, worauf auch die vier anderen aus dem
Steinholz herauskamen und sich dem Zuge anschlossen.

„Habe Euch hoch im Verdacht, daß Ihr nach Halber=
stadt wollt und dort etwas Namhaftes zu schaffen habt,"
sprach er dann im gemeinschaftlichen Weiterreiten.

„Euren Scharsinn habe ich stets bewundert, Herr
Ritter," gab der Stiftshauptmann schelmisch zur Antwort.

„Wüßte freilich nicht, wohin dieser Weg sonst noch
führte," warf Florencius ein.

Bock zeigte gradaus nach einem vor ihnen liegenden
großen Gehöft und sagte: „Dort liegt ein schönes Tafelgut
unserer gnädigen Frau. Sollte Euch verborgen sein, Herr
Stiftsschreiber, daß sie auf dem Münchenhofe ein fürtrefflich
starkes Bier brauen? ein fast lieblich Getränk an staubigen
Frühlingstagen!"

„Was Ihr sagt!" lächelte Herr Willekin.

„Wir wollten eben dahin," bemerkte Bock, „müssen dort
futtern."

„So! Ihr habt dort Euren Hafer liegen?"

„Stiftshafer ist der beste weit und breit," erwiederte
Bock mit ganz unschuldig ernstem Gesicht.

„Und billig!" meinte Florencius.

Jetzt bekam der Stiftsschreiber einen jener bohrenden Blicke vom Ritter, auf die stillzuschweigen für einen nicht ganz Sattelfesten das Gerathenste war.

Bald entspann sich zwischen den Dreien ein lebhafter Meinungsaustausch über den Streit des Grafen von Regenstein mit der Stadt Quedlinburg um die Gerichtsbarkeit und über die Anmaßung des Bischofs, auf den der Ritter übel zu sprechen war.

Bock von Schlanstedt vertheidigte den in seinem Rechte Gekränkten auf das Entschiedenste, denn für seinen Grafen ging er durchs Feuer. Überhaupt hing der seltsame, aus mancherlei Gegensätzen zusammengefügte Mensch an dem Regenstein'schen Grafenhause mit einer grenzenlosen Hingebung. Er hatte die sechs Brüder wie auch den verstorbenen siebenten nicht nur unter seinen Augen aufwachsen sehen, sondern selber erziehen helfen, hatte sie alle auf Armen getragen und vor sich auf dem Pferde gehabt, war ihr Wärter und geduldiger Spielkamerad und dann ihr Lehrmeister im Reiten, Fechten und Stechen gewesen, auf welche Künste er sich wie Einer verstand.

Er war als junger Bursche seinem Vater, einem freien Bauern im Dorfe Schlanstedt, davongelaufen, weil er sich lieber als Reiterknecht durch die Welt schlagen, als hinter dem Pfluge hertreten wollte. Dicht bei Schlanstedt hatten nämlich die Regensteiner eine Burg, bei deren Besatzung sich der junge, hoch aufgeschossene Bauernsohn durch manches ihr zugesteckte heimliche Beutestück aus seines Vaters Rauchfang sehr beliebt zu machen wußte. Von den Reisigen dort lernte er das Kriegshandwerk und fand so großes Gefallen daran, daß er nicht mehr davon lassen konnte und sich eines schönen Tages aus dem Staube machte. Er meldete sich auf dem Regenstein beim Grafen Ulrich, wo man ihn auf seine flehentliche Bitte

in Dienst und Pflicht nahm und wo im Gang der Zeit aus
dem Troßbuben auch wirklich ein tüchtiger Reiterknecht wurde,
der sich durch Zuverlässigkeit und einen tollkühnen Muth all=
mählich die Gunst und das volle Vertrauen seines Herrn
erwarb. In einer Fehde des Grafen Ulrich mit den edlen
Herren von Barby, die das Schnappen und Heckenreiten doch
etwas zu arg und bis in den Harzgau hinein trieben, hatte
sich Bock unter den Augen seines Herrn so glänzend hervor=
gethan, daß ihm dieser nach glücklich beendetem Strauß den
Rittergurt verlieh.

Diese große Auszeichnung erhöhte Bocks Selbstbewußtsein
gewaltig, und er gewöhnte sich nach dem Vorbilde des Grafen
ein ritterliches Benehmen an, ohne hoffährtig gegen das Ge=
sinde und reisige Volk zu werden, mit dem er nach wie vor
Mühen und Gefahren brüderlich theilte.

Er hatte nichts. Sein Roß, sein Eisenkleid und Schwert
und Schild waren und blieben, wie er es auffaßte, des Grafen,
von dem er sie bekommen hatte, und als dessen unbeschränktes,
jeden Augenblick nach Belieben zu nutzendes oder wegzuwer=
fendes Eigenthum betrachtete er auch sein Blut und Leben.
Ein Mann des Grafen von Regenstein zu sein, war seine
Ehre und sein Stolz, und mit gleicher Treue wie früher dem
Vater diente er jetzt den Söhnen, von denen Albrecht sein
Stern und Spiegel, Siegfried aber sein Herzensliebling war.

Der Ritter hielt Stadt und Stift Quedlinburg streng
von einander getrennt. Der ersteren war er feindlich gesinnt,
weil sie die Rechte seines Herrn schmälern wollte; in der
Äbtissin dagegen erblickte er als Dienstmann ihres Schirm=
vogtes eine Fürstin, die auf die Kraft seiner Lanze einen ebenso
begründeten Anspruch hatte wie seiner Meinung nach er selber
und sein Roß auf ihr Bier und ihren Futterhafer.

Als die Reiter auf dem Münchenhofe ankamen, stieg Bock vom Pferde und rief einem seiner Knechte zu: „Hängt ab, Nothnagel! wir bleiben hier."

Willekin und Florencius thaten einen Stegreiftrunk von dem kräftigen Bier, das sie dem darreichenden Meier loben mußten, und setzten sich wieder in Bewegung.

„Ich wünsche Euch einen gnädigen Empfang bei dem hochwürdigsten Herrn Bischof, Herr Stiftshauptmann!" höhnte ihnen der Ritter nach. „Aber ich sorge, Ihr werdet mit Eurer Botschaft so viel Mühe haben, als wenn Ihr einem Tauben ein Märlein erzähltet."

„Ich denke, er wird es in beide Ohren nehmen, was ich ihm zu sagen habe," entgegnete Herr Willekin sich im Sattel umwendend.

„Und Euch zum Dank dafür zu Gaste laden, nicht wahr?"

„Wartet es ab, Herr Bock von Schlanstedt, wer die Zeche zu bezahlen haben wird."

„O, wir leben bei ihm auf Kreide," rief Bock lachend.

„Und sitzt tief genug drin, das weiß ich!" gab der Stiftshauptmann ebenso zurück.

„Dann machen wir einen Strich durch — hiermit!" sagte Bock und schlug mit der Hand ans Schwert.

Aber die Reiter waren schon zu entfernt, um die Worte des Zurückbleibenden noch verstehen zu können.

„Daß Dich der Bock stößt! mich will bedünken, Ihr laßt Euch in seltsam krumme Händel ein, Herr Willekin!" murrte der hagere Recke mit einem mißtrauischen Blicke nach dem dahinreitenden Stiftshauptmann. „Wir Zwei stehen nicht in einem Stall. — Weiter, Hasenbart!" sagte er dann zu einem anderen seiner Gesellen und hielt ihm den geleerten Krug hin, um ihn wieder füllen zu lassen, „aber heute nicht mehr als drei für Jeden! Bis wir die heruntergespült haben, sind die beiden Quedlinburgischen außer Sicht. Sie müssen denken, daß wir hier bleiben, darum sagte ich Euch, Ihr solltet abhängen. Nachher reiten wir ein bischen scharf zu über Wegeleben und ziehen uns rechts an der Bode um Emersleben herum. Unsere Grafen kommen über Derenburg, und in der Gegend von Schwanebeck an der Holtemme sollen wir sie treffen; die von Crottorf und Schlanstedt kommen auch."

"Na, da werden wir's ja wohl schaffen!" brummte Nothnagel.

"Eselskopf! schaffen!" sprach Bock, ehe er den frischen Krug an die Lippen setzte, "Graf Albrecht ist ja dabei und —" nach einem langen Zuge — "und wir Sieben!"

Sie tranken gemächlich und legten während des dritten Kruges die Sättel wieder auf.

Eine Stunde vor Mittag trafen Willekin und Florencius vor dem Petershofe, der großen bischöflichen Burg in Halberstadt ein, die sich dem Dome gegenüber, hochgelegen und stark bewehrt, mit ihren Umfassungsmauern an die vierthürmige Liebfrauenkirche lehnte.

Der Stiftshauptmann sprach absitzend: "Bringe die Rößlein zu meinem werthen Freunde, dem Domherrn Herbord Moor, Florencius, und melde mich und Dich bei ihm zu Mittag an; sage ihm mit meinem Gruße, ich würde nicht lange auf mich warten lassen, er könnte mittlerweile mal in den tiefsten Winkel seines Kellers leuchten."

Der Schreiber griff nickend den Zügel des anderen Pferdes und ritt zur Kurie des Domherrn.

Der Stiftshauptmann aber schritt durch das düstere Thor und wandte sich über den Schloßhof nach dem Portale der bischöflichen Residenz.

Viertes Kapitel.

Ein junger Kleriker führte den Stiftshauptmann über Treppen und durch steingraue Hallen in einen gewölbten, von einer Hängelampe nur matt erleuchteten Gang, an dessen Ende still und zurückgezogen die Wohngemächer des Bischofs lagen. Dort in einem geräumigen, üppig ausgestatteten Zimmer ließ er den Gast in Erwartung des Hausherrn allein, und Herrn Willekin war nicht leicht zu Muthe, als er nun unmittelbar und in einer ihn fremd anschauenden, seltsam befangenden Umgebung vor einer vielleicht verhängnißvollen Unterredung stand.

Bald trat der Bischof ein, in bis auf die Füße reichendem violettem Gewand, eine jugendlich schlanke Gestalt mit bleichen, edel geformten Zügen, denen zwei große dunkle Augen einen vornehm gebietenden Ausdruck verliehen.

Der Stiftshauptmann verneigte sich tief, und Bischof Albrecht redete ihn mit den Worten an: „Seid mir willkommen, Herr Stiftshauptmann! Wie geht es unserer gnädigen Frau von Quedlinburg?"

„Sie sendet Euch durch Euren gehorsamen Diener ihren freundnachbarlichen Gruß, hochwürdigster Herr!" erwiederte der Stiftshauptmann mit einer neuen Verbeugung.

„Und meldet mir ihr und ihrer hochgeborenen Damen
erfreuliches Erscheinen am Tage meiner feierlichen Inthroni=
sation," sprach der Bischof, während ein zufriedenes Lächeln
über sein Antlitz glitt.

Der Stiftshauptmann schwieg und blickte verlegen zu
Boden.

„Nun? Ihr schweigt?" frug der Bischof betroffen. „Ihr
wollt mir doch nicht sagen, sie käme nicht?"

„Ich wollte, ich brauchte es Euch nicht zu sagen, hoch=
würdigster Herr," entgegnete der Stiftshauptmann etwas
kleinlaut.

„Sie kommt nicht?!" wiederholte der Bischof mit stra=
fendem Blick, jedes Wort laut betonend.

Willekin schüttelte langsam das Haupt.

Der Bischof machte einen Gang durch das Zimmer,
seine Erregung zu bekämpfen. Dann blieb er halb abge=
wandt mit verschränkten Armen stehen und warf hochmüthig
über die Schulter: „Ich werde doch erfahren, womit sie ihr
Ausbleiben entschuldigen will, Herr Stiftshauptmann?"

Der Andere zögerte mit der Antwort und sagte dann:
„Hochwürdigster Herr, — es sind Bedenken und nothwen=
dige Rücksichten, welche die gnädige Frau bestimmen, — der
heilige Vater ist ihr geistlicher Oberherr, und — "

„Hahaha! also darum!" lachte der Bischof, „weil das
hochheilige Collegium Papst Johanns, das in seiner babylo=
nischen Gefangenschaft zu Avignon sich so lustige Tage macht,
mir seinen Segen versagt! — Ein so zartes Gewissen hätte
ich unserer schönen Schwester Jutta nicht zugetraut. Nun, ich
hoffe, die scrupuli werden noch zu besiegen sein."

„Ich bezweifle es, gnädigster Herr!"

„Wie? weil ich als deutscher Kirchenfürst mich unter die

Vormundschaft des bis zur Machtlosigkeit heruntergekommenen Papstes nicht bücken und beugen, sondern meine Herrlichkeit und Freiheit, mein eigen Regiment und Willen mir wahren will, darum, darum weigert mir die Äbtissin eines freiweltlichen Stiftes, selber eine reichsunmittelbare Fürstin, die nachbarliche Höflichkeit?" eiferte der Bischof mit unwilligem Erstaunen. „Herr Stiftshauptmann, das ist nicht der wahre Grund."

„Ich weiß kaum, hochwürdiger Herr, wie ich es Euch —"

„O besinnt Euch nur! Ihr wißt noch einen anderen," unterbrach ihn der Bischof mit spottender Überlegenheit und fügte, da keine Antwort erfolgte, herrisch hinzu: „Seht mir ins Gesicht, Herr Willekin von Herrkestorf! kommen diese Bedenken aus der Äbtissin eigener Seele?"

„Nun denn, — nein, durchlauchtiger Herr!" antwortete der in die Enge Getriebene entschlossen.

„Aha! nicht, wirklich nicht! So will ich es Euch sagen, Herr Stiftshauptmann, woher sie stammen: der Wind weht vom Regenstein, der ihr den nichtigen Einwand, haltlos wie Nebeldunst, zugeblasen hat. Der Graf war bei Euch!"

Der Stiftshauptmann nickte.

Der Bischof, die zusammengekrampften Hände im Rücken, schritt heftig auf und nieder.

„Erzählt!" befahl er zornbebend.

„Ich hatte in Gegenwart der Pröpstin Gräfin Kunigunde von Woldenberg von unserer gnädigen Frau schon den Befehl erhalten, Euch ihre und ihres ganzen Kapitels freudige Theilnahme an Eurem hohen Feste anzukündigen. Da kam Graf Albrecht, sagte uns seinen Streit mit Euch, hochwürdiger Herr, und —"

„— und brachte Eure wankelmüthige Domina im Handumdrehen dazu, mir abzusagen," ergänzte der Bischof in höchster Erbitterung. „O, ich höre ihn, ich sehe ihn dabei, und er soll es nicht umsonst gethan haben!'

„Ihr habt Alles errathen, hochwürdigster Herr," sagte der Stiftshauptmann, „ich habe Euch —"

„Ihr habt mir nichts gesagt; nein, nein! Nun, wie Ihr wollt, wie Ihr wollt, Herr Graf und Frau Äbtissin! — Hört jetzt meine Antwort, Herr Stiftshauptmann! Meldet Eurer gnädigen Frau mein tiefes Bedauern über ihren mir schmerzlichen Entschluß und meinen Wunsch, daß sie der heilige Vater in Avignon dafür segnen möge, wenn er gerührt ihre Demuth vor seiner Erhabenheit erfährt." Der Bischof sprach es mit einem Lächeln um die geschweiften Lippen, das etwas Unheimliches hatte; zwischen seinen Brauen zeigte sich eine böse Falte, und sein Gesicht schien noch bleicher als zuvor. Er schritt zum Tische und läutete mit einer kleinen Glocke, die einen schrillen, rasselnden Klang gab.

Der junge Kleriker trat ein und entfernte sich wieder, nachdem der Bischof ihm einen leisen Befehl ertheilt hatte.

Darauf wandte sich der Bischof wieder zu seinem Gaste, und die beiden Herren blickten sich an, als erwartete jeder vom andern eine Frage oder das erste Wort zur Anknüpfung eines neuen Gesprächs.

Aber der Bischof sagte nur, indem er sich selber niederließ: „Nehmt einen Sessel, Herr Stiftshauptmann, und laßt mich Erfreuliches hören von Handel und Wandel der guten Stadt Quedlinburg."

Der Stiftshauptmann sprach, nachdem er sich dem Bischof gegenüber gesetzt hatte: „Hochwürdiger Herr, ich habe noch einen andern Auftrag an Euch."

Der Bischof schwieg und lauerte.

„Vom Bürgermeister Nikolaus von Belheim," fuhr Herr Willekin fort, den Bischof dabei scharf ins Auge fassend.

„Vom Bürgermeister? an mich?" frug der Bischof sehr verwundert.

Der Stiftshauptmann, der schon von der hochmüthigen Art und Weise, mit der ihn der Bischof bis jetzt behandelt hatte, wenig erbaut war, fühlte sich durch das erheuchelte Staunen, das in der Frage lag, verletzt und erwiederte ziemlich unwirsch: „Gnädigster Herr, Ihr dürft mir vertrauen! ich bin vollkommen eingeweiht. Also mit einem Worte: der Rath nimmt das Bündniß mit Euch an."

Über des Bischofs Gesicht fuhr ein Strahl der Freude. Aber schnell bezwang er die unwillkürliche Regung und sagte gelassen: „Verzeiht mir, Herr von Herrkestorf! aber das ist ein Geheimniß, in dessen Besitz ich nicht gerade Euch vermuthete."

Herr Willekin verstand und sprach darauf noch mehr gereizt: „Dann vergeßt Ihr, hochwürdiger Herr, daß ich nicht bloß Stiftshauptmann, sondern auch altangesessener Bürger meiner Stadt bin. Übrigens plant Ihr ja in Eurem Bunde nichts Ungebührliches gegen meine gnädige Frau, die Äbtissin, in welchem Falle ich allerdings nicht den Boten und Bringer so heimlicher Kunde machen würde."

„Ich danke Euch, Herr!" erwiederte der Bischof kühl. „Nimmt der Rath meine Bedingungen stricte an?"

„Mit den meisten Eurer — Vorschläge ist er einverstanden, wünscht aber eine deutlichere Bestimmung der in gewissen Fällen von Euch zu erwartenden Hülfsleistungen und verlangt einen Austausch bindender Schriftstücke."

„Also nochmalige Verhandlung!" murrte der Bischof. „Nun meinetwegen; so sendet mir Eure Bevollmächtigten."

„Hierher, nach Halberstadt? Das würde nicht ohne einiges
Aufsehen, nicht ohne Wissen desjenigen geschehen können, gegen
den unser Schutz- und Trutzbündniß eigentlich gerichtet ist.
Der Regensteiner hat überall seine Kundschafter, erst heute,
auf dem Ritte hierher, haben sie mich umstellt."

„Ihr habt Recht; aber wie könnte es anders geschehen?"

„Schickt uns Eure Schrift durch einen unverdächtigen
Boten und empfangt dagegen die unsrige auf demselben Wege
und an demselben Tage zurück."

„Mag es sein, wie Ihr sagt," sprach der Bischof nach
kurzem Bedenken und erhob sich. „Also, Herr Stiftshauptmann, das Bündniß zwischen mir und der Stadt Quedlinburg
ist geschlossen."

„So gut wie geschlossen, hochwürdigster Herr!" erwiederte
der Stiftshauptmann und schlug in des Bischofs dargebotene
Rechte.

„Überbringt den wohledlen Herren im Rathe meinen
freundlichen Gruß, Herr Willekin von Herrkestorf," sagte der
Bischof, „und vergeßt nicht, was Ihr Eurer gnädigen Frau
von mir bestellen sollt."

Dann winkte er dem Gaste, der ihm eine so widerwärtige und eine so willkommene Botschaft gebracht hatte, gnädig
Entlassung.

Als der Stiftshauptmann den bischöflichen Palast mit
seinen drückenden Mauern und dumpfigen Wölbungen hinter sich
hatte und aus der tiefen Dämmerung des Außenthores in den
hellen Sonnenschein hinaustrat, wo gegenüber die Thürme
des wunderherrlichen Domes, noch unvollendet zwar und
mit Baugerüsten umgeben, schon hoch und schlank zum blauen
Himmel empor ragten, athmete er erleichtert auf. Gedankenvoll, aber nicht unbefriedigt von der Unterredung ging er

dahin. Er hatte seinem Gegner, dem Grafen Albrecht, beim Bischofe etwas eingeheizt, brachte seiner gnädigen Äbtiſſin eine wohlverdiente Rüge für ihren Wankelmuth heim, hatte dem Stolze des Biſchofs das Selbſtbewußtſein des Städters entgegengeſetzt und endlich das von beiden Theilen erwünſchte Schutzbündniß ſeinem Abſchluß näher geführt. Je mehr er ſich dieſe Erfolge klar machte, je heiterer wurden ſeine Mienen und je ſchneller auch ſeine Schritte zur Kurie ſeines Freundes, des lebenslustigen Domherrn.

Kaum war der Biſchof allein, als der junge Kleriker wieder erſchien und auf einen Wink des Erſteren einen älteren geiſtlichen Herrn eintreten ließ, deſſen faltiges Geſicht den Ausdruck eines verſchloſſenen, nachdenklich nach innen gekehrten Weſens trug. Es war der Dompropſt Jordan von Donfuß, ein dem Biſchof ſehr ergebener Prälat, den dieſer ſelbſt erſt zum Lohn für ſeine erfolgreiche Thätigkeit bei der Biſchofswahl zur oberſten Würde im Domkapitel erhoben hatte.

Der Biſchof ging ihm mit dem Ausruf entgegen: „Jordanus, ſie kommt nicht!"

„Wer war es doch, hochwürdiger Herr," erwiederte der ſo Begrüßte ruhig, „der Euch das vor ſechs oder ſieben Tagen ſchon ſagte?"

„Aber den Grund, warum ſie nicht kommt, den wißt Ihr nicht."

Der Dompropſt dachte mit geſenkten Wimpern einen Augenblick nach und ſagte dann: „Ausflüchte wüßt' ich genug für ſie, aber nur einen Grund, und der heißt — Graf Albrecht."

„Wie räch' ich mich, Jordanus?" frug der Biſchof zornblitzend.

„An der Äbtiſſin durch Vergeſſen, daß ſie in der Welt iſt; am Grafen —"

„— durch einen Kampf auf Leben und Tod!" brauste der Bischof.

„Nein," entgegnete der Dompropst gelassen, „dazu ist er zu mächtig. Wir müssen ihn in seinen Schlingen fangen, alle seine Schritte kreuzen, alle seine Pläne hemmen und hindern, ihn langsam, Schritt vor Schritt zurückdrängen, bis er klein geworden ist."

Der Bischof schüttelte das Haupt: „Das geht mir zu langsam, Propst! ich will ihm rasch Schlag auf Schlag versetzen. Den Kauf von Wegeleben und Schneitlingen schließen wir morgen ab. Dazu ließ ich Euch rufen. Mit Schneitlingen faß' ich Fuß im Schwabengau, und der Wezelebener Bezirk schiebt sich so recht wie ein Keil in das Regenstein'sche Gebiet zwischen Crottorf und Quedlinburg."

Der Dompropst nickte still vor sich hin und sagte dann: „Freilich, wenn Ihr es nicht nehmt, so nimmt es Graf Albrecht, wie er Burg Gersdorf genommen hat."

„Hat er sie schon?" fuhr der Bischof auf.

„Wohl möglich, keinenfalls entgeht sie ihm," erwiederte der Propst.

„So müssen wir weiter denken, Jordanus! müssen Land und Leute gewinnen, unsere Macht zu mehren," sprach der Bischof immer heftiger werdend. „Ich will nicht ruhen und rasten, bis ich den Grafen von Regenstein zu meinen Füßen sehe. Er allein ist schuld, daß die Äbtissin nicht kommt, und das, Jordanus, das soll er mir büßen!"

„Es ist ein leidiger Fall, des Erzbischofs wegen," nickte der Propst.

„Nun freilich! was soll er denken, wenn die Äbtissin von Quedlinburg und die Grafen von Regenstein fehlen?"

„Und die Anderen, die Grafen von Mansfeld, Hohnstein, Stolberg —"

„Haben die auch abgesagt?" frug der Bischof finster.

„Noch nicht, aber Ihr glaubt doch nicht, daß sie kommen werden, wenn die Regensteiner ausbleiben?"

Der Bischof stampfte mit dem Fuße. „Und das Alles um den Einen!" rief er wuthbebend. „Aber ich zwing' ihn, ich zwing' ihn, Jordanus!"

„Dann macht Euch auf einen heißen Kampf gefaßt, hoch= würdiger Herr!"

„Das bin ich, Propst!" erwiederte der Bischof und reckte die schlanke Gestalt mit dem feinen Kopfe stolz empor; „es geht um die Herrschaft im Gau. Nur Einer kann Herr darin sein, und das will ich sein!"

„Wenn Ihr der Städte sicher wäret —," sagte der Propst.

„Osterwiek ist mir treu, mit Quedlinburg sind wir im Reinen, nur unserem lieben Halberstadt ist nicht recht zu trauen," erwiederte der Bischof nachdenklich, „indessen gegen den Regensteiner wird es mich nicht im Stich lassen." Dann fügte er mit einer entlassenden Handbewegung hinzu: „Sendet morgen in der Frühe einen Boten mit einem Schreiben an den Fürsten von Anhalt, ich nähme seine Bedingungen an und betrachtete mich von Stund an im Besitz von Wegeleben und Schneitlingen."

„Es ist wenigstens ein Anfang," sagte der Propst sich verneigend.

„Ja," sprach der Bischof, „der Anfang zum Kampf mit dem Grafen, zum Kampf um die Herrschaft im Gau!" —

Als der Bischof seinen vorsichtigen Dompropst mit den verhängnißvollen Worten verabschiedete, dachte er nicht, daß der erste Schlag in diesem Kampfe bereits gefallen war, und nicht von einem bischöflichen Schwerte. Aber noch der heutige Tag sollte ihn darüber aufklären.

Gegen Abend erschreckte den einsam Grübelnden sein
Kammerknecht durch die mit verstörter Miene vorgebrachte
Meldung: „Hochwürdigster Herr, draußen ist Glesing, der
Vogt von Emersleben, und will Euch sprechen; er ist ver=
wundet."

Der Bischof schnellte empor, als wäre er in die Ferse
gestochen. „Was sagst Du?" rief er, „Glesing verwundet?
bring' ihn her!" Eine heftige Unruhe erfaßte ihn, und die
kurze Spanne Zeit, bis der Angemeldete erschien, dauerte ihm
schon zu lange.

Der Reisige trug den rechten Arm verbunden in einer
Schlinge und war bleich und matt vom Blutverlust und von
der Anstrengung des trotz seiner Verwundung zu Fuß zurück=
gelegten Weges.

„Glesing! was hat's gegeben?" frug der Bischof, ehe
der Andere ein Wort sagen konnte. „Waren die Regensteiner
in Emersleben?"

„Hochwürdigster Herr, sie sind noch drin," erwiederte
der Vogt.

„Das soll doch nicht etwa heißen, sie hätten das Schloß
erstiegen?" schnob ihn der Bischof an.

„Doch, Herr! es ist so," sagte Glesing. „Mit einem
Male waren sie da, die fünf Grafen, Albrecht voran, bei
zwanzig Pferde stark und mit ihrem reisigen Fußvolk vom
Regenstein, von Derenburg, Schwanebeck und Crottorf und
Bock von Schlanstedt mit der bösen Sieben. Das Thor zu=
schlagen und die Brücke abwerfen war Eins; aber ehe wir
die Armbrust aufbringen konnten, waren sie schon an der
Mauer, und die Crottorfer hatten allerlei Kriegszeug zum
Werfen mitgebracht, und damit fingen sie an, uns hart zu
berennen. Das erste Mal fehlte es ihnen, und Mancher von

ihnen sank hin und stand nicht wieder auf; aber der Über-
drang war zu groß gegen unser Häuflein. Als sie schon im
Thore drin waren, gab es noch eine harte Schlacht, und Graf
Albrecht rief mir zu, ich sollte zum Frieden mit mir handeln
lassen, sonst würden wir schwerlich mit dem Leben davon
kommen. Ich wies ihn ab, und da ging es ans Dreinhauen
Mann gegen Mann, und als ich den Hieb auf den Arm
kriegte, war's vorbei. Drei von den Unsern lagen todt, und
vier waren verwundet; da mußten wir aus gedrungener Noth
klein beigeben. Sie warfen uns hinaus und haben eine starke
Besatzung ins Schloß gelegt. Emersleben ist nun wieder
Regensteinsch."

Den Kopf in die Hand gestützt am Tische sitzend und
an der Unterlippe nagend, hatte der Bischof den Bericht seines
verwundeten Burgvogtes angehört, ohne ihn zu unterbrechen.
„Der Herr der Hölle danke Dir für Deine Botschaft!" fuhr
er dann mit einem Male heraus.

„Ihr habt sie ja noch gar nicht gehört, Herr!" erwiederte
Glesing.

„Hast Du noch mehr zu krächzen, Unglücksrabe?"

„Noch ein paar Worte vom Grafen Albrecht von Regenstein an Euch," erwiederte der Vogt. „Ich soll Euch sagen,
hochwürdigster Herr, das Schwert ließe den Krummstab grüßen,
und was man bei einem Tausch mit einem ehrlichen Kaufbrief nicht kriegen könnte, das nähme man sich so wie Schwanebeck und Emersleben; das wäre weltlich Recht."

„Scher' Dich zum — Bader und laß Dich verbinden!"
knirschte der Bischof.

Der Vogt ging ohne Dank und Abschied davon. Der
Bischof aber wandelte mit großen Schritten auf und nieder
und murmelte Verwünschungen gegen den Grafen Albrecht.

Schon etwas gefaßter sagte er in seinem zerrissenen Selbstgespräch: „Dahin wie daher! Was wir in Emersleben verloren, müssen wir in Wegeleben wieder aufbauen."

Spät erst begab er sich zur Ruhe und warf sich noch
lange auf dem Lager umher, bis sich der Schlummer seines
aufgeregten, mit zahllosen Plänen zermarterten Gehirnes er-
barmte und den macht- und ruhmbegierigen Mann dann doch
noch mit beängstigenden Träumen quälte.

Fünftes Kapitel.

———⊙———

Leere Drohungen auszustoßen und im Übrigen eine Sache auf sich beruhen zu lassen, war Graf Albrechts Weise nicht. Er hatte der Äbtissin gesagt, daß er sich erst Emersleben wiedernehmen und dann seine Rechnung mit dem Rathe der Stadt Quedlinburg wegen des bischöflichen Aftergerichts begleichen würde. Das Eine war vollbracht, jetzt sollte auch das Andere geschehen. Er wählte dazu den Tag, an dem ihn Fürst Bernhard von Anhalt-Ballenstedt mit Burg und Gericht Gersdorf belehnte.

Nachdem die lehensrechtliche Handlung mit der herge= brachten Feierlichkeit an Ort und Stelle stattgefunden und Albrecht seinen zweitjüngsten Bruder Günther als Burgvogt daselbst eingesetzt hatte, ritt er mit seinem jüngsten Bruder Siegfried und einem kleinen Gefolge reisiger Knechte geraden Weges nach Quedlinburg. Dicht vor der Stadt kamen sie an den städtischen Vorwerken Tackenburg und Stumsburg und an dem hohen Baume unweit der vor dem Steinbrückenthor belegenen Sankt Spirituskapelle vorüber. Der hohe Baum, eine mächtige Linde, war eine alte Dingstätte, an welcher über Fürsten und Grafen Gericht gehalten wurde, wo unter Anderem auch im dreizehnten Jahrhundert die Theilung der Braun= schweigischen Länder zwischen den Herzögen Albert und Johann,

4 *

den Stammvätern der beiden nachmaligen Linien Braunschweig-Lüneburg und Braunschweig-Wolfenbüttel, vollzogen und förmlich ausgesprochen war.

An dieser Stelle vor dem hohen Baume wollte Albrechts Pferd nicht vorbei. Er zwang es mit fester Hand und sagte zu Siegfried: „Seltsam! Brun scheut vor dem Blutgeruch, als witterte er etwas von den harten Sprüchen, mit denen hier schon über manchen tapferen Mann der Stab gebrochen ist. Gott verhüte, daß jemals ein Regensteiner als Verklagter unter dieser Linde stehen muß!"

„Das verhüte Gott!" wiederholte Siegfried, „Albrecht, wie kommst Du nur darauf?"

„Ich weiß es nicht," sprach Albrecht, „aber die Thiere merken oft Dinge, von denen ein Mensch nichts ahnt, und ich achte gern auf die kleinen, stummen Winke von Roß und Hund, unsern guten Gesellen, die mich noch selten betrogen haben."

Sie ritten durch das tiefgewölbte Thor in die Stadt hinein, und die Bürger wunderten sich über den unverhofften Besuch. Die Männer warfen dem Grafen Albrecht finstere Blicke zu, obwohl sie es an einem dienstlichen Gruße nicht fehlen ließen; die Frauen und Mädchen aber hatten ihre Freude an den beiden ritterlichen Gestalten, besonders Siegfrieds blühende Jugendkraft fand viel Gunst und Gnade in den Augen der Schönen. Dieser ritt nur durch die Stadt hindurch nach der Guntedenburg, wo er auf den älteren Bruder warten wollte.

Auf dem Markte vor dem Rathhause stieg Graf Albrecht ab, übergab sein Roß einem Knechte und schritt die breite Steintreppe hinan und durch die Thür, über welcher an der Außenseite des stattlichen Gebäudes ein großer gemeißelter und bemalter Reichsadler prangte.

Er hatte in Erfahrung gebracht, daß heute Nachmittag eine Rathssitzung stattfinden würde und war darum gerade heute gekommen. Den Rathsdiener, der seine Ankunft dem versammelten Rathe melden wollte, schob er mit kräftigem Arm bei Seite und betrat dröhnenden Schrittes den Sitzungssaal, wo sein plötzliches Erscheinen keine geringe Überraschung und keine große Freude hervorrief.

„Verzeihet, Wohledle und Wohlweise, daß ich Eure gewiß sehr wichtige Berathung so jählings unterbreche; aber ich habe in Frieden und Freundschaft ein paar ernste Worte mit Euch zu reden," begann er zu den sich schnell erhebenden Rathsherren. Den Stuhl nicht benutzend, den ihm der Stadtschreiber herbeitrug, blieb er mitten vor der Versammlung stehen und fuhr, ohne eine höfliche Aufforderung dazu abzuwarten, in einem entschiedenen Tone fort: „Ihr wißt, Bürgermeister und Rath, wie ich über das vom hochwürdigsten Bischof von Halberstadt hier in der Stadt eingesetzte geistliche Gericht denke, und wer von Euch es etwa noch nicht weiß, dem sage ich hiermit, daß ich diesen Eingriff in mein Recht als Schirmvogt und Gerichtsherr des Stiftes auch nicht einen Tag mehr zu dulden gewillt bin. Ist einem Bürger Eurer Stadt von einem an meinen Malstätten gehegten Gerichte Unrecht geschehen, das Recht verweigert, ein scheltbares Urtheil gefunden, ein zu harter Spruch gefällt? Das frage ich Euch!"

„Hochachtbarer Herr Graf," sprach nun der erste Bürgermeister, „nicht wir haben das geistliche Gericht eingesetzt, sondern, wie Ihr selber sagt, der hochwürdigste Bischof von Halberstadt hat es gethan."

„Aber Ihr habt es geduldet!" erwiederte der Graf heftig und schlug mit der behandschuhten Eisenfaust klirrend und krachend auf die hölzerne Schranke vor dem Sitzungstische.

„Nur über geistliche, nicht über weltliche Dinge hat der Bischof hier einen Richter bestellt, Herr Graf," erwiederte der Bürgermeister.

„Was geistlich und weltlich!" rief der Graf. „Wer das Gericht anruft, Pfaff oder Laie, der hat Recht zu nehmen von einem echten und gerechten Ding. Jeder arme Sünder mag in seiner heimlichen Gewissensnoth zum Beichtmönch schleichen. und Pfaffengezänk mögen sie vor den Bischof bringen, aber in des Kaisers Namen Recht sprechen, das thu' ich oder die von mir bestellten Richter. Gebt Ihr das zu? oder wagt Ihr es zu leugnen?"

„Wir müssen es zugeben," sagte der Bürgermeister nach einem raschen Blick über die Versammlung, die mit einem leisen Gemurmel beistimmte.

„Nun dann wißt Ihr auch, was Ihr zu thun habt," sprach der Graf. „Ich belege Euch mit einer Buße von drei= hundert Mark Stendalisch Silber für jeden, noch so gelinden Spruch, der von heute an hier aus einem anderen Munde als dem des von mir bestellten Stadtschultheißen fällt. Ihr selber und jeder Bürger Eurer Stadt haftet mir dafür mit Leib und Leben! Nun habt Ihr mich wohl verstanden, und jetzt, Herr Bürgermeister, ersuche ich Euch, mir mit zwei Rathmannen nach dem Franziskaner=Kloster zu folgen, damit wir dort an der Stätte seines Frevels dem Afterrichter des hochwürdigsten Herrn Bischofs die Pfuscharbeit ernstlich ver= bieten."

Was sollten sie machen? Der Graf sah nicht danach aus, als wenn er sich lange aufs Bitten legen wollte, und sie wußten, wie schwer seine Hand war, wenn sie im Zorne auf der Stadt ruhte. Sie wagten es nicht, ihn noch mit einem Worte zu reizen. Die Sitzung wurde aufgehoben, und der

Bürgermeister mußte sich dazu bequemen, den Grafen mit zwei Rathsherren zu den Franziskanern zu begleiten.

Dort mußten zwei Mönche sofort den Rector von Sankt Ägidien herbei holen. Der Graf befahl ihm mit kurzen und derben Worten, seinem geistlichen Richteramt zu entsagen und auf die Heiligen zu schwören, daß er keine Klage, weß Gegenstandes sie auch sei, mehr annehmen wolle. Dessen weigerte sich der Pfarrer, worauf ihm der Graf drohte, ihn stehenden Fußes aus der Stadt führen und auf dem Regenstein in den Thurm werfen zu lassen. Da leistete der Rector den Eid in Gegenwart der Herren vom Rath, des Guardians und einiger Barfüßermönche.

Darauf ritt der Graf mit den Seinigen von dannen, und als er aus dem Thore war, athmeten Rath und Bürgerschaft auf, als wenn ein Wolkenbruch Tod und Verderben drohend über ihrer Stadt geschwebt hätte und noch einmal glücklich vorüber gezogen wäre. Einen Zuwachs an Anhänglichkeit und Liebe der Quedlinburger nahm Graf Albrecht nicht mit, aber das geistliche Gericht des Bischofs war beseitigt, und er hoffte nun eine Weile in Ruh und Frieden zu leben.

Aber länger als eine Woche sollte das beschauliche Stillleben auf dem Regenstein nicht dauern. Dafür sorgte der Ritter Bock von Schlanstedt.

Dieser Würdige, der den Panzer nicht auszog und sich nur in den Steigbügeln wohl und glücklich fühlte, brannte darauf, die neu erworbene Burg Gersdorf in näheren Augenschein zu nehmen, war daher eines Tages mit seinen sechs reisigen Knechten dahin aufgebrochen und hatte in Abwesenheit des Grafen Günther eine Nacht auf der Burg zugebracht.

Am andern Morgen wollten die Sieben nach dem Regenstein zurück und machten sich auf den Weg dahin, der über

Quedlinburg führte. Bock ritt langsam voran, und die Knechte folgten ihm in kurzer Entfernung. Zwei der letzteren hatten auf Befehl des Grafen den Tags vorher beendeten Festlichkeiten in Halberstadt beigewohnt, um auszukundschaften, wer von den benachbarten Grafen und Herren an der Inthronisation des Bischofs Theil genommen hatte und wer nicht.

Diese Beiden erzählten nun ihren Gesellen von den dort geschauten Herrlichkeiten bei der Procession durch die geschmückte Stadt, der feierlichen Weihe im Dom und den Lustbarkeiten im bischöflichen Palast und auf dem stolzen Rathhause.

„Heilige Marie, Mutter und Magd!" rief Nothnagel, „war das eine Pracht an Kleidung und Armatur, an Reitzeug, Kleinoden und Fähnlein von all den Herren geistlichen und weltlichen Standes!"

„Und Pfaffenfleisch war auch genug da," sagte Hasenbart; „ich glaube, aus zehn Meilen in der Runde waren die Bauchvettern zusammengeströmt."

„Die können's!" sprach ein Anderer, „sind ja mit Pfründen und Gütern behängt wie der Weinstock mit Trauben."

„Ich meine, von den weltlichen Herren ist mancher ausgeblieben, der doch geladen war?" frug Einer.

„Keiner von unseren Herren war da," erwiederte Nothnagel, „und der Mansfelder, der Hohnsteiner und der Stolberger waren auch nicht gekommen."

„Und auch nicht unsere gnädige Frau von Quedlinburg," fiel Hasenbart ein. „Ich habe mir die Augen nach ihr ausgeguckt, aber sie war nicht da; Gott weiß den Grund."

„Weil sie mit der Wahl des Herzog Albrecht nicht einverstanden ist," sagte einer der Knechte.

„Es hat sich ja auch lange genug damit gestoßen, bis sie

ihn im Kapitel durchgebracht haben," sprach Nothnagel. „In Halberstadt munkelten sie, der Papst wäre gegen ihn."

„Beim Kaiser soll er auch nicht viel Platz haben," bemerkte ein Anderer.

„Nun, wir haben uns nicht daran gestoßen," lachte Hasenbart. „Wir zechten und waren fröhlich."

„Habt wohl brav bankettirt?"

„Ja Bruder, das haben wir! hatten ja Geld auf den Tisch zu schütten, das uns der Graf gegeben hatte, weil wir Regenstein'sche Farbe am Rock führten. Wir sollten uns zeigen, wenn das Becherlein umging. Und das haben wir gethan, Bruder! haben gute Kumpanei gehalten mit des Rathes Gepanzerten und anderen biderben Leuten, die mit ihren Herren eingeritten waren. Die Bischöflichen aber ärgerten sich, denn mit denen haben wir uns nicht gemein gemacht."

So erzählten die beiden ihren zuhörenden Gesellen und gaben ihnen auf alle Fragen gern Auskunft und frohen Bescheid. Als aber die böse Sieben an Quedlinburg herankam, ritt Bock einen östlich der Stadt belegenen Hügel hinauf, den man fast einen Berg nennen konnte, und machte dort Halt.

Es war ein die ganze Umgegend beherrschender Punkt mit einer weit reichenden Aussicht. Zu den Füßen der Rastenden lag die vielthürmige Stadt, im Hintergrunde derselben das ragende Schloß der Äbtissin und ihm gegenüber das Marienkloster auf der steilen Höhe des Münzenberges. Auch das Wipertikloster und die Guntedenburg konnten sie sehen, und in der Ferne schloß der hohe Kamm des Gebirges das Bild gleich einem Rahmen ein.

Die Stelle, ein großes umwalltes Hünengrab, das sich kuppelartig auf dem Rücken des Hügels erhob, wurde die Bockshornschanze genannt.

Der Ritter hielt an, um zu kundschaften, wie nahe er sich wohl an der Stadt vorbeiwagen dürfe, ohne von schweifenden Knechten des Rathes aufgehoben zu werden, und auch, ob sich nicht etwa einige schlecht bewachte Stück Vieh oder gar ein paar unvorsichtige Bürger blicken ließen, mit deren Einbringung der allzeit Raublustige seinem Herrn auch ohne dessen Auftrag eine Freude machen könnte.

Nichts dergleichen war zu sehen, aber die Reiter hatten nichts zu versäumen; sie saßen ab und lagerten sich. Vielleicht war ihnen das Glück doch noch hold mit Zuführung irgend einer Beute.

Die böse Sieben führte ihren Namen schon in Betracht ihres Äußerlichen nicht mit Unrecht. Verwegene, zerhauene und zernarbte Gesichter mit struppigen Haaren und zottigen Bärten, geflickte Kettenpanzer und schäbige Wämser auf den vierschrötigen Gliedern und dabei Gäule, wie aus den Ge= schwadern des wilden Heeres gestohlen, machten zusammen den schauerlichen Eindruck eines Gesindleins, mit dem kein ehrlicher Christenmensch schon in Gutem, geschweige denn in Ungutem etwas zu schaffen haben mochte. Auch ihre Waffen sahen nicht aus wie Kinderspielzeug. Handfeste Spieße und ungeschlachte Schwerter waren die Hauptstücke; aber Diesem hing noch eine leichte Armbrust, Jenem ein schwerer Faustkolben am Sattel, und ihre Kesselhauben zeigten manche Beule.

Nach einer guten Stunde fruchtlosen Wartens auf der freiliegenden Höhe rief plötzlich Feuerlein, einer der Knechte, der als Wache ausgestellt war: „Herr Ritter, da kommt was!" und zeigte auf den Weg nach Ballenstedt.

Wie der Wind waren die Anderen alle auf den Beinen und spähten nun eifrig und erregt nach der angedeuteten Rich= tung, wo halbwegs zwischen dem Hackelteiche und der Bocks= hornschanze sich ein kleiner Trupp Reisender bewegte.

„Ich zähle sechs Pferde," sagte Feuerlein.

„Ich auch," sprach ein Anderer.

„Ich sehe nur vier Reiter," behauptete Hasenbart.

„Hast Recht, zwei Gäule sind bepackt," versetzte Gutdünkel.

„Das sind doch Frauenzimmer, die beiden Vordersten?" sprach Bock.

„Ja, ja, das sind Frauenzimmer," lachte Springwolf.

„Aber hinten reiten zwei Männer," sagte Rothnagel.

„Die Vordersten sind auch Männer," sprach Hasenbart.

„Nein, nein! Frauenzimmer! die hinten sind Männer. Sie tragen Stahlhauben. Und die Frauenzimmer haben Mäntel an." So riefen sie Alle zugleich durcheinander, während sie schon mit hastigen Fingern an Schnallen und Riemenzeug ihrer Wehr und Panzerkleidung herumtasteten, ob Alles fest und in Ordnung sei zum raschen Überfall.

„Zwei Frauen mit zwei Packpferden, von zwei Reisigen geleitet, — da muß doch was dahinterstecken!" meinte Feuerlein.

„Jetzt zeigt Einer mit der Hand gerade hierher."

„Sie haben uns gesehen."

„Hurtig! macht, daß Ihr auf die Gäule kommt!" befahl Bock. „Wir müssen sie fangen. Hasenbart und Gutdünkel rechts herum, Feuerlein und Springwolf links! Rothnagel mit mir! Rupfer, Du bleibst hier und giebst Acht, ob ihnen nicht etwan ein Geleit aus der Stadt entgegenzieht. Vorwärts! springt zu, meine Wölfe!"

Schnell waren sie im Sattel, und die Vier sausten staubwirbelnd dahin, nach rechts und links einen Haken schlagend, um den Reisenden von zwei Seiten in die Flanken zu fallen, indeß Bock mit Rothnagel gerade auf sie lostrabte.

· Die Nahenden merkten sehr bald, daß sie von Wegelagerern umzingelt wurden, und den Frauen ward bang zu

Muthe. Aber an Flucht war nicht zu denken, und da Bock
sah, daß sie keinen Versuch dazu machten, erhob er die Hand,
und die vier ausgeschwärmten Knechte hielten sich, getrennt
von einander, zu beiden Seiten in kurzer Entfernung von
jenen, ohne sie anzugreifen. Bock ritt den Fremden nun
gemächlich im Schritt entgegen.

„Eilika, was fangen wir an?" sprach die eine der Rei=
terinnen in zitternder Angst. „Sag' ich meinen Namen und
daß ich zur Äbtissin aufs Schloß will, oder sag' ich's nicht?"

„Sagt es nicht, gnädiges Fräulein!" rieth dringend einer
der Reisigen.

„Gnädiges Fräulein, mir kommt ein Gedanke!" sprach
schnell die mit dem Namen Eilika angeredete Begleiterin. „In
unseren Reisekappen sind wir nicht zu unterscheiden. Laßt
uns tauschen; ich will die Herrin spielen, macht Ihr die Zofe.
Vielleicht bring' ich uns durch."

„Alles, was Du willst, Eilika!" sagte die Erste wieder
mit bebender Stimme. „O Gott sei uns gnädig!"

„Dann die Schleier vor!" flüsterte die Zofe.

Einen halben Pfeilschuß vor den Fremden blieb Bock
halten; ebenso Nothnagel etwas hinter ihm. Gutdünkel rechts
und Feuerlein links hatten die Armbrust aufgezogen mit dem
Pfeil auf dem Stege. Die anderen Beiden hielten den Speer
auf dem Schenkel, und alle Sechs faßten die Umstellten so
scharf ins Auge wie Raubthiere das beschlichene Wild.

Die Reisenden näherten sich im unveränderten, ruhigen
Schritt ihrer Pferde, als machte ihnen ihre Lage durchaus
keine Sorge.

„Nur Muth!" sagte die Zofe leise halb zur Herrin, halb
zu sich selber. „Hier hilft nur die größte Keckheit oder gar
nichts. Ich brauche mein Mundwerk!"

„Halt!" gebot Bock im nächsten Augenblick mitten auf
dem Wege.

Die Reiterinnen hielten dicht vor ihm an, die Gesichter
verschleiert.

„Ich bedaure, holde Unbekannte," sagte Bock in einem
geziert spöttischen Tone, „daß ich Euch Ungelegenheiten ver-
ursachen und Euch zu einem kleinen Umwege bereden muß.
Wir bleiben nun zusammen; wollt Euch unsere Gesellschaft
gütigst gefallen lassen."

„Ei Herr Ritter, Ihr wollt uns gutes Geleit nach
Quedlinburg geben?" sprach Eilika mit einem wahrhaft heraus-
fordernden Übermuth, der außerordentlich echt und natürlich
klang. „Ist vielleicht die Straße nicht sicher vor schweifendem
Raubgesindel?"

Daß Dich der Bock stößt! dachte der so kühn Gehänselte,
die hat's hinter den Ohren! und laut sagte er: „Jawohl, mein
gnädiges Fräulein! ich nehme Euch unter meinen Schutz und
bringe Euch in sicheres Losier. Kommt nur! hier rechts herum
geht der Weg."

„Wie meint Ihr das, Herr Ritter?" frug Eilika wieder.
„Ich denke, wir sind nah am Ziel."

„Das will ich Euch sagen, wenn wir am Ziele sind,
Fräulein," erwiederte Bock.

„So sind wir Eure Gefangenen, Herr? Ach, Herr
Ritter, wehrlose Frauen!"

„Ich will's Euch nicht verschweigen, und es thut mir
aufrichtig leid, mein gnädiges Fräulein!" entgegnete Bock mit
einem verbindlich sein sollenden Lächeln und einer steifen Verbeugung im Sattel. Seinen Knechten, die er herangewinkt
hatte, befahl er auf die zwei fremden Reisigen deutend: „Nehmt
den beiden Wehr und Waffen ab!"

Das war bald geschehen, und nun schwenkte der Zug, von Bocks Knechten umringt, nach rechts ab. Er selber ritt vorn neben den Frauen, die bitter enttäuscht und wehmüthig nach dem winkenden Schlosse dort oben schauten, ihrem eigentlichen Reiseziel, von dem sie sich nun immer weiter entfernten.

„Herr Ritter," fing Eilika wieder an, „ich sehe, daß wir in Eurer Gewalt sind, aber ich hoffe, Ihr werdet mir eine Bitte nicht versagen."

„Gewiß nicht, Fräulein," erwiederte Bock, „wenn Ihr nur nicht verlangt, Euch von mir zu trennen."

„Ich habe in Quedlinburg einen Oheim, .der mich mit Sehnsucht heut erwartet," sprach Eilika nun. „Er würde in große Unruhe gerathen, wenn ich nicht käme. Erlaubt wenigstens, daß meine Zofe hier in die Stadt hineinreitet und dem lieben Oheim von meinem Verbleiben Kunde giebt."

„In Quedlinburg einen Oheim, so, so!" sagte Bock, „und zu dem wollt Ihr Euer schmuckes Ehrenwadel da schicken. Nein, mein gnädiges Fräulein, die Bitte muß ich Euch abschlagen. Ihr scheint mir eine verwöhnte Dame, die gewiß einer sorglichen Bedienung nicht entrathen kann, und auf der Burg meines Herrn laufen die Zöfchen und Ehrenwadel nicht so herum, daß wir Euch eins abtreten könnten."

Die junge Herrin seufzte und zitterte unter ihrem Schleier.

„Es ist nicht fein, Herr Ritter, daß Ihr mir das versagt," bemerkte Eilika spitz.

Bock zog die eckigen Schultern hoch und schwieg.

Er führte die Gefangenen, nachdem sie die wilde Bode an einer seichten Stelle durchritten hatten, in weitem Bogen um die große Kleerswiese vor dem Gröper-Thore, die sieben Hufen genannt, herum und dann über eine Brücke bei der Brunlakenmühle, die der Äbtissin gehörte, und wo der Regen-

steinsche Ritter allzu gut bekannt war, als daß man hier einen
Versuch zur Befreiung der Gefangenen gewagt hätte, die sich
auf dem Gehöft vergeblich nach Rettung umsahen.

Der Müller stand in der Thür seiner klappernden Mühle
und Bock grüßte ihn: „Guten Tag, Meister Krage! hätt' ich
Zeit, würd' ich Euch um ein Säcklein Mehl ansprechen, aber
ich habe keine Zeit."

„Ich bin auch so zufrieden, Herr Ritter!" antwortete
der Müller, und Bock lachte.

Nun ritten sie unter dem Galgenberge hin, und Bock
sagte: „Seht nicht hinauf, Fräulein! Da oben zappelt allerlei
häßliches Zeug in der Luft; es ist mir nur Euretwegen lieb,
daß wir vor dem Winde reiten."

Den Jungfrauen grauste, und sie wandten sich ab. Nachdem sie, immer noch im Bogen um das Weichbild der Stadt
herum, einige Hügel überschritten hatten, gelangten sie bald
in flaches Feld, wo sich nach einiger Zeit der auf der Bockshornschanze zurückgebliebene Rupfer zu ihnen gesellte. Der
Weg ging nun schnurgerade an einer zur Linken ausgestreckten
Hügelkette entlang auf Haus und Dorf Westerhausen zu; zur
Rechten war das offene Feld mit ein paar vereinzelt und
entfernt liegenden Mühlen am Bache.

Die beiden Frauen sprachen leise mit einander; endlich
frug Eilika: „Wie nennt Ihr Euch, Herr?"

„Ritter Bock von Schlanstedt," erwiederte der Gefragte
selbstbewußt und sich in den Bügeln hebend. „Habt Ihr den
Namen nicht schon gehört?"

· „Gott sei gedankt, noch nicht, Herr Ritter Bock von
Schlanstedt!" erwiederte Eilika launig. „Und wie heißt Euer
Herr?"

„Graf Albrecht von Regenstein!" sprach Bock noch stolzer.

Die vermeintliche Zofe machte eine rasche Bewegung, die ebenso gut als Ausdruck der Freude wie des Schreckens gelten konnte. Den Namen und seinen Träger kannte sie. Sie schlug den Schleier zurück und blickte dem Ritter frei ins Gesicht. „Daß Dich der — hm! hm!" machte Bock. „Euer Ehrenwadel, gnädiges Fräulein, kann sich sehen lassen. Wollt Ihr mir nicht auch Euer holdseliges Antlitz enthüllen?".

„Hier ist es!" lachte Eilika und that wie ihre Herrin.

„Auch nicht übel!" sagte Bock, „oder — oder eigentlich noch schöner, gnädigstes Fräulein! wollt' ich sagen. Nun möcht' ich aber noch gerne Euren hochgeborenen Namen wissen."

„Den werden wir Eurem Herren sagen!" antwortete das angebliche Ehrenwadel mit einer Festigkeit, die den Ritter in ein jähes Staunen versetzte, so daß er sich für lange Zeit einem nachdenklichen Schweigen ergab.

Plötzlich aber hielt er an und sagte zu den beiden mit= gefangenen Reisigen: „Sitzt ab und schert Euch zum Kuckuk! Euch wollen wir nicht füttern, denn Euch löst Niemand aus, aber Eure Gäule behalten wir."

„Wir bleiben, wo unsere Herrin bleibt," sprach einer der Beiden.

„Habt keine Widerworte und seid froh, wenn wir Euch das Leben lassen; Eure Kettenhemden wären eigentlich auch noch des Mitnehmens werth. Aber lauft hin!" entgegnete Bock. „Flink! abgesessen!"

Die Reisigen mußten gehorchen, und Bocks Knechte nahmen die ledigen Rosse sammt den zwei Packpferden an die Zügel, während die aus dem Sattel Gedrängten sich zu Fuß auf den Rückweg machten.

„Ihr könnt meinetwegen den lieben Oheim in Quedlin= burg von mir grüßen," höhnte Bock den Mißmuthigen nach.

Die anderen Alle ritten fürbaß. Nicht weit mehr vom Regenstein begegnete ihnen ein fahrender Mann, der am Wege stehen bleibend sich den Zug betrachtete. Er mußte wohl die entführten Frauen kennen, denn er rief: „Viel Glück zu dem Fang, Ritter Bock von Schlanstedt! Daß Dich ein Donner= streich erschlage, wird das ein Lösegeld geben!"

„Der Satan vergelt' Dir's, alter Höllensack, auf den sich alle Raben freuen!" erwiederte Bock vergnügt im Weiterreiten; „die Quedlinburger haben's ja dazu!"

Am Nachmittage ritt die böse Sieben mit ihren Ge= fangenen über die Zugbrücke und durch das Fallgatter am Thore der Burg Regenstein.

––––––––

Sechstes Kapitel.

—•—

An demselben Tage waren die sechs Brüder Grafen von Regenstein alle bei einander versammelt. Ulrich, der Dritte in der Reihe und Domherr zu Hildesheim, war bei Bernhard, dem einzigen Verheiratheten, auf der Heim= burg abgestiegen; Poppo, der in dem für unüberwindlich geltenden Crottorf befehligte, hatte sich mit Günther auf dem Regenstein einquartiert, wo auch der Jüngste, Siegfried, noch sein heimaᵗhliches Obdach hatte.

Wohl hatten sie über die kürzlich im Harzgau vorgefallenen Ereignisse schon gesprochen, aber das war es nicht, was die ge= trennt hausenden Brüder heute vereinigte. Das Friedvollste, was es auf Erden giebt, eine Todtenfeier, führte sie zusammen. Sie wollten den Todestag ihres Vaters, des Grafen Ulrich, der ihnen Allen ein Vorbild ritterlicher Tugend und Tapfer= keit gewesen war, zu seinem ehrenden Gedächtniß festlich be= gehen, wie sie es alljährlich auch zum Andenken der früher verstorbenen Mutter zu thun pflegten.

Ziemlich in der Mitte zwischen der gewaltigen, steil auf= ragenden Felsmasse des Regensteins und dem die Heimburg tragenden Bergkegel, aber seitwärts als dritter Punkt eines fast gleichseitigen Dreiecks lag in einem stillen, lieblichen Wald= thal lauschig und versteckt Kloster Michaelstein. Es war von der Äbtissin Beatrix von Quedlinburg vor zweihundert Jahren

gegründet, und vor etwa sechzig Jahren war ein Graf Ulrich
von Regenstein Abt des Klosters gewesen, in dessen gottgeweihtem
Frieden schon ganze Geschlechter dieses edlen Grafenhauses im
ewigen Schlafe ruhten.

Dort in dem steingrauen Kirchlein hatte der würdige
Abt heut eine feierliche Seelmesse für den seligen Grafen ge=
lesen, und nun knieten die sechs Brüder mit Reginhild, Bern=
hards Gemahlin und Tochter des Grafen Burchard von
Mansfeld, im Kreuzgang vor den Grabsteinen ihrer Eltern.
Hinter ihren Herren, in gebührlichem Abstand, lagen die ver=
trautesten ihrer Dienstmannen auf den Knien, und weit zurück
stand der greise Abt vor der Schaar seiner Mönche, mit gefalteten
Händen der stillen Andacht der kleinen ritterlichen Gemeinde
regungslos zuschauend.

Die beiden Grabsteine des gräflichen Elternpaares standen
über der Gruft aufrecht an der Mauer neben einander, mit
dem ihres jungen Sohnes Otto die letzten in der Reihe von
zahlreichen ähnlichen ihrer Ahnen. Jeder zeigte das in Stein
gehauene lebensgroße Bild des Abgeschiedenen, eingefaßt von
einer am Rande hinlaufenden Inschrift.

Graf Ulrich war in voller Rüstung mit Wehr und Waffen
dargestellt, im rechten Arme den hohen Stechhelm mit Kleinod
und Helmdecke, zur Linken den kleinen dreieckigen Schild mit
der vierendigen Hirschstange, und ebenso wie seine Gemahlin
auf einem Hunde stehend. Gräfin Bia, eine geborene Gräfin
von Kefernburg, war in ein lang herabfließendes Gewand und
einen weiten, faltigen Mantel gehüllt, trug um Haupt und
Kinn das Gebände geschlungen und hielt in den auf der Brust
zusammengelegten, mit den Fingern nach oben gekehrten Hän=
den einen Rosenkranz.

Der stille Klostergarten, mit Kreuzen bepflanzter Friedhof

5*

der Mönche, lag halb noch im Schatten, halb schon in der Morgensonne, die mit ihrem goldenen Lichte die Säulen und Säulchen der Hälfte des Kreuzganges beschien, schräge und rundbogige Schatten auf seinen Steinboden werfend. Aus dem Garten duftete der Frühling in die kühle Wölbung hinein, die Sträucher hatten junge Blätter, und zwischen den Gräbern blühten die Veilchen. Tiefes Schweigen herrschte; man hörte nichts als dann und wann das leise Klirren einer Schwertfessel oder eiserner Sporen eines der Betenden.

Endlich machte Graf Albrecht eine Bewegung. Er bot der neben ihm knieenden Reginhild die Hand, und sich darauf stützend erhob sich die Gräfin von dem ausgebreiteten Teppich, welchem Beispiel alle übrigen folgten. Die Mönche stimmten einen Gesang an und geleiteten mit dessen sanften Klängen die den Kreuzgang langsam hinabschreitenden Herren und Mannen bis vor die Pforte des Klosters. Dort wurden die von Knechten gehaltenen Rosse bestiegen, und der Reiterzug begab sich auf den Regenstein, wo die Familie den Feiertag mit einem gemeinschaftlichen Mahle würdig beschließen wollte.

Als Mittags die Sieben den gastlichen Tisch des Ältesten von ihnen umringten, erhob sich dieser und weihte dem Andenken des geliebten Vaters einen Minnetrunk in Sankt Johannes Segen. Dann sprachen sie von dem Geschiedenen und wurden seines Ruhmes nicht müde, wie sie sich einzelne Züge seines thatenreichen Lebens erzählten und sich von ihm gesprochener Worte erinnerten. Dabei gelobten sie sich laut und leise, in seinen Fußstapfen zu wandeln, die von ihm hinterlassene Macht zu vertheidigen und zu halten und in Lust und Leid zusammen zu stehen bis in den Tod.

Die kleine Tafelrunde in dem gepflasterten Saale, dessen Wände Hirschgeweihe und andere Jagdstücke, Waffengehänge

und Rüstungen verstorbener Ahnherren schmückten, bot ein
herzerfreuendes Bild. Da saßen um eine einzige, vornehme
und liebliche Frau sechs hochgewachsene, heldenkühne Männer,
denen ein wageluſtiger Sinn auf der Stirn geschrieben stand
und aus deren Blicken eine selbstbewußte, trotzige Kraft sprach.
Bernhard, der Zweitälteſte, stand dem Erſtgeborenen in der
Regierung der Grafſchaft treu zur Seite, und seine zügelnde
Gemeſſenheit, sein stets bedachtſamer Rath war dem ungeſtümen
Thatendrange des Älteſten gegenüber von großem Werth. Auch
der Dritte, Ulrich, der nicht aus freier Wahl in den geiſtlichen
Stand getreten, sondern nur der frommen Meinung der Mutter,
von sieben Söhnen wenigſtens einen dem Dienſte der Kirche
widmen zu sollen, gefolgt war, konnte in dem Gewande des
Domherrn doch nicht das Blut des Ritters verleugnen, wie
er denn auch den von Jugend auf gewöhnten und geliebten
ritterlichen Übungen nicht ganz zu entsagen vermochte. Die
drei Jüngsten, Poppo, Günther und Siegfried, waren junge
Reckengeſtalten, denen die Kämpfe, die sie schon gesehen oder
selber mitgeführt, eine früh ausgeprägte Selbſtändigkeit und
Reife verliehen hatten. Nur Siegfried war mit seinen zwanzig
Jahren faſt noch ein Jüngling, blühend schön, ſtark und feu=
rig, der Liebling Aller, die ihn kannten, insonderheit der
Frauen. Ein warmer, sonniger Glanz lag auf seiner ganzen
Erſcheinung; wen er nur anblickte, und zu wem er sprach, der
fühlte unwillkürlich, daß in dieser jungen Bruſt ein tapferes,
ſtürmiſches, kühn hoffendes Herz schlug.

Nach beendetem Mahle griffen Poppo und Günther zum
Schachbrett, während sich Reginhild und Siegfried zu einem
heiteren Geplauder in die tiefe Fenſterniſche zurückzogen und
die drei älteſten Brüder noch bei einem Nachtrunk am Tiſche
sitzen blieben und über ernſte Dinge sprachen.

Ulrich berichtete, daß ihm kürzlich bei einem Besuch in Halberstadt von einem befreundeten Domherrn eine Warnung vor der Rachsucht des Bischofs zugegangen sei, der zum Dompropste bedrohliche Äußerungen gethan und weitgehende Pläne zur Bekämpfung der Regenstein'schen Macht verrathen habe.

„Das glaub' ich wohl," sprach Albrecht. „Der Handel mit Emersleben liegt ihm im Magen. Haft Du etwas Näheres darüber erfahren?"

„Nein," erwiederte Ulrich, „mehr war aus meinem Freunde nicht heraus zu bekommen. Mir wollte es scheinen, als wenn zwischen dem Bischof und der Stadt Quedlinburg irgend etwas im Gange wäre."

„Wundern sollte es mich nicht, wenn sich die Zwei gegen uns verbündeten," sagte Albrecht. „Der Bischof sucht überall seine Macht zu stärken, nur um sie gegen uns zu brauchen."

„Sollte man nicht vielleicht durch eine scharfe Frage von den beiden Quedlinburgern etwas herausbekommen, die Du in den Felsenkammern liegen haft?" meinte Bernhard.

„Ich habe sie diesen Morgen freigelassen, dem heutigen Tage zu Ehren," entgegnete Albrecht. „Die hätten auch nichts gewußt."

„Was willst Du aber thun Angesichts der starken Befestigungen, die der Bischof in Wegeleben aufführen läßt?" frug Bernhard.

Graf Albrecht schwieg.

„Wollt Ihr nicht Harsleben und Ditfurt befestigen, um Wegeleben in die Mitte zu nehmen und unschädlich zu machen?" frug auch der Domherr.

„Nein," sprach Albrecht, „ich weiß Besseres." Die Brüder blickten ihn erwartungsvoll an, und er fuhr fort: „Wir müssen die Lauenburg haben!"

„Die Lauenburg!" wiederholte Bernhard erstaunt, „Al=
brecht! wir haben kaum Burg Gersdorf an uns gebracht! und
die schon gönnen sie uns nicht."

„Laß doch die Reidlinge sich boßen!" lachte der Ältere.
„Geschenkt kriegen wir nichts; wir müssen zugreifen, wenn
wir etwas haben wollen."

„Und — die Äbtissin?" frug Ulrich.

„Sie hat mir versprochen, die Lauenburg nicht hinter
meinem Rücken zu vergeben."

„Und wenn sie nicht Wort hält?" wandte Bernhard ein.

„Jutta hält Wort," sagte Graf Albrecht sehr bestimmt.

„Er muß ja wissen, Bernhard, wie er mit seiner schönen
Freundin steht," lächelte der Domherr. „Ich sehe Jutta doch
noch als gebietende Herrin auf dem Regenstein."

„Dränge mich nicht, Ulrich! ich tauge schlecht zum Werben
und Freien," sprach Albrecht. „Laßt mich unsere Grenzen
noch tüchtig ausrecken im Lande und für den Besitz sorgen,
für unseres Stammes Blüthe sorgt Bernhard schon, und da
sind noch Drei, die unseren Namen längern werden," fuhr
er fort, auf die drei jüngeren Brüder deutend.

Die Grafen Ulrich und Bernhard blickten sich lächelnd
an, schwiegen aber, und Albrecht entwickelte ihnen nun die
Bedeutung der Lauenburg und die Nothwendigkeit, sie als
Lehen zu besitzen.

Einen von dem dieses Gespräches sehr verschiedenen In=
halt hatte die Unterhaltung Reginhilds mit Siegfried in der
Fensternische.

Die junge Frau bog ihr blühendes Antlitz mit einem
schalkhaften Lächeln zu ihrem noch jüngeren Schwager hinüber
und lauschte aufmerksam, als wenn sie sie zum ersten Male
hörte, seiner begeisterten Schilderung eines Turniers in Ballen=

stedt, bei dem er vom Fürsten Bernhard zum Ritter geschlagen war, an dem aber Reginhild nicht Theil genommen, weil sie damals Wichtigeres zu thun hatte, nämlich ihrem Gatten das zweite Söhnchen zu schenken.

Seine Erzählung spitzte sich auf einen Glanzpunkt, auf den Augenblick zu, wo ihm eine zarte, jungfräuliche Hand einen Turnierdank gereicht hatte. Es war ein grüner Kranz von Eichenlaub und Epheu gewesen, von einem goldgestickten Bande umschlungen, den diese Hand selber gewunden und auf das blondumlockte Haupt des glückselig Knieenden ge= drückt hatte. Jetzt hing er welk und braun in Siegfrieds Schlafkammer zu Häupten seines Lagers, und wenn der junge Ritter die Augen aufschlug, so fiel sein erster Blick auf dieses bescheidene Siegeszeichen. Aber dann erwachte auch eine heiße Sehnsucht in ihm, die wiederzusehen, die ihn mit dem Kranze geschmückt hatte.

„Dunkelbraunes Haar und hellblaue Augen! Reginhild, ich frage Dich, hast Du schon je etwas so wunderbar Schönes gesehen?" schwärmte Siegfried.

Und Reginhild betheuerte halb lachend, halb ernsthaft: „Niemals, Siegfried, habe ich das gesehen, noch je davon gehört. Und Du hast das Fräulein seitdem nicht wiedergesehen?"

„Nein," seufzte der Jüngling und blickte die Schwägerin wehmüthig an.

„Aber warum bist Du nicht längst einmal hinüber= geritten?"

„Wohin soll ich denn reiten? ich weiß ja nicht Namen, nicht die Burg der Vielholden."

„Hast Du denn Niemand gefragt?"

„Nein; aber weißt Du, was ich möchte, Reginhild?"

„Nun?"

„Satteln, aufsitzen und das ganze Harzland abreiten von
Burg zu Burg, bis ich sie gefunden hätte," rief Siegfried
leuchtenden Blickes.

„Und dann?"

„Und dann? nun — dann wieder vor ihr knieen und in
die hellblauen Augen, in die wunderbaren Augen meiner Lilie
schauen, was sonst?"

„Deiner Lilie?"

„So nenne ich sie," sagte der Jüngling erröthend, „um
ihr doch einen Namen zu geben, und weil sie Wangen wie die
Lilien hat."

„Wie alt ist sie denn wohl?" frug Reginhild, um einen
Anhaltspunkt mehr zur Ermittlung der Unbekannten zu gewinnen.

„Ein bis zwei Jahr jünger als ich," erwiederte Siegfried, „mir ist, als sähe ich sie vor mir, — aber mich wird
sie wohl längst vergessen haben."

„Wer weiß, Siegfried! wer weiß!" lächelte die Burgfrau.
„Wir müssen suchen, bis wir sie gefunden haben."

Nun riethen sie die Adelsfamilien der nächsten Gaue
durch. Aber umsonst; Reginhilds Beschreibung dieses oder
jenes Fräuleins wollte immer nicht recht mit dem Bilde
stimmen, das Siegfried so lebendig im Herzen trug. Besonders die hellblauen Augen zu dunkelbraunem Haar machten
Schwierigkeiten, und Reginhild mußte lachend eingestehen, daß
sie nicht einmal die Farbe der Augen ihrer besten Freundinnen
angeben konnte.

„Schach! Schach und matt!" rief plötzlich Günther so
überlaut, daß die beiden in der Fensternische erschreckt auseinander fuhren und auch die älteren Grafen sich nach den
Hitzköpfen am Schachbrett umschauten.

„Matt, matt! hilft nichts!" wiederholte der Sieger dem immer noch auf das fast gänzlich entvölkerte Schlachtfeld starrenden Bruder. „Nur her mit dem Sperber! ich kann ihn brauchen in Gersdorf."

„Sollst ihn haben!" lachte Poppo und befreite seinen gefangenen elfenbeinernen König aus der grausen Verstrickung.

Da trat Ritter Bock von Schlanstedt in den Saal.

———

Siebentes Kapitel.

———

Nun, Bock, wo steckst Du denn?" redete Graf Albrecht den Eintretenden an.

„War auf Burg Gersdorf zur Nacht, Herr Graf," entgegnete der Ritter, „kam an Quedlinburg vorüber und bringe zwei Gefangene mit sechs Gäulen ein."

„Gefangene? heute?" Der Graf schüttelte. „Laß sie laufen! ich will heute keine Gefangenen."

„Herr, es sind Damen."

„Nun gar!" lachte der Graf. „Bist Du bei Sinnen, Bock, uns hier Frauenzimmer auf den Hals zu laden?"

„Es ist ein vornehmes Fräulein mit ihrer Zose, Herr Graf," erwiederte Bock, „und es giebt ein reiches Lösegeld von Quedlinburg, sagte mir unterwegs Hinze Habernack, der sie wohl kennen mußte."

„Wie heißt das Fräulein?"

„Sie wollen ihren Namen nur Euch selber sagen."

„Wird wohl kaum der Mühe werth sein, ihn zu hören," versetzte der Graf verdrießlich. „Bringe sie mal her!"

Der Ritter öffnete die Thür und winkte nach dem Gange hinaus.

Die junge Herrin erschien. Bock wollte ihr den Weg vertreten; aber sie schritt ohne ihn eines Blickes zu würdigen so stolz an ihm vorüber, daß er sie nicht zu hindern wagte. Sein Gesicht wurde etwas lang.

Eine anmuthige Mädchengestalt verneigte sich erröthend vor all den Männern und blickte hülfesuchend zu der einzigen anwesenden Frau hin.

Da packte Siegfried die Hand Reginhilds und drückte sie so stark, daß es Reginhild schmerzte. Mit offenem Munde und starrenden Augen stand er, bebend, doch ohne sich vom Flecke zu rühren.

Wangen wie die Lilien, dunkelbraunes Haar und hellblaue Augen hatte die Liebliche.

Graf Albrecht erhob sich und sagte höflich: „Fräulein, Ihr seid ohne mein Wissen und Willen gefangen. Darum ängstigt Euch nicht; Euch soll hier jede Rücksicht zu Theil werden. Doch wie nenn' ich Euch?"

„Gräfin Oda von Falkenstein, die Schwester des Grafen Hoyer," erwiederte das Fräulein nun mit einer gewissen Hoheit im Ausdruck.

In Bewegungen und halblauten Ausrufen der Anwesenden gab sich die größte Überraschung kund; auch Bock war sichtlich erschrocken.

Graf Albrecht streifte den Ritter mit einem finsteren Blicke und sprach: „Die Gräfin von Falkenstein meine Gefangene? Das kann nicht sein! das heißt, ich zweifle nicht —"

Aber schon war Siegfried herzugesprungen und sagte schnell mit erglühendem Antlitz: „Albrecht, ich kenne das gnädige Fräulein; sie war es, die mir in Vallenstedt den Kranz aufs Haupt setzte."

Oda nickte ihm leise zu.

„Wirklich? Nun, so mache ich Dich zu ihrem Ritter und Beschützer," erwiederte Albrecht „Du stehst für sie ein!"

Ein Freudenstrahl aus den Augen des Jüngsten dankte dem Bruder.

„Nehmt Platz, edle Gräfin," fuhr Albrecht fort, „und verzeiht den groben Irrthum meines Lehensmannes. Die Ihr hier seht, sind meine Brüder, und dies ist Gräfin Reginhild, meines Bruders Bernhard Frau. Siegfried soll Euch morgen sicher geleiten, wohin Ihr begehrt."

Reginhild schritt auf Oda zu, reichte ihr die Hand, sprach freundliche Worte zu ihr und setzte sich neben sie, ihr Wein und Backwerk darbietend. „Wir sprachen eben von Euch," sagte Reginhild, „wie seltsam!"

„Von mir?" frug Oda.

„Ja," fiel Siegfried ein, „ich erzählte Gräfin Reginhild von dem Turnier, und da ich Euren Namen nicht wußte, so nannte ich Euch nur die Lilie."

„Die Lilie!" wiederholten lächelnd Siegfrieds Brüder und gaben dem Worte Beifall, weil es Oda's Erscheinung so treffend bezeichnete.

„Seid Ihr auf der Reise, Fräulein?" frug Albrecht.

„Ich war auf dem Wege zur Äbtissin von Quedlinburg," sprach Oda, allmählich Vertrauen fassend, „als mir der höfliche Ritter begegnete und —"

„Zur Äbtissin wollt Ihr?" unterbrach sie der Graf. „Dann steht Ihr doppelt unter meinem Schutz, denn ich bin ihr Schirmvogt, wenn Ihr es nicht wißt."

„Wer wüßte das nicht, Herr Graf?" lächelte Oda bescheiden.

„Erwartet Euch die gnädige Frau?"

„Ja, — für immer."

„Für immer? Wollt Ihr Conventualin werden?"

„Mein Bruder ließ mir die Wahl zwischen dem Kloster Walbeck und dem Stifte Quedlinburg."

„Euer Bruder ließ Euch die Wahl? nur diese Wahl?" frug Albrecht höchst erstaunt. „Graf Hoyer ist doch, soviel ich weiß, kinderlos, und Ihr seid die Erbin der Grafschaft Falkenstein."

„Ich sollte es nach Recht und Billigkeit wohl sein," erwiederte Oda, „allein —; mögt Ihr es wissen, Herr Graf, was ja nicht lange mehr Geheimniß bleiben wird. Mein Bruder steht im Begriffe, die Grafschaft für ewige Zeiten an den Bischof von Halberstadt abzutreten."

„Was?! an den Bischof —? Bernhard! hast Du's gehört?" rief der Graf außer sich vor Staunen und Unwillen, der sich auch in den Mienen der Anderen malte. Er war aufgestanden und machte einige Schritte hin und her im Saale. „Habt Ihr freiwillig verzichtet?" frug er dann.

Oda schüttelte das Haupt und seufzte.

„Gräfin Oda," sagte nun Albrecht nach kurzem Besinnen, „dann geb' ich Euch nicht frei! Aber ich, Albrecht von Regenstein, und wir Alle hier, wir wollen Euch zu Eurem Rechte verhelfen. Dem Bischof die Grafschaft Falkenstein? nun und nimmermehr, so lange ich ein Schwert heben kann!"

Die Brüder stimmten ihm alle laut und entschlossen bei.

„Bock, jetzt dank' ich Dir für Deinen Fang!" fuhr Albrecht fort. „Sage der Ursula, sie solle Gemach und Kammer unserer seligen Mutter für Gräfin Oda und ihre Gürtelmagd rüsten."

„Halt! das ist mein Geschäft!" rief Siegfried überglücklich und eilte hinaus, der Schaffnerin den Befehl des Bruders zu bestellen. —

Gräfin Oda blieb auf dem Regenstein. Allerdings hatte Reginhild ihrem Schwager Albrecht zu bedenken gegeben, ob es für die junge Gräfin nicht angenehmer und vor allem

schicklicher wäre, wenn sie bei ihr auf der Heimburg wohnte
statt hier bei den unverheiratheten Männern. Aber er hatte
darauf erwiedert, daß er in dieser ihm ganz unerwartet
kommenden Angelegenheit, die ihm wegen seiner Machtstellung
dem Bischof gegenüber von großer Wichtigkeit wäre, auf ernste
Verwickelungen und vielleicht harte Kämpfe gefaßt sein müßte.
Denn wenn sich auch Graf Hoyer nicht viel darum kümmern
würde, wo die von ihm verstoßene Schwester geblieben wäre,
so würde doch sicher der Bischof Alles daran setzen, die Gräfin
Oda in seine Gewalt zu bekommen, um sie zu einem Verzicht
auf ihr Erbe zu zwingen. Gegen diese Gefahr wäre sie aber
auf dem uneinnehmbaren Regenstein weit besser geschützt, als
auf der nicht so stark vertheidigten Heimburg, und er hätte
mit ihr ein Recht in Händen, dem habgierigen Bischof die
Grafschaft streitig zu machen. Und das würde er thun, möchte
der Bischof auch in eine noch so maßlose Wuth darüber gerathen. Der Kampf mit demselben wäre ohnehin unvermeidlich,
und je früher der zum Austrag käme, je lieber wäre es ihm.

Das mußten Reginhild und ihr Gatte nicht nur vollkommen einsehen, sondern die erstere stand auch schon Siegfrieds
wegen von jeder weiteren Einrede ab.

Graf Albrecht ließ seiner Gefangenen einige Tage Zeit,
sich bei ihm einzuwohnen, und erst als er zu bemerken glaubte,
daß sie sich in ihr Schicksal gefunden hatte, suchte er eine
Unterredung mit ihr und erfuhr dabei, soweit er es nicht schon
wußte, das Folgende.

Bereits Oda's ältester Bruder war kinderlos dahin geschieden, und darauf hatte der Zweite, Graf Hoyer, der schon
Domherr in Halberstadt war, die Regierung der Grafschaft
angetreten und sich ein Weib genommen, die ihm aber auch
keinen Erben schenkte. Darin erblickte der frommgläubige

Mann und noch mehr seine Gemahlin Margarethe, eine herbe,
zu tiefsinnigem Grübeln geneigte Natur, einen Wink, vielleicht
eine Strafe des Himmels, der sie sich in Demuth beugen
müßten. Oda ließ sogar die Vermuthung durchblicken, daß
ihren Bruder eine heimliche Schuld drücken müsse, für die
Gott der Allmächtige und seine heilige Kirche eine hohe Sühne
verlange. Darum hatte er beschlossen, die Grafschaft nicht in
weltlichem Besitz zu lassen, sondern sie zum Troste seiner
Seele einer geistlichen Herrschaft einzuverleiben. Er hatte sie
daher dem Bischof von Halberstadt gegen Verschreibung einer
Leibrente und einer Kurie in Halberstadt angeboten, und der
Bischof hatte natürlich mit beiden Händen zugegriffen und
drängte nun zur sofortigen Übergabe, in welche Graf Hoyer
jedoch erst nach dem Ableben seiner Gemahlin willigen wollte.
Darüber schwebten nun die Verhandlungen, welche mit ebenso
großem Eifer auf Seiten des Bischofs wie ablehnender Zähigkeit
auf Seiten des Grafen Hoyer geführt wurden. Aber nur über
den Zeitpunkt konnte man sich nicht einigen, die Übergabe
selbst war ein unwiderruflich gefaßter Beschluß.

Im Übrigen konnte sich Oda über ihren Bruder nicht
groß beklagen; er hatte sie stets freundlich behandelt und ihr
auch seinen Schmerz darüber nicht verhehlt, daß ihn sein
gottesfürchtiges Gewissen zur Enterbung der viel jüngeren
Schwester zwang. Zu ihrer Schwägerin dagegen konnte Oda
niemals in ein rechtes Verhältniß kommen; das kalt abweisende
Wesen Margarethens schreckte sie zurück, und sie fühlte wohl,
daß sie der liebelosen Frau im Wege war.

Darum hatte der Abschied von der Burg ihrer Väter,
der hoch und herrlich über dem wiesengrünen, waldumrauschten
Selkethale gelegenen Feste Falkenstein Oda nicht zu heiße
Thränen gekostet, obschon ihr bewußt war, was sie verließ

und für immer aufgab. Den Schleier zu nehmen hatte sie sich
jedoch nicht entschließen können, hatte daher der einsamen Zelle
im Kloster Walbeck das glänzende Schloß des freiweltlichen
Stiftes Quedlinburg zum dauernden Aufenthalte vorgezogen,
um doch nicht ein für alle Mal den Freuden des Lebens entsagen zu müssen.

Es war in Graf Albrechts Gemach auf der oberen Burg,
wo ihm Oda diese Mittheilungen machte. Dasselbe war mit
einem großen Kamin versehen und hatte verglaste Fenster, aber
nur sehr spärlichen Hausrath. In einem grobgezimmerten
Armstuhl aus Eichenholz mit hoher, steiler Lehne, einem
Throne vergleichbar, saß Albrecht und ihm gegenüber in einem
ähnlichen, etwas kleineren Gräfin Oda. Er hatte ihr ein
zottiges Bärenfell unter die Füße geschoben, das sonst vor
seinem Sessel lag als einzige Bedeckung des steinernen Fuß-
bodens. Kahl und schmucklos starrten die getünchten Wände;
nur ein roh bemalter Heiland am Kreuz mit einem dahinter
gesteckten längst verdorrten Zweige hing über einem großen
eichenen Tische, auf dem ein kleines irdenes Gefäß mit
schwarzer Tinte und ein Wasserkrug nebst Becher standen.
Weiter lagen darauf eine Rohrfeder, einige Pergamente, ein
Paar Sporen, ein Jagdhorn und endlich ein in Holzdeckel
gebundener Sachsenspiegel, der auf Oda's väterlicher Burg
verfaßt war, und den der Graf von Regenstein als Gerichtsherr besaß und besitzen mußte. Ein alter Schrein, eine mit
erhabenem Schnitzwerk verzierte Truhe und zwei hölzerne
Schemel, auf denen allen auch noch mancherlei Gebrauchs-
gegenstände, Jagdzeug und Gewaffen lagen, vollendeten die
einfache Ausstattung. In einer Ecke lehnte ein langes Schwert.

Von den Fenstern konnte der Graf weit in das Land
schauen und auch das Schloß der Äbtissin von Quedlinburg

sehen, zu dem er oftmals hinüberblickte, als müßte er es nicht bloß mit der Wucht seines Schwertes und seines Namens schützen und schirmen, sondern selbst aus der Ferne noch mit sorgenden Augen bewachen. Dann sah er auch Jutta dort wandeln und walten, und ihr Bild stand mit all ihrer ver= führerischen Schönheit und berückenden Huld vor seiner Seele und verdrängte in ihm die Erinnerung an ihren launen= haften Eigensinn, mit dem sie ihn schon so manches Mal ge= ärgert hatte.

Nun aber kam es ihm selber etwas sonderbar vor, wie er hier in dem einsamen Gemache seiner unnahbaren Felsen= burg einem jungen Mädchen gegenüber saß und mit gespannter Aufmerksamkeit dessen Erzählung lauschte, die ihm den Zorn= muth im Busen erregte. Er versprach der jungen Gräfin, es bei ihrem Bruder zunächst mit Vorstellungen und Warnungen zu versuchen, ob er nicht zu einer Sinnesänderung zu bewegen wäre, wozu sie hoffnungslos das Haupt schüttelte.

Sie hatte sich ihre nächste Zukunft schon ganz anders zurecht gelegt, hatte sich damit beschieden, auf dem Schlosse zu Quedlinburg bei der selbst noch jugendlichen Äbtissin und im Kreise der Conventualinnen ein neues Heim zu finden und dort ihr Verlassensein zu vergessen, und statt dessen sah sie sich nun mit einem Male ihrer Freiheit beraubt, entführt und gefangen auf dem Regenstein bei dem mächtigen Grafen, der ihr mit der zartesten Rücksicht begegnete und sogar Schritte für sie zur Erhaltung ihres Erbes thun wollte. Noch kam ihr das Alles wie ein Traum vor, noch konnte sie ein unbestimmtes Gefühl von Furcht nicht ganz aus ihrem Herzen verbannen. Wenn sie aber dem hohen, willensstarken Manne in die klaren Augen blickte und seine ruhige, ernst tönende Stimme hörte, so überkam sie ein beschwichtigendes, wachsendes Vertrauen zu dem ritter=

lichen Burgherren, an den sie bisher nur mit scheuer Bewunderung zu denken gewohnt war.

Denn sie kannte ihn längst: Vor ein paar Jahren war er einmal zu einem großen Jagen auf dem Falkenstein gewesen, und das Bild seiner gebietenden, alle anderen Gäste überstrahlenden Erscheinung hatte sich ihr so unauslöschlich eingeprägt, daß er seitdem wie ein Heros durch ihre Gedanken und Träume schritt. Sie sah ihn bis zu dem Turnier in Ballenstedt nicht wieder, hörte aber desto mehr von ihm, denn immer und überall klang seines Namens Ruf. Die Männer sprachen von ihm wie von einem Fürsten, den die Einen fürchteten, die Anderen beneideten, Alle aber achteten und seines Muthes wegen rühmten. Auch auf dem Turnier war Graf Albrecht der Held und erste Sieger geblieben, von Tausenden umjubelt. Sie hatte er unter der Menge natürlich nicht bemerkt, so wenig wie er ihr in der Jagdgesellschaft auf dem Falkenstein Beachtung geschenkt hatte. Darum hatte er sie auch jetzt nicht wiedererkannt, als sie gefangen vor ihm erschien. Und wie sollte er auch, er, der große Graf von Regenstein! und sie, ein in Zurückgezogenheit und Einsamkeit aufgewachsenes Burgfräulein, für das noch kein Ritter eine Lanze gebrochen hatte!

Und nun war sie seine Gefangene, vielleicht auf lange Zeit, und konnte nicht einmal wünschen, daß es nicht so wäre. Das war kein Abenteuer, in das sie ein Spiel des Zufalls verwickelte, das war Schicksalsfügung, der sie sich mit stiller Erwartung des Kommenden willenlos ergab.

———

Achtes Kapitel.

Anders als in Graf Albrechts Gemach sah es in dem Zimmer seines jungfräulichen Gastes aus. Und das war Siegfrieds Werk. Alles, was er unter dem Rath und Beistand oder auch trotz der Abwehr der alten Ursula an Hausrath und vermeintlichem Schmuck und Zier aus den vergessensten Räumen der weiten Burg herbeischleppen konnte, das brachte er während Oda's Abwesenheit in ihrem Zimmer an, so daß dieses zwar einen ganz wohnlichen Anstrich gewann, aber auch in einer etwas bunt zusammengewürfelten Ausstattung prangte.

Teppiche lagen auf dem Fußboden, Teppiche mit stark verschossenen Heiligenbildern hingen an den Wänden. Auf einem Schranke standen zwischen alten Thongefäßen ein ausgestopfter Auerhahn und eine holzgeschnitzte Mutter Gottes. Mit gepreßtem Leder bezogene Stühle und gestickte Fußbänkchen hatte Siegfried herbeigeschafft, hatte sogar einen zierlich gearbeiteten Frauenpanzer aufgestöbert und über dem Kamine aufgehängt, hatte über einen viereckigen und einen runden Tisch farbig benähte Linnen breiten lassen und den kleinen Metallspiegel der seligen Mutter rings mit Pfauenfedern umsteckt. Auf die Tische hatte er eine Laute und eine schon vergilbte, aber sauber geschriebene Ausgabe des Reinhart Fuchs von Heinrich dem Glichesäre gelegt.

Oda lächelte und Eilika lachte, als sie diese Anstalten, ihnen die Gefangenschaft möglichst bequem zu machen, gewahrten. Sie wußten auch, von wem sie herrührten, denn sie hatten Siegfried zwischen den einzelnen Gebäuden der Burg mehrmals hin und her gehen und sich mit den aufgestapelten Dingen wie noch mit allerhand seltsamem Gerümpel tragen sehen, das glücklicherweise nicht alles Platz gefunden hatte. Aber Siegfrieds freundliche Fürsorge rührte Oda, und sie nahm sich vor, dem jungen Ritter dafür zu danken.

Eines Tages mußte Graf Albrecht nach seiner Burg Botfeld bei Elbingerode verreiten, und Oda blieb mit Siegfried allein. Er frug sie, ob sie sich das Regensteiner Felsenneſt nicht endlich einmal ansehen wollte; er würde sie gern führen und ihr Alles zeigen. Diesen Vorschlag nahm sie freudig an, und sie gingen beide hinaus und erstiegen die oberste Platte des Felsens, von der man die Feste in ihrem ganzen Umkreise übersehen konnte.

Der breite Rücken des Berges, der eigentlich nur ein ungeheurer, theils bewaldeter, theils wild zerklüfteter Felsblock war, nach Norden und Westen steil abfallend, von Süden und Osten sanfter ansteigend, bestand aus mehreren höher und tiefer gelegenen Flächen, die durch Felsentreppen miteinander verbunden und groß genug waren, um jede für sich eine stattliche Burg zu tragen. Es hatte auch wirklich jede einzelne derselben ihre eigene sehr starke Befestigung, die ebenso wie die dazu gehörigen Gebäude zum Theil aus dem gewachsenen Felsen heraus oder in ihn hinein gearbeitet waren. Gänge, Wölbungen, Hallen und Gemächer waren aus lebendigem Stein, und im Inneren der Häuser schlossen sich die gemauerten Räume unmittelbar an die aus dem Felsen gehöhlten und fänden in ihnen ihre Fortsetzung und Ergänzung. Der höchstbelegene und wichtigste Theil der Feste bestand sogar nur aus natürlichem Felsen und enthielt in mehreren Geschossen über einander geräumige Hallen und Kammern mit klafterdicken Wänden und rund ausgemeißelten Thüren und Fensterbögen. Das Ganze aber, das mit seinen bald vorgeschobenen, bald versteckt zurücktretenden Werken, Thürmen, Ecken und mächtigen Felsbauten, seinen Häusern, Gärten und Gehöften dem hier nicht Heimischen planlos kraus und darum noch abenteuerlicher und größer erschien, als es schon an und für sich in hohem Grade war, dieses großartige, die kühnsten Vorstellungen übersteigende Ganze war in unregelmäßigen Zickzack- und Bogenlinien, je nach Umriß und Gestalt des hohen Felsenberges von unerklimmbaren künstlichen oder natürlichen Steinmauern umgürtet, und seine Umschreitung nahm eine beträchtliche Zeit in Anspruch.

So war der Regenstein eine Felsenburg oder vielmehr ein Verband, eine Gesammtheit von Burgen, die in ihrer Vereinigung an Größe und Stärke, an sturmfreier Sicherheit sowohl wie an Schönheit der Lage wohl nirgends ihres Gleichen hatte.

Siegfried führte Oda auf der freien Höhe des Felsens an den schwindelnden Absturz und faßte sie hier bei der Hand, die sie ihm willig überließ. „Seht, Fräulein," sprach er, „der Felsen fällt hier mehr als achthundert Fuß lothrecht in die Tiefe hinab, und wenn dort unten auf dem Wege ein Mensch ginge, so würde er Euch kaum größer scheinen, als eine Krähe. Hier sind wir gegen jeden Ansturm geschützt; was nicht fliegen kann, kommt hier nicht herauf und auch nicht lebendig hinab."

Oda hielt sich fester an Siegfrieds Hand und blickte vom äußersten Rande in die jähe Tiefe hinab.

„Nun wendet Euch um," sagte er. „Dort, von Blankenburg her ist es allein möglich, den Berg zu ersteigen; aber

auch dort wehren Klippen und Felswände, noch durch feste
Mauern verstärkt, den Vordringenden, und das doppelte Thor
in dem Felsen-Engpaß mit der Zugbrücke über dem Graben,
durch das Ihr eingeritten seid, bildet den einzigen Zugang.
Habt Ihr schon je von einer Burg gehört, so unbezwinglich
und unnahbar wie diese?"

„Niemals!" erwiederte Oda, über das, was sie sah, aufs
höchste verwundert.

„Nicht wahr, Ihr fühlt Euch hier sicher und gut ver=
wahrt?"

„O ja," lächelte sie, „hier entwischt Euch Keiner."

„Nun seht hier," fuhr er fort, „hier, an den Felsen ge=
lehnt, von diesem selber zum Theil gebildet und von ihm über=
ragt, ist der Palas mit dem Saalbau, dem Bergfried, dem
Rüsthause und dem Marstall. Wir nennen es die Oberburg;
da wohnen wir und unsere Gäste, wenn wir deren haben, und
jene zwei Fenster dort, aus deren einem eben der Vorhang wie
ein Fähnlein flattert, sind die Euren. Dort rechts aber, weiter
unten, jenseits des Hofes und seitlich des großen Baumgartens
ist die Vorburg, wo in starken Weichhäusern die Reisigen und
Knechte liegen. Daran schließen sich die Ställe für die Gäule
und das Vieh nebst Scheunen und Vorrathsräumen. Da
drüben links, wo sich der Berg mit zackigen Klippen hinab=
senkt, sind zwischen Felsen versteckt wieder andere Weichhäuser,
die beinahe ganz aus dem natürlichen Stein geschaffen sind.
Dort haust unser treuester Mann, der Ritter Bock von Schlan=
stedt, dem wir's verdanken, daß Ihr hier seid, Gräfin Oda.
Er hat sich die Felsenhöhle selber zur Kemenate ausgesucht und
eingerichtet, und es sieht fast wunderlich bei ihm aus. Verrostete
Waffen, befremdliche Beutestücke und zarte Liebespfänder, von
denen allen er eine abenteuerliche oder rührende Geschichte zu

erzählen weiß, bewahrt er dort zu ewigem Andenken auf wie zu Tage geförderte Schätze, mit denen er sich in seiner sorglosen Armuth unermeßlich reich dünkt."

„Kann man das nicht einmal sehen?" frug Oda.

„O Ihr würdet ihn stolz machen, wenn Ihr ihn in seiner Klause einmal besuchtet," erwiederte Siegfried. „Aber nun kommt, Gräfin Oda, nun will ich Euch das Beste zeigen."

Aber sie bat: „Laßt uns noch weilen, Graf Siegfried, und des herrlichen Blickes genießen."

Wunderbar freilich war der weite Rundblick von hier oben. Siegfried nannte der sich dem Genusse ganz Hingebenden alle von hier sichtbaren Städte und Dörfer, Schlösser und Burgen, die Gipfel des nahen Gebirges und die fernher schauenden Höhenzüge, und sie konnte sich kaum satt sehen an dem prächtigen Bilde.

„Und wie schön nimmt sich der Regenstein selber aus von allen Punkten, die wir hier sehen!" sprach Siegfried mit gerechtem Stolze. „Ihr möget auf dem Ballenstedter oder dem Quedlinburger Schlosse, der Lauenburg, drüben auf den Harzbergen, oder fern da oben auf dem Kloster des Huy's stehen, überall hebt sich seine Felsenmasse, den Blick anziehend und fesselnd, aus dem Lande empor; immer schaut er den Wanderer, der vom Huy über Halberstadt und Quedlinburg nach dem Harze geht, von rechts her mit seiner hohen, fast senkrechten Wand gewaltig und gebieterisch an, den Gau beherrschend und überwachend."

Oda hörte ihrem ritterlichen Führer andächtig zu, und ihm machte es sichtlich große Freude, ihr Alles zeigen und erklären zu können.

„Wie heißt dieser nächste Berg in gerader Schnur auf Halberstadt?" frug sie.

„Das ist der Hoppelberg," erwiederte Siegfried. „Sein

Ausläufer links nach Westen endet in einem langgestreckten Felsen; seht Ihr die Thürme darauf herüber schauen?"

Oda nickte.

„Das ist die bischöfliche Burg Langenstein," fuhr er fort, „keine freundliche Nachbarschaft. Die andere Kuppe mehr rechts ist der Helmstein, ein guter Name! nicht wahr? wie eine grün= bekränzte Sturmhaube sitzt er über dem Thale."

Oda nickte wieder, im Anschauen versunken.

„Und das dort ist die Heimburg, wo Eure Geschwister Bernhard und Reginhild wohnen?" sagte sie dann. „Da kann man ja hinüber winken."

„Gewiß, das thun wir auch," entgegnete Siegfried. „Wir grüßen uns manchmal mit Fähnlein und Wimpeln und geben uns verabredete Zeichen, so daß wir uns leidlich mit einander verständigen können."

„Und gerade dahinter die hoch und breit gewölbte Kuppel des Brockens, so großartig und ruhig! O Graf Siegfried, hier ist gut sein, so schön hatte ich mir den Regenstein nicht gedacht," rief Oda begeistert.

Siegfried nickte ihr freudig zu, und sie standen eine Weile schweigend und wandten den Blick still genießend hierhin und dorthin.

Ein frischer Wind zog um die luftige Höhe, kräuselte Oda's braunes Stirnhaar und wühlte in den langen blonden Locken Siegfrieds. Am Himmel schwebte weißes Gewölk und warf seine beweglichen Schatten auf den grauen Fels, den gelblichen Sand dort unten in der Tiefe und über das junge, kaum erwachte Frühlingsgrün der Eichen und Birken oder über die dunklen Kiefern. Im Walde tönte der Schrei des Hähers, und aus dem stillen Thale dort klang eine Glocke vom Kloster Michaelstein herauf.

Unten auf der Vorburg war ein bewegtes, geschäftiges Treiben von Knechten und Mägden mit allerhand fleißigen Hantirungen. Es sah wirthschaftlich und friedlich aus innerhalb der mächtigen Anlagen, wo nichts dem Schönheitssinne schmeicheln wollte, sondern Alles zweckdienlich, nur stark und fest gebaut und zu einander gefügt war.

„Was ist das für ein dumpfes Hämmern und Klingen, als käme es aus dem Innern des Felsens?" frug Oda aufhorchend.

„Kommt nur, Fräulein! ich will es Euch zeigen," sprach Siegfried.

Nun schritten sie wieder über Felsenstufen hinab und hinauf und kamen zu mehreren Reihen jener merkwürdigen Felsenkammern, die sich einem riesenhaften Taubenhause vergleichbar neben und über einander in dem gewaltigen, Alles überragenden Hauptstock des ganzen Felsberges befanden. Sie hatten alle große, unverschlossene, aber durch eine niedrige Brüstung erhöhte Öffnungen nach dem Absturz des Felsens zu, hatten aus dem Gestein gehauene Sitzbänke, Schlafstellen und Pferdekrippen, und viele waren durch schmale Durchgänge mit einander verbunden.

Vielleicht rührten diese schwer zugänglichen Höhlen von der ersten Niederlassung auf dem Regenstein — dem ‚Steine (Burg) des Regino‘ d. i. des Rathschlagenden, Gewalthabenden (Attribute altgermanischer Götter und Helden) — her und waren von einem wilden, unbändigen Geschlecht bewohnt gewesen, das die heut Lebenden an Kraft und Trotz weit hinter sich ließ. Jetzt dienten sie sehr verschiedenen Zwecken, theils zu Gefängnissen, theils zu Vorrathsräumen oder in Fehden zu Vertheidigungsstätten gegen unten lagerndes Kriegsvolk. Aus einer aber drang das Hämmern, denn diese war zu einer Schmiede eingerichtet, und der Waffenmeister der Burg stand dort neben zwei Knechten, die rothglühendes Eisen auf dem

Ambos bearbeiteten, während auf dem Heerde unter einem in den Felsen gebohrten Schlot ein Feuer brannte.

Oda war im höchsten Grade erstaunt, diese verborgene, gewaltige Naturfeste zu sehen, deren hohe Wände und Wöl= bungen gewachsener Fels waren, eine Burg für sich und stärker als jede, die gebaut und gebrochen werden konnte. Palas und Bergfried, soweit sie Menschenwerk waren, konnten einmal schwinden, aber diese ungeheure Felsenburg hier oben mußte stehen, so lange die Erde stand.

Siegfried und Oda setzten sich in eine dieser kühlen Grotten auf die Brüstung der Fensteröffnung und schauten hinab auf den Wald, der hie und da weite Lichtungen zeigte und von einzelnen Wegen durchkreuzt war

„Ist es nicht ein seltsames Wiedersehen, das wir hier oben feiern, Gräfin Oda?" begann nun Siegfried, „und eine eigene Schickung, die Euch als Gefangene hier auf den Regen= stein führt, um den wieder zu finden, der einst glückestrunken zu Euren Füßen kniete?"

„Ihr habt Recht," erwiederte sie, „davon ahnte ich nichts, als ich Euch damals den grünen Kranz auf die Locken drückte."

„Und ich wußte nicht einmal Euren Namen, habe ihn auch später nicht erfahren. Aber Euer Bild stand fest im Spiegel meiner Seele, unter Tausenden hätte ich Euch wieder erkannt und war schon drauf und dran, das Land zu durch= reiten, um die zu suchen, die mich bekränzt hatte."

„Mich machte es sehr glücklich," sprach sie.

„Wirklich? that es das?" frug er leuchtenden Blickes.

„Ja!" erwiederte sie treuherzig. „Wir Mädchen alle, die wir da zusammen an den Schranken saßen, beneideten die Fürstin, als sie Eurem edlen Bruder Albrecht den ersten Turnierdank reichte. Da kam der Wappenkönig und ließ uns loosen, wer seinen Kranz dem siegreichen Knappen, auch ein Regensteiner, sagte er — übergeben sollte. Mich traf das Loos, und ich war sehr stolz darauf."

„Ich habe ihn noch, Gräfin Oda!" sagte Siegfried leise „Einen Turnierdank muß man auch aufbewahren," er= wiederte sie. „Wie manchen mag Euer Bruder Graf Albrecht schon haben!"

„Albrecht! ja der!" rief Siegfried. „Wo fändet Ihr auch landauf landab noch Einen, der im Sattel säße, der Schwert und Lanze führte wie mein Bruder Albrecht! Der hätte mit in König Artus' Tafelrunde thronen können."

„Ich glaub' es, ich glaub' es!" sprach Oda rasch. „O erzählt mir von ihm, Graf Siegfried, was er schon Alles ge= than und erlebt hat; ich weiß noch so wenig von ihm, aber Alles, was ich weiß, ist groß und gut."

„O wie freu' ich mich, daß Ihr meinen Bruder so liebt!" sprach er, „und bei allen Heiligen! er verdient es, Gräfin Oda!"

Das holde Mädchen erschrak, und eine helle Röthe stieg ihr über die Wangen zu der reinen Stirn empor. Sie senkte die Wimpern und schwieg.

„Er ist unser Haupt und Hort," fuhr Siegfried begeistert fort, „was wäre diese starke Feste ohne ihn? ein öder Fels; durch ihn erst erhält jeder Stein hier Kraft und Bedeutung, sein Blick macht das Todte lebendig, und das Roß an seinem Zügel, das Schwert in seiner Hand bekommt etwas von seinem Geiste, wird fast ein Stück von ihm."

Oda's Augen hingen strahlend an den Lippen des Rühmenden. „Mich dünkt, Ihr seht ihm von seinen Brüdern am ähnlichsten," sprach sie.

„Findet Ihr?" lächelte er, und nun war die Reihe zu

erröthen, an ihm. „Vielleicht im Gesicht, aber ein Mann wie er werde ich nie,“ sagte er bescheiden.

„Da denke ich besser von Euch, Graf Siegfried!“ sagte sie freundlich. „Ihr werdet Euch noch manchen Dank gewinnen.“

„Könnt’ ich ihn nur stets aus Eurer Hand empfangen!“ sprach er mit einem warmen Blick.

„Wenn Ihr ihn gewonnen und ich ihn zu vergeben habe, so soll er Euch nicht fehlen, das versprech’ ich Euch!“ erwiederte sie lächelnd.

Ein röthlicher Schmetterling flog von außen zur Fenster= öffnung herein und umflatterte Oda’s Haupt. „Seht!“ sprach sie, „ein beschwingter Herold des Frühlings hat Eure Burg erstiegen; gegen den seid Ihr wehrlos!“

„Er hat hier oben die schönste Blume gewittert, die uns der Frühling gebracht hat,“ erwiederte er.

„Ihr seid ein Schmeichler, Graf Siegfried!“ lächelte sie und erhob sich. „Solche Worte passen wenig zu diesen grauen Felsenwänden und noch weniger für das Ohr einer armen Gefangenen.“

„Wer ist denn hier der Gefangene?“ frug er noch sitzen bleibend. Aber sie hatte schon ein paar Schritte dem Aus= gange zu gethan und gab keine Antwort.

„Wartet!“ rief er ihr nach und sprang auf. „Laßt mich voraus, es geht da steil und beschwerlich hinab.“

Sie ließ ihn vor und schritt die Stufen, die von dem Felsen auf den Burghof führten, dicht hinter ihm hinab, wobei sie sich mit einer Hand auf seine Schulter stützte. Wonnig fühlte er die sanfte Berührung.

Unten kamen sie an der dunklen Öffnung eines Stollens vorüber, der schräg in die Tiefe des Felsens hinein führte. Auf eine Bemerkung Oda’s über den unterirdischen Gang

entgegnete Siegfried: „Er ist halb verschüttet, und wir brauchen
ihn nicht; sie nennen ihn das Tempelherrenverließ, und —
ich weiß selbst nicht warum."

Er wußte es wohl, wollte es aber nicht sagen, und Oda
frug nicht weiter.

„Nun will ich Euch noch meine Vögel zeigen," sprach er.
„Aber erst sollt Ihr Euch die schwächste Seite des Regensteins
von nahem besehen, damit Ihr Euch immer sicherer hier
fühlt, falls sie etwa kommen sollten, Euch mit Gewalt von
uns wegzuholen."

„Freiwillig ging' ich auch nicht mit," erwiederte sie und
sah ihn dabei schelmisch an.

Er führte sie nun über grünen Rasen und durch Gebüsch
an den Befestigungen entlang, und sie sah mit steigender Verwunderung die Ausdehnung der Burg und die bemoosten,
epheuumsponnenen Klippen, Ringmauern und Thürme, die
den Zugang auch an der schwächsten Seite noch so unbezwinglich vertheidigten.

„Dies ist mein Falkengärtlein mit hochfliegenden Vögeln,"
sprach er, als sie endlich zu dem Vogelhause mit einem freien,
von Gitterwerk umgebenen und überspannten Platze kamen,
wo die Jagdfalken saßen. „Würde es Euch Freude machen,
mit mir einmal auf die Baize zu reiten?"

„Große Freude!" erwiederte sie.

„Gut! also nächstens!"

Ein fröhlicher Ruf aus dem Horne des Thürmers klang.

„Da kommt Albrecht zurück," rief Siegfried, „wollen
wir ihm entgegen?"

Oda nickte, und sie eilten zum Thore, wo sie eben ein-
trafen, als Graf Albrecht zu Pferde aus der dunklen Wölbung hervortauchte. Er stieg ab, klopfte das Roß mit der

flachen Hand und sagte: „Geh, Brauner, weißt ja Bescheid
hier!" Der ging ruhig seines Weges zum Marstall der
Oberburg.

Albrechts Blick ruhte mit Freuden auf den beiden jugend=
lich blühenden Gestalten. „Was thut Ihr denn hier?" frug er.

„Ich habe unserer lieben Gefangenen ihren Kerker ge=
zeigt," antwortete Siegfried erröthend, wie auf verbotenen
Wegen ertappt.

„Seid Ihr mit Eurem Kerkermeister zufrieden, Fräulein?"
frug Albrecht lachend.

„O ja, Herr Graf! einen milderen konntet Ihr mir
nicht bestellen," erwiederte sie mit einem freundlichen Blick auf
Siegfried, den ihr dieser herzinnig zurückgab.

Albrecht sah es und lächelte still vor sich hin. „Kommt!"
sprach er dann und ging ihnen schweigend zum Palas voraus.

Ein sonniger Gedanke stieg ihm in der Seele auf: Sieg=
fried und Oda! die Beiden fürs Leben vereint und die Graf=
schaft Falkenstein als Oda's Mitgift zur Machterweiterung des
Regenstein'schen Hauses, — welch ein Wunsch und Ziel!

Und ehe der Graf heut Abend einschlief, war der Wunsch
zum festen Plane bei ihm geworden.

Neuntes Kapitel.

Auf dem Regenstein war jetzt ein beständiges Gehen und Kommen reitender Boten. Graf Albrecht hatte dem Bischof von Halberstadt in der nachdrücklichsten Weise geschrieben, daß er die Einverleibung der Grafschaft Falkenstein in das Bisthum unter keinen Umständen dulden und äußersten Falles mit Waffengewalt verhindern würde, um der rechtmäßigen Erbin, Gräfin Oda, die sich auf dem Regenstein unter seinem besonderen Schutze befände, ihr Recht zu wahren und ihr einstiges Erbe zu sichern. An die Grafen von Mansfeld, von Hohnstein und von Stolberg hatte er ebenfalls Schreiben erlassen mit der freundnachbarlichen Aufforderung, ihm gegen das widerrechtliche Umsichgreifen der bischöflichen Macht kräftig und förderlich beizustehen. Die Hülfe auch der Grafen von Blankenburg und von Wernigerode anzurufen, hatte er gar nicht erst versucht, denn er wußte, daß auf diese in ihrer Eifersucht auf das Emporblühen des alten Regenstein'schen Stammhauses nicht zu zählen war. Die ihm befreundeten Harzgrafen aber erklärten sich in ihren Antworten mit Albrechts Meinung durchaus einverstanden, sagten ihm ihre Hülfe im Kriegsfalle zu und wollten dann auf seinen Ruf mit ihrem Gesinde zu Roß und zu Fuß heranrücken.

Zum Grafen Hoyer von Falkenstein war Albrechts

Bruder Bernhard selber geritten, um ihm mündlich bringende
Vorstellungen über seine unverantwortliche Begünstigung des
Bischofs zu machen.

Oda's Gefangennahme war schnell bekannt geworden im
Lande, und Albrechts Feinde, namentlich die Städter, er=
hoben ein großes Geschrei darüber. Abenteuerliche Erzäh=
lungen knüpften sich daran, wie sie in Hinterhalt gelockt und,
natürlich wieder von der bösen Sieben, mit ihrem reisigen
Gefolge überwältigt sei dicht bei der Stadt Quedlinburg, die
nun wohl werde ausbaden müssen, was innerhalb ihrer Feld=
mark gefrevelt sei, denn der Falkensteiner werde sowohl ihr
wie ihrem Schirmvogt — ein schöner Schirmvogt, dieser
Raubgraf! — bald genug Fehde ansagen.

Graf Hoyer, dem die beiden von Bock entlassenen Reisigen
die Nachricht überbrachten, hatte die Gefangennahme Oda's
durch einen Regenstein'schen Dienstmann für einen Irrthum
gehalten, den Graf Albrecht gewiß schnell gut machen und
gebührend entschuldigen werde. In dieser Absicht glaubte er
den Grafen Bernhard gekommen. Als er sich jedoch hierin
getäuscht sah, und vollends als er auf seine Frage erfuhr,
daß seine Schwester noch nicht frei gegeben war, machte er
sehr ernsthaft Miene, dafür den Gast in den Thurm zu werfen.
Erst als ihm Bernhard mittheilte, in welcher Weise Oda, die
ihnen nur ein glücklicher Zufall in die Hände gespielt hätte,
auf dem Regenstein gehalten würde und daß ihr dortiges mit
der größten Freiheit ausgestattetes Verbleiben vielmehr eine
Maßregel gegen den Bischof, als gegen ihn, den Grafen
Hoyer wäre, beruhigte er sich einigermaßen und erklärte, daß
ihm die Abtretung der Grafschaft keineswegs so eilig wäre
wie dem Bischof, dessen heftigem Drängen nachzugeben er
durchaus nicht gesonnen sei.

Mehr war nicht von ihm zu erreichen, am wenigsten ein bindendes Versprechen, von seinem Vorhaben gänzlich abzustehen. Gegen dieses Verlangen schützte er theils sein dem Bischof gegebenes Wort, theils seinen und seiner Gemahlin dringenden Wunsch vor, sich aus der Welt zurückzuziehen, und wollte Rücksichten auf seine Schwester Oda nicht gelten lassen; nur gefangen wollte er sie nicht wissen und forderte ihre sofortige Freilassung. Diese verweigerte Graf Bernhard mit der bestimmten Erklärung, daß die Regensteiner die Übergabe der Grafschaft Falkenstein an den Bischof nun und nimmer dulden würden. So schieden sie in Unfrieden von einander, und Bernhard kehrte unverrichteter Dinge zurück.

Um so gespannter waren die Grafen von Regenstein auf die immer noch nicht eingetroffene Antwort des Bischofs. Und als sie kam, was war ihr Inhalt? Kein Wort von der Grafschaft. Sondern der Bischof bezichtigte den Grafen Albrecht des Jungfrauenraubes und bedrohte ihn mit dem Banne, falls er die Gräfin Oda von Falkenstein nicht sofort auf freien Fuß setzte.

Albrecht lachte laut auf. Das war ein Schachzug des Bischofs, auf den er nicht gefaßt war.

„Schade, Herr Rudolf von Dorfstadt," sprach er zu dem Dienstmann des Bischofs, der ihm dessen Schreiben überbracht hatte, „schade, daß ich Euch die geraubte Jungfrau nicht in ihrem Kerker zeigen kann, aber sie ist mit meinem Bruder Siegfried auf die Baize geritten, die arme, trostlose Gefangene!"

„Der hochwürdige Bischof, mein gnädigster Herr, verlangt Euer ritterlich Wort, Herr Graf, daß Ihr die Gräfin Oda des Chesten los und ledig gebt," erwiederte der Ritter.

„Verlangt!? wer hat von mir etwas zu verlangen?" fauchte der Graf ihn an. „Bin ich des Bischofs Mann wie

Ihr? Soll ich das Fräulein vielleicht Euch ausliefern, daß Ihr sie dem Bischof bringt und er sie zu den Ursulinerinnen sperrt? Das wäre dem Erbschleicher wohl das Liebste?"

„Dort wäre ihre Unschuld wenigstens sicher," gab Dorstadt boshaft zur Antwort. „Sagt mir doch, Herr Graf: zu welchem Zwecke haltet Ihr die Jungfrau hier?"

„Danach hat kein Pfaffenknecht zu fragen!" rief Albrecht zornig.

„Herr Graf, ich bin des Bischofs Gesandter!" fuhr Dorstadt auf, fast berstend vor Wuth.

„Und wenn Ihr des Teufels Gesandter wäret —! Doch was streit' ich mit Euch?" sprach der Graf verächtlich. „Wie der Herr so's Gescherr! Ah da kommen sie ja!"

Der Graf stand mit dem Abgesandten des Bischofs auf dem oberen Burghof vor dem Palas, als Siegfried und Oda angeritten kamen, gefolgt von einem Falkonier, der einen verkappten Habicht auf der Faust trug und einen getödteten Entvogel am Sattel hängen hatte. Als sie vom Rosse gestiegen herzu traten, sprach der Graf: „Ich bitte Euch, Gräfin Oda, sagt dem Ritter Rudolf von Dorstadt, ob Ihr hier als Gefangene gehalten werdet, oder ob Ihr mein gern hier weilender Gast seid."

Oda blickte verwundert erst den Grafen und dann den Ritter an und sagte darauf: „Ich genieße mit allem Dank die sorgliche Gastfreundschaft des Herrn Grafen."

„Schreibt's Euch auf, Herr, wenn Ihr schreiben könnt!" spottete der Graf.

Aber Dorstadt sprach in einem sehr bestimmten Ton zu Oda: „Der hochwürdige Bischof von Halberstadt fordet Eure Entfernung vom Regenstein, gnädiges Fräulein, oder den Herrn Grafen trifft der Bann."

7*

„Der Bann?!" rief Oda erschrocken, „um meinetwillen? Großer Gott! Dann muß ich fort, dann laßt mich fort, Herr Graf! gleich morgen, nein heute, heute noch!"

„Nein! nein!" rief Siegfried schnell.

Albrecht winkte ihm Schweigen. „Darum doch nicht?" sprach er finster. „Jetzt will ich's, daß Ihr bleibt, Gräfin Oda!"

„Und ich weiß, was ich von den Worten des Grafen von Regenstein zu halten habe," sagte Ritter Dorstadt höhnisch.

Graf Albrecht fuhr mit der Hand nach dem Dolch an seinem Gürtel, bezwang sich aber und sprach mit schallender Stimme und einem furchtbar drohenden Blick: „Verwegener! Laßt mich schleunig den Schweif Eures Rosses sehen, oder Ihr kommt nicht lebendig über die Zugbrücke!"

Der Ritter wandte sich und bestieg sein Pferd. „Das will ich Dir gedenken!" knurrte er, als er von dannen ritt.

Oda war auf der Falkenjagd mit Siegfried so vergnügt gewesen. Sie ritt ihr eigenes Pferd und war eine gute Reiterin. Voll Freuden sprengten die beiden an dem lachenden Frühlingstage neben einander durch die Fluren dahin und birschten auf das geflügelte Wild, das im Röhricht der Teiche um Michaelstein versteckt lag und dort von den Hunden aufgestöbert wurde. Siegfried strahlte von Glück an der Seite der Geliebten, die ihm so manches trauliche Wort, so manchen freundlichen Blick schenkte, und seine Hoffnung auf ihre Gegenliebe wuchs schneller als die Frühlingsblumen am Wegrain. Die Bäume prangten in leuchtendem Blüthenschmuck, und die Höfe der Bauern standen wie in weißen Festgewändern, wie von luftigen Schleiern lieblich umwallt. Vogellieder tönten aus den Zweigen, und den beiden jungen Leuten klopfte das Herz in Lust und Fröhlichkeit.

Als sie aber zu Hause Albrecht mit dem Ritter von Dorstadt trafen und das Verlangen und die Drohung des Bischofs hörten, kam es wie ein jäher Wassersturz über sie, der den Einen mit ernüchternder Kälte aus wonnigen Träumen schreckte und die Andere in Angst und Leid versenkte.

Albrechts Antwort war allerdings ein starker Trost für Siegfried, denn er kannte seinen Bruder gut genug, um zu wissen, daß dieser nun, da es der Bischof forderte, Oda ganz gewiß nicht von sich lassen würde. Aber es konnten noch weitere Schritte des Bischofs folgen oder andere unvorhergesehene Ereignisse eintreten, die das Bleiben der Geliebten auf dem Regenstein zur Unmöglichkeit machten. Er überlegte sich daher, ob er nicht Oda seine Liebe gestehen sollte, damit sie nicht eines schrecklichen Tages von hinnen zöge ohne zu wissen, daß er sie liebte. Freilich bangte ihm, wie sie sein Geständniß aufnehmen würde. Eine fast geschwisterliche Vertraulichkeit hatte sich schnell zwischen ihnen eingebürgert, aber Oda war stets so ruhig und gleichmüthig, daß er in aller ihrer Huld und Freundlichkeit doch nicht das kleinste Zeichen von Liebe finden konnte. So verschloß er denn sein Geheimniß vorläufig noch und vertraute der Zukunft.

Schon öfter hatte Albrecht in stiller Bewunderung die Augen an der anmuthigen Erscheinung Oda's geweidet. Ihr schlanker und doch kräftiger Wuchs paßte so gut zu der jungen Heldengestalt Siegfrieds, ihr schön geformtes Antlitz mit der zarten Farbe und den sanften, seelenvollen Augen war von unwiderstehlichem Liebreiz; ihre Bewegungen, so leicht und natürlich, hatten etwas angeboren Edles und Würdevolles, und bei aller mädchenhaften Zurückhaltung zeigte ihr Wesen doch etwas fest und sicher in sich Ruhendes.

Das Alles gewahrte Albrecht mit Freuden, und als er

die Gefühle des jüngeren Bruders, der in Sachen des Herzens wenig Selbstbeherrschung besaß und die Kunst der Verstellung noch nicht zu üben verstand, erkannte, empfand er über diese Entdeckung eine große Genugthuung. Siegfried kam also seinen Wünschen auf halbem Wege entgegen und brachte damit seinen Plan, die beiden zu einem glücklichen Paare zu machen, der Ausführung einen großen Schritt näher.

Sie ließ sich den ganzen Nachmittag, nachdem sie des Bischofs Drohung erfahren, nicht mehr sehen, sondern saß in Schwermuth versunken auf ihrem Zimmer und grämte sich über die Gefahr, die ihretwegen das Haupt des Grafen Albrecht umschwebte, und die nur durch Erfüllung des bischöflichen Verlangens abzuwenden war. In der fast schlummerlosen Nacht beschloß sie, den Grafen um ihre Entsendung zur Äbtissin von Quedlinburg zu bitten.

Dies that sie auch gleich am Morgen in einer sehr verzagten, wahrhaft rührenden Weise. Graf Albrecht sah sie mit einem so erstaunten und doch theilnahmsvollen Blicke dabei an, daß sie kaum Worte fand, ihren Gedanken Ausdruck zu geben, und ihr das Herz bis an den Hals hinauf klopfte.

„Liebes Fräulein!" sprach er mild und freundlich, „um mich sorgt Ihr Euch des angedrohten Bannes wegen?"

Oda zitterte am ganzen Körper; tief verlegen stand sie da, den Blick zu Boden gesenkt, keines Wortes mehr mächtig. Es war wieder in Albrechts Zimmer.

„Darüber beruhigt Euch, Gräfin Oda," fuhr er tröstlich fort, „des Bischofs Bann würde mich wenig kümmern, wenn er es wirklich wagen sollte, ihn auszusprechen. Mit Gewalt will ich Euch nicht halten, aber die Drohung mit dem Banne ist kein Grund, dem Bischof den Willen zu thun. Er hat es nur auf Euer Erbe abgesehen und bietet Alles auf, Euer

habhaft zu werden, um Euch zur Verzichtleiftung zu zwingen.
Und dann bedenkt doch," fügte er lächelnd noch hinzu, „was
für ein Gesicht Siegfried machen würde, wenn ich Euch fort=
ließe?"

Das holde Mädchen schlug die schimmernden blauen
Augen groß und klar zu ihm auf, als hätte sie die Anspielung
gar nicht verstanden. Treuherzig frug sie: „Wünschet Ihr es,
Herr Graf, daß ich bleibe?"

Er hielt ihr die Hand entgegen und sagte mit innigem
Ton: „Ja! bleibet, Gräfin Oda! ich wünsche es, ich wünsche
es sehr!"

„Dann bleibe ich!" kam es rasch wie ein unterdrückter
Freudenruf von ihren Lippen, und seine Hand mit einem
leisen Drucke berührend, eilte sie verwirrt und hocherröthend
hinaus.

Graf Albrecht stand und starrte gedankenvoll auf die
Thür, durch welche die Liebliche so plötzlich entschwunden war.
Ein tiefer Athemzug hob seine Brust. — „Dummes
Zeug!" murmelte er kopfschüttelnd und wandte sich mit einer
raschen Bewegung ab.

Jetzt trat Schatte, sein Leib= und Schildknecht ein und
meldete: „Stiftsschreiber aus Quedlinburg!"

Albrecht stutzte, winkte aber dem Knechte, den Schreiber
heraufzuführen. „Sie mahnt," sprach er lächelnd zu sich selber,
„aber ich konnte doch hier nicht fort. — Willkommen, Floren=
cius! wagt Ihr Euch einmal wieder in die Höhle des Raub=
grafen?" begrüßte er den Eintretenden.

„O Herr Graf," erwiederte der Schreiber mit einer
tiefen Verbeugung, „nicht in Abrahams Schoß fühlte ich mich
sicherer, als im Horst unseres edlen Schirmvogtes."

„Du fröhlicher Scholar!" lachte der Graf, „hast immer

ein gutes Wort an rechter Statt. Was bringt Ihr, wackerer Florencius? ein zorniges Schreiben?"

„Nein, nur tausend Grüße unserer gnädigen Frau —"

„Und ich soll kommen, nicht wahr?"

„Ja, Herr Graf! darauf läuft es hinaus; ich habe es mir Alles eben noch einmal genau überhört," sagte Florencius.

„Sparet Euch und mir die Litanei, ich nehme sie für genossen," erwiederte Albrecht, „und ich hätte mir den Ser= mon von den rothen Lippen der gnädigen Frau schon selber geholt, wenn ich gekonnt hätte. Was will sie denn?"

„Euch und die Gräfin Oda von Falkenstein."

„Natürlich! nun, mich soll sie haben, aber die Gräfin nicht."

„Nicht? ja dann, — dann soll ich fragen: warum nicht?"

„Die Antwort darauf will ich der Äbtissin selber bringen."

„Hm! desto besser! wird ihr noch lieber sein. Aber —"

„Aber? was aber?"

„Ich muß sie sehen, Herr Graf, die Gefangene."

„Oho! Florencius! kühner Knabe! sie sehen? Steht das in Eurem Auftrag, oder ist es nur eitel Neugier und für= witzige Gepflogenheit des weiland Fahrenden?" frug Graf Albrecht.

Florencius lachte: „Das darf ich Euch eigentlich nicht sagen, Herr Graf. Ich soll sie mir ansehen, ob sie jung, schön und lieblich ist, aber heimlich soll ich das erspähen und erlauschen."

„O Du fuchsfeiner Geselle!" lachte nun Albrecht. „Deine Herrin hat sich einen schlauen Kundschafter gewählt. Sagt ihr nur, die Gefangene wäre jung, schön und sehr lieblich, der Regenstein hätte noch keine solche Lilie getragen."

„Ein hohes Lob aus Eurem Munde, Herr Graf!"

„Noch lange nicht hoch genug, Florencius! Ihr seid bei Tisch unser Gast, da sollt Ihr sie sehen. Nachmittag könnt Ihr zurückreiten und der gnädigen Frau sagen, was Ihr erspäht und erlauscht habt. Bald komm' ich selber."

„Aber ich soll die Gräfin einladen, nach Quedlinburg zu kommen," sagte Florencius. „Die Äbtissin erwartet ihre neue Conventualin."

„Einladen? seit wann lädt man denn Gefangene ein, Herr Stiftsschreiber?"

„Wollt Ihr sie denn wirklich nicht freigeben, Herr Graf?"

„Nein, Du wunderlicher Frager! ich will sie nicht freigeben," lachte der Graf. „Aber jetzt laß mich; auf Wiedersehen bei Tisch!"

Florencius ging und suchte den Ritter Bock von Schlanstedt auf.

„Streitet sich denn Alles um das liebe Mädchen?" sprach Albrecht, als er allein war. „Jeder will sie haben, nur mir gönnt sie Keiner." Er trat ans Fenster und blickte hinüber nach dem Schlosse von Quedlinburg. „Sei ruhig, Jutta! die bleiche Lilie ist der rothen Rose nicht gefährlich."

Zehntes Kapitel.

Einer der nächsten Morgen brachte dem Grafen Albrecht eine neue Überraschung. Es kam ein Schreiben der Grafen Berthold und Rudolf von Blankenburg, worin sie Einspruch gegen Albrechts Belehnung mit Burg und Gericht Gersdorf erhoben unter dem Vorgeben, dieselbe sei schon vor mehreren Monden vom Fürsten von Ballenstedt ihnen zuge= sagt worden. Sie seien jedoch bereit, darauf zu verzichten, wenn Graf Albrecht bei Ehr' und Eid gelobte, ihnen zur Lauenburg zu verhelfen, übe, die sie bereits seit längerer Zeit mit der Äbtissin von Quedlinburg in Unterhandlung stünden. Andernfalls aber wollten sie dem Grafen Albrecht Feind werden und ihm die Fehde ansagen. Außer den Unterschriften der beiden Grafen von Blankenburg trug der Brief zum größeren Nachdruck noch die Namen der Grafen Walther und Konrad von Wernigerode und der Ritter und Herren Johann von Romersleben, Heinrich von Hakeborn, Hans von Kreien= dorf, Werner von Hadmersleben und Gerhard von Zilly.

„Aha!" sagte Graf Albrecht, als er gelesen, zu Siegfried, „die Jagd wird angeblasen, der Bischof hetzt seine Meute schon. Reite hinüber zu Bernhard und bringe ihm den Brief. Sage ihm, doch so, daß es Niemand sonst hört, ich wüßte nur eine Antwort darauf: in acht Tagen müßte die Lauen= burg unser sein; er solle sich darauf einrichten. Ich will heute nach Quedlinburg und reite von dort nach Gersdorf, um Günther Bescheid zu sagen. Du gieb wohl Acht, was Bernhard meint und räth."

„O, der wird nicht abrathen," erwiederte der Jüngere, freudig erregt in der Aussicht auf bald bevorstehenden Kampf.

„Nimm Gräfin Oda mit hinüber zu Reginhild," sprach Albrecht weiter. „Beruhige sie, so gut Du kannst, heitere sie auf, suche ihre Gunst zu erwerben; ich habe jetzt nicht Zeit, mich um sie zu kümmern. Du mußt ihr Freund und Vertrauter werden, Siegfried! ich wünsche das."

Siegfried stand bei dieser Mahnung gesenkten Hauptes vor dem Bruder, als bekäme er eine Strafpredigt. „Ich will mein Bestes thun," sagte er, und es klang, als hätte er gesagt: Ich will mich bessern.

„Gut!" sprach Albrecht. „Jetzt bestelle Schatte, daß er für mich und sich sattelt, er soll mit mir reiten. Dann schicke mir Bock, ich muß ihn sprechen."

Siegfried entfernte sich mit dem Blankenburger Briefe, und Albrecht legte den Panzer an.

Bald erschien Bock von Schlanstedt im Gemach.

„Freue Dich, Bock!" rief ihm Albrecht entgegen, „es giebt bald wieder zu hauen und zu stechen."

„Schön! schön, Herr Graf!" sagte Bock vergnügt mit funkelnden Augen, „wann? wo? gegen wen?"

„Der Bischof will uns an den Kragen, und die Blankenburger und die Wernigeröder und noch ein halb Dutzend Andere wollen gegen uns zu Felde."

„Stechen wir Alle unter die Gäule, Herr Graf!" erwiederte Bock kampflustig und strich sich den langen Schnurrbart.

„Das hoff' ich auch," erwiederte der Graf, „aber jetzt höre genau zu, was ich Dir sage."

Bock bog den langen Oberleib etwas vor und blickte seinen Herrn so scharf an, als wollte er ihn mit den Augen aufspießen. So glich er mit seiner großen Hakennase einem lauernden Raubvogel, der sich eben vom Baum herab auf die erspähte Beute stürzen will.

„Laß Deine sechs Spürhunde los," unterwies nun der Graf seinen Dienstmann, „daß sie den alten Fuchs, den Schabernack erjagen und ihn ausforschen, was der Bischof im Schilde führt. Wenn er nichts weiß, so soll er auskund= schaften, ob die Bischöflichen rüsten etwa zu einem Zuge in den Schwabengau, und was es sonst Neues giebt in Halber= stadt, das soll er uns schleunig melden."

„Ja, Herr! aber der will gesalbt sein, denn all sein Datum steht auf blankes Geld und währende Kehlenfeuchte."

„Versprecht ihm ein reiches Potenbrot, denn diesmal gilt es, Bock, daß wir zur rechten Zeit sichere Kundschaft haben."

„So will ich lieber selber mit dem alten Teufelssamen reden," entgegnete der Ritter. „Mir soll er kein Storchnest für eine Pferdekrippe zeigen."

„Meinetwegen," sagte der Graf, „aber nicht heute, weil ich fort muß und Siegfried auch; da mußt Du hier bleiben. Laß sich ein paar von Deinen Spießgesellen an die Straße zwischen Blankenburg und Wernigerode legen und scharf aus= lugen, ob ihnen nichts in die Scheeren fällt. Die Übrigen sollen um Halberstadt und Wegeleben schweifen, sollen denen in Schwanebeck, Harsleben und Derenburg Bescheid sagen, daß sie Alles anhalten, was nicht Regenstein'sch ist, und nach Briefen durchsuchen. Wer sich widersetzt, —"

„Dem schmieren wir eins über den Kopf."

„Thut, was in solchen Fällen dienstlich ist, aber schont

mir das arme Landvolk. Das sollt Ihr nicht placken und
schinden. Bock, Du verstehst mich."

„Alles, Herr Graf!"

„Bock, es weht Fehdewind, wir müssen früh auf sein,
immer den Pfeil auf dem Stege, immer den Spieß auf
dem Beine haben und unsrer Schanz selber warten. Bind es
Allen in ihr Gelübd und Pflicht, daß sie sich wie ehrliche
Kriegsleut halten."

„Soll nicht fehlen, Herr Graf! will ihnen schon die
Saiten spannen."

„Es rühren sich viel Feind gegen uns; wir werden aus
einem Krieg in den andern wachsen, bis unsere Macht so groß
ist, daß sich Keiner mehr an uns heran wagt. Und ich will
Dir vertrauen, Bock! fürs Erste müssen wir die Lauenburg
haben."

„Ha! die Lauenburg! um die Braut wird schon lange
getanzt."

„Freilich; drum dürfen wir nicht lang Sattelhenkens
machen, müssen sie eines Nachts ersteigen."

„Ja, ja! aber, Herr Graf, da reit' ich mit!"

„Sollst Du. Aber jetzt weißt Du genug, nun laß Dein
Rößlein laufen und mach', daß Du Deine saubere Kumpanei
in Stapf und Trab bringst."

„Herr, verlaßt Euch auf mich! die Kerls sollen ihre
Schuldigkeit thun."

Danach eilte der Ritter mit langen Schritten hinaus.
Vor der Thür des Palas hielt Schatte zwei gesattelte Pferde.
„Der Graf kommt gleich," rief ihm Bock zu. Schatte nickte
bloß. Denn dieser Brave sprach nur im dringendsten Falle
und dann nur mit den knappsten Worten. Bald konnte er
seinem Herrn den Bügel halten, und die beiden ritten davon.

Dem Ritter Bock von Schlanstedt schien die hellstrahlende
Sonne heut ein etwas langweiliges Gesicht zu haben. Er
setzte sich, nachdem er seinen sechs Stallbrüdern die Befehle
des Grafen gehörig eingebläut und sie auf den Trab gebracht
hatte, auf eine Steinbank im Schatten des Marstalls dem
Palas gegenüber, schlug die langen, dünnen Beine über ein=
ander und dachte über das nach, was ihm der Graf vertraut
hatte. Aber sonderbar! so sehr sich der eingefleischte Raufbold
und Schnapphahn auf Kampf und Fehde freute, weil er nun
einmal sein Leben auf die Faust gesetzt hatte, so zügellos
schweiften ihm doch die Gedanken jetzt oft von ritterlichen
Dingen ab und geriethen auf eine ganz andere Fährte.

Es war eine seiner kleinen Schwächen, daß er sich ein=
bildete, die Frauen von außen und innen gründlich zu kennen
und jedem weiblichen Herzen gefährlich werden zu können,
wenn er nur wollte. Daher konnte er es nicht verwinden,
daß er sich bei der Einbringung der Gräfin von Falken=
stein so arg hatte täuschen lassen und Herrin und Dienerin
mit einander verwechselt hatte. Er begriff jetzt gar nicht, wie
ihm, dem gewiegten Kenner, so etwas begegnen konnte und
hatte, wenigstens seiner Meinung nach, in seinem schmach=
bedeckten Bewußtsein, den beiden Frauen gegenüber einen schweren
Stand. Vor der Gräfin schämte er sich über die ihr durch die
Verwechslung zugefügte Beleidigung, ging ihr so viel wie mög=
lich aus dem Wege und suchte, wenn er ihr nicht ausweichen
konnte, den unverzeihlichen Irrthum durch unterthänige Hal=
tung und feierliche Redeweise wett zu machen ohne zu ahnen,
daß Oda sowohl wie Eilika darüber lachten.

Nicht minder schämte er sich der Zose gegenüber, aber in
einem ganz anderen Sinne. Es wurmte ihn, ihr Höflichkeiten
wie einem Fräulein erwiesen zu haben, als hätte sie einen

Wunder wie vornehmen und überlegenen Eindruck auf ihn gemacht, sie, die Zofe, das schnippische Ding von Ehrenwadel, das den Handel eingerührt, sich auf dem ganzen Wege von Quedlinburg nach dem Regenstein als Herrin aufgespielt und ihn durch sein argloses Eingehen in die gestellte Falle in seinen eigenen Augen schimpfirt hatte! Er beschloß, sich für diesen Schelmenstreich, der des allbekannten Landfahrers Till Eulenspiegel würdig war, an ihr zu rächen und ihr durch ein theils strenges, theils gönnerhaft herablassendes Wesen zu zeigen, wer er und wer sie wäre.

Eilika durchschaute ihn aber, und da sie ebenso gut den Mund wie das Herz auf dem rechten Flecke hatte, so machte es ihr großen Spaß, sich in allerlei Neckereien und Plänkeleien mit dem erbosten Ritter einzulassen, die auf beiden Seiten mit den geschmeidigsten, oft auch mit den schärfsten Wortwaffen geführt wurden. Bock ließ sich aber dabei selbst gegen die empfindlichsten Stiche von Eilika's spitzer Zunge niemals zu einer derben oder plumpen Entgegnung hinreißen, so heiß es auch manchmal in ihm kochte. Sehr oft, ja meistens zog er den Kürzeren und mußte mit Spott abweichen.

Aber diese kleinen Scharmützel blieben nicht ohne Folge. Des Ritters leicht entzündbares Herz fing Feuer, und eines Morgens erwachte Bock in das hübsche, muntere Ehrenwadel bis über die Ohren verliebt. Als er sich dessen bewußt wurde, ärgerte er sich über sich selbst, und statt nach Drang und Brauch der Verliebten seine Neigung dem lebendigen Gegenstande derselben zu erkennen zu geben, bemühte er sich vielmehr, seiner Angebeteten wider Willen den Zustand seines Herzens sorglich zu verhehlen, ohne dazu das einfachste und wirksamste Mittel zu wählen, nämlich ihre Nähe zu fliehen. Er that das Gegentheil, verfolgte und reizte sie noch heftiger

mit seinen Neckereien und erreichte damit natürlich auch das
Gegentheil. Eilika merkte sein Vernarrtsein in sie, und da das
durchtriebene, nicht mehr junge, aber etwas verwöhnte Mädchen,
dem die alte Schaffnerin zu gesetzt und die Burgmägde nicht
gut genug zu vertrautem Umgang waren, viel müßige Stunden
auf dem Regenstein hatte, so stach sie der Übermuth, den liebes=
wunden Ritter mit dem Raubvogelgesicht und den langen
Storchbeinen zum Zeitvertreib ein wenig an der Nase zu führen.

Jetzt sah sie ihn da sitzen, kam herab und ging auf ihn
zu. Er erhob sich mit sittigem Gruß, und auf seine ge=
schraubt höfliche Einladung nahm sie an seiner Seite auf der
Steinbank Platz.

„Es ist heute recht einsam hier," begann sie. „Wenn ich
mich nicht unter Eurem Schutze, Herr Ritter, der Ihr nun
die ganze Burg unter Eurem alleinigen Befehl habt, so wohl
und sicher fühlte, so müßte ich mich fürchten; es wäre ohne
Euch schier zum Davonlaufen."

Bock fühlte sich durch diese Anrede sehr geschmeichelt.
Er richtete sich im Sitzen kerzengerade hoch und sprach mit
blinzelnden Augen und einem selbstgefälligen Lächeln: „Fürchtet
nichts, liebe Jungfrau! unter meinem Schilde naht Euch keine
Gefahr, und wenn Ihr davon liefet, so liefe ich Euch hundert
Meilen nach, um Euch zu dienen."

„Ach, Herr Ritter, sprecht doch nicht so!" seufzte Eilika.
„Mir ist es fast schwer ums Herz, wenn ich an die Zukunft
denke. Was soll denn aus uns beiden, meiner Gräfin und mir,
werden? wir können doch nicht ewig auf dem Regenstein bleiben?"

„Ei warum denn nicht?" erwiederte Bock lebhaft, „was
fehlt Euch denn hier? Ihr habt jede einen Ritter zu Euren
Füßen, der mit Freuden bereit wäre, sein Blut für Euch zu
verspritzen."

Eilika biß sich auf die Zunge, um nicht heraus zu lachen.
„Das verhüte der Himmel, Herr Ritter!" sprach sie wie er=
schrocken, „ich kann kein Blut sehen."

„Zu sehen braucht Ihr es ja auch nicht," sagte Bock,
„ein echter Ritter ruft seine Dame nicht dazu, wenn er eine
Lanze für sie bricht."

„Ich habe gehört," entgegnete Eilika, „der Bischof hat
von Eurem Herrn verlangt, uns an ihn auszuliefern. Dann
werden wir in ein Kloster gesteckt und müssen unser Leben
als Nonnen vertrauern. O Gott! o Gott! und wir haben
die Welt und die Menschen so lieb! ach, so lieb, Herr Ritter!"
girrte die Schelmin mit einem Blicke, der die Eisenringe an
Bocks Kettenhemd hätte schmelzen können.

„Holdselige Jungfrau!" rief Bock schwärmerisch, „wie
könnt Ihr Euch mit solchen schrecklichen Gedanken quälen!
Wir liefern Euch an Niemand aus; Bock von Schlanstedt
wird nie leiden, daß Ihr Nonne werdet!"

„Wie wollt Ihr's denn hindern?" frug Eilika zur Seite
schielend und auf Bocks Antwort lauernd.

Es war allerdings eine sehr verfängliche Frage, so nahe
auch die natürlichste Antwort darauf lag. Aber bis zu Heiraths=
gedanken und der Absicht, das schlaue Ehrenwadel zu seinem
Ehegespons zu machen, hatten sich Bocks verliebte Mucken
doch noch nicht verstiegen. Er erschrak fast vor der Vor=
stellung, die Eilika's Frage plötzlich vor ihm heraufbeschwor,
und sah schon sein fröhlich schweifendes, sorglos ungebundenes
Reiterleben in ein hausväterliches Stillsitzen umgewandelt,
das selbst in Eilika's Armen wenig Verlockendes für ihn hatte.

„Hindern?" wiederholte er in sichtlicher Verlegenheit,
indem er die Spitzen seines langen Schnurrbarts drehte. „O
da gäbe es ja mancherlei Mittel und Wege. Ist es Euch noch

nicht aufgefallen, werthe Jungfrau, daß mein junger Herr, Graf Siegfried, sehr um Euer gnädiges Fräulein bemüht ist? Ich glaube, er hat sie sehr lieb und sie ihn gewiß auch, und wenn die beiden Mann und Frau würden, — nun so bliebe ich bei meinem jungen Herrn als sein Marschall, und Ihr bliebet bei der jungen Frau, und — und dann brauchtet Ihr nicht Nonne zu werden."

„Ach so! ein feines Mittel!" lachte Eilika.

„Nicht wahr?" sagte Bock, ganz stolz auf den pfiffigen Gedanken. „Aber ich glaube, die beiden sind zu schüchtern, trauen sich gegenseitig nicht recht mit der Sprache heraus. Wie wäre es, wenn wir da ein bißchen nachhülfen, ihnen Muth machten, den Einen von der Liebe des Anderen zu überzeugen suchten, damit sie bald eins mit einander werden?"

„Hm!" machte Eilika, „aber wie wollt Ihr das an-fangen?"

„O da laß' ich Euch den Vortanz," erwiederte er, „un'er einem Schapel sitzt zehnmal mehr Witz als unter einer Stahl-haube. Ihr gönnt Eurer Herrin doch gewiß alles Liebe und Gute ebenso von Herzen wie ich meinem jungen Grafen Siegfried; also besinnt Euch, wie wir das Glück der beiden fördern können."

Eilika nickte und sah schweigend vor sich hin.

Bock wollte sie in ihrem Grübeln nicht stören und er-wartete ihre Vorschläge zur Förderung des Glückes von Sieg-fried und Oda. Allein er irrte sich; Eilika's Gedanken gingen andere Wege.

Sie hatte sich auf eine feurige Liebeserklärung des Ritters gespitzt und sich schon darauf gefreut, wie sie ihn aus-lachen und gründlich damit durch den Korb fallen lassen wollte. Oder wer weiß! vielleicht hätte sie auch nicht gleich ein ent-

schiedenes Nein als letztes Wort gesprochen, hätte vielleicht
Bedenkzeit verlangt, ihn bei seiner Erklärung festgehalten und
damit eine gute Weile hin und hergezogen. Und nun hatte
er unmittelbar davor stehend vorsichtig zurückgehalt, hatte ihre
Frage, wie er ihr Nonnewerden verhindern wolle, wohl gar
für eine entgegenkommende Aufforderung angesehen, mit der
sie ihm die Antwort sozusagen in den Mund gelegt hatte.
War dies der Fall, so hatte sie sich ihm gegenüber bloßgestellt
und fühlte sich nun als eine Verschmähte beleidigt. Aber noch
mehr! Sein Plan, zwischen Siegfried und Oda einen Ehebund
stiften zu helfen, hatte ihr eingeleuchtet und war ihr in auf=
richtiger Liebe zu ihrer Herrin so willkommen, daß sie zur
Mitwirkung dabei gern bereit war. Auch daß dann sie beide
im Dienste des jungen Paares bleiben sollten, schien ihr sehr
gut ausgedacht. Als er aber sagte: „Dann werde ich dem
jungen Grafen sein Marschalk," da hätte er doch sofort hin=
zusetzen müssen: „und dann heirathe ich Dich;" aber Gott
bewahre! kein Wort davon! Was bildete sich dieser Bock denn
eigentlich ein? wollte er immer nur so um sie herumschar=
wenzeln ohne ernste Absichten? oder gar etwa Rosen bei ihr
pflücken, die ihm nicht gebührten? O das wollte sie ihm ein=
tränken!

„Herr Ritter," sprach sie, nachdem ihr das Alles durch
den Kopf geflogen war, „Euer Vorschlag ist nicht uneben;
ich will mir die Sache überlegen und mittlerweile einen Strauß
Waldblumen für mein gnädiges Fräulein pflücken, denn ich
weiß, die liebt sie."

„Schön!" sagte Bock, „und beim Binden des Sträuß=
leins helfe ich Euch."

„Dazu brauche ich Eure Hülfe nicht," erwiderte sie ab=
weisend. „Ihr mögt als künftiger Marschalk mit den Rossen

im Stalle umzugehen wissen, aber Blumenbrechen fordert einen
feineren Sinn."

„Nu, nu, trabt gemach!" sagte Bock, von Filika's spitzem
Tone nicht angenehm berührt, „es wäre nicht das erste Sträuß-
lein, das ich pflückte."

„Es kommt doch sehr darauf an, für wen man's pflückt,"
versetzte sie das Näschen rümpfend.

„Wenn Ihr mir erlauben wolltet, eins für Euch zu
binden, so wollte ich Euch wohl zeigen —"

„Spart die Mühe," unterbrach sie ihn patzig, „Ihr
würdet nicht viel Dank damit erlangen."

„Ich meine, jede Mühe ist ihres Dankes werth," sprach
er immer verwunderter über ihre plötzlich veränderte Stimmung.

„Meint Ihr? möglich! ich meine es nicht. Aufge-
drungenes ist keines Dankes werth."

„Früh brennt, was eine Nessel werden will," sagte er
nun gereizt.

„Dann kommt der Nessel nur ja nicht zu nahe," spottete
sie und rückte etwas von ihm weg.

„Ihr antwortet nicht ungeschwind," erwiederte er. „Was
kommt Euch denn in den Sinn, daß Ihr mit einem Male
so abgünstig zu mir sprecht?"

„Abgünstig? mit einem Male?" sprach sie ihm nach.
„Ich wüßte doch nicht, daß ich Euch schon Gunst erwiesen
hätte, Herr Ritter! Ich will Euch nur vor der Thorheit bewahren, für mich Blumen zu brechen und Euch dabei an
Nesseln zu verbrennen."

„Zu viel Witz und Fürsorg mag zu Zeiten mehr Unfall
bringen, als Thorheit," erwiederte er.

„Desto besser für Euch!" lachte sie, „denn von ersteren
beiden habt Ihr ja nicht allzuviel."

„Habt Ihr das schon gemerkt, weiseste Jungfrau?" frug er beleidigt.

„O ja!" erwiederte sie keck, „schon am ersten Tage unserer Bekanntschaft, als Ihr an meiner Seite rittet und mich immerzu ‚mein gnädigstes Fräulein' nanntet. Ihr wißt wohl, was ich meine."

Freilich wußte er, was sie meinte, und darüber ärgerlich sagte er: „Ihr stecktet ja beide von Kopf zu Fuß in gleichen Reisekappen und hattet Schleier vor dem Gesicht; wie soll man denn da Herrin und Magd unterscheiden?"

„Magd bin ich nicht," schnarrte sie ihn an.

„Magd nicht? was denn sonst?" frug er beißend.

„Das ist es ja eben, daß Euch ein feineres Unter= scheidungsvermögen völlig abgeht," entgegnete sie hochmüthig. „Ihr habt nur mit den Bauerdirnen Eures Dorfes verkehrt, nie mit einer Jungfer von besserem Stande."

Damit hatte sie seine wunde Stelle getroffen, und das vergab er ihr nicht. Er stand auf, und ein unheimliches Zucken ging durch sein scharfkantiges Gesicht.

„Ihr habt mich vorhin daran erinnert," sprach er höhnisch, „daß ich heute den Befehl hier habe. So will ich Euch denn meine Fürsorg um Euch beweisen. Die Frühlingssonne brennt und bräunt, mich dauert Eure weiße Haut; geht gleich hinauf in Euer Kämmerlein, zartfühlende Jungfer, und haltet Euch dort den Tag über still, bis Eure Herrin wiederkommt und Eurer Dienste bedarf."

Was? hatte sie recht gehört? er wollte sie einsperren? „Herr Bock von Schlanstedt!" sagte sie sich gleichfalls er= hebend, „ich will nicht hoffen —"

Aber er schnitt ihr das Wort ab und setzte mit einem stechenden Blicke seinem Befehle hinzu: „Sollte es Euch in

Eurem Kämmerlein so lange nicht gefallen, so weiß ich noch manchen kühleren Ort." Dabei zeigte er mit der Hand nach den Felsengrotten hinauf. „Guten Morgen, sanfter Tag!"

War es denn möglich? das wagte er? Aber sie war ja Gefangene auf der Burg des Raubgrafen und in seines großspurigen Dienstmannes Gewalt. Bleich und zitternd vor Wuth und ohne noch ein Wort zu verlieren ging sie trotzig ab in den Palas.

Bock sah ihr grimmig nach und murmelte: „Warte, Du hochnäsiges Ehrenwabel! Dich will ich schon kirre machen!"

Elftes Kapitel.

Unterdessen ritt Graf Albrecht auf Quedlinburg zu, und sein treuer Knecht Schatte trabte in kurzem Abstand hinter ihm her. Als sie über die Turnierbreite kamen und nun die stark befestigte Stadt vor sich liegen sahen, verdüsterten sich Albrechts Züge. Er gönnte den Städtern ihre rasch aufblühende Macht nicht, weil sich mit dem Bewußtwerden derselben ein unabhängiges Bürgerthum innerhalb der Ringmauern auszubilden begann, das sich stolz und aufsässig geberdete, die Oberhoheit eines Schirmvogtes nicht mehr für nöthig hielt und dessen Einfluß auf das Stadtregiment mehr und mehr zu beschränken suchte.

Darum ritt er auch nicht am hohen Thore vorüber, um nicht den, wie er wußte, doch nur unlustig dargebrachten Ehrengruß der Wache erwiedern zu müssen, sondern schwenkte rechts um den Münzenberg herum und ritt von dieser Seite her den Weg zur Königsburg hinauf.

Als er die Treppe im Innern des Schlosses erstiegen hatte, traf er auf dem Gange zu den Gemächern der Äbtissin die Pröpstin Kunigunde von Woldenberg, die ihm dort keineswegs zufällig begegnete, wie sie sich den Anschein gab, sondern seinen Auftritt glücklich erspäht und ihm nun hier aufgelauert hatte.

„Jesus mein Beiſtand!" rief ſie ſich ſehr überraſcht
ſtellend, „Herr Graf! laßt Ihr Euch endlich einmal wieder
ſehen? Wir ſterben ja hier vor Sehnſucht nach Euch!"

„Das dacht' ich mir, gnädige Gräfin!" erwiederte Albrecht
lachend, „darum komm' ich ja."

„Ihr bringt doch hoffentlich Eure ſchöne, Eure liebliche
Gefangene mit?" ſprach ſie; „wo habt Ihr ſie denn?"

„Gebunden und wohl verwahrt im tiefſten Rattenthurme."

„Oh! oh! ein Spötter, ein Spötter ſeid Ihr, Herr
Graf, wie es keinen zweiten giebt!" drohte ſie ſchelmiſch mit
einem Lächeln, das in ihrem welken Antlitz tauſend Falten
ſpielen ließ.

„Es ſei denn die Gräfin Kunigunde von Woldenberg,"
ſprach er höflich.

Dabei waren ſie an die Thür eines Vorſaales gekommen,
die Albrecht eben öffnen wollte, als die Pröpſtin, im Begfiff
voranzugehen, bemerkte: „Nun, wir werden ja hören, was
unſere liebe Domina dazu ſagt, daß Ihr uns unſere Con=
ventualin vorenthaltet, Herr Graf."

„Gewiß," entgegnete er, „ich werde die gnädige Frau
bitten, Euch rufen zu laſſen, ſobald wir Eures erfahrenen
Rathes bedürfen." Und mit einer tiefen Verbeugung entwiſchte
er ihr durch die Thür, die er ſchnell hinter ſich ſchloß.

Verblüfft ſtand ſie da, um die Befriedigung ihrer Neu=
gier geprellt.

„Bär!" ſchalt ſie mit grimmigem Geſicht hinter ihm
her und eilte zur Dekaniſſin, um in deren mitfühlende Seele
ihrem Ärger Luft zu machen.

Dein Willkomm hier wird von knappen Maßen ſein,
dachte Graf Albrecht, während er bei der Äbtiſſin gemeldet wurde.

Sie kam ihm auch diesmal nicht ſo raſch und freudig

entgegen wie das letzte Mal. „Man muß Euch rufen und bitten, Herr Graf, wenn man Euch sehen will," sprach sie mit einem etwas kühlen Ton, den ihre lachenden Augen doch Lügen straften.

„Gnädige Frau," erwiederte er, „ich habe unterdessen nicht mit den Mönchen an den Michelsteiner Klosterteichen ge= sessen und geangelt."

„Schon gut, Herr Graf! ich rathe, was Euch fern hielt," sagte die Äbtissin und winkte ihm, Platz zu nehmen. „Ihr kommt doch nicht allein?"

„Nein, Domina! mein Schatte ist mit mir geritten," antwortete er sich niederlassend.

„Euer Schatten? ja, den seh' ich," sprach sie enttäuscht

„Nein, gnädige Frau! er ist unten auf dem Schloßhof geblieben und hält die Rosse."

Die Äbtissin sah ihn zweifelhaft an.

„Verzeiht das Wortspiel!" fuhr er lächelnd fort, „mein Knecht heißt Schatte. Im Übrigen komm' ich allein."

„Ihr bringt die Gräfin nicht mit?"

„Nein, gnädige Frau!"

„Hm! Herr Graf," sagte die Äbtissin, „das ist ja eine ganz neue Art, wie Ihr Eure Schutzvogtei über uns ausübt. Sollen die jungen Conventualinnen des Stiftes künftig erst ein Noviziat auf Eurer Burg bestehen, ehe sie zu unserem Kapitel zugelassen werden?"

„So war es zwar nicht gemeint, aber Ihr bringt mich da auf einen guten Gedanken, Domina!" erwiederte er heiter. „Es ist so einsam auf der Burg ohne ein geselliges weibliches Wesen."

„Was Ihr sagt, Herr Graf! Diese Empfindung scheint Euch ja sehr plötzlich gekommen zu sein. Aber es liegt doch nur an Euch, dem Mangel an Gesellschaft auf dem Regenstein in der gefälligsten Weise abzuhelfen." Sie wurde roth dabei, als sie das lachend sagte, und ihre Augen funkelten und blitzten.

„Freilich wohl!" entgegnete er harmlos, „und nun ist ihm ja auch abgeholfen."

„Aber mit welchen Mitteln! mit List und Gewalt, wider Recht und Billigkeit. Oder war es Euch gerade nur um diese Gesellschaft, um dieses weibliche Wesen zu thun?" frug sie herausfordernd.

„Ich habe sie mir nicht ausgesucht," sagte der Graf. „Bock von Schlanstedt hat mir irrthümlicher Weise die Gräfin Oda von Falkenstein gebracht, weil er zufällig diese und keine Andere fing."

„Zufällig? ohne Euren Befehl, Herr Graf? Wer Euch das glauben soll!"

„Ich habe ihn gescholten, als er mit ihr ankam."

„Und dennoch haltet Ihr sie bei Euch fest?"

„Aus Mitleid mit der armen Verstoßenen."

„Aus Mitleid!" Die Äbtissin verzog den Mund zu einem sehr spöttischen Lächeln.

„Und weil ich sie als Geißel behalten will gegen die schändliche Absicht ihres Bruders und aus Trotz gegen den Bischof, dem ich die schöne Grafschaft nicht gönne," sprach Albrecht, nachgerade ungeduldig über das mit ihm vorgenommene Verhör.

„Und weiter wißt Ihr nichts vorzubringen? Nun seid Ihr mit Euren Gründen schon zu Ende?" höhnte die Äbtissin. „Ei so laßt mich doch fragen, Herr Graf," fuhr sie scharf und heftiger werdend fort: „mit welchem Rechte, aus welchem Grunde verweigert Ihr sie auch mir, deren Schutz sie von ihrem Bruder anvertraut ist?"

„Weil sie bei mir auf dem Regenstein sicherer ist als hier," entgegnete er hart und bestimmt.

„Sicherer?" wiederholte sie, das böse Lächeln wieder auf den trotzigen Lippen. „Ihr meint — Euch näher!"

Graf Albrecht zog die Brauen zusammen.

„Und die arme Verstoßene bleibt wohl auch recht gern bei Euch auf dem Regenstein?" sprach Jutta mit einem lauernden Blick.

„So hoffe ich, meine gnädigste Frau!" sagte Graf Albrecht und sah die Äbtissin dabei fest an. Ihr immer gehässigerer Ton, ihre verdächtigenden Worte reizten ihn in einer Weise, daß er nur mit Mühe noch an sich zu halten vermochte.

„O ich glaub' es schon! — Warum auch nicht? — Ihr seid gewiß ein sehr fürsorglicher Wirth, Herr Graf, — gegen Eure zufällig, irrthümlich Gefangene."

Sie brachte das abgerissen und stoßweise hervor, während ihre Brust sich in großer Erregung hob und senkte.

„Ich kenne meine Pflichten als Burgherr, Domina!" sprach der Graf.

„Gewiß! gewiß!" versetzte sie mit brennenden Wangen. „Und sie soll schön sein, Eure junge Gräfin, sagt mir der Stiftsschreiber. — Ihr habt es ja selber gesagt, habt ja selber gemeint, auf Eurem Felsen hätte noch keine solche — solche Lilie geblüht! Nun, ich wünsche Euch Glück dazu, Herr Graf von Regenstein!"

Da sprang Graf Albrecht zornfunkelnd auf, stieß den Sessel zurück und rief mit seiner vollen Stimme, daß es hallte und schallte: „Domina! vergeßt nicht, mit wem und von wem Ihr redet! Was kümmert Euch mein Thun und Lassen? Bin ich ein Chorknabe, den Ihr abkanzeln könnt, weil er falsch gesungen hat? Ich bin hierher gekommen, nicht um mich zu entschuldigen, sondern um Euch zu erklären, daß und warum Ihr die Gräfin von Falkenstein nicht als Eure Conventualin sehen werdet. Übrigens bin ich Herr auf meiner Burg und Herr im Gau, und wen ich gefangen halten will, den halt' ich trotz Bischof und Euch! Mit einem Worte könnte ich Euren Verdacht entwaffnen, wenn ich mir die Mühe geben wollte, Euch dieses Wort zu sagen!"

Er wandte sich ab und schritt im Zimmer heftig auf und nieder.

Die Äbtissin war vor dem Zornausfall, vor der donnernden Stimme und den sprühenden Augen des gewaltigen Mannes erschrocken zurückgewichen. Bleich und zitternd stand sie gegen einen Tisch gelehnt, sich mit der Hand darauf stützend. Und doch erfüllte sie diese losbrechende, sie erschütternde und bändigende Kraft trotz ihrem Schreck mit einer Lust, einer heimlichen Wonne, die ihre ganze Seele in Leidenschaft erglühen machte.

„Sprecht das Wort, Graf Albrecht!" sagte sie leise.

„Es ist ein Geheimniß," sprach er nun ruhiger, „es ist nur ein heißer Wunsch meines Herzens, aber ich will ihn Euch entdecken, Domina! Ihr werdet mein Vertrauen nicht mißbrauchen."

Er trat der in höchster Spannung Lauschenden näher, blickte ihr tief in die Augen und sagte: „Ich hege die stille Hoffnung, Domina, daß Gräfin Oda meines Bruders Siegfrieds Frau wird."

„Ah!! —" machte Jutta, aber der helle Ton sprang aus Herzensgrunde, und ein glückseliges Lächeln flog über ihr Antlitz.

Sie suchte sich jedoch zu fassen, um dem Grafen den eigentlichen Grund erst ihrer Sorge und nun ihrer großen

Freude so viel wie jetzt noch möglich zu verbergen. Er mußte gemerkt haben, daß es nichts Anderes als Eifersucht gewesen war, was sie zu so scharfem Spotte hingerissen hatte. Aber Graf Albrecht, sagte sie sich, war so großmüthig, zu thun, als hätte er das nicht gemerkt. Oder war es ihm schon nichts Neues mehr? hatte er sie schon früher, schon längst durchschaut? Unmöglich war das nicht; sie war in seiner Gegenwart nicht immer ganz Herr ihrer Sinne, und das heiße, verlangende Herz hatte sich wohl schon öfter zu wenig verschleiert auf die vorschnellen Lippen und in die großen, glühenden, verrätherischen Augen gewagt.

Aber wenn er es wußte, was sie nicht hehlen konnte, warum benutzte er es denn nicht? Beglückte es ihn nicht, schmeichelte es ihm nicht, geliebt zu werden von einem Weibe wie Jutta? Sie konnte sich in ihrer eigenen stolzen Schönheit dem blühenden Helden an die Seite stellen, und sie waren ein Paar Sterbliche wie Siegfried der Drachentödter und Brunhild von Isenland.

Nach dem eben Vorgefallenen wollte sie wenigstens den äußeren Schein weiblicher Zurückhaltung retten, um nicht offen eingestehen zu müssen, daß sie zu weit gegangen war und sich vergessen hatte. Darum sagte sie alle Kraft zur Besonnenheit sammelnd: „Verzeiht mir, Graf Albrecht! hätte ich Euren Wunsch und Eure Hoffnung auf eine Verbindung der Gräfin Oda mit Eurem Bruder gekannt, so würde ich Eure Maßnahmen von vorn herein begriffen und gebilligt haben; aber die Gräfin war mir als Conventualin des Stiftes angemeldet, sie stand also unter meinem verantwortlichen Schutz, darum mußte ich als Äbtissin ihren Eintritt hier erwarten und fordern. Das liegt nun anders, und wir werden uns darüber verständigen."

„Wenn Ihr Brüder hättet wie ich, Domina, oder wenn Ihr meinen Siegfried kenntet," erwiederte der Graf, —

„O ich kenne ihn ja!" fiel die Äbtissin ein, indem sie sich wieder setzte und auch den Grafen dazu einlud.

„Ihr habt ihn ein paarmal gesehen, aber Ihr kennt ihn nicht," sagte der Graf, „kennt ihn nicht wie ich, der ich ihm so viel Glück und Freuden auf sein blondes Haupt und in sein braves Herz hinein wünsche, wie — wie ich mir selber nicht bereiten konnte und vielleicht niemals kann. Ihr wißt es ja; in den letzten Jahren meines lieben Vaters — Gott hab' ihn selig! — lag das Regiment der Grafschaft mehr auf meinen Schultern als auf seinen. Bald hierhin, bald dorthin schickte er mich mit gewichtigen Aufträgen, zu Verhandlungen und Be- rathungen; meine sorglose Jugend wurde mir arg verkürzt, denn ich hatte den Kopf so voll von schweren Dingen, daß das Herz niemals zum Mitsprechen, geschweige denn zu seinem Rechte kam. Und seit ich selber Herr im Lande bin, liegt auf mir, dem Ältesten von uns sechs Regensteinern, allein alle Sorge und Mühe für Erhaltung des Errungenen. Wann komme ich denn zu Rast und Ruhe? Aus einem Kampf werde ich in den anderen getrieben, muß wachen und umschauen wie ein Thürmer auf der Warte, überall Fährniß und Feinde, immer im Harnisch, immer im Sattel, immer meiner Haut mich wehrend muß ich für Alle denken, für Alle handeln, bald mit dem Worte, bald mit dem Schwerte dazwischen schlagen, kurz Alles, nur nicht ruhen und träumen. Und doch möcht' ich es nicht anders, so lieb' ich das Leben! ein Reiter und Ritter will ich sein, Anderen helfen, wo ich kann, und wo ich Fuß fasse, fest meinen Mann stehen! Begreift Ihr es nun, daß ich Gnade oder Ungnade wage, um meinen Bruder glücklich zu machen?"

Sie hatte keinen Blick von ihm gewandt, mit durstigem
Ohre jedes Wort ihm vom Munde getrunken, und eine fried=
liche, fröhliche Stimmung kam über sie. Das also war der
Schlüssel seines Schweigens, seines Zauderns, — er hatte keine
Zeit zum Lieben. Ihr schien, als hätte er ihr das Alles recht
absichtlich gesagt wie zum Troste, wie mit der ungesprochenen
Bitte, Geduld mit ihm zu haben. Das wollte sie nun auch,
wollte nie wieder heftig und begehrlich auf ihn einstürmen,
sondern mit doppelter Rücksicht, mit hundertfacher Freundlich=
keit ihm seines harten Lebens Lasten und Unruhe vergelten und
versüßen, so oft er zu ihr käme, — sorgte und mühte er sich
als ihr Schutzvogt doch auch für sie — und wollte in stiller,
geduldiger Liebe treu an ihm hängen, bis bessere, freiere Tage
ihm erlaubten, auch an sein eigenes Glück zu denken.

Sie schwieg nach seiner Rede eine Weile still, hatte auf
seine letzte Frage nur leise mit dem Kopfe genickt und sah ihn
nun mit einem dankbaren Blicke an, weil er ihr einmal ein
Stück von seinem Innern enthüllt hatte.

Endlich frug sie ihn mit aufrichtiger Theilnahme: „Geht
Eure Hoffnung einer baldigen Erfüllung entgegen?"

Der Graf zuckte die Achseln. „Das ist es, was mich
sorgen läßt," erwiederte er. „Die junge Gräfin umgiebt eine
so zarte Scheu und Schüchternheit, eine so rührende Bescheiden=
heit, daß das liebliche Mädchen sich schon damit alle Herzen
gewinnt, aber auch Jeden in gebührenden Schranken hält, der
sich ihr etwa zu rasch nahen wollte."

Schüchternheit, Bescheidenheit, die sich alle Herzen ge=
winnt. Sagte er das auch wieder mit Absicht zu ihr, der
Kühnen, Leidenschaftlichen?

„Ist denn die Gräfin wirklich so ausnehmend schön, wie
mir Florencius berichtet?" frug sie mit gekräuselten Lippen.

„Kaum möchte ich sie wirklich schön nennen, die bleiche Lilie,“ erwiederte lächelnd Graf Albrecht, „aber ein süßer, holdseliger Liebreiz, eine unaussprechliche Anmuth ist über sie ausgegossen wie Morgenthau und Blüthenschmelz; ihr Gang und jede Bewegung ihrer schlanken Glieder, ihre Stimme und ihrer blauen Augen klarer, inniger Blick hat etwas zur stillen Anbetung Zwingendes.“

Jutta hörte diese Beschreibung mit wachsender Unlust. Der böse Geist, der vorhin so wild in ihr getobt hatte und kaum zur Ruhe beschworen war, klopfte schon wieder vernehmlich an die Pforte ihres Herzens. So schildert doch nur Einer ein Mädchen, der — ach! er hat ja keine Zeit zum Lieben!

„Seid Ihr denn überzeugt, Graf Albrecht,“ frug Jutta, „daß sich die beiden in Liebe zugethan sind?“

„Die volle Liebe meines Bruders zur Gräfin Oda ist mir außer allem Zweifel,“ entgegnete er, „und Siegfried ist unermüdlich, sie ihr ohne Worte zu gestehen und zu beweisen durch ritterlichen Minnedienst in Zucht und Ehren. Aber noch habe ich kein Zeichen von ihrer Liebe zu ihm bemerkt.“

„So liebt sie einen Anderen?!“

Jutta stieß die Frage rasch und heftig heraus und blickte dem Grafen forschend ins Gesicht.

„Ich weiß es nicht, Domina,“ sagte der Graf, „und ich hoffe es nicht,“ fügte er ernst hinzu.

„Sie ist Eure Gefangene, Graf Albrecht!“ sprach die Äbtissin. „Werdet Ihr sie zwingen, Eures Bruders Gemahl zu werden, auch wenn sie — auch wenn Ihr merkt, daß sie einen Andern liebt?“

„Domina! wie könnt Ihr so fragen!“ erwiederte der Graf. „Das liebe, holde Mädchen gegen ihren Willen, gegen ihres Herzens reine Neigung zwingen? niemals! Aber be=

denket: echte Liebe sitzt tief verborgen wie Gold im Schachte und wächst langsam wie Kernholz, wenn sie fest werden und aushalten soll fürs lange Leben."

„Woher wißt Ihr denn das?" frug sie erstaunt.

Albrecht schwieg, betroffen von dieser Frage, erschrocken fast von seinen eigenen Worten.

„Graf Albrecht! — gebt mir die Gräfin! bei mir ist sie so sicher wie bei Euch."

Jutta hatte das wieder in einem so überstürzten, gebieterischen Tone gesagt und ihn dabei mit einem so eigenen, halb ängstlichen, halb drohenden Blicke angesehen, daß es ihn mißtrauisch gegen ihre Absichten machte.

Er schüttelte langsam das Haupt und sagte bedächtig und bestimmt: „Nein, gnädige Frau!"

„Ich will sie halten und hegen wie Eine, die bestimmt ist, Eures Bruders Gemahl zu werden," sprach Jutta. „Ich will sie vor Allen bevorzugen und ihr jeden Wunsch erfüllen. Kommt mit Eurem Bruder herüber, so oft Ihr wollt; Ihr sollt mir jeden Tag, jede Stunde willkommen sein, und Siegfried soll Oda ohne Zeugen sehen können. Sie sollen frei und vertraut mit einander reden, wie wir hier, Graf Albrecht, und kein Merker soll lauschen, was von Mund zu Mund, von Herzen zu Herzen geht."

Der Graf schüttelte das Haupt und schwieg.

„Damit wäre der Wille des Grafen Hoyer erfüllt, und Ihr könntet in Frieden und Freundschaft über das Weitere mit ihm verhandeln, wenn Euer Bruder hier um sie würbe, sie hier vom Schlosse aus als sein Weib heimführte," fuhr Jutta immer dringender fort. „Auch dem Bischof wäre jeder Vorwand genommen, Euch zu drohen, und was ich kann und vermag, Graf Albrecht, daß die Grafschaft nicht sein wird,

sondern als Oda's Ehesteuer Eurem edlen Hause zufällt, das
soll geschehen; mein fürstlich Wort und Ansehen will ich beim
Grafen und beim Bischof dafür einlegen, ja beim Kaiser und
auf dem Reichstage dafür in die Schranken treten"

Jutta's Wangen rötheten sich höher im Eifer des Sprechens,
ihr Athem flog wieder, und in ihrer Stimme zitterte eine zu-
nehmende Erregung.

„Ich danke Euch, Domina!" erwiederte der Graf, „aber
Eure Mühe wäre umsonst; der Streit muß mit Schwert und
Lanze ausgefochten werden, und ich hoffe damit schneller und
sicherer zum Ziele zu kommen"

Jutta sah ihn unwillig an und schien eine Wallung des
Zornes niederzukämpfen. Sie nagte an der Lippe und sann
und suchte ungeduldig nach Worten.

„Bedenket noch Eins, Herr Graf!" sprach sie, nun
doch wieder in Heftigkeit und Bitterkeit verfallend. „Ist es
schicklich, daß die Jungfrau allein unter Euch Männern auf
dem Regenstein weilt? Hier bei uns Frauen ist die Stätte
für ein verstoßenes, sittsames, hochgeborenes Fräulein. Was
könnt Ihr dagegen sagen?"

„Sie hat ihre Gürtelmagd bei sich," versetzte Albrecht.

„Ihre Gürtelmagd! wirklich! o welch starker Ehren-
wächter!" spottete Jutta. „Und das genügt dem edlen Fräulein? dabei beruhigt sich die zarte Schüchternheit, die rührende
Bescheidenheit? ja, das ist wirklich rührend! Aber ich hätte
einer Gräfin von Falkenstein mehr Zucht und Sitte zugetraut,
als daß sie statt unter ihres Gleichen zu sein lieber bei unvermählten Rittern auf einsamer Burg bleibt, von Reisigen
und Knechten beschützt, beschützt — ich weiß nicht wovor, gegen
Raub und Überfall oder gegen unerwünschte Störung."

„Wer sagt Euch, Domina," brauste der Graf sich erhebend, „daß sie lieber bei dem Ritter auf der einsamen Burg bleibt, der sich ihretwegen Feinde und Fehden auf den Hals zieht?"

„Nicht? nicht lieber?" rief Jutta gleichfalls aufstehend. „Ah! — so haltet Ihr sie mit Gewalt, Herr Graf? und immer nur aus Mitleid? immer nur aus Liebe zu dem Bruder, nur zu dem Bruder, daß er die reiche Braut gewinne? o wie neide ich dem Bruder einen so bereitwilligen Helfer und Mundwalt! — Rollt nicht die Augen, Ihr könnt mir wenig erwiedern. Meine Gründe sind erschöpft und Ihr, Ihr habt keine, wenigstens keinen, der Stich hält. Darum sage ich: gebt mir die Gräfin! laßt hier Euren Bruder, für den allein Ihr sie ja so fest und sicher bewahrt, in Ehren um sie werben und wenn Ihr das nicht wollt, so laßt mich davon denken, was ich will!"

Graf Albrecht biß die Zähne zusammen, und über sein Gesicht fuhr es wie Wetterleuchten. „Meinetwegen denkt, was Ihr wollt," sprach er barsch, „ich thue, was ich will, und wenn Euch das nicht gefällt, Domina, — so kann ich Euch nicht helfen. Die Gräfin Oda bekommt Ihr nicht! und damit gehabt Euch wohl, bis Ihr wieder besserer Laune seid!"

Klirrenden Schrittes ging er ab, schwang sich im Schloß hofe aufs Pferd und ritt nach Burg Gersdorf.

———

Zwölftes Kapitel.

Auf dem Wege nach Gersdorf klang die Unterredung, die der Graf eben mit der Äbtissin gehabt hatte, mächtig in ihm nach. Immer noch hörte er Jutta's heftige Rede: „Gebt mir die Gräfin, Ihr habt keinen Grund, sie zu halten!"

Keinen Grund? Hatte er denn der danach Verlangenden nicht Gründe genug angegeben? hatte er ihr nicht gesagt, daß er Oda auf dem Regenstein für sicherer aufgehoben hielte, als irgend anderswo? Freilich, wenn erst die Fehden mit dem Bischof und den Blankenburgern ausgebrochen waren, so gab es keinen ungünstigeren Aufenthalt für die Gräfin als diesen. Mit Sorge dachte er daran, das liebe Mädchen den Wechsel= fällen und Schrecken des Krieges preißgeben zu müssen. Dem war sie allerdings auf dem Schlosse zu Quedlinburg nicht ausgesetzt; nirgends konnte sie dann besser geborgen sein, als unter der gefriedeten Obhut der Fürstin=Äbtissin, die ja ver= sprochen hatte, sie in ihren Schutz zu nehmen, und was Jutta versprach, das hielt sie.

Aber Siegfried! was würde der sagen, wenn er die Geliebte missen sollte? Jutta hatte gut reden; aber so un= gestört wie da oben auf dem durch seine steile Höhe weltent= rückten Felseneiland des Regensteins oder unten in den bergen= den Einsamkeiten des verschwiegenen Waldes konnten die beiden nimmer auf dem Quedlinburger Schloffe verkehren unter den beobachtenden Augen der Äbtiffin und der übrigen Kapitularinnen. Wie follten da ihre Herzen fich finden und den Bund fchließen, den Albrecht fo dringend wünfchte!

Und er felber! auch ihm würde es nicht leicht werden, fich von Oda zu trennen. Ihre Anwefenheit wirkte auf alle Bewohner der weiten Burg wie ein fortdauerndes, von Tag zu Tage fich erneuendes Wunder, und fie wußten nicht, hatte der Frühling als feine fchönfte Gabe fie, oder hatte fie den Frühling mitgebracht, der ihnen nach des Winters abfperrender Einfamkeit und Öde noch niemals fo fonnig, fo blüthenreich und duftig erfchienen war wie diefes Mal. Seit dem vor einer Reihe von Jahren erfolgten Abfcheiden der Gräfin Mutter hatte keine Frau vornehmer Geburt auf dem Regen= ftein geweilt und Mann und Magd zu Rückfichten gezwungen, die ein unvermählter, ritterlicher Kriegsmann wie Graf Albrecht von den Seinigen nicht verlangte. Er war zufrieden, wenn fie in Burg und Feld ihre Schuldigkeit thaten und feinen Befehlen gehorchten; im Übrigen ließ er ihnen jede Luft und jede Freiheit.

Nun aber ftieg eine edle Jungfrau, die Gefangene ge= nannt und als Herrin gehalten wurde, die Treppen herab und herauf, wandelte auf dem Empor des Felfens, daß fich, von unten gefehen, ihre fchlanke Geftalt am blauen Himmel zeichnete, fchritt fchwebenden Ganges über die Höfe und durch das gewölbte Thor, und ihr Kommen glich dem Erfcheinen eines Genius des Friedens, der auf der waffenftarrenden Fefte Alles erfreuend und fegnend waltete.

Und diefen guten Geift follte Graf Albrecht aus feiner Behaufung verbannen? nimmermehr! Wie Waldvogelgefang, wie fanfte, füße Saitenklänge fchmeichelte feinem Ohr ihre

Stimme; aus ihren Augen grüßte ihn der lachende Morgen am freudigsten; nach ihrem Verschwinden am Abend sank ihm die schweigende Nacht willkommen hernieder und schenkte ihm friedlichen, wohligen Schlummer.

Immer aber sah er Oda neben Siegfried und Siegfried neben ihr. Die beiden waren ihm in seiner Vorstellung schon so untrennbar von einander, daß er sich ihre Vereinzelung nicht mehr denken konnte. Er war überzeugt, daß Jeder in dem Andern sein höchstes Lebensglück finden würde, und dieses gönnte er von Grund der Seele ebenso seinem Liebling Siegfried, der ihm von klein auf unter seinen schützenden Händen an die Augen herangewachsen war, wie dem holden Mädchen, das er erst seit wenigen Wochen kannte und doch schon wie ein trautes Schwesterlein von Herzen lieb gewonnen hatte.

Der Auftritt mit der Äbtissin hatte ihn erregt und beunruhigt, beunruhigte ihn jetzt noch. Sie glaubte nicht an seine selbstlose Absicht mit Oda, sondern hatte ihn in dem Verdacht, daß er nur seinetwegen die junge Gräfin bei sich festhielte, daß er sie liebte und selber zu besitzen begehrte. Er und Oda! die bleiche Lilie seine Gattin! ein wunderlicher, ein närrischer Gedanke! nicht im Traume wäre ihm der gekommen und gewiß noch weniger dem unschuldsvollen Mädchen; der konnte nur in Jutta's eifersüchtigem Herzen entstehen.

Ein größerer Gegensatz von Weib und Weib wie zwischen den Zweien, die beide jetzt unter seinem Schutze standen, war kaum denkbar. Jutta von Kranichfeld liebte ihn mit Leidenschaft, mit herrschsüchtiger, unduldsamer Gewalt. An ihre Launen, die wie Wind und Wellen umschlugen, war er gewöhnt; aber mochte sie ihn nun mit der warmen Sonne ihrer Gunst beglücken oder wie Sturm und Gewitter mit ihrem Zorn überfallen, immer blickte ihre Liebe durch und ihre Sehn sucht, ihn zu besitzen. Halb stieß ihn ihr ungestümes Wesen ab, halb zog es ihn an; er wollte nicht geworben und gewonnen sein, er wollte selber werben und erringen, sei es eine feindliche Burg oder ein geliebtes Weib. Widerstand reizte ihn, wo immer er ihn fand; hier aber war er es, der ihn leistete. Und doch war es ihm ein lockender Gedanke, dieses stolze, verführerisch schöne Weib sein zu nennen, diese ungebrochene Kraft, diesen launenhaften Trotz kampflich zu bezwingen und in ruhevolle Stetigkeit zu verwandeln, zu hingebender Liebe zu erziehen. Sein starker Arm, der Schwert und Lanze führte wie kein zweiter im Gau, würde gewiß auch weich und behutsam den Leib der Geliebten umfangen, und sollte der strenge Mund, der bis jetzt nur laute Befehle zu rufen verstand, nicht auch leichtes Geplauder und wonniges Kosen lernen können?

Welcher Art und welchen Sinnes mußte die künftige Lebensgefährtin des Grafen Albrecht sein? Ein willenloses, schmiegsam unterwürfiges Kind, das mit zarter Hand seine umwölkte Stirne glättete, mit ängstlichem Blick ihm jeden Wunsch von den Augen las und seine Gedanken und Meinungen widerspruchslos als die höchste Weisheit auf Erden verehrte? Oder ein reisiges Weib, stahlhart wie er selbst, das seinen eigenen Verstand und seinen eigenen Willen hatte, mit Rath und That ihm treu zur Seite stand, für ihn eintrat, wenn es galt, und ihm nicht nur bis an den Rand der Gefahr, sondern ohne Bedenken in sie hinein, durch sie hindurch zu jeder Stunde folgte?

Nun denn, ein solches Weib saß auf der alten Kaiserpfalz zu Quedlinburg und wartete nur auf das eine Wort aus seinem Munde: Komm!

Unter solchen Betrachtungen war Graf Albrecht ohne es zu merken vor der Feste Gersdorf angelangt; aber wie auf=

geſcheuchtes Federwild flatterten ihm die Liebesgedanken davon,
als ihn der Thürmer von der Bruſtwehr herab mit einem
frohlockenden Hornruf begrüßte. Er überdachte ſchnell noch
einmal, was er mit Günther Alles zu ſprechen hätte, und da
fiel es ihm plötzlich ſchwer auf die Seele, daß er ja ganz ver=
geſſen hatte oder vielmehr nicht dazu gekommen war, mit der
Äbtiſſin über die Lauenburg zu reden.

Auf dem Hinritt nach Quedlinburg hatte er ſich vorge=
nommen, die Domina mit guten Worten um die Belehnung
mit der Burg anzugehen, denn es war ihm doch lieber, wenn
er ſie mit allem Glimpf und Fug als ein rechtes Lehen er=
hielt, als wenn er ſie durch einen Gewaltſtreich nehmen müßte;
aber haben mußte er ſie, es koſte, was es wolle, und es war
Gefahr im Verzuge.

Das Verſehen war nicht mehr gut zu machen; wieder
umkehren und zur Äbtiſſin zurückreiten konnte er nach dem
eben ſtattgehabten Auftritt nicht. Darum blieb er bei ſeinem
erſten Plane, den er Bernhard heute durch Siegfried hatte an=
kündigen laſſen, nämlich die Lauenburg einfach zu nehmen.

Er weihte Günther in alles auf dem Regenſtein Vor=
gefallene ein und ertheilte ihm ausführliche Weiſung. Der
Überfall ſollte unter ſeinem, Albrechts Befehl von den Reiſigen
der Gersdorfer und der Gunteckenburg unternommen werden,
denn viel Mannſchaft war dazu nicht nöthig. Über die Zeit der
Ausführung wollte Albrecht dem Bruder durch einen Reiten=
den Botſchaft ſenden; dann ſollte ſich Günther mit den Seinigen
unter dem Schutze der Dunkelheit an das Gebirge heranſchleichen
und an einem beſtimmten Punkte mit Albrecht zuſammentreffen.

Günther verſprach, treulich Panier zu halten, wie Albrecht
befohlen, und dieſer ritt mit ſeinem ſchweigſamen Schildknechte
wieder hindan und auf dem kürzeſten Wege nach Hauſe. —

Siegfried hatte Oda den ihm von seinem Bruder geu wordenen Auftrag, Bernhard eine geheime Botschaft zu bringen, mitgetheilt und ihr den Vorschlag gemacht, mit ihm zu Fuß nach der Heimburg zu gehen und die Pferde nachkommen zu lassen, um zurück zu reiten, womit Oda gern einverstanden war.

Sie machten sich auf den Weg, aber Oda war still und in sich gekehrt. Sie pflückte im frühsommerlichen Walde hier und da eine Blume und gab auf Siegfrieds Rede zwar freundu liche, aber nur kurze, zuweilen etwas zerstreute Antworten. Endlich frug sie, im langsamen Gehen gedankenvoll ihr Sträußu chen ordnend: „Wohin ist Graf Albrecht heute geritten?"

„Nach Quedlinburg zur Äbtissin," erwiederte Siegfried. „Nun, was erschreckt Ihr, Fräulein? Meint Ihr etwa, das sei eine Vorbereitung zu Eurer Entsendung ins Stift? Daran denkt Albrecht nicht."

„Aber die Äbtissin wird es verlangen," sprach Oda; „sie hat ja ihren Schreiber schon darum gesandt."

„Das hilft ihr Alles nichts," lachte Siegfried. „Meinem Bruder widersteht Niemand, nicht einmal die Äbtissin, die sonst viel über ihn vermag. Ihr kennt sie wohl nicht?"

„Nein," sagte Oda. „Kennt Ihr sie denn?"

„Ja gewiß!" erwiederte er. „Sie ist herrisch und launen= haft; aber sie hat etwas Freudiges und Berückendes in ihrem Wesen, ist schön und stolz wie eine Königin und kann sich die Menschen unterthänig und die Herzen gewogen machen, wenn sie nur will."

„Ich möchte sie wohl einmal sehen," sprach Oda halb für sich.

„Das braucht Ihr nur Albrecht zu sagen," erwiederte er; „dann nimmt er Euch einmal mit, wenn er sie besucht. Aber dann reit' ich auch mit, damit sie Euch auf dem Schlosse nicht festhalten."

Oda seufzte leise und schwieg.

„Ihr seid nicht fröhlich, Gräfin Oda," begann Siegfried nach einer langen Pause. „Drückt Euch ein Leid?"

Oda schüttelte das Haupt.

„Da muß ich sehen, wie ich auch den anderen Auftrag meines Bruders erfülle," fuhr er fort. „Ich soll Euch auf= heitern, soll Eure Gunst zu erwerben suchen, gebot mir Albrecht."

„Das hat Euch Euer Bruder geboten?" frug Oda.

„Ja! denkt Euch!" lachte Siegfried. „Es war freilich nicht von nöthen, mir das noch besonders auf die Seele zu binden. Aber er hat noch mehr gesagt. Du mußt Ihr Freund und Vertrauter werden, Siegfried! ich wünsche das, sprach er. Und wenn Albrecht sagt: ich wünsche das! — ja, Gräfin Oda, dann hilft nichts in der Welt, dann muß das geschehen; aber ich fange es gewiß recht dumm an."

Oda lächelte und sagte unbefangen: „Ihr seid schon mein Freund und Vertrauter, Graf Siegfried.

„Wirklich? bin ich das?" frug er mit freudeglänzendem Gesicht.

„Ich bin die Gefangene Eures Bruders und muß ihm gehorchen," erwiederte sie. „Aber es gehorcht sich ihm gut und leicht, und da will ich Euch nur helfen, seinem Befehle nach zu thun, damit wir nicht in Ungnade fallen," schloß sie mit einem schelmischen Blick.

„Seht Ihr wohl!" rief er vergnügt, „es ist mir gelungen, ich habe Euch aufgeheitert, wie Albrecht es wollte."

So waren sie am Fuße des Berges angekommen und stiegen nun den steilen Weg zur Heimburg langsam hinauf.

Gräfin Reginhild empfing die Ankommenden freudig und herzlich, und während die Brüder sich über Albrechts

Botschaft unterhielten, saß sie mit Oda plaudernd auf der Fensterbank im Erker. Das that Oda, der ein traulicher Verkehr mit andern, ihr ebenbürtigen Frauen so gut wie neu war, unendlich wohl, und sie gab sich dem Genusse rückhaltlos und mit Freuden hin.

Reginhild aber streckte in dem munteren Gespräch mit klugen Worten und unverdächtigen Fragen leise Fühler nach Oda's Meinung über Siegfried aus, um zu erfahren, ob seine Hoffnung auf ihre Liebe Grund und Boden hätte, oder ob schon ein Anderer ihr Herz besäße. Oda ging arglos in alle die kleinen, listig gestellten Fallen, und bald wußte die gewandte Frau mehr, als ihr zu wissen lieb war.

Siegfried und Oda blieben den Tag über auf der Heimburg, und es gab ein fröhliches Mittagsmahl zu Vieren. Nur Reginhild war zuweilen etwas still und nachdenklich; desto glücklicher aber war Siegfried, denn er sah sich und Oda schon als eben solches Paar wie die mit ihnen zu Tische sitzenden Bernhard und Reginhild.

Gegen Abend ritten die ersteren auf den ihnen nachgeschickten Pferden zum Regenstein zurück.

Als sie fort waren, sagte Bernhard zu seiner Frau: „Ein liebes Mädchen! und ich gönne unserm Blonden sein Glück von ganzem Herzen, aber — ich kann mich noch nicht darüber freuen. Ich habe das dunkle Gefühl, als sollte uns diese Verbindung noch in böse Händel bringen."

Reginhild nickte betrübt vor sich hin und erwiederte nichts

„Dir geht es ebenso?" fuhr Bernhard darauf fort, „nicht wahr? Du hast auch kein Vertrauen dazu?"

„Nein, aber aus ganz anderen Gründen," sprach Reginhild. „Ich habe heut eine seltsame Entdeckung gemacht."

„Nun?"

„Mir scheint, Gräfin Oda liebt nicht Siegfried, sondern — Albrecht!"

„Albrecht? Albrecht?" frug der Graf bestürzt. „Hat sie Dir's gesagt?"

„O nein! aber es ist mir fast außer allem Zweifel," erwiederte Reginhild.

„O Hilde, Hilde! siehst Du, da kommt es schon heran, das Unheil!" rief Bernhard erregt. „Prügeln könnt' ich den Bock, daß er uns dies Unglücksmädchen auf die Burg gebracht hat!"

„Schilt die Ärmste nicht!" bat Reginhild mitleidig, „sie ist selber schlimm genug daran."

„Ach! — warum geht sie nicht nach Quedlinburg zur Äbtissin, wohin sie gehört!"

„Sie lassen sie ja nicht fort," sagte Reginhild; „der Eine hält sie aus Liebe fest und der Andere aus Trotz."

„Ob er es denn schon weiß?" frug Bernhard.

„Albrecht, meinst Du? das glaube ich nicht. Der hat nicht Zeit dazu und auch nicht den Blick dafür. Aber was wird werden, wenn Siegfried, dessen Hoffnung mit vollen Segeln fährt, sein erträumtes Glück vor sich versinken sieht!?"

Graf Bernhard seufzte schwer auf. „Das hat uns gerade noch gefehlt," sprach er düster, „zu allem Orloch und Fehdedrohen auch noch bittere Herzenskämpfe unter uns Brüdern!"

Und tief bekümmert blickten die Gatten den sorglos Dahinreitenden von oben nach.

———— ·—··—

Dreizehntes Kapitel.

—◦—

or der Schenkenthür in dem Dorfe Erkstedt, das zwischen dem bischöflichen Schloß Langenstein und dem Regenstein'schen Burgstall Derenburg, doch etwas näher nach Halberstadt zu gelegen war, saß unter einer breit= ästigen Linde ein Mensch, dessen Äußeres wenig Vertrauen= erweckendes hatte. Er war ein kleiner buckliger Kerl mit grauem, fast weißem Haar und einem faltigen, etwas schiefen Gesicht, dessen lauernder Ausdruck noch dadurch verstärkt wurde, daß der Mann entsetzlich schielte.

Sein braunes Wams war schäbig und geflickt, und seine eng anschließenden Lederhosen schillerten in einem zweifelhaften Glanze. Neben sich auf der Bank hatte er einen alten, auch schon glatt getragenen, mit Gott weiß was gefüllten Ranzen liegen und vor sich auf dem roh gezimmerten Tische einen Steinkrug mit Braunbier aus dem großen Klostergute Röder= hof am Huywalde stehen. Es war spät Nachmittags, aber wenn es auch früh Morgens gewesen wäre, der Bierkrug würde vor dem Manne nicht gefehlt haben, denn Hinze Haber= nack hatte immer Durst oder that wenigstens immer so, als wenn er welchen hätte, der schwer zu löschen wäre. Er war ein alter Landstörzer, der einige Meilen im Umkreise von Halberstadt Alt und Jung bekannt war und sich sein täglich

Brod auf absonderlichen Wegen verdiente. Am liebsten gab er sich für einen Thierarzt aus, heilte aber nicht bloß krankes Vieh, sondern kurirte auch mit Kräutern, Salben und Latwergen an Menschen herum, wußte für allerhand Schäden und Gebresten Rath und Hülfe, konnte das Blut und das Feuer besprechen, besorgte Botengänge und mancherlei Kundschaft und heimlich Gewerbe.

Er war mehr gefürchtet als beliebt, und wenn man ihn auch rief, wo man seiner bedurfte, so sah man ihn doch lieber gehen als kommen, denn er spürte und schnüffelte überall herum und galt für einen gefährlichen, doppelzüngigen Zwischenträger, der sich für Geld oder Geldeswerth zu Dingen gebrauchen ließ, die nicht recht sauber und ehrlich waren. Dabei spielte er stets den Gutmüthigen und Biderben, aber Niemand traute ihm, und Niemand wagte, ihm offen und fest entgegen zu treten, denn es hieß, er könnte großen Schaden thun und hätte mächtige Beschützer, die ihm den Rücken deckten.

Über seiner Vergangenheit schwebte ein geheimnißvolles Dunkel; er wollte aus Lauterberg im Lißgau gebürtig und viel in der Welt herum gekommen sein. Es ging das Gerede von ihm, daß er manch böses Stücklein auf der Seele hätte und darum auch vom lieben Gott an den Augen gezeichnet wäre, und weil er gern Schimpf und Possen trieb und seine beste Freude an arglistigen Streichen hatte, so nannte man ihn, seinen Namen verdrehend, gewöhnlich Schabernack, aber nicht von Jedem ließ er sich's gefallen.

Jetzt saß er hier unter der blühenden, süßduftenden Linde vor des Schenken Thür und wartete auf den Ritter Bock von Schlanstedt.

Rothnagel und Hasenbart, die zwei Gesellen von der bösen Sieben, die neulich auf Bocks Befehl mit einander ge-

ritten waren, hatten den alten Zaunschleicher nach langem
Suchen richtig abgefaßt und ihm ihres Ritters Wort, daß ihn
dieser zu sprechen wünsche, ausgerichtet, worauf der Landfahrer
sich am zweiten Nachmittag in der Schenke von Erkstedt finden
zu lassen versprach.

Es war sonst nicht Bocks Art, auf sich warten zu lassen,
aber heute blieb er ungebührlich lange aus, und Hinze Haber=
nack, der sein in der Schenke bestelltes Vesperbrod längst ver=
zehrt hatte, verlor die Geduld und wollte sich auf und davon
machen. Als er den Steinkrug jetzt zum dritten Male geleert
hatte, pochte er laut damit auf den Tisch, daß der Wirth in
der Hausthür erschien.

„Noch einen, Hinze?" frug Peter Rübenstreit.

„Nein! ich will fort; er kommt ja nicht, und ich kann
den Hingang für den Hergang nehmen," erwiederte der Alte.
„Mach mir die Zeche, Peter! ich will Dich bezahlen, denn
ich weiß, Du nimmst nichts von mir."

„Ja, ja, laß gut sein!" sagte der Wirth, der diese
Redensart seines Gastes schon kannte, und noch nie einen
Weißpfennig von ihm besehen hatte. „Ich schneid's ins Holz
zu dem Andern."

„Das thu! da steht's gut," lachte Hinze, „und wenn der
lange Schnapphahn, der Bock von Schlanstedt noch kommen
sollte, so sag' ihm meinen willigen Dienst in allen behaglichen
Dingen, aber zum Nasenspiel dünkte sich Hinze Habernack zu
gut, und wenn er was von mir wollte, —"

„Warte mal!" unterbrach ihn der Wirth. „Hörst Du
nichts? Da sind sie schon."

Richtig, jetzt kam Bock mit Nothnagel die Dorfstraße
daher getrabt und winkte.

„Nun, Du allerliebster Gesell, noch immer nicht ge=

hangen?" rief Bock im Abſitzen. „Hab ja lange Zeit weder
Staub noch Flug von Dir vernommen."

„Hätte bald wieder ſo kommen können," entgegnete
Habernack, „war ſchon wegfertig, und einen Hundeblaff ſpäter
hättet Ihr ungeſchaffter Dinge von dannen ziehen müſſen."

„Hätten Dich ſchon noch erritten und wieder eingebracht,"
lachte Bock, während Rothnagel die Gäule an die Ringe
band und zwei Schemel brachte, auf denen ſich die beiden dem
Alten gegenüber am Tiſche niederließen. Peter Rübenſtreit
trug drei friſche Krüge auf und ging wieder ab.

„Ja, darauf verſtehen ſich die edlen Herren, die des
Hirſches Gehürn im Wappen führen," höhnte der Alte; „nicht
einmal das Frauenzimmer wird verſchont."

„Daß Dich der Bock ſtößt!" fuhr der Ritter auf.
„Schabernack! wenn Du mir meinen Herrn mit einem Worte
antaſteſt und verunglimpfeſt, ſo mach' ich mit ſo einem alten
Gaudieb wie Du kurz Federleſen."

„Höre, Du großer Federhans," ſagte der Alte und
blickte dabei an Bock ſchräg vorbei, „ich kannte Dich ſchon,
da Du noch unter Deinen Vogtjahren wareſt und als dummer
Bauernjunge auf Deines Vaters Hofe herumlageſt."

„Was guckſt Du mich dabei an?" ſchnauzte Rothnagel,
„mein Vater hatte keinen Hof."

„Dich mein' ich nicht, Pferdeſchinder!" ſchalt der Graukopf.

Dem Ritter ohne Ahnen und Schildmagen war die
Mahnung an ſeine bäuerliche Abkunft ſehr verdrießlich, aber
er mußte doch über Rothnagel lachen, der ſich von dem ihm
gar nicht zugedachten Blicke des Schielenden getroffen fühlte,
und da er von dem letzteren einen, wenn auch gut bezahlten,
Dienſt verlangte, ſo hielt er es für angemeſſen, gelindere
Saiten aufzuziehen und den Alten günſtig zu ſtimmen.

„Sachte, Alter! sachte!" sprach er deshalb begütigend. „Hänge doch nicht gleich den rauhen Pelz um! Komm, stoß' an! meinst ja doch, daß alles Bier sauer würde, was Du nicht tränkest."

Alle drei knackten mit den Krügen zusammen und tranken.

„Jetzt sagt, was wollt Ihr von mir?" begann darauf der Fahrende sich den Mund wischend und mit dem Rücken an den Stamm der Linde lehnend.

„Hinze," sprach Bock vertraulich, indem er näher an den Alten heran rückte, „Du bist doch ein Kerl, der das Gras auf der Erde und die Wolle auf den Schafen wachsen hört; nun sage mir einmal: wie steht's mit unserm ehr= würdigen in Gott Vater und Herrn, dem Bischof?"

Habernack äugelte den Ritter schief von der Seite an und sagte: „Deutlicher! deutlicher, Bock von Schlanstedt! noch seh' ich nicht durch die Finger, wo das Wetter hinaus will."

„Also! wir haben mit dem Bischof einen nachbarlichen Span auszufechten, und nun —"

„Und nun läuft Euch die Katze den Rücken hinauf," spottete der Alte, „weil Ihr gehört habt, daß er sein reisiges Zeug auf die Beine bringt. Davon habt Ihr Euch nichts Gefährliches zu besorgen, der Stoß geht nicht gegen Euch."

„Aber in den Schwabengau, nicht wahr?" frug Bock, „auf den Falkenstein."

„In den Schwabengau wohl, aber nicht auf den Falken= stein," erwiederte Habernack; „auf Aschersleben."

„Auf Aschersleben?"

„Ja. Die Fürstin Elisabeth, Otto's Wittwe, ihres Geschlechts eine Markgräfin von Meißen, will sich mit dem Grafen Friedrich von Orlamünde befreien," erzählte Haber=

nackt nun. „Dazu braucht sie natürlich den Segen der Kirche, und der ist diesmal nicht billiger zu haben, als um die Stadt Aschersleben, die der Bischof dafür begehrt. Jung Elisabeth ist es zufrieden, weil sie von ihrem Friedel nicht lassen kann, aber die Stadt mag nicht unter den Krummstab, darum will sie der Bischof mit wehrhafter Hand überzucken.“

„Eine Stadt um ein gülden Fingerlein? Das nenn' ich ein Roß um ein Sackpfeifen geben!“ lachte Bock. „Da lob' ich uns drei hier; wir haben nicht Hind und nicht Kind und heben um einen Blick aus Weiberaugen keinen Hufnagel vom Boden auf.“

„Na, na, Ritter Bock von Schlanstedt!“ sagte der Fahrende die Hand an den Mund legend und den Ritter ganz überquer ansehend, „ich weiß Einen, der den Weibern sein Lebtag keine Ruhe lassen wird.“

„Was? Du alter Nichtsnutz,“ schalt Bock, „ich soll ein Zielschütz nach Weibergunst sein?“

„Herr, Ihr thut mir Unrecht,“ erwiederte der Alte verschmitzt; „ich habe nicht gesagt, daß Ihr ein Zielschütz nach Weibergunst wäret, aber es ist nicht lange her, da hab' ich's gedacht.“

Bock drehte schmunzelnd an seinem langen Schnurrbart, denn er stand nicht ungern in dem Geruche eines glückhaften Minnediebes. Daher war auch sein Zorn über des Alten Anspielung nicht weit her. Er wollte ja den Fahrenden ausforschen.

Und er fing wieder an: „Also, Schabernack, mein Gutgesell, — Du trinkst doch noch einen? — Nothnagel, laß Schabernack nicht verdursten! — Also, Schabernack, mein Gutgesell, auf Aschersleben reitet der geistliche Herr?“

„O bis zum Reiten ist's noch lange nicht,“ erwiederte

der Alte. „Ich habe nur ein Vöglein pfeifen hören, daß so etwas vielleicht im Wege wäre."

„Wieviel Roßvolk und wieviel Fußvolk läßt der Bischof einstellen?" frug Bock unbeirrt weiter.

„Das soll ich wissen! Bin ich sein Hauptmann?" sprach Habernack. „Das will ich Mehrverständige vom Kriegsgewerbe aushecken und ergründen lassen, und wenn dazu die böse Sieben nicht zu brauchen ist, so ist sie den Hafer nicht werth, den ihre Gäule aus fremden Krippen fressen."

„Daß Dich der Bock stößt!" rief der Ritter. „Wenn Du Deine scheelen Augen so weit aufsperrtest wie Dein schiefes Maul, so müßtest Du es wissen. Und Du mußt es herauskriegen und uns zubringen."

„Herr, ich habe immer noch den alten Kopf," erwiederte der Fahrende. „Wie steht es dabei mit des Schäfers Wahrzeichen?" Dazu machte er eine nicht mißzuverstehende Bewegung mit Daumen und Zeigefinger.

„Du sollst Vortheil und Genieß haben, wenn Du uns steif hältst, so viel Du begehrst," erwiederte Bock.

Habernack wiegte den grauen Kopf auf den Schultern und sagte mit einem schlauen Lächeln: „Herr Ritter, die Welt ist die Welt und bleibt die Welt, so lang sie steht, die Welt. Ein gesungenes Amt und eine gesprochene Messe müssen vorher bezahlt werden, und ich bin des Bischofs Unterthan. Also was krieg' ich?"

„Sollst einmal in Deiner Haut begraben werden, was so leicht keinem alten Esel geschieht," lachte Bock. „Ich habe nichts, aber der Graf feilscht nicht für eine sichere Kundschaft. Also drücke los."

„Was wollt Ihr wissen?"

„Ob der Bischof auch gegen den Falkenstein zieht und

10*

wann und mit wieviel Volk, und mit wieviel er den Blanken=
burgern gegen uns Vorschub leisten wird."

„Den Blankenburgern?" frug Habernack und horchte
hochauf. „Haben Euch die abgesagt?"

„Als wenn Du das nicht wüßteſt!"

„Freilich wußte ich's," lächelte der alte Schlaufuchs und
log dabei. „Ich wollte nur hören, ob Ihr auch wißt, wann
ſie gegen Euch ausrücken werden. Es ſoll bald ſein, hab' ich
mir ſagen laſſen."

„So drohen ſie wenigſtens," ſprach Bock. „Es iſt wegen
der Lauenburg, die wir haben müſſen."

„Wegen der Lauenburg, die Ihr haben müßt, natürlich!"
wiederholte Habernack. „Aber die Äbtiſſin Jutte giebt ſie Euch
doch?"

„Oder wir nehmen ſie uns," ſagte Bock im beſten Zuge.

„Oder Ihr nehmt ſie Euch, verſteht ſich! iſt recht ſo!"
ſprach ihm der Alte in demſelben Tone nach, ſein Vergnügen
und ſein Staunen klug verbergend. „Aber die Wernigeröder
thun auch mit gegen Euch," fügte er lauernd hinzu.

„Und haben noch Zuzug von einem halben Dutzend
Anderer," ſchwatzte Bock munter heraus und ließ ſich ſämmt=
liche Bundesgenoſſen der feindlichen Grafen unbemerkt abfragen,
als wenn ſie Habernack ihm namhaft machte und nicht umgekehrt.

„Ich glaub fürwahr, daß Euch der Haſe im Buſen
überkommt," höhnte der Alte.

„Sag das nicht noch einmal von dem Haſen und der
Katze," zürnte Bock, „oder es läuft Dir etwas Anderes Deinen
krummen Rücken hinauf, daran Du drei Tage lang zu ſchleppen
haben ſollſt, alter Leiſetreter!"

„Drohen laſſ' ich mir nicht, Bock von Schlanſtedt!" er=
wiederte der Fahrende mit einem falſchen Blick. „Ich will

thun, was ich kann, Euch Kundschaft zu bringen von Allem, was Ihr wissen wollt. Vergeßt aber auch nicht, was Ihr mir zugesagt habt, Herr Ritter! ich bin ein alter, elender Mann, der sich sein bißchen Brod sauer verdienen muß und bald genug zum alten Haufen fahren wird, wenn er sich —"

„Wenn er sich den Hals endlich abgesoffen haben wird, willst Du sagen," unterbrach ihn Bock. „Aber nun ist's genug. Die Mönche von Hutzburg brauen ein starkes Bier, und ich will keinen Theil an Deiner Höllenfahrt haben; der Tausendlistige wird Dich auch ohne mich holen. Du weißt Bescheid. Laß Dich bald sehen, Hinze, oder schicke mir Botschaft, wo ich Dich treffen kann."

„Ich komme selbst auf den Regenstein, wenn Ihr mich heil wieder herauslassen wollt aus Eurer Mausefalle," sprach der Alte.

„Habe keine Sorge," sagte Bock. „Dich können wir anderswo besser brauchen. Ich gelobe Dir Sicherheit ein wie aus."

Damit erhob er sich, rief den Wirth und zahlte großmüthig die Zeche für alle drei. Habernack wandte den Kopf rechts zu Rothnagel hin, der den Gäulen die Gurte festzog, während sein Blick links in Bocks kleinen Lederbeutel tauchte, worin leider nicht viel zu sehen war. Dann hing er seinen Ranzen um, reichte Jedem die Hand und machte sich still auf den Heimweg.

Bock schwang sich mit jugendlicher Leichtigkeit auf seinen Schecken, Rothnagel bestieg ebenfalls seine knochige Mähre, und Peter Rübenstreit verbeugte sich tief vor den Abreitenden, dankbar und zufrieden mit einem ganz ungerechter Weise so übel berufenen Gaste, von dem er eine Zahlung nicht erwartet und nun doch ohne Abzug erhalten hatte.

Nothnagels verwittertes und vernarbtes Gesicht mit dem grauen, struppigen Bart und Haupthaar, das ihm unter seiner Sturmhaube hervor auf die niedrige Stirn hing, lag in grämlichen Falten, als er neben seinem steif empor gerecktem Ritter langsam dahin ritt, der gar hoch und herrlich zu Roß saß, als käme er von einem glänzenden Siege.

„Nothnagel," begann Bock nach einer Weile, „dem Hinze Schabernack haben wir aber mal schlau die Würmer aus der Nase gezogen, he?"

„Hm!" machte Nothnagel, „nach meinem dummen Verstande, Herr Ritter, will mich schier bedünken, als hätte er mehr von uns erfahren, als wir von ihm. Er weiß jetzt Alles, und wir wissen gar nichts."

„Nothnagel, das verstehst Du nicht," sagte Bock großartig. „Da darfst Du nicht hineinreden, denn Du hast nicht wie unsereins die angeborene Gabe, Dir das gehörig zurecht zu legen und daraus die bedeutendsten Schlüsse zu ziehen."

Dann drückte er seinem Schecken die Sporen in die Weichen und trabte ein Stück voraus. Nothnagel begriff ja doch nicht den höheren Sinn, in welchem der Ritter den wichtigen Auftrag seines Herrn so fein ausgeführt zu haben glaubte.

Graf Albrecht war aber der Meinung Nothnagels, als ihm Bock nach seiner Rückkehr am Abend Bericht erstattete und sich sehr dick damit that, nach was alle für Dingen er den Fahrenden ausgefragt hatte.

„Ausgefragt!" hielt ihm der Graf ärgerlich entgegen, „ausgeschwatzt hast Du, was der alte Botengänger nicht zu wissen brauchte. Bock, ich bin nicht zufrieden mit Dir!"

Gesenkten Hauptes schlich der lange Ritter davon, und es ging ihm allmählich ein Licht auf, daß ihn der pfiffige

Alte rein ausgebeutelt und ihm Nachrichten entlockt hatte,
die er zwar schon zu wissen vorgab, aber nur, um Bock sicher
zu machen und zu genauerer Auskunft zu verleiten. Und
dabei hatte er für jenen auch noch die Zeche bezahlt.

„Daß Dich der Bock stößt!" sagte er nun zu sich
selber, „diesmal war's vorbei gestochen. Aber ich will's dem
alten Sausaus gedenken, und Nothnagel ist ein Schafskopf,
daß er mir keinen Wink gegeben hat; wozu habe ich den
dummen Kerl denn mitgenommen?"

Die einzige Neuigkeit, die Graf Albrecht von Bock er-
fahren hatte, war die Absicht des Bischofs auf die Stadt
Aschersleben, die Albrecht aber nicht anders durchkreuzen
konnte, als wenn er selber dem Bischof zuvorkam und die
Stadt in seine Gewalt brachte. Dazu hatte er aber jetzt
nicht Zeit, und so sehr ihn auch dieser neue Streich des
Bischofs verdroß, der sich damit nach der Erwerbung von
Schneitlingen noch fester im Schwabengau setzte und der Grafschaft Falkenstein noch näher rückte, beschloß er doch, keinen
Einspruch dagegen zu erheben, um dadurch nicht den Ehebund
der Fürstin Elisabeth mit dem Grafen von Orlamünde, die
er beide lieb und werth hielt, zu verhindern oder zu ver-
zögern. —

Am andern Morgen stand Hinze Habernack vor dem
Bischof von Halberstadt und erzählte diesem Wort für Wort
Alles, was ihm Bock von Schlanstedt unbewußt verrathen
hatte. Der Bischof war sehr froh, von der ergangenen Fehdedrohung der Blankenburger gegen Graf Albrecht Kunde zu
erhalten; endlich also hatten sie seinen unausgesetzten Mahnungen und Aufwiegeleien Folge gegeben.

„Woher hast Du das Alles?" frug er den Schieläugigen.

„Hochwürdigster Herr, ich roch den Braten," erwiederte

der Verſchlagene, „und bin Tage lang um den Regenſtein
herum geſchlichen, bis ich Einen nach dem Andern von dem
gräflichen Volk auffangen und ausforſchen konnte. Dabei iſt
aber auch mein bischen Baares davon geflogen wie die Störche
vor Bartholomä, denn ich mußte mir die Geſellen auf die
Wirthsbank locken und ihnen auf meine Koſten brav ein=
ſchenken laſſen, daß ſie mit beiwohnender Bierfeuchte ihre
Weisheit auskramen ſollten von Allem, was ich für Euch,
hochwürdigſter Herr, zu wiſſen begehrte.“

„Ich verſtehe!“ lächelte der Biſchof, that einen Griff
in den Schrein und ließ klimpernd ein Häuflein Silbermünzen
in die ſchnell ausgeſtreckte Hand des grinſenden Alten gleiten.
„Komm wieder, wenn Du Neues weißt,“ ſprach er, „ich
wiege Dir’s auf mit dem, was da im Kaſten liegt.“

Habernack kroch mit vielen Bücklingen rückwärts wie ein
Krebs zur Thür hinaus. Draußen auf dem Gange beim
Schein der Lampe zählte er gierig ſeinen Verrätherlohn.

„Hihihi!“ kicherte er, „ſoll mich doch wundern, wer
beſſer bezahlt, der Biſchof oder der Graf, aber blechen ſollen
ſie beide.“

———————

Vierzehntes Kapitel.

———•———

Bocks unbedachte Geschwätzigkeit gegen Habernack, besonders daß er dem alten Landstreicher die Absicht der Regensteiner auf die Lauenburg verrathen hatte, war dem Grafen Albrecht ein sehr ärgerlicher Zwischenfall, denn es war mehr als wahrscheinlich, daß der Bischof sowohl wie die Blankenburger von seinem Plane Kunde erhielten und ihm dann mindestens große Schwierigkeiten bereiten würden. Jetzt konnte er ihre Fehdedrohung und ihr Verlangen, ihnen selbst zur Lauenburg zu verhelfen, nicht mehr unbeachtet lassen, sondern mußte ihnen eine gebührende Antwort darauf geben, und damit dieselbe den gehörigen Nachdruck hätte, beschloß er, ihnen einen Besuch abzustatten.

Er entbot auf den nächsten Tag die Besatzungen der Heimburg, der festen Häuser Westerhausen und Derenburg und der Vorwerke Benzingerode und Börnecke, vereinigte sie mit der gesammten Mannschaft des Regensteins und ritt an der Spitze dieser ansehnlichen Schaar mit seinen Brüdern Bernhard und Siegfried nach Blankenburg. Der nur wenig geschützte Burgflecken wurde besetzt, das Schloß umstellt, und Albrecht forderte mit Bernhard Einlaß in dasselbe, nachdem er Siegfried den Befehl über das reisige Volk übergeben hatte mit der Weisung, das Schloß zu berennen und den Burgflecken in Brand zu stecken, wenn sie von oben mit dem Schwerte winkten oder binnen einer Stunde noch nicht wieder heraus wären.

Der Einlaß wurde den beiden in voller Rüstung er= scheinenden Grafen unter sothanen Umständen nicht verweigert, aber ihr Empfang seitens der Blankenburger, Vater und Sohn, war nicht der zuvorkommendste.

„Wir sind den Herren Vettern noch eine Antwort schuldig und wollen sie zu mehrerer Klarheit der Sache selber bringen," begann Albrecht, als er mit Bernhard zu ihnen in den Saal trat. „Ihr habt uns abgesagt mit Euren Gesellen wegen Gersdorf, wenn wir Euch nicht die Lauenburg verschafften. Denkt Ihr noch heute so?"

„Allerdings thun wir das!" entgegnete barsch und finster Graf Berthold, ein untersetzter, stämmiger Mann in den fünf= ziger Jahren von trotzigem und wüstem Aussehen.

„So möcht' ich Euch auf andere Gedanken bringen, Vetter," sprach Albrecht. „Gersdorf ist unser, und die Lauen= burg wird unser."

„Das wollen wir abwarten," sagte Berthold.

„Dazu rath' ich Euch auch," erwiederte Albrecht. „Was geht Euch Gersdorf an? und wie könnt Ihr eine stiftische Burg verlangen?"

„Gersdorf ist uns seit langer Zeit schon zugesagt worden," behauptete Berthold.

„Von wem denn?" frug Albrecht. „Vom Bischof, nicht wahr? Er hat Euch die Burg, die er so wenig zu vergeben hat wie Ihr, als Köder vorgehalten, damit Ihr als sein Schleppenträger hinter ihm herlauft und mit ihm gemeine Sache gegen uns macht, sobald es ihm in den Kram paßt, Euch auf uns zu hetzen wie die Rüden auf den Eber."

„Der Vergleich ist nicht übel, Vetter!" lachte Graf Berthold, „wild und borstig genug seid Ihr!"

„Ihr sollt mein Gewehr fühlen, sanftmüthiger Vetter!" grollte der Regensteiner. „Aber erst frage ich noch einmal im Guten: wollt Ihr Frieden mit uns halten? oder wollt Ihr Euch mit uns auf die Faust stellen?"

„Wir wollen Gersdorf oder die Lauenburg haben!" trotzte der Blankenburger.

„Gar nichts sollt Ihr haben!" rief Albrecht und schlug mit der Eisenfaust derb auf den Tisch. „Zwackt dem Bischof ab, was Ihr Lust habt, aber kommt mir nicht ins Gehege; sonst rupf' ich Euch Eure besten Federn aus!"

„Dazu gehören immer Zwei, Einer, der rupft, und Einer, der sich rupfen läßt," erwiederte Berthold störrisch.

„Vetter, nehmt Ihr Eure Absage zurück?" frug Al= brecht drohend.

„Nein! nein! nein!" schrie der Blankenburger, kirschroth im Gesicht.

„Gut! dann seht mal her!" sprach Albrecht, langte aus seiner Jagdtasche, die er am Gürtel trug, ein zusammen= gefaltetes Pergament nebst einem hörnenen Tintenfaß und einer kurzen Rohrfeder heraus und fuhr in höhnischem Tone fort: „Ihr habt uns mit Eurem Fehdebrief einen so heil= losen Schrecken eingejagt, daß Ihr uns dafür mit einem kleinen Schmerzensgeld entschädigen müßt. Hier ist ein fer= tiger Kaufbrief über Eure Harzforsten um Allrode, Stiege und Hasselfelde herum; sie liegen mitten zwischen dem Lauen= burger Gebiet und unserem eigenen Regenstein'schen bei Elbinge= rode und Botfeld, und darum muß ich sie haben."

Graf Berthold schlug eine helle Lache auf, während er doch vor Wuth bebte.

„O, es ist ein wirklicher Kaufbrief, ich will sie Euch baar bezahlen," versicherte Albrecht ruhig und holte nun auch einen schweren Beutel aus der Jagdtasche hervor, der klang und klirrte, als er damit auf den Tisch klopfte. „Hier! Ihr sollt nicht sagen, der Raubgraf hätte Euch geplündert, wie Ihr Schnapphähne den Pilger auf der Landstraße. Hier sind zweitausend Mark Gold! sackt ein und unterschreibt!"

„Zweitausend Mark!" wiederholte Graf Berthold ver= ächtlich, „die Forsten sind das Vierfache werth."

„Wenn Ihr den Preis macht," lachte Albrecht, „aber diesmal mach' ich ihn, und was daran fehlt, ist Reugeld für den Fehdebrief."

„Das ist Raub im eigenen Hause!" rief Berthold grimmig.

„Nennt es, wie Ihr wollt! Ihr verlangt die Lauenburg, ich verlange die Forsten; nur daß ich meinen Willen durchsetze und Ihr nicht," versetzte Albrecht, indem er die Tintenkapsel öffnete und ihm sammt der Feder zuschob.

„Es ist schlimmer als Raub, es ist schnöder Verrath und Friedensbruch, den wir uns nicht gefallen lassen," spru= delte der junge Graf.

„Vetter Rudolf, Ihr schweigt!" sagte Graf Bernhard und trat dem Hitzkopf einen Schritt näher. Zornig maßen sie sich mit den Augen.

„Ihr vergeßt, daß Ihr hier ungeladene Gäste seid, Vetter Bernhard!" fuhr Berthold heraus.

„Eindringlinge, Wegelagerer, räuberische Nachbaren!" schimpfte Rudolf.

„Schweigt! oder ich stopfe Euch hiermit den Mund!" schnob Bernhard und hob die geballte Faust im Eisenhandschuh, daß Rudolf vor ihm zurückwich.

„Was Gäste! Eure Feinde sind wir!" rief Albrecht

und stieß mit einem Schemel auf den steinernen Fußboden, daß er knackte. „Ihr wollt es ja, habt uns ja abgesagt, und wer sich die Regensteiner zu Feinden bestellt, der soll es merken! Unterschreibt den Brief, meine Geduld ist zu Ende."

„Nein! ich will nicht! schert Euch zum Teufel!" schrie Berthold.

„Bernhard, tritt ans Fenster und zieh' blank!" sprach Albrecht zum Bruder.

Dieser zog das Schwert und öffnete das Fenster.

„Draußen steht Siegfried mit achtzig Mann," wandte sich Albrecht zu dem Blankenburger, „ein Wink, und Euer Schloß wird gestürmt und mitsammt dem Burgflecken bis auf den Grund niedergebrannt."

„Mordbrenner! es sieht Euch ähnlich," höhnte Berthold.

„Schreibt!" donnerte Albrecht.

„Nein!" brüllte Berthold.

Albrecht nickte Bernhard zu, und dieser winkte mit dem Schwerte zum Fenster hinaus. Ein lautes Jubelgeschrei erhob sich unten, und gleich darauf ließen sich dröhnende Artschläge gegen das Burgthor vernehmen.

„Eilt Euch, ehe sie eindringen!" mahnte Bernhard, „Euer Häuflein ist im Umsehen niedergemacht."

„Ich zahl' es Euch heim! ich zahl' es Euch heim!" knirschte Berthold, beide Fäuste schüttelnd.

„Verlang' ich gar nicht," lachte Albrecht. „Das Geld ist Euer, nehmt nur und unterschreibt!"

Das Geschrei und Waffengetöse unten ward immer lauter. Das Burgthor krachte, und die Blankenburgischen Knechte schossen auf die Angreifer.

„Kommt her und seht!" sprach Bernhard, „der Burg= flecken brennt."

Die Blankenburger sprangen beide ans Fenster und über=
zeugten sich; ein dicker Qualm wälzte sich empor.

„Vater, unterschreib!" flüsterte der Sohn, „sie machen
Ernst."

Berthold ging an den Tisch, nahm das Pergament und
unterschrieb es mit bebender Hand. „Da!" stöhnte er, Albrecht mit
einem Blick voll Gift und Galle die Feder vor die Füße werfend.

Während Bernhard zur Einstellung der Feindseligkeiten
hinabwinkte, streute Albrecht auf die Unterschrift etwas Staub
und Sand, woran es im Saale nicht fehlte, und sagte dann,
das Pergament zusammenfaltend und mit dem Tintenfaß wieder
in die Jagdtasche steckend: „So! jetzt sind die Forsten mein!
Wer sich da ohne mein Erlaub im Wildbann betreffen ließe,
dem möchte Gnade nutzer sein denn Recht. Vergeßt das nicht,
Vetter Berthold! Und nun wollen wir Euch am Löschen da
unten nicht weiter hindern. Komm, Bernhard!"

Die Regensteiner wandten sich zum Gehen. Graf Berthold
rief ihnen drohend nach: „Den Besuch bleib' ich Euch nicht
lange schuldig; wir kommen, wir kommen, Vetter Raubgraf!"
Nur ein kräftiges Lachen antwortete ihm.

Im Burghof zog auch Albrecht das Schwert und herrschte
die Wache an: „Die Riegel weg! macht auf!"

Die Knechte gehorchten, und die beiden Grafen schritten
zum Burgthor hinaus. Dann stiegen sie zu Pferde, rückten
mit Siegfried und ihrem Kriegsvolk ab und ließen brennen,
was brannte.

Die Regenstein'schen, namentlich Bock mit seinen rüstigen
Gesellen von der bösen Sieben, hatten die gute Gelegenheit,
ein wenig zu plündern, doch nicht vorüber lassen können und
führten nun eine kleine Heerde Schlachtvieh mit fort. Graf
Albrecht litt es, ohne ein Wort darüber zu verlieren.

Nach diesem Gewaltstreich, mit dessen Verlauf und Er=
folg Graf Albrecht außerordentlich zufrieden war, dünkte es
ihn aber nun um so nothwendiger, auch mit dem Angriff auf
die Lauenburg nicht mehr zu zögern, und er bestimmte dazu
von heute an den dritten Tag.

Als derselbe heran gekommen war, gab sich auf dem Regen=
stein schon von früh an eine ungewöhnliche Bewegung kund,
die Oda sowohl wie Eilika um so weniger entging, als es sich
gerade im Wesen und Benehmen der Anbeter beider, Sieg=
frieds und Bocks, am deutlichsten zeigte, daß etwas Besonderes,
Geheimnißvolles im Werke sei, ernster und bedeutender als
der Überfall in Blankenburg, aber auch ein Unternehmen mit
Waffengewalt, dessen Plan und Ziel man den Frauen ver=
schwieg, dessen Vorbereitungen sich ihnen aber von selber ver=
riethen.

Zwei Tage lang hatte Eilika aus Ärger über die durch
Bock über sie verhängte Einsperrung mit dem strengen Ritter
geschmollt und gethan, als sähe sie ihn nicht, wenn er ihr be=
gegnete. Aber länger hielt sie es nicht aus, seinem höflichen
Gruß oder seinen gezierten Anreden und launigen, zur Ant=
wort reizenden Bemerkungen ein vollkommenes Schweigen ent=
gegen zu setzen. Bald schlug auch sie, die ja kein Herz von Stein
hatte, wieder einen freundlichen Ton an, und das Verhältniß
zwischen beiden wurde wieder ein leidlich gutes, wenn sie auch
immer noch auf einem mehr neckischen, als erbitterten Kriegs=
fuß mit-einander blieben.

Heute Morgen that Bock außerordentlich wichtig und
machte sich möglichst bemerkbar. Er rannte mit einer eil=
fertigen Geschäftigkeit auf dem Burghof hin und her, lief von
Palas oder Rüsthaus bald zu den Weichhäusern, bald nach
den Ställen, schalt und schrie Befehle und schielte dabei stets

nach dem Palas, ob sich Eilika nicht sehen ließe, die sein auf=
fälliges Thun und Treiben längst mit Verwunderung und
Neugier heimlich beobachtete. Und als sie ihm endlich den Ge=
fallen that, aus dem Palas auf den Hof zu kommen, stürzte er
förmlich auf sie los, ein Beil in der Faust schwingend, daß
Eilika erschrocken zurückwich. Mit furchtbar ernstem Gesicht
und wüthigen Geberden sprach er abgerissene, dunkle Worte zu
dem Mädchen, sprach von Abschied nehmen, kühnem Vorhaben,
sie sollte in der nächsten Nacht an ihn denken, da würde sich
etwas ereignen, was nicht alle Tage geschähe, sie möchte ihm
etwas von sich mitgeben, ein Busentuch oder ein Strumpf=
band, ganz gleich was, er könne Alles brauchen, was von
ihr käme, zu seinem Heil und Schutz in großer Gefahr.

„Nun, so haut mir mit dem Beil eine Locke ab, Herr
Ritter!" lachte sie, „aber es darf nicht weh thun."

Bock nahm den Spott für Ernst und prüfte mit dem
Daumen die Schneide des Beiles. „Gutdünkel!" schrie er
dann erbost, „das Beil ist ja stumpf wie ein Pferdehals! gleich
schärfen!"

Gutdünkel zog brummend mit dem Beil ab.

„Wann kommt Ihr denn wieder, Herr Ritter?" frug
Eilika vergnügt.

„Wiederkommen? ach, das weiß Gott!" rief Bock. „Gebt
mir den Scheidekuß, liebste Jungfrau! es ist vielleicht eben so
gut der letzte, wie es leider der erste wäre." Und er strich sich
schon den Schnurrbart von den Lippen.

„Huhu!" kreischte das Mädchen, hielt sich mit beiden
Händen die Ohren zu und schwirrte in schneller Flucht davon.

Bock stand da und sah ihr verblüfft nach wie Einer, dem
ein schon gefangener Vogel wieder entschlüpft, und die Knechte
hatten seinen Verdruß zu entgelten.

Im Laufe des Vormittags verließ die böse Sieben den
Regenstein; aber sie ritten nicht zusammen auf einmal, sondern
zu Zweien und Dreien, zu verschiedenen Stunden und auf
verschiedenen Wegen von dannen.

Nach ihrem Wegritt war es viel ruhiger auf dem Regen=
stein. Aber die Ruhe war nur eine äußere. Eilika zwar
bangte nicht um das gefährdete Leben und glaubte nicht recht
an die großen Thaten ihres prahlerischen Verehrers. Oda
jedoch las in den stummen Blicken Siegfrieds einen geheimen
Kummer, den sie sich nicht zu deuten wußte. Das Schwer=
müthige, das sich seit einigen Tagen in seinem Wesen zeigte,
konnte sie nicht auf eine mattherzige Furcht vor Kampf und
Gefahr schieben, die seiner jungen Feuerseele völlig fremd war,
und eben weil sie das wußte, kam sie auf die Vermuthung,
daß es sich bei der kriegerischen Unternehmung der gräflichen
Brüder vielleicht um die Entscheidung ihres eigenen Schicksals
handelte. Sie ahnte ja nicht, daß Siegfried nichts Anderes
bedrückte, als das Leid über seine bevorstehende Trennung
von ihr. Wenn nämlich der für die Nacht geplante Streich
gelang und die Lauenburg in die Hände der Regensteiner fiel,
hatte Graf Albrecht angeordnet, sollte Siegfried vorläufig
als Vogt auf der Burg bleiben, womit also seine Entfernung
vom Regenstein auf unbestimmte Zeit ausgesprochen war.

Bald nach dem Mittagsmahle nahm er Abschied von
ihr, hatte dabei Mühe, seine innere Bewegung zu verbergen,
sagte aber nichts von Scheiden und Meiden. Er wollte sich
am Fuße des Regensteins mit Bernhard treffen und mit ihm
nach dem Kloster Wendhusen reiten, das ebenso wie die Lauen=
burg im Gebiete des Stiftes Quedlinburg und also auch in
der Schirmvogtei des Grafen von Regenstein lag.

Albrecht selber wollte, um jedes Aufsehen zu vermeiden,

ihnen erst am Abend nachfolgen und blieb bis dahin mit
Oda allein.

Er leistete ihr Gesellschaft und stieg mit ihr zu einer
auf der Höhe befindlichen Felsbank empor, von wo sie einen
weiten Blick über den Wald, nach dem Gebirge hin und in
das offene Land hinaus hatten.

Eine tiefe Ruhe schwebte über der weiten Burg; still
lagen Häuser und Höfe, und nur selten drang ein gedämpfter
Ton von unten zu der einsamen Felsbank hinauf, wo die
beiden mit einander saßen. Oda war es ein wohliges Gefühl,
mit Albrecht einmal ganz allein sein zu können und wie ihr
die Seele — sie wußte selbst nicht wovon — so voll war,
hätte sie sich am liebsten an den festen Mann ihr zur Seite
geschmiegt, den Kopf an seine Schulter gelegt und sich mit ge=
schlossenen Augen einem seligen Träumen überlassen.

In ihre unbegrenzte, still glühende Verehrung mischte
sich aber immer noch eine tiefe, fast heilige Scheu vor dem
Ernst und der Kraft des Grafen. Wie sie seiner nur mit
einer hingebenden Herzensdemuth dachte, so begegnete sie ihm
auch stets mit einer sanften Unterwürfigkeit, und wenn sie den
Blick zu ihm zu erheben wagte, so hatte dieser etwas Rührendes,
um Verzeihung Bittendes; sie fühlte sich dabei erröthen und
konnte das laute Klopfen ihres Herzens in Albrechts Nähe
nicht zum Schweigen bringen.

Dazu kam die fortwährende Angst, daß er sich ihret=
wegen Feinde machen und in gefährliche Händel einlassen
möchte, eine Bangigkeit, die heute durch das ungewöhnliche
Treiben auf der Burg und das geheimnißvolle Reiten der
gräflichen Brüder neue Nahrung empfing und bis zu einer
athemraubenden Beklemmung gesteigert wurde, so daß Oda
ihre Furcht nicht länger verhehlen konnte.

„Herr Graf," begann sie zagend auf der Bank neben
ihm, „mich erfüllt eine namenlose Unruhe, eine unbestimmte
Ahnung von folgenschweren Dingen, mit denen Ihr Euch be=
fassen wollt. Ich merke, Ihr habt etwas Gefährliches, Ent=
scheidendes vor, das ich mit meinem Verweilen auf dem Regen=
stein in Zusammenhang bringe. Wenn ich es wissen darf, so
sagt es mir, was Ihr plant; ich bitte Euch darum, Herr
Graf! um meiner Ruhe willen."

Albrecht blickte sie freundlich an und sagte mit ruhigem
Lächeln: „Wovor bangt Euch denn, Gräfin Oda? Doch nicht
davor, daß wir, wie wehrhafte Männer es lieben, einmal
ausreiten und mit fester Hand zugreifen nach dem, was wir
haben müssen, um bleiben zu können, was wir sind?"

„Ihr reitet nicht aus, Herr Graf, um auf der Straße
einen Fang zu thun wie Ritter, die sich aus dem Stegreif
nähren," erwiederte sie.

„So? meint Ihr?" lachte der Graf, „ei, wißt Ihr denn
nicht, Gräfin Oda, wie sie mich im Lande nennen? bin ich
nicht der Raubgraf?"

„Nein! das seid Ihr nicht!" rief sie mit hochrothem
Antlitz. „Eure Feinde mögen Euch so nennen, aber die Armen,
Unterdrückten, denen Ihr helft und wohlthut und Zehnten
und Gülten erlaßt, die preisen und segnen Euch und nennen
Euch nicht so. Und sie haben Recht, Ihr thut für Andere
Alles, aber für Euch selbst nehmt Ihr nichts."

„Ich danke Euch für Eure gute Meinung," lächelte er,
„aber Ihr täuscht Euch, herzliebes Fräulein! Ich will's Euch
nur gestehen: diese Nacht wollen wir uns nicht mehr und
nicht weniger nehmen, als eine ganze Burg mit Allem, was
darin und darum ist."

„Den Falkenstein?" frug sie erschrocken.

11*

„Nein, diesmal noch nicht den Falkenstein," erwiederte er. Dann zeigte er mit der Hand etwas rechts von Quedlinburg nach dem Harze hin. „Seht Ihr das graue Gemäuer mit dem Thurme da hinten im Bergwalde?" sprach er. „Das ist die Lauenburg; die muß morgen früh, wenn die Hähne krähen, unser sein."

Oda blickte ihn überrascht an. „Ist die Burg stark?" frug sie, „wird es einen harten Kampf kosten?"

„Sorget nicht," erwiederte er, „ich denke, wir werden lebendig wiederkommen. Das Fühlbarste werde wohl ich davon heimbringen, nämlich den Zorn der gnädigen Frau von Quedlinburg, denn die Burg gehört dem Stifte, und bei meinem Streit mit der Äbtissin morgen wird es heißer hergehen, als beim Ersteigen der Lauenburg."

„Ihr werdet doch die Fürstin zu versöhnen wissen, Herr Graf," sprach Oda beklommen.

„Ich hoffe es," erwiederte er, „denn ihre Heftigkeit schwindet immer bald wieder vor der besseren Einsicht ihres klaren Verstandes; sie ist ein starkmüthig, hochherzig Weib."

Oda neigte das Haupt und schwieg.

„Wir streiten stets, wenn wir zusammen kommen," fuhr Albrecht fort. „Als ich sie neulich besuchte, waret Ihr es, Gräfin Oda, um die ich mit ihr kämpfen mußte."

„Um mich?" frug Oda bestürzt.

„Jawohl, um Euch. Die Äbtissin wollte Euch durchaus zu sich aufs Schloß haben und gab mir auf den Kopf schuld, ich hielte Euch hier mit Gewalt fest, nur um Euch nicht von mir zu lassen und immer in Eure schönen blauen Augen blicken zu können."

„Woher weiß sie denn —". Oda vollendete die rasche Frage nicht; erröthend brach sie ab.

„Daß Ihr blaue Augen habt?" lächelte der Graf. „Das werde ich ihr wohl gesagt haben, werde ihr wohl erzählt haben, wie holdselig und wunderlieb Ihr seid, Gräfin Oda! und daß mit Euch ein Engel des Friedens und der Liebe seinen Wohnsitz auf dem Regenstein aufgeschlagen hat."

„Herr Graf!" hauchte die Erschrockene, der es in den Ohren sang und sauste.

„Es ist so, liebe Oda!" sprach er mit tiefer Innigkeit, indem er sich zu ihr neigte und freundlich ihre Hand in seine nahm.

Oda schlug das Herz zum Zerspringen; ihre Hand zitterte heftig in der des Grafen.

„Und die böse Jutta wollte mir das nicht glauben," fuhr er fort. „Aber fragt nur meinen Bruder Siegfried, sagte ich zu ihr, der weiß es noch besser."

Oda's Hand zuckte, und sie wollte sie dem Grafen entziehen; der hielt sie aber mit sanftem Drucke fest und frug: „Hat Euch Siegfried gesagt, daß er so bald nicht wiederkommt? daß er auf der Lauenburg bleiben wird?"

„Nein," erwiederte sie ruhig und konnte ihn unbefangen ansehen, „davon weiß ich nichts."

„Ich habe es so angeordnet," sprach er, „und Ihr müßt nun eine Zeit lang mit mir allein hier aushalten."

Oda's Herz jubelte bei der Nachricht, aber bescheiden sagte sie: „Da werdet Ihr Euch hier sehr einsam fühlen, Herr Graf."

„Mit Euch, liebe Oda?" lächelte er, „das glaube ich nicht."

„Aber wenn nun die Äbtissin auf meinem Eintritt in das Stift besteht," frug sie schüchtern, „muß ich dann nicht ihrem Gebote Folge leisten?"

„Nein, darüber habe ich sie bereits aufgeklärt," er=
wiederte er bestimmt.

„Wird Euch das nicht ihre Gunst und Gnade kosten,
wenn Ihr mich ihr verweigert?"

„Wenn auch; darauf hin wag' ich es," sagte der Graf
und stand schnell auf.

Auch Oda erhob sich, und sie gingen mit einander hinab
zum Burghof.

„Ich sehe Euch noch, eh' ich reite," sagte der Graf,
als sie zum Palas schritt, während er sich nach dem Mar=
stall begab.

Am Abend forderte der Graf einen Imbiß und ließ
Oda bitten, sich zu ihm zu gesellen.

Sie kam sofort und setzte sich zu ihm, nippte auch ihm
zu Gefallen an einem Becher Wein, aß aber nichts.

Graf Albrecht langte tüchtig zu, um sich für die Nacht
zu stärken, und sah daher nicht, daß Oda's Augen nicht
von ihm wichen und wankten. Er war völlig gerüstet und
trug ein Büffelwams über dem Kettenpanzer; aber Schatte
mußte draußen mit den Rossen lange warten, ehe sich der
Graf heute von seinem Weinkruge trennte. Endlich erhob er
sich, setzte die Sturmhaube mit der Helmbrünne auf und
zog die Blechhandschuhe an. Ehe er auch mit der Rechten
hineinschlüpfte, bot er Oda die Hand und sprach: „Lebet
wohl, Gräfin Oda! und schlaft ruhig; Klinkhard, der Waffen=
meister, wacht über Euch; Ihr seid unter ihm in sicherer
Hut, und ich denke, spätestens morgen Abend bin ich zurück.
Auf glückliches Wiedersehen, liebe Oda! ich freue mich schon
darauf," schloß er mit einem innigen Blick.

„Lebt wohl, Herr Graf! und Gott schütze Euch!" er=
wiederte sie mit klopfendem Herzen.

Sie geleitete ihn hinab auf den Hof. Er schwang sich in den Sattel und ritt eilig von dannen.

Unten auf dem ebenen Weg im Walde gab er seinem Brun die Sporen und sprengte mit wildem Ungestüm dahin, daß Schatte auf seinem plumpen Gaul nur schwer folgen konnte und über den Gewaltritt seines Herrn den Kopf schüttelte.

Oda stieg wieder zu der Felsbank empor und lauschte hinab. In der Abendstille drang durch die unbewegte Luft der Hufschlag der galoppirenden Rosse deutlich herauf und erstarb allmählich. Aber noch lange saß die Einsame dort mit ihren sehnenden Gedanken. Die Tiefe entschwand ihren Blicken; wie empor gehoben, wie über dem Irdischen schwebend fühlte sich Oda, und von den Sternen droben, zu denen sie fragend und vertrauend aufblickte, strahlte ihr wie aus unermeßlicher Ferne ein Schimmer von Hoffnung.

Funfzehntes Kapitel.

Die Lauenburg war von den Regenstein'schen genommen, und die Nachlässigkeit der Knechte des todtkranken Burgvogtes hatte ihnen das Gelingen des Überfalles sehr leicht gemacht. Denn als die Angreifer beim Morgengrauen den steilen Berg in einer Seitenschlucht erstiegen und sich durch Hochwald und Gebüsch an die Burg heranschlichen, fanden sie nicht einmal die Zugbrücke über dem Wallgraben aufgezogen und die Wache am Thor in so festem Schlafe, daß sie die hallenden Schritte der Kommenden auf der Brücke nicht hörte; kein Anruf erfolgte, es blieb Alles mäuschenstill in der Burg.

Da ersann Graf Albrecht eine List. Er barg sich mit den Seinen im Walde, um den Sonnenaufgang abzuwarten. Dann ging er bei voller Tageshelle und nur von seinem Bruder Bernhard begleitet, an das Burgthor, und die beiden erhoben nun einen gewaltigen Lärm mit Klopfen und Rufen.

Bald hörten sie eine verdrossene Antwort.

„Wie lange wollt Ihr denn schlafen in Eurem Dachsbau?" rief Graf Albrecht. „Es ist nicht weit mehr von Mittag. Aufgemacht!"

„Hoho! hoho! wer ist draußen?" klang es innen.

„Der Schirmvogt unserer gnädigen Frau von Quedlinburg, Graf von Regenstein!" rief Albrecht wieder. „Macht auf, Ihr Tagediebe!"

„Schirmvogt? Schirmvogt? oho! erst sehen!" gab der verschlafene Wächter zurück.

Nun wurden mehrere Stimmen inwendig laut, aber Niemand öffnete. Endlich steckte Einer oben aus einer Luke des Thorthurmes den Kopf heraus, zog ihn aber schnell wieder zurück, als er die beiden Grafen auf der Brücke erkannte, die ihm zornig mit den Fäusten drohten.

Jetzt entstand eine Bewegung hinter dem Thore, es gab ein Streiten und Schelten, und dann klangen die Riegel. Auch das Fallgatter hatten die Pflichtvergessenen nicht herabgelassen.

Als sich nun der rechte Thorflügel langsam aufthat, schoben sofort die beiden Grafen kräftig nach, damit es schneller ging, und rasch eindringend versetzten sie den Knechten mit ihren Eisenhandschuhen so derbe Maulschellen, daß jene verblüfft zurücktaumelten und kaum so viel zur Besinnung kamen, um sich zur Wehre zu setzen. „Ihr verfluchten Schufte!" rief Graf Albrecht, „bewacht man so eine stiftische Burg? eine Burg der Frau Äbtissin?" Nun kamen die Regenstein'schen aus dem Gebüsch herzu gelaufen, und jetzt gab es erst Hiebe, wie es vorhin noch keine gegeben hatte.

Da erhoben die Überfallenen ein gellendes Nothgeschrei und liefen immer schreiend dem Palas und Bergfried zu, aber die Verfolger waren ihnen auf den Fersen und drangen mit den Fliehenden zugleich ein, ehe diesen die aus dem Schlaf geschreckte wachfreie Mannschaft erfolgreichen Beistand leisten konnte. Plötzlich erschien auf der Treppe des Palas die wankende Gestalt des alten, siechen Burgvogtes im Nachtgewande, ein bloßes Schwert in der kraftlosen Rechten.

Graf Albrecht rief ihm zu: „Bleibt da, Leutfried! Euch geschieht nichts; wir sind's, die Regensteiner!"

Aber nur ein Ächzen und Stöhnen war die Antwort

des Alten. Zuckend griff er mit der Linken nach dem Herzen, dann brach er, vor Schreck vom Schlage gerührt, zusammen, und sie trugen ihn als Leiche auf sein mit der höchsten, letzten Anstrengung eben verlassenes Bett.

Darauf hatte aller Widerstand ein Ende. Die Regensteiner waren im Besitz der Burg.

Graf Albrecht befahl, ein Frühmahl zu rüsten, und nachdem sich Alle erquickt hatten, nahm er mit seinen Brüdern eine genaue Besichtigung der Burg vor, die zu seiner Zufriedenheit ausfiel.

„Sieh da, Siegfried," rief Günther, „wie frei und freundlich da rechts im Felde Burg Gersdorf liegt! wir können einander zuwinken. Und gradaus Quedlinburg mit seinen Thürmen und über dem dunkellaubigen Brühl das stolze Schloß unserer gnädigen Frau! Seht Ihr Halberstadt da hinten? ich glaube, ich erkenne die Baugerüste an den Thürmen des Domes. Gott segne Euch das Morgensüppchen, Herr Bischof, das Euch die Regensteiner eingebrockt!"

„Hier links schaut auch der Regenstein mit seiner obersten Felskante noch über die Berge herüber," sprach Bernhard, „aber meine liebe Heimburg ist nicht sichtbar."

„Ja, Du hast hier ein schönes Stück vom Harzgau unter Deinen Augen, Siegfried!" sagte Albrecht.

Siegfried schwieg. Viel lieber als den ganzen Harzgau hätte er etwas Anderes vor Augen gehabt.

Unterdessen musterte Bock von Schlanstedt die kleine Besatzung und hielt den Knechten, die zu faul gewesen waren, die Zugbrücke aufzuziehen und das Fallgatter herabzulassen, mit gespreizter Würde eine nachdrückliche Standrede, die keine Schmeichelworte enthielt und damit begann: sie verdienten sämmtlich ohne Gnade gehängt, gespießt, geköpft, gerädebrecht

zu werden, sollten ihrem Schöpfer und ihm selber danken,
wenn sie diesmal noch mit blutigen Nasen davon kämen und
würden bald Gelegenheit haben, gewissenhaften Wachtdienst zu
lernen. Den Einen, der in der Stunde des Überfalls die
Wache gehabt und geschlafen hatte, ließ er bis zum Abrücken
krummschließen.

Albrecht ertheilte Siegfried die nöthige Weisung, wie er
sich als nunmehriger Burgvogt hier zu verhalten habe, empfahl
ihm, für das ehrenvolle Begräbniß Leutfrieds zu sorgen, und
als er dann Abschied nahm, frug er ihn noch leise nach Auf=
trägen für Oda.

Siegfried erwiederte mit einem wehmüthig schwärme=
rischen Ausdruck: „Vom Bergfried aus kann ich den Regen=
stein sehen. Sage der Gräfin, ich würde jeden Tag bei
Sonnenuntergang hier auf dem Thurme stehen und nach dem
Regenstein hinüber schauen. Wenn ich dann glauben könnte,
sie stünde daheim bei unserer Felsbank oben und blickte von
dort hierher, so wollte ich mich dessen tröstlich freuen.“

Albrecht versprach, es dem lieben Mädchen zu bestellen,
und gedachte dabei seines gestrigen Gespräches mit ihr auf
jener Bank.

Von den Bewohnern der Lauenburg ließ Graf Albrecht
nur den Rüstmeister und Waffenschmied, einen schon bejahrten,
Vertrauen einflößenden Mann, ferner einen Jäger, der Weg
und Steg im Forste kannte, und das Hausgesinde Leutfrieds
dort zurück. Die Knechte nahm er alle mit, vertheilte sie an
die Gersdorfer und die Guntekenburg und gab Siegfried eine
Anzahl Knechte von diesen beiden Burgen, so daß die Be=
satzung der Lauenburg nun eine etwas stärkere ward, als sie
bisher gewesen war.

Die drei Brüder ritten mit Bock und den Reisigen ab

und gelobten, Siegfried bald zu besuchen. Stolz und glücklich, nun eine Burg unter seinem Befehl zu haben, und doch traurig, von Oda getrennt bleiben zu müssen, blickte der Zurück= bleibende ihnen nach.

Günther kehrte mit seinen alten und neuen Knechten auf dem nächsten Wege nach Gersdorf zurück; die Anderen ritten nach Quedlinburg.

„Das war ein Kinderspiel,“ sprach Albrecht zu seinem Bruder Bernhard. „Wenn Alles, was ich zwischen Oker und Bode noch haben möchte, so leicht zu nehmen wäre wie die Lauenburg —“

„Verlange nicht zu viel!“ sagte Bernhard, „laß Dir an dem genügen, was wir haben.“

„Bernhard, es ist ein köstliches Gefühl, über eine große Macht zu gebieten,“ erwiederte der Ältere mit flammendem Blick. „Aber nun kommt's! Bernhard, willst Du mit zur Äbtissin?“

„Fürchtest Du Dich, es allein mit ihr aufzunehmen?“ frug Bernhard.

„Meiner Seele, ja!“ sagte der Ältere.

„Ich würde Dir gern beistehen, aber ich glaube, Du kommst unter vier Augen weiter mit ihr,“ lächelte Bernhard. „Ich werde beim Prior auf Dich warten.“

„Meinetwegen, sei es so!“ erwiederte Albrecht, „aber dann sprecht nur bei jedem dritten Becher ein Benedicite für mich.“

„Und das Gratias nachher zu Dreien, wenn Du kommst und Deine Augen noch heil im Kopfe hast,“ lachte Bernhard.

„Ja, und den Lehensbrief im Sack,“ sprach Albrecht mit einem Stoßseufzer.

Die Äbtissin empfing ihren Schirmvogt mit um so größerer Freude, je weniger sie ihn schon so bald wieder erwartet hatte. Gleich nach seinem zornigen Abschied hatte sie wie stets, wenn ein solches Wetter bei ihr ausgetobt, ihre maßlose Heftigkeit gegen ihn bereut und ihm im Stillen abgebeten. Zu dieser Erkenntniß, sich gegen ihn vergessen und vergangen zu haben, gesellte sich die Scham über ihre gewiß ganz überflüssige Eifersucht auf Oda, die sie ihm gar zu deutlich verrathen hatte. Als er daher heute heiß ersehnt, aber unverhofft erschien, schlug ihm ihr Herz in Glück und Freuden entgegen. Heute, so nahm sie sich vor, sollte er nicht im Zorne von ihr gehen.

„Was bringt Ihr, Herr Graf? oder was bringt Euch?" frug sie mit lächelndem Angesicht.

„Eine Nachricht, gnädige Frau, die Euch vielleicht Trauer, mir aber Hoffnung erweckt," erwiederte Graf Albrecht etwas beklommen.

„Das Räthsel rath' ich nicht," sprach sie heiter. „Wie soll mir Trauer bringen, was Euch Hoffnung macht? Nennt mir Eure Hoffnung, so rathe ich vielleicht meine Trauer."

„Umgekehrt ist mir's lieber, gnädige Frau," sagte der Graf. „Also mit einem Worte: Leutfried ist todt!"

„Nun," entgegnete sie, „Ihr seht, ich kann mich fassen, und wenn Ihr den Alten nicht erschlagen habt, so will ich Euch den traurigen Botengruß verzeihen. Aber ist er denn auch wirklich todt?"

„So todt, wie ich hier lebendig vor Euch stehe!"

„So laßt ihn todt sein und setzt Euch, lieber Graf!" sagte Jutta.

„Jawohl," sprach er Platz nehmend, „wer reitet, der reitet, wer liegt, den läßt man liegen."

„Ja," sagte sie, „und nun? — nun müssen wir wohl an einen neuen Burgvogt für die Lauenburg denken?"

„Ja, nun müffen wir an einen neuen Burgvogt für die Lauenburg denken," wiederholte er mit beengter Kehle.

„Könnt Ihr mir einen Vorschlag machen, Graf Albrecht?" frug sie mit einem schelmischen Blick.

„Ich? nein! — das heißt — gnädige Frau, es ist doch Eure Burg, und auf Euch allein kommt's an."

„Ja, ja, aber ich verstehe mich nicht darauf, wie eine Burg zu schirmen oder wie eine Burg zu überfallen und zu nehmen ist."

O damit könnt' ich dienen, dachte Albrecht und fuhr sich mit der Hand über die feuchte Stirn.

„Ich mag keinen stiftischen Burgvogt wieder, will die Lauenburg überhaupt nicht behalten; sie bringt nichts ein," sprach die Äbtissin.

„Nun, so gebt sie doch Einem zu Lehen, der sich aufs Kriegsgewerbe versteht."

„So dachte ich auch, Herr Graf; ich werde sie den Grafen von Blankenburg geben, die mir einen ansehnlichen Pfandschilling geboten haben," sagte Jutta, und ihre Augen lachten vor Übermuth und Schalkheit.

Aber Graf Albrecht bemerkte das nicht in seinem Schreck. „Den Blankenburgern? Domina! den Blankenburgern?"

„Ja, warum denn nicht?"

„Gnädige Frau, Ihr habt mir gelobt, die Lauenburg nicht hinter meinem Rücken wegzugeben."

„Hinter Eurem Rücken! geschieht denn das? ich denke, ich thue es vor Euren sehenden Augen?"

„Nie werden das meine Augen sehen!" sprach er mit fester Stimme.

„Herr Graf!"

„Nein! niemals! Die Blankenburger sind meine Feinde,

und die Feinde Eures Schirmvogtes sind auch die Eurigen,
Domina!"

Sie blickte ihn ein Weilchen halb schelmisch, halb innig
an, streckte ihm dann die Hand entgegen und sagte warm
und herzlich: „Ihr habt Recht, Graf Albrecht! Eure Feinde
sind auch meine Feinde!" Dann sprang sie mit einem fröhlichen Lachen auf und rief: „Und nun genug, Lehensträger
und Burgherr der Lauenburg! Wie könnt Ihr denn nur
einen Augenblick denken, daß ich die Burg irgend einem
andern Menschen geben würde, als meinem ruhmreichen
Schirmvogt Albrecht von Regenstein?"

Graf Albrecht war erstaunt und gerührt über die be-
zaubernde Huld seiner schönen Schutzbefohlenen. Das ging ja
noch glatter, als die Überrumpelung der Burg selber! Wozu
war nun seine Angst gewesen? O hätte doch Bernhard das
Alles mit angehört!

„Gnädigste Fürstin, nehmt meinen übervollen Dank!"
sprach er freudig ihre Hand ergreifend.

Aber sie entzog sie ihm und sagte mit einem liebens-
würdigen Schmollen: „Abbitten müßt Ihr mir, daß Ihr
mir Anderes zugetraut habt! — überhaupt, halt! Ehe Ihr
dankt, sollt Ihr bitten. Ich will um die Lauenburg gebeten sein. Ich habe noch nie eine Bitte aus Eurem Munde
gehört und möchte doch einmal sehen, in welcher Art und
Gestalt es sich ausnimmt, wenn ein Graf Albrecht um
etwas bittet."

O mein Gott! dachte Albrecht, ich soll noch um die
Burg bitten, und Siegfried sitzt schon darin mit seinen sech-
zehn Mann! Aber es half nichts.

„Achtbare Fürstin, ehrwürdige Domina, lobesame, gnädige
Frau und Äbtissin des freiweltlichen Stiftes zu Quedlinburg!

ich bitte Euch ganz freundlich und dienstlich, so ich am besten weiß und kann, um Belehnung in Gunst und Gnaden mit Burg Lauenburg!" sprach er mit ritterlicher Höflichkeit.

Worauf sie mit hoheitlicher Anmuth erwiederte: „Hoch= geborener Herr Graf, ehrsamer Schirm=, Schutz= und Edel= vogt! Wir Jutta, von der Gnade Gottes Äbtissin des Gotteshauses zu Quedlinburg, geloben und bekennen und werden nachmals zu Stetigkeit und Urkund in einem offen= baren Briefe bezeugen und besiegeln, daß wir Euch in Gunst und Gnaden unsere Burg Lauenburg zu einem rechten Lehen leihen wollen. Stehet auf, mein Lehensmann!"

Er hatte gar nicht gekniet, und sie hatte auch die letzten Worte mit einem schalkhaften Lächeln gesprochen. Nun er= griff er ihre Hand und führte sie mit zärtlicher Ehrerbietigkeit an seine Lippen, indem er sagte: „Ich danke Euch noch einmal, gnädige Frau und Fürstin!"

Der Graf athmete sehr erleichtert auf, aber in seinem Gewissen fühlte er sich doch nicht frei.

Die Äbtissin klingelte und befahl der aufwartenden Kammerfrau, den Stiftsschreiber herzusenden.

„Florencius," sprach sie darauf zu dem Eintretenden, „stellt für den Herrn Grafen einen Lehensbrief über die Lauenburg aus."

„Hab' ich schon in Vorrath fertig und bereit, gnädige Frau!" erwiederte Florencius mit selbstgefälliger Genug= thuung; „nur der Name des hochgeborenen Lehensträgers fehlt noch in dem Briefe."

„So füget ihn schleunig hinzu, mein fürsorglicher Schriftling," sagte die Äbtissin gnädig, „und dann bringt mir das Pergament zur Unterschrift."

Florencius entfernte sich wieder, um den erhaltenen Auftrag zu vollziehen.

Nun trennten den Grafen Albrecht nur noch Minuten von dem rechtlich verbrieften Besitz der Lauenburg. Wenn er den Lehensbrief aus Jutta's Händen nahm und schwieg, so war die Sache damit entschieden und über Wunsch und Erwarten schnell erledigt. Vielleicht, ja wahrscheinlich erfuhr die Äbtissin dann niemals, daß die Besitzergreifung der Burg schon vor der Belehnung stattgefunden hatte, sondern blieb zeitlebens in dem Glauben, daß die erstere die berechtigte Folge der letzteren gewesen sei. Aber es kam ihm doch wie eine Täuschung des Vertrauens vor, wenn er der Äbtissin nicht vorher gestand, daß er die Burg wider Fug und Recht bereits genommen hatte. That er dies jedoch, wer bürgte ihm dann dafür, daß die Äbtissin seine eigenmächtige Handlung billigte und mit ihrem Namen deckte? Würde sie nicht die kühne That als eine handgreifliche Verletzung ihrer Hoheitsrechte betrachten und darum der vorweggenommenen Wirklichkeit die nachträgliche Bestätigung versagen? Geschah dies aber, so war die Gunst des Augenblicks verscherzt und verloren und die Hoffnung auf einen gütlichen Ausgleich mit der beleidigten Fürstin für längere Zeit eine sehr geringe.

Während Graf Albrecht noch zwischen Schweigen und Reden schwankte, kehrte Florencius zurück, überreichte der Herrin die schön geschriebene Urkunde und ging dann wieder ab.

Die Äbtissin breitete das Pergament auf dem Tische aus, setzte sich und griff zur Feder.

Da trat Graf Albrecht schnell herzu, legte seine Hand auf die ihrige, mit der sie die Feder eben ansetzte, und sprach: „Schreibt noch nicht, Domina! Hört mich erst!"

Sehr verwundert blickte sie zu ihm auf. „Wollt Ihr die Lauenburg nicht?" frug sie lächelnd.

„Domina, — ich habe sie schon."

„Ihr meint, mein Wort genügt Euch? es bedarf keines Briefes zwischen uns?" sprach sie freundlich.

„Ich meine, daß ich die Lauenburg heute früh bei Sonnenaufgang erstiegen und genommen habe," erwiederte er.

„So habt Ihr geträumt, und mit diesem Federzuge ist Euer Traum aus, das heißt erfüllt," sagte sie und fügte mit einem innigen Blick hinzu: „Ich glaub' es Euch; wie leicht, wie gern träumt man, was man wünscht!" Und aufs Neue tauchte sie die Feder ein.

„Nicht geträumt, — gethan hab' ich's!" rief er nun fast ungeduldig. „Ich habe die Lauenburg diese Nacht mit meinen Brüdern und einer Handvoll Reisigen erritten, er= stiegen, überfallen, eingenommen und besetzt. Ich kann es Euch doch nicht deutlicher sagen, und Ihr solltet es wissen, ehe Ihr schriebet."

Jutta warf die Feder auf den Tisch und rief mit scharfer, lauter Stimme: „Und meinen Burgvogt erschlagen?"

„Nein," erwiederte der Graf, „den hat Niemand an= gerührt; er starb vom Schreck. Und, Domina, es war Zeit, daß er starb. Die Burg war bei dem todtkranken Alten in schlechten Händen; die Brücke war nieder, die Wache schlief; jedem Feinde wäre die Burg auf den ersten Anlauf zugefallen."

„Und das wußtet Ihr?"

„Nein; sonst hätt' ich's Euch gesagt oder die Burg schon früher genommen," entgegnete er.

„Und jetzt habt Ihr sie wirklich genommen? Und es ist kein Scherz?" frug sie noch immer sitzend und noch immer zweifelnd.

„Nein! ich habe sie wirklich genommen," erwiederte er.

Da schnellte sie auf. Wie eine gereizte Löwin vor dem Sprung auf den Feind stand sie da mit funkelnden Augen,

mit wogender Brust. Die Stimme versagte ihr. Mit langen
Schritten rauschte sie durch das Zimmer an ihm vorüber,
als sähe sie ihn nicht. Dann blieb sie weit von ihm stehen,
verschränkte die Arme und warf den Kopf in den Nacken,
daß ihr das Haar in breiten Wellen um die Schultern
fluthete.

„Verrath und Friedensbruch übt Ihr an mir, Herr
Schutzvogt? Und führt dann einen elenden Possen vor mir
auf? Schmachvoll, ganz schmachvoll ist das, Herr Graf von
Regenstein!"

„Laßt Blitz und Donner los! ich bin gepanzert," er=
wiederte der Graf. „Wenn Ihr wieder hören könnt und wollt,
so sagt es!"

Er umspannte mit der Linken den Schwertgriff, um
einen Halt zu haben und blickte, ohne sich von der Stelle zu
bewegen, durch die Fensteröffnung starr in die Weite.

„Ich will nichts hören!" rief sie in Trotz und Grimm.
„Glaubt Ihr, daß ich mit mir spielen lasse? Nehmt Kindern
ihren Tand und belügt sie zu ihrem Heile! aber mich zu
bitten, mit falschen, lächelnden Lippen zu bitten und mit dem
schlechten Gewissen, schon hinterlistig geraubt zu haben, was
mein ist, was ich Euch in der Lust und Hoffnung meines
Herzens zugedacht hatte seit Jahr und Tag, womit ich Euch
ehren und erfreuen wollte, das mir, Eurer Fürstin, weg=
zunehmen wie ein Dieb in der Nacht den blinkenden Gold=
reif von der Stirn der sorglos Schlummernden stiehlt! Ist
das ritterlich, Herr Graf von Regenstein?"

Albrecht schwieg und rührte sich nicht.

„Antwortet! ich frage Euch, ob das ritterlich ist!"
wiederholte sie bebend und mit einer raschen Bewegung ihm
näher tretend.

„Weibessinn begreift nicht Rittersinn," sprach er kalt und
von ihr abgewendet.

„Eine höfliche Antwort! wie das Thun, so das Reden!"
grollte die Äbtissin.

„Das Thun solltet Ihr loben," erwiederte Graf Albrecht
nun nachdrücklich und sich lebhaft zu ihr umkehrend. „Es war
Gefahr im Verzuge; nur so konnte ich Euch und dem Stifte
die Burg erhalten, daß ich sie selber als Lehen nahm, rasch
nahm. Meinetwegen that ich's auch, ich will's nicht verhehlen,
denn ich brauche sie zu meiner eigenen Sicherheit. Die Blankenburger streckten die Hand danach aus, die Quedlinburger wollen
sie haben, und der Bischof spannt seine Netze immer weiter und
greift mit List und Gewalt nach Burgen und Städten. Als
ich zuletzt hier bei Euch war, wollte ich die Sache in gutem
Frieden mit Euch verhandeln, aber es war ja kein vernünftig
Wort mit Euch zu reden. Da dachte ich mir: wozu noch lange
fragen? die Domina, die doch nichts davon versteht, wird froh
sein, der Entscheidung über die Burg mit einem kühnen Hand-
streich überhoben zu sein."

„So! das dachtet Ihr und spranget zu wie — nun wie
ein echter Raubgraf," sprach die Äbtissin bitter und erregt.
„O es gab eine Zeit, wo Ihr anders dachtet, Herr Graf!
wo mein Wort Euch etwas galt, wo mein leisester Wunsch
bei Euch Erfüllung fand und Ihr nichts thatet, von dem
Ihr nicht wußtet, daß es mir recht und lieb war. Wenn
Ihr es vergessen habt, ich weiß es noch und stehe wie um
alle Hoffnung betrogen vor dieser Wandlung, staunend, rathlos,
an Euch verzweifelnd. Was thu' ich nun mit Euch? Ihr
habt meine Hoheitsrechte angetastet, die ich unerschütterlich bewahren muß und bewahren will. Soll ich das ruhig mit ansehen, ohne Widerspruch dulden? nimmermehr! auch nicht von

Euch! Ihr seid Richter im Gau, — vor welche Schranke
zieh' ich Euch? Ihr seid der Schutzvogt des Stiftes, — wer
schützt mich vor Euch? Ihr waret mein Freund, — und nun?
wollt Ihr mich unter Euren Feinden sehen?"

„Auf einen mehr kommt mir's nicht an," sprach Albrecht.

„Stets hab' ich Eure Macht zu mehren gesucht, aber
Ihr seid unersättlich. Blind hab' ich Euch vertraut, auf
Eure Treue geschworen und mein Recht bei Euch in den
sichersten Händen gewähnt. Euretwegen brach ich mit dem
Bischof, für Euch überwarf ich mich mit dem Rath da unten
in der Stadt, um Euch wies ich die Grafen von Blanken=
burg ab, Euch zu Liebe schloß ich die Augen vor dem wüsten
Treiben der Mönche dort in dem von Euch befestigten Kloster.
Aber Alles umsonst! Ihr laßt es Euch gefallen, nehmt es
hin wie einen Zoll an der Straße und lacht die gutmüthige,
leichtgläubige Thörin hinter ihrem Rücken aus. Das ist Euer
Dank und Eure Freundschaft!"

„Seid Ihr bald fertig?" frug der Graf.

„Ja, ich bin fertig," erwiederte sie von Neuem Athem
schöpfend, „fertig mit diesem Befehl: Ihr räumt die Lauen=
burg noch heutigen Tages! Kein Regenstein'scher Mann darf
in ihren Mauern bleiben!"

Der Graf schüttelte das Haupt. „Ich gab dem, der
darin sitzt, einen andern Befehl: Niemand kommt in die
Burg, als ein Regenstein'scher Mann!"

„Wem gabt Ihr den Befehl?"

„Dem Burgvogt, meinem Bruder Siegfried."

„Eurem Bruder Siegfried?" Wieder machte die Äbtissin
die ihr eigenthümliche Bewegung mit dem stolzen Zurückwerfen des
Kopfes, und den Grafen mit blinzelnden Augen ansehend sagte sie
übermüthig: „Und Gräfin Oda ist auch mit auf der Lauenburg?"

Dem Grafen schoß das Blut ins Gesicht, und scharf und rauh klang die Antwort: „Domina! verliert nicht ganz den Verstand!"

„Wo ist Oda?" frug sie mit einem Tigerblick.

„Auf dem Regenstein! wo sonst?"

Die Äbtissin brach in ein höhnisches Lachen aus. „O Herr Graf, so viel Verstand hab' ich noch, um dies Gewebe zu durchschauen! Darum also konntet Ihr's nicht abwarten, die Lauenburg zu bekommen, um einen Platz zu haben für Euren vielgeliebten Bruder Siegfried, der Euch als Dritter zu viel war auf dem Regenstein! O gut versorgt, gut ausgedacht, Herr Graf! Hat es Euch denn Euer lieber Bruder auch recht gedankt, daß Ihr ihn zum Burgvogt kürtet?"

In Graf Albrecht siedete es. Die geballten Fäuste auf seine stürmende Brust drückend stand er mit loderndem Blicke der Äbtissin gegenüber. Aber sie hielt den Blick aus und bebte nicht. Da zwang er mit Riesenkraft den wilden Aufruhr in seinem Innern nieder und sagte mit voller Ruhe: „Gnädige Frau! was ich gethan habe, bleibt gethan, und Ihr werdet morgen anders darüber denken. Wie wäre es, wenn wir nun wieder Frieden machten und Ihr mit Eurer schönen, großen Schrift Euren fürstlichen Namen unter den Lehensbrief setztet?"

Die Äbtissin eilte zum Tische, ergriff das Pergament und es dicht vor dem Grafen mitten durchreißend und ihm die Stücke vor die Füße werfend rief sie zornglühend: „Hier die Antwort!"

Was that da Graf Albrecht? — Er sprach: „Domina, wie wunderschön seid Ihr in Eurem Zorne!" Und wie die Äbtissin so dicht vor ihm stand, umschlang er sie plötzlich mit raschen Armen, daß sie sich nicht rühren und regen konnte. „Seht,

Gräfin Jutta," rief er, „so fest wie Euch hier halte ich die
Lauenburg, mit oder ohne Lehensbrief! Und so besiegle ich
meine Treue als Euer Lehensmann!" Und ehe sie sich dessen
versah, fühlte sie seinen Kuß auf ihrer Stirne. Dann ließ
er die Halbbetäubte los. „Lebt wohl, Domina!" sprach er
lachend, „und auf Wiedersehen!"

Und lachend schritt er hinaus und warf die Thür dröhnend
hinter sich zu.

Die Äbtiffin stand wie gelähmt, als fehlte ihr Besinnung
und Athem. Dann sich ermannend klingelte sie und befahl
der eintretenden Kammerfrau, augenblicks den Stiftshaupt=
mann Willekin von Herrkestorf rufen zu lassen. —

Im dämmerkühlen Refectorium des Klosters Sankt
Wiperti saßen Graf Bernhard und Ritter Bock von Schlan=
stedt mit dem dicken Prior Babo und zwei anderen roth=
wangigen Mönchen beim Weinkruge und harrten der Ankunft
Albrechts. Ein Becher stand schon für ihn bereit.

Endlich trat der Erwartete ein.

„Gott segne Euren Eingang, Herr Graf!" sprach sich
erhebend der Prior mit seiner fetten Stimme, während einer
der Mönche schnell den leeren Becher füllte.

„Eurer Seele zur Labung, Eurem Leibe zur Genesung,
hochedler Herr!" sagte Bruder Malchus, dem Grafen den
Becher entgegenhaltend.

„Ist zwölfjähriger Hallgartener Ausstich," sagte Bruder
Alerius. „Gebenedeit sei Euch der Trunk, Herr Graf!"

„Amen!" sagte Bock und trank mit.

Graf Bernhard sprach kein Wort; forschend hing sein
Blick am Angesichte seines Bruders.

„Gottes Lohn, ehrwürdige Brüder!" sprach Albrecht
und trank in durstigen Zügen.

„Ah!" machte er dann und stieß den Becher auf den schweren Eichentisch. „Noch einen! das war ein Tropfen auf einen heißen Stein."

„Haſt Du —?" frug Bernhard mehr mit den Augen, als mit Worten.

„Nein," erwiederte Albrecht kopfschüttelnd, „komm, laß uns reiten!"

Aber die Mönche baten, daß er noch bleiben möchte, und er ließ sich bereden, ſetzte ſich zu ihnen und war fröhlich und guter Dinge nach dem harten Streit mit der leidenſchaftlichen, eiferſüchtigen Frau dort oben auf dem Schloſſe.

Als aber der hohe Steinkrug wieder einmal leer war, litt Albrecht nicht, daß er von Neuem gefüllt wurde, ſondern brach mit Bernhard auf, gefolgt von Bock und ſeinen ſechs Reiſigen.

Unterwegs, während die böſe Sieben, ſchwerlich mit einer guten Abſicht, hinter den Herren zurückblieb, erzählte er Bernhard ſeinen Auftritt mit der Äbtiſſin; nur die ſeltſame Art, wie er von ihr Abſchied genommen, verſchwieg er dem Bruder. „Aber laß ſie nur," ſchloß er, „wir behalten, was wir haben, und ich wette, was Du willſt: über dem Zorn der Domina geht die Sonne nicht ſiebenmal unter. Außerdem wüßte ich ein Mittel, den Lehensbrief morgen am Tage von ihr zu bekommen."

„Ein goldenes Ringelein?" frug Bernhard lächelnd.

„Nein," erwiederte Albrecht, „Gräfin Oda heißt der Preis, für den ich Alles von ihr haben könnte."

„Gieb ihn hin!" ſagte Bernhard ſchnell. „Du kannſt das Fräulein doch nicht bei Dir allein auf dem Regenſtein behalten."

„Warum nicht?" frug Albrecht mit umwölkter Stirn.

„Ich habe ihr meinen Schutz gelobt und laſſe ſie nicht im Stich."

„Gieb Acht, Albrecht," sprach Bernhard mit besorgter Miene, „um dieses Mädchens willen werden uns Feinde wachsen und harte Kämpfe erblühen."

„Daran wird es uns in nächster Zeit so wie so nicht fehlen," versetzte Albrecht.

„Wenn Du Oda der Äbtissin nicht überantworten willst, so gieb sie uns auf die Heimburg unter Reginhilds Obhut," drängte Bernhard.

„Nein! sie bleibt, wo sie ist!" sprach Albrecht kurz und barsch, gab seinem Braunen die Sporen und ließ ihn in einem langen Trabe wacker ausgreifen, daß Bernhard über des Bruders Eile seine eigenen Gedanken hatte.

Als sie an den Regenstein herankamen, bemerkten sie auf der Höhe des Felsens eine weibliche Gestalt, die mit einem weißen Tuche winkte. Es war Oda; wer anders sollte es sein? Die Brüder sahen sie beide, aber keiner äußerte ein Wort darüber oder machte den andern darauf aufmerksam. Albrechts Gesicht erheiterte sich zu einem glücklichen Lächeln, mit dem er ein paarmal nach der Höhe hinaufnickte. Bernhard aber that, als sähe er die lebhaft Grüßende dort oben nicht und blickte verdrossen auf die Mähne seines Pferdes. Als sich am Fuße des Berges ihre Wege trennten, schieden die Brüder mit kurzem Gruße von einander, und keiner war heute mit dem andern zufrieden.

Auch bergan mußte das Roß seines Reiters Ungeduld fühlen, daß es prustete und schnaufte, und als Albrecht im Burghof abstieg, hätte Schatte beinah ein lautes Wort mit sich selber gesprochen, weil der Graf sein Pferd warm in den Stall brachte, was er sonst niemals that, wenn ihn nicht Noth und Gefahr zur Eile zwangen.

In dem Hohlwege, der sich zwischen Felsen durch Wald

und Gebüsch an der sanft ansteigenden Seite des Berges hin=
aufzog, hatte Oda den Grafen nicht mit den Blicken verfolgen
können, und früher, als sie erwartet, erfuhr sie seine Ankunft
durch den Hornruf des Thürmers.

Sie eilte den Felsen hinab, aber auf den unteren Stufen
kam Albrecht ihr schon entgegen. Sprechen konnte sie nicht;
sie war wohl zu rasch herabgestiegen, und ihre Wangen waren
geröthet. Freudig und innig strahlten Beider Blicke in ein=
ander. Sie blieb stehen, so daß er ein wenig zu ihr aufschauen
mußte, als er ihr die Hand reichte.

„Siegfried läßt Euch grüßen, Gräfin Oda!" begann
Albrecht. „Und er will Euch jeden Abend bei Sonnenunter=
gang vom Bergfried der Lauenburg einen Gruß herüberwinken
und dabei denken, Ihr stündet hier auf dem Felsen und
grüßtet ihn wieder."

Aber die blauen Augen blickten nicht heiter auf diese
Botschaft, und die Rosen auf Oda's Wangen machten wieder
den bleichen Lilien Platz. Statt einer Antwort frug sie ge=
schwind: „Seid Ihr unverwundet, Herr Graf?"

Albrecht lachte: „Weder empfangen noch geschlagen habe
ich Wunden, das Schwert blieb in der Scheide, mit ein paar
eisernen Maulschellen haben wir die Lauenburg erstürmt."

„Waret Ihr auch bei der Äbtissin?" frug sie wieder.

„Ja freilich, da war ich auch," erwiederte er.

„Und wie seid Ihr von ihr geschieden?"

„Nun — etwas stürmisch war der Abschied," sprach er
mit einem eigenthümlichen Lächeln zur Seite blickend, „aber
ich hoffe, wir werden bald wieder gute Freunde sein."

Sie waren hinabgestiegen und hatten sich langsam dem
Palas genähert, an dessen Thür jetzt die alte Schaffnerin
erschien.

„Laß auftragen, Urſula!" rief ihr der Graf zu, „und ſag' es mir, wenn Alles bereit iſt, mich hungert."

„Wollt Ihr Euch nicht des Panzers entledigen?" frug Oda.

„Dann müßt' ich Euch ja ſchon wieder verlaſſen," er= wiederte er lächelnd, „und ich habe Euch doch heute den ganzen Tag nicht geſehen."

„Ich will Eurer hier harren," ſprach ſie ſanft erröthend. „Mittlerweile rüſtet uns Urſula das Mahl."

„Uns? habt Ihr auch noch nicht gegeſſen?" frug er ver= wundert.

„Nein, ich wollte warten, bis Ihr wiederkämet," ſagte ſie leiſe.

Seine Augen ruhten mit einem vollen Blick auf ihr, den ſie mehr fühlte, als daß ſie ihn ſah, denn ſie hielt die Wimpern geſenkt.

„Ich bin gleich zurück," ſprach er und ging in den Palas.

Die Sonne ſtand ſchon nahe der abſteigenden Linie des Brockens. Der Schatten des Bergfrieds lag quer über dem Burghof und ſtreckte ſich weit hinauf an dem grauen Felſen. Oda wandelte darin wie auf einer körperloſen Brücke lang= ſam auf und nieder, mit ihren Gedanken beſchäftigt.

Als Graf Albrecht oben in ſein ſchmuckloſes Gemach trat, kam es ihm verändert vor. Es hatte Jemand darin aufgeräumt. Das mancherlei Zeug, Geſchirr und Geräth, das ſich ſonſt läſſig und wirr auf Tiſch und Stühlen umher= trieb, ſtand oder lag jetzt geordnet und gefällig angebracht, jedes an einem ſchicklichen Platze. Der Graf runzelte die Brauen über den unbefugten Eingriff in ſein Altgewohntes. Da gewahrte er auf dem Tiſche, mitten vor ſeinem Trink= gefäß und dem Schreibzeug, einen kleinen, ſchlanken Krug

mit einem Sträußchen frischer Waldblumen darin. Das konnte
Niemand anders gewesen sein als Oda. Und so war es auch.
Eben noch, ehe sie auf den Felsen stieg, hatte sie die Blumen
gepflückt, in Albrechts Zimmer gestellt und hier mit herz=
klopfender Freude als wohlthätige Fee ordnend und schmückend
gewaltet.

Sie, sie war hier in seinem Zimmer gewesen, war hier
mit leichten Schritten hin und wieder geschwebt, hatte gedacht
und gesonnen, wie sie dies und jenes das Auge erfreuend
stellen und legen sollte, ihre Hände hatten das Jagdhorn und
die Sporen, dieses Waidmesser und jenen Krug, den Sachsen=
spiegel und Alles, was sie fand und sah, berührt, getragen,
gerückt, sie hatte sich für ihn im Gebüsch nach den Blumen
gebückt, das Krüglein am Brunnen mit Wasser gefüllt und
das duftige, zierliche Sträußchen hinein gethan!

Albrecht nahm es, betrachtete es und stellte es wieder
genau auf denselben Fleck. Dann sah er sich lächelnd im
Zimmer um und freute sich wie ein Kind über die Be=
scherung an der heiteren Ordnung seiner Habseligkeiten. Ihm
war, als fühlte er noch ein Wehen von Oda's Athem, als
hörte er ihre leichten Tritte und das leise Rauschen ihres
Gewandes, und ein fröhliches, seliges Gefühl schlich sich in
die Brust des gewaltigen Mannes, der heute seiner schutz=
befohlenen Fürstin eine Burg genommen und dem leiden=
schaftlichen Ausbruch ihres Zornes getrotzt hatte.

Er zog das Eisenkleid aus, warf es nicht wie sonst
halb auf diesen, halb auf jenen Schemel, sondern trug es
selber in sein Schlafgemach und hüllte sich in einen sauberen,
wollenen Leibrock. Dann nahm er den Blumenstrauß aus
dem Krüglein und ging hinab in den Burghof zu Oda.

Mit herzlichen, schlecht beredten Worten dankte er der

tief Verlegenen. Aber aus dem Sträußchen zog er eine tief=
blaue Glockenblume. „Erlaubt," sprach er lächelnd, „die
blauen Glocken müssen sich prächtig in Eurem dunklen Haare
machen." Zitternd und erglühend hielt sie still, als er ihr
Haupt berührte und sorgsam mit ritterlichen Händen die
Blume in ihrem Haar befestigte. Das Sträußchen steckte er
sich selber vor die Brust an den Leibrock, und so gingen sie
auf Ursula's schon wiederholten Ruf in den Palas.

Die Sonne sank. Fern dort auf dem Bergfried der
Lauenburg stand Siegfried und blickte nach dem Regenstein;
aber seine Lilie stand hier nicht oben auf der Felsenhöhe.
Sie saß an demselben Tische mit seinem Bruder Albrecht,
und fröhliche Blicke gingen hinüber und herüber, von ihm
zu ihr, von ihr zu ihm. Er mahnte sie nicht, auf den Felsen
zu steigen, und Siegfrieds sehnsuchtsvoller Gruß flog über
den Regenstein hinweg wie ein abgeschossener Pfeil, der seines
Zieles verfehlte und sich spurlos im Blauen verliert.

Sechzehntes Kapitel.

———•———

Als der Stiftshauptmann, den der Befehl der Äbtissin nicht in seiner Behausung angetroffen hatte, endlich auf dem Schlosse erschien, fand er die Insassen desselben in großer Erregung. Auf dem Hofe, auf Treppen und Gängen begegnete er bestürzten Gesichtern, und oben in einer der Vorhallen traf er die Pröpstin und die Dekanissin, umringt von einigen jüngeren Conventualinnen, in heftigem, halblaut geführtem Meinungsaustausch; aber sie konnten ihm nicht sagen, was eigentlich vorgefallen war.

Der Besuch des Grafen Albrecht von Regenstein zu ungewöhnlich früher Stunde, sein langes Bleiben und noch mehr sein ungestümes Weggehen war im Schlosse aufgefallen. Man hatte die Kammerfrau der Äbtissin ausgeforscht und war so lange in den Stiftsschreiber Florencius gedrungen, bis er gestand, daß er einen Lehensbrief für den Grafen über die Lauenburg hätte ausstellen und der Domina zur Unterschrift bringen müssen. Die Kammerfrau, die zögernd bekannte, daß sie gehorcht hatte, berichtete von einem heftigen Streit der Äbtissin mit dem Grafen, aber nur einzelne Sätze und abgerissene Worte, meist aus dem Munde der gnädigen Frau, wollte sie verstanden haben; Worte wie „schmachvoll" und „nicht ritterlich", und die heftige Frage: „Wo ist Oda?" wollte sie deutlich gehört haben. Dann hatte sie, als die Äbtissin ihr geklingelt, ein zerrissenes Pergament auf dem Teppich liegen sehen, woraus man schloß, daß Graf Albrecht den Lehensbrief im Zorne zerrissen habe, ohne einen stichhaltigen Grund dafür finden zu können.

So auf das Räthselhafteste vorbereitet betrat Herr Willekin das Gemach der Unnahbaren, die sich jeden anderen Besuch verbeten hatte.

Er fand die Äbtissin noch in heller Zorngluth, und in dieser Stimmung theilte sie ihm mit, daß Graf Albrecht diese Nacht die Lauenburg mit Gewalt genommen und dort seinen Bruder Siegfried als Burgvogt eingesetzt hätte. Herr Willekin sollte ihr nun rathen, was zu thun sei. Die Ausstellung des Lehensbriefes verschwieg sie dem Stiftshauptmann, wie sie auch jede Spur der vernichteten Urkunde beseitigt hatte, so daß er geneigt war, an den Aussagen des Schreibers und der Kammerfrau zu zweifeln.

Aber gerade hierüber die Wahrheit zu wissen, kam es ihm vor Allem an, zu wissen, ob die Äbtissin wirklich gesonnen sei, dem schon übermächtigen, verhaßten Schirmvogt die schöne Burg zu übergeben, auf deren Lehensbesitz sich Rath und Bürgerschaft von Quedlinburg starke Hoffnung machten.

„Gnädigste Frau," begann er nach kurzer Überlegung, „erlaubt mir vorerst eine Frage. Wollt Ihr die Burg überhaupt nicht in den Händen der Regensteiner lassen, oder ist es Euch lediglich um einen anderen Burgvogt zu thun?"

Diese Frage setzte die Äbtissin in große Verlegenheit, denn sie traf den innersten Kern ihres Zornes und berührte die brennende Wunde ihres Herzens. Mißtrauisch blickte sie ihren Kanzler an. Die Vollziehung des Lehensbriefes war eine nicht zu leugnende Thatsache und bezeugte die Absicht der Äbtissin, die Lauenburg den Regensteinern zu übergeben. Dazu mußte sie sich also wohl oder übel bekennen, und sie blieb bei der vollen Wahrheit, als sie erwiederte: „Ich hatte allerdings die Absicht, den Grafen Albrecht mit der Burg zu belehnen. Da er sie aber ohne meinen Dank mit List und Gewalt genommen, so will ich sie ihm jetzt nicht lassen, sondern mich eines Anderen besinnen. Ich verlange die Burg in meine Hand zurück."

Der Stiftshauptmann deutete an, daß sich Bürgermeister und Rath von Quedlinburg trotz der letzthin eingetretenen Störung des einst so guten Verhältnisses zur gnädigen Frau wohl bereit finden lassen würden, die Burg den Regensteinern mit Waffengewalt wieder abzunehmen, wenn sie hoffen könnten, dann auch mit derselben belehnt zu werden. Aber die Stadt allein wäre dem Grafen gegenüber nicht stark genug, dazu bedürfe sie mächtiger Bundesgenossen.

Ob denn die nicht zu finden wären, frug die Äbtissin.

„Ich wüßte wohl Einen," erwiederte Herr Willekin, „aber den habt Ihr Euch selber zum Feinde gemacht, gnädige Frau!"

„Der Bischof von Halberstadt," sagte sie schnell.

Der Stiftshauptmann nickte.

„O es kostet mich ein Wort, und er ist wieder mein Freund," versetzte die Äbtissin.

„Meint Ihr?" frug Herr Willekin aufhorchend und erfreut. „Habt Ihr noch eine andere Klage wider den Grafen, wobei der Bischof sich einzumischen ein Recht hätte?"

„Gewiß!" erwiederte Jutta. „Er hält die Gräfin Oda von Falkenstein auf dem Regenstein gefangen, die ihr Bruder, Graf Hoyer, zur Conventualin unseres Stiftes bestimmt und mit einer reichen Jahresrente ausgestattet hierher entsandt hatte. Graf Albrecht verweigert mir ihre Auslieferung, die ich mit Fug und Recht verlangen kann."

„Ich weiß es," sprach der Stiftshauptmann, „auch der
Bischof hat schon darauf gedrungen."

„Er hat seine eigenen Gründe," sagte die Äbtiffin, „aber
ich könnte ihn als Schiedsrichter in der Sache anrufen, und
durch ihn ließe sich vielleicht auf den Grafen Hoyer wirken,
daß er gemeinschaftlich mit mir die Befreiung der Schwester
forderte, und somit hätten wir ihn zum Bundesgenoffen."

„Auch Graf Albrecht hat Freunde," mahnte der Stifts=
hauptmann, „den Mansfelder und die Harzgrafen im Helmgau.
Das könnte eine Fehde geben, gnädigste Fürstin, die das Land
ringsum in einen einzigen Brand verfetzte."

„Mag es doch! ich verlange mein Recht!" rief Jutta,
von Leidenschaft hingeriffen. „Glaubt Ihr, daß Graf Albrecht
die Burg freiwillig räumt? Nehmt fie ihm ab, Ihr Herren
Quedlinburger! bringt fie wieder in meine Gewalt, schafft
mir auch meine Conventualin Oda von Falkenstein hier aufs
Schloß, und Ihr sollt die Lauenburg zu Lehen haben!"

„Laßt mich's mit meinen Freunden im Rathe bereden,
gnädige Frau," sagte der Stiftshauptmann und nahm rasch
Urlaub, ehe die Unbeständige dieses wichtige Versprechen im
weiteren Verlauf des Gesprächs etwa wieder rückgängig machen
oder abschwächen konnte.

In der Vorhalle, weit genug vom Zimmer der Äbtiffin,
warteten seiner die Pröpstin und die Dekaniffin, aber ohne
die jüngeren Damen, und er mußte ihnen in Kürze erklären,
was es gegeben hatte. Sie rangen die Hände ob der Unthat,
und wenn dem Grafen jetzt die Ohren klangen, so war es
nicht, weil Jemand sein Lob sang.

Die Treppe hinabsteigend sprach Herr Willekin zu sich
selber: „Soll mich nur wundern, wie lange der Sturm brausen
wird! Käme morgen Graf Albrecht zur Domina und gäbe

ihr ein gutes Wort, so schenkte sie ihm die Lauenburg, von
unten bis oben mit Rosen bekränzt. Den Siegfried will sie
von der Burg weg und die Gräfin Oda zu sich ins Schloß
hinein haben, und darum Krieg und Mord und Todtschlag!
Was steckt dahinter?"

Des Stiftshauptmanns Wohnung war ein großer Frei=
hof auf dem Mummenthale, einem etwas versteckt gelegenen
Winkel der Stadt mit weitläufigem Gehöft und Garten, an
dem ein Arm der Bode vorüber floß. Hierher lud er seine
Vertrautesten im Rathe, unter denen sich auch der erste Bürger=
meister befand, zu einem Vespertrunk und weihte sie in das
Vorgefallene rückhaltlos ein.

Mit Genugthuung vernahmen die fünf oder sechs Herren
die Kunde von dem Zerwürfniß des Grafen mit der Äbtissin,
die nun hoffentlich aufhören würde, überall vermittelnd und
fördernd, seine Macht stärkend für ihn zu wirken, wie sie dies
bisher stets, auch dem Rathe gegenüber und zum Nachtheil
der Stadt gethan hätte. Groß war ihre Entrüstung über die
gewaltsame Besetzung der Lauenburg durch die Regensteiner,
ziemlich schwach dagegen die Aussicht, die Bedingungen der
Äbtissin erfüllen zu können, unter welchen sie die Burg der
Stadt zu Lehen versprochen hatte. Die Burg zu erstürmen
und den ihrer gnädigen Frau mißliebigen Burgvogt daraus
zu vertreiben, möchte ihnen wohl gelingen; wie aber wollten
sie es fertig bringen, von dem uneinnehmbaren Regenstein eine
Gefangene zu entführen, die der kriegstüchtige Graf halten
wollte und vertheidigen würde? Indeß der Preis war ein
zu lockender, und mit mächtigen Bundesgenossen und dem
Einsatze aller Kraft und Opferwilligkeit der eigenen Bürger
dünkte es die Herren vom Rathe nicht unmöglich, die Fehde
mit dem Grafen siegreich zu bestehen. Und wozu hatten sie

denn das Schutz= und Trutzbündniß mit dem Bischof von Halberstadt geschlossen? Wie nie zuvor winkte ihnen jetzt die Hoffnung, das ihnen längst widerwärtige Joch der Schutzvogtei abzuschütteln und als unabhängige, ohne Bevormundung sich selbst regierende Bürgerschaft einer reichsunmittelbaren Stadt, Mitglied des großen Hansabundes, stolz und frei das Haupt zu erheben.

Die hier bei dem feurigen Weine des Stiftshaupt= mannes in einer schattigen Laube Versammelten waren willig und entschieden, den Kampf mit dem Regensteiner unter ge= wissen Voraussetzungen zu wagen. Morgen schon, bestimmten sie, sollte deswegen eine Sitzung des Rathes stattfinden, und jeder Einzelne übernahm es, durch hingeworfene Äußerungen und vorbereitende Winke die Bürger aufzustacheln und be= sonders die Handwerkergilden zu gewinnen.

Danach tranken die Herren auf das gute Gelingen ihrer Pläne und schieden dankbar und froh von ihrem großgünstigen Freunde.

An demselben Abend schon wußten sämmtliche Raths= herren genau und viele Bürger ungefähr, was sich ereignet hatte, und in den Trinkstuben ging es lebhaft her. Unbestimmte Gerüchte, das Geschehene sowohl wie das nun Bevorstehende ins Abenteuerliche übertreibend, durchschwirrten die Stadt und versetzten die Gemüther in Zweifel und Unruhe.

Die Rathssitzung fand am anderen Morgen wirklich statt. Es fielen böse Worte gegen den Regensteiner und auch ein paar kleine Seitenhiebe auf die Äbtissin wegen ihrer starken Parteinahme für den Grafen wider die Stadt. Aber man wollte das vergessen sein lassen und mit der Domina Frieden und gemeinschaftliche Sache machen, um bei der Gelegenheit Großes für die Stadt zu erreichen. Wenn nun auch einige

13*

der älteſten Rathsherren zu dem kühnen Unterfangen, dem
mächtigen Schirmvogte der Stadt abſagen zu wollen, bedenk=
lich die greiſen Häupter ſchüttelten und ihre warnende Stimme
dagegen erhoben, ſo drangen ſie doch gegen die Kampfluſt
und Siegeszuverſicht der Mehrzahl nicht damit durch. Sie
hätten lange genug den Nacken gebeugt, hieß es; Quedlin=
burg wäre kein hinterſäſſiſch Burgdorf, ſondern eine ſeit
König Heinrichs Tagen hoch angeſehene, immer ſtärker be=
feſtigte, immer reicher emporblühende Stadt mit eigener
Münze, mit Zoll und Marktrecht, das bezeugte ihr geharniſchter
Mann, der Roland auf dem Markte, der ihnen auch die
bisher vom Grafen immer noch verſagte Hegung des Blut=
bannes verhieß. Hier hätten Kaiſer gewohnt und Reichstage
gehalten, die Heinriche, die Ottonen, Barbaroſſa und Philipp
von Schwaben, und nun ſollten ſie ſich von einem Raub=
grafen ſchuhriegeln und brandſchatzen laſſen? nimmermehr!
das müßte ein Ende nehmen. Sie ſtünden ihrer Nachbarin
Halberſtadt in nichts nach, und die wäre glücklich und zu=
frieden unter dem Krummſtab ihres klugen Biſchofs. Auch
die Stadt Aſchersleben führten ſie als Beiſpiel an, die erſt
ganz kürzlich, allerdings durch eine kleine Überrumpelung,
biſchöflich geworden, aber auch ſofort mit wichtigen Privi=
legien ihres neuen Herren begnadet worden wäre. Sie
wollten gern, ſoweit es ſich mit ſtädtiſcher Freiheit vertrüge,
ihrer gnädigen Frau hold und unterthänig bleiben, wie ſie
geſchworen, aber vor der Schutzvogtei des Regenſteiners
wollten ſie ſich fürderhin wohl bedanken.

So klang es aus den Reden der Kauf= und Geſchlechter=
herren auf der Rathsbank, und dabei ſchielten ſie Alle nach
der Lauenburg, denn Alle wünſchten, daß die Stadt eine
ritterliche Burg beſäße oder auch nur zu Lehen trüge.

Glücklicherweise hatte der Bürgermeister Einsicht und Einfluß genug, um die erregte Versammlung von übereilten Beschlüssen und waghalsigen Schritten zurückzuhalten. Er erinnerte die Hitzköpfe im Collegium daran, daß die Lauenburg Eigenthum des Stiftes wäre, daß man sie also nicht wider Willen und Erlaubniß ihrer Lehensherrin stürmen und besetzen könnte, ohne sich desselben Frevels schuldig zu machen wie der Graf von Regenstein.

Darauf wurde denn der vorsichtige Beschluß gefaßt, die gnädige Frau um die Erlaubniß zur Erstürmung der Burg anzugehen, den Bischof von Halberstadt um einen namhaften Zuzug von reisigem Volk zu Fuß und zu Roß zu ersuchen, sich überhaupt nach städtischen und ritterlichen Bundesgenossen umzuthun und erst, wenn dies Alles geordnet und geglückt wäre, dem Grafen Albrecht den Handschuh hinzuwerfen.

Damit schloß die Sitzung, die zwar eine geheime gewesen war, deren Gegenstand und Ergebniß man aber mit Absicht unter der Bürgerschaft verbreitete.

Die ganze Stadt gerieth darüber in Aufregung; die Friedliebenden erschraken, die Muthigen, Ehrgeizigen, für Freiheit Schwärmenden frohlockten und hätten am liebsten gleich zu Spieß und Kolben gegriffen, um die Lauenburg zu stürmen. Es dem Raubgrafen einzutränken, sich am Raubgrafen für jede zugefügte Unbill, jedes weggetriebene Stück Vieh, jede auferlegte Buße und all seine eiserne Strenge zu rächen, seine Burgen zu brechen, ihm die Thore der Stadt für ewige Zeiten zu verschließen, war ihrer Aller Wunsch und brennendes Verlangen. Der Name des Raubgrafen klang auf allen Gassen mit einer Schadenfreude, als hätten sie den Feind schon gehangen, ehe sie ihn hatten.

Den nächsten Tag hielten die Gilden Morgensprache und einigten sich darüber, dem Rathe Wehr und Waffen, Gut und Blut ihrer Werkbrüder zur Verfügung zu stellen und ihn zur schleunigen Eröffnung der Feindseligkeiten aufzufordern.

Das hatten die hochedeln, wohlweisen Herren auf dem Rathhause gerade gewollt. Nun, unter dem Drucke des einmüthigen Willens ihrer Bürgerschaft, konnten sie zur Äbtissin gehen, ihr die allgemein geforderte Lossagung der Stadt vom Grafen Albrecht als Schirmvogt anzeigen und ihre Zustimmung zur Einnahme der Lauenburg erbitten. Daß sie ihr auch die gefangene Conventualin, Gräfin Oda von Falkenstein, von dem felsenhohen Regenstein herunterholen und aufs Schloß bringen sollten, hatten ihnen die Vertrauten des Stiftshauptmanns freilich noch nicht gesagt.

Herr Willekin von Herrkestorf ließ sich in diesen zwei Tagen auf dem Schlosse nicht sehen, aber die Pröpstin Kunigunde von Woldenberg wußte in Erfahrung zu bringen, was sich unten in der Stadt zutrug, und ermangelte nicht, der Äbtissin diese Vorgänge mit den lebhaftesten Farben zu schildern. Die letztere hatte sich anfänglich gesträubt, eine ihrer Dignitarien zu empfangen, allein die Pröpstin hatte sich mit anerkennenswerther Beharrlichkeit von den wiederholten Abweisungen der Domina nicht abschrecken lassen und war endlich zu ihr gedrungen, angeblich, um ihr in der schwierigen Lage mit Trost und Rath zur Seite zu stehen, in Wahrheit aber, um ihre Stimmung zu erforschen und sie gegen den Grafen aufzuhetzen.

Jutta hatte schwache Stunden, in denen ihr Groll auf Albrecht in eine trübsinnige Schwermuth, ja in eine dann und wann schon wieder aufsteigende Sehnsucht nach ihm zu

verſinken drohte. Da mußte, um die Gluth des Zornes nicht
verlöſchen zu laſſen, ein wenig nachgelegt und geſchürt wer=
den, und auf dieſes Geſchäft verſtand ſich die Pröpſtin. Ihr
Troſt beſtand darin, daß ſie ſcheinbar den Grafen zu ent=
ſchuldigen ſuchte, aber ſie that dies in einer Weiſe, die die
Äbtiſſin nur noch empfindlicher an die ihr zugefügte Krän=
kung erinnerte. Daran knüpfte ſie erſt ſanftere, dann ſchärfere
Rügen, die in dem Vorwurf gipfelten: „Warum ſeid Ihr
nicht meinem Rathe gefolgt?!‟

Darauf hatte Jutta nur ein ungeduldiges Achſelzucken
als Antwort.

Weiter hieß es dann: „Ich habe es immer geſagt, Ihr
verwöhnt und verzieht den Übermüthigen. Er iſt Euch über
den Kopf gewachſen und nimmt ſich Dinge gegen Euch her=
aus, die ihm nicht zukommen und die Ihr Euch nicht von
ihm gefallen laſſen ſolltet.‟

Und die Scheltende wußte noch nicht einmal, was ſich
die Geſcholtene zuletzt von dem Grafen hatte gefallen laſſen
müſſen.

„Wer ſchützt Euch nun vor dem Gewaltthätigen?‟ fuhr
Kunigunde fort. „Mit dem Biſchof, dem Einzigen, der ihm
Widerpart halten könnte, habt Ihr es verdorben, weil Ihr
nicht zu ſeiner Conſecration gegangen ſeid, ſo ſehr ich es
Euch auch rieth, Euch darum bat. Das habt Ihr nun von
Eurer Nachgiebigkeit gegen den Grafen, dem allein zu Liebe
— o ich habe es wohl gemerkt, wenn Ihr auch jetzt noch
ſo ſehr den Kopf ſchüttelt! — dem allein zu Liebe Ihr die
Einladung ablehntet, weil ihn der Biſchof ein wenig auf den
Fuß getreten hatte. Nur um Eures lieben, großen, edlen
Grafen willen bliebt Ihr zu Hauſe; und was iſt ſein Dank?
— daß er thut, was er will und Euch auslacht!‟

Die Äbtiſſin zuckte jäh zuſammen bei dieſen Worten,
denn ſie enthielten eine grauſame Wahrheit. Hohnlachend war
der Graf von ihr gegangen; er hatte die Lauenburg in ſeiner
Gewalt, und ſie das Brandmal ſeines Kuſſes auf ihrer Stirn.
Sie biß die Lippen auf einander; ſtieren Blickes bohrten ſich
ihre Augen auf den Teppich zu ihren Füßen. Denn ſie
mußte ſchweigen zu alle dem, was die ſcharfzüngige Pröpſtin
ihr ſchonungslos vorhielt; ſie, die Fürſtin, mußte ſich aus=
zanken laſſen wie ein thörichtes Kind, und das um ſeinet=
willen, um deſſentwillen, mit dem ſie es ſo gut gemeint hatte.
O, auch das, auch das ſollte er ihr büßen!

Wenn ſie aber wieder lange Stunden allein war und
die Dämmerung herabſank, ſo wollte ſie kein Licht haben
und ſaß in Gedanken verloren. Und dann ſtieg aus dem
Dunkel die leuchtende Geſtalt, das glänzende Bild Albrechts
vor ihrem inneren Blicke auf, daß ſie verlangend faſt die
Arme nach ihm ausſtreckte, ihm Alles verzieh, ihm Alles
gönnte und gewährte. Selbſt die Erinnerung an ſeine un=
erhörte Kühnheit jüngſt beim Abſchied war ihr dann nicht unlieb.
Ein ſüßer Schauer durchrieſelte ſie, wenn ſie daran dachte, wie
ſie drei Athemzüge lang wehrlos an der Bruſt des geliebten
Mannes gelegen und ſeinen Mund auf ihrer Stirn gefühlt
hatte. Aber dahinein klang wieder ſchrill ſein Hohnlachen beim
Fortgehen und rief ihr ins Gedächtniß zurück, daß Siegfried
auf der Lauenburg hauſte und daß Oda mit Albrecht allein
auf dem Regenſtein war, und daß die beiden vielleicht Arm ·
in Arm die Einſame hier auf dem Schloß zu Quedlinburg
verlachten. Dann kamen Grimm und Groll zurück und um=
panzerten ihr die Bruſt gegen die Schwachheit weicher Gefühle.

Aber Kunigunde ſorgte ſchon dafür, daß die Äbtiſſin
nicht zuviel allein war, und mehr als einmal wiederholte ſich

in den paar Tagen derselbe Auftritt. Die Pröpstin sang ihr Lied in demselben Takte und nach derselben Melodie immer wieder von vorn, und ihr verschrumpftes Gesicht drückte dabei mit großer Beweglichkeit der Mienen ihre Unzufriedenheit mit der tadelnswerthen Domina und den höchsten Grad der Entrüstung über den Grafen Albrecht aus. Sie schloß ihren Sermon stets mit der Mahnung, daß die Äbtissin sich selber, dem Kapitel und dem Stifte die strenge Aufrechthaltung ihrer Hoheitsrechte schuldig sei und diese ihrer einstigen Nachfolgerin ebenso unversehrt überliefern müsse, wie sie ihr von ihrer Vorgängerin überkommen seien.

Grade zur Stunde. einer solchen Heimsuchung war es, als Herr Willekin von Herrkestorf sich bei der Äbtissin melden ließ und von ihr für den ersten Bürgermeister und zwei Rathsherren der Stadt, die schon in der Vorhalle ihres Empfanges harrten, eine Audienz erbat.

Die Äbtissin winkte dem Stiftshauptmann Gewährung und fand schnell mit der ihr eigenen Willenskraft Sammlung und Selbstbeherrschung genug, den Abgesandten des Rathes mit fürstlichem Anstand freundlich entgegenzutreten und sie mit Klarheit des Verständnisses und der Überlegung anzuhören.

Der Bürgermeister Nikolaus von Bekheim und die Rathsherren Werner Scheerenschmid und Henning Wollrabe begrüßten sie mit tiefen Verbeugungen, und der Bürgermeister trug der Äbtissin nach einer kurzen Schilderung der städtischen Verhältnisse die Absicht des Rathes vor, mit ihrer Genehmigung die Lauenburg erobern und sich von der Schutzvogtei des Grafen von Regenstein lossagen zu wollen.

Damit war Jutta zum ersten Mal in ihrem Leben vor eine schwere Entscheidung gestellt.

Als sie das, was sie zum Theil selber heimlich ge=

sonnen und gesponnen, nun aus fremdem Munde, aus dem Munde eines beherzten und bedächtigen Mannes hörte, überkam sie das Gefühl, als würde ihr eine ungeheure Verantwortlichkeit auf die Seele gewälzt. Ihre Wuthgedanken, ihre Rachepläne, ihre und Kunigunde's Zornergüsse dünkten sie jetzt, Angesichts der wie ein Schreckgespenst vor ihr auftauchenden Wirklichkeit, die Thaten mit unabsehbaren Folgen gebären sollte, ein eitles, vermessenes Spiel mit drohenden Gefahren. Wie aus einem Taumel oder aus einem traumerfüllten Schlaf am schwindelnden Rande eines Abgrundes aufwachend, erschrak sie; Vergangenes, Gegenwärtiges und Künftiges drängte sich durcheinanderwirbelnd in einen Augenblick zusammen; mit plötzlich zurückgekehrter, nüchterner Besinnung sah sie jetzt Alles in einem anderen Lichte und wußte doch nicht aus noch ein. Suchend und wägend schaute sie bald den einen, bald den andern dieser ernsten Männer an, deren Blicke erwartungsvoll an ihren Lippen hingen, und aus deren Mienen eine harte Entschlossenheit sprach.

Nikolaus von Bekheim war ein stattlicher Herr mit großen, lebhaften Augen in einem schönen, bedeutenden Kopfe; seine straffe Haltung, Bewegung und Stimme verriethen bei aller Würde und Gemessenheit geistige Kraft und körperliche Rüstigkeit, mit denen sein volles, weißes Haar in einem auffallenden Widerspruche stand. Werner Scheerenschmid mit seiner schlanken Gestalt und seinem scharfen, von dunklem, kurz gehaltenem Haar umrahmten Gesicht· machte den Eindruck eines Mannes von vornehmer Zurückhaltung und berechnender Verschlagenheit. Henning Wollrabe trug einen echten Sachsenkopf auf seinen breiten Schultern, blond und blühend und von hohem, kräftigem Wuchs, hatte er etwas heiter Unerschrockenes und Kriegerisches, gepaart mit einer ruhigen Sicherheit in seinem Wesen. Auch er war aus altem Stadtgeschlecht, aber mehr als anderen Vorzügen verdankte er seinem Reichthum den Sitz im Rathe.

Diesen Männern gegenüber, die eine starkbewehrte Stadt, eine nach Unabhängigkeit strebende und obenein jetzt trotzig erregte Bürgerschaft vertraten, war die Äbtissin allerdings in einer sehr bedenklichen Lage. Bewilligte sie das Verlangen des Rathes, so gab sie damit den Ausschlag und das Zeichen zum Anfang eines blutigen Kampfes, dessen Gang und Ende sie nicht in ihrer Macht hatte, und wies sie das Ansinnen zurück, so lief sie Gefahr, daß Rath und Bürgerschaft die Fehde mit dem Grafen auch ohne ihre Genehmigung begannen, was einer Nichtachtung ihrer Wünsche und Befehle und einer Auflehnung gegen ihre Lehenshoheit gleichkam.

.Das Alles fuhr ihr durch den sorgenschweren Sinn; aber mit bewundernswerther Fassung und herzgewinnender Huld, der es doch keineswegs an der nöthigen Festigkeit fehlte, sprach sie: „Hochedle, wohlweise Herren! Laßt uns mit gutem Willen freundlich übereinkommen, wie wir die Sache nach bestem Meinen und Können ehestens schlichten. Wir möchten unsere gute Stadt Quedlinburg um unserer Feste Lauenburg willen nicht gern in Unfrieden und Streit verwickeln und können unmöglich unsere Zustimmung geben, daß Ihr gegen den Schirmvogt des Stiftes und der Stadt in den Kampf geht. Wir wissen wohl, auch Ihr führet diese und jene Klage über den Grafen, wünschet Erleichterung oder Befreiung von dieser und jener Last der Schutzvogtei, worin wir Euch, unbeschadet unserer fürst=abteilichen Hoheitsrechte, nicht zuwider sein wollen. Ich stehe hier zwischen der Stadt und unserem edlen Schirmvogte, möchte gern jedem Theile Billigkeit und Gerechtigkeit angedeihen lassen nach Weichbildsrecht

und nach Vogtsrecht, wie es von Alters her in unseren
hohen deutschen Landen und insonderheit in unserem reichs=
unmittelbaren und freiweltlichen Hochstifte gehalten und ge=
handhabt ist. Weil ich mir aber allein hierin keinen Rath
weiß und es zu des Kaisers Majestät zu weit und mühsam
ist, so will ich den hochwürdigsten Bischof von Halberstadt
um seine Meinung befragen und sodann befinden und ent=
scheiden."

Das lautete nun freilich anders, als sie neulich in der
Leidenschaft des ersten Zornes ihrem vertrauten Kanzler gesagt
hatte. Aber sie dachte jetzt auch anders, und mit dieser Aus=
kunft behielt sie das Heft in der Hand und blieb vorläufig
noch Herrin der Lage. Sie hoffte mit diesem Schritte sowohl
einen größeren Einfluß auf den Rath der Stadt zu gewinnen
wie einen Druck auf den Grafen Albrecht zur Erfüllung
ihrer geheimsten Wünsche ausüben zu können.

Die Abgesandten des Rathes waren mit dem erhaltenen
Bescheid nicht zufrieden und nicht unzufrieden. Sie hatten
nach den Mittheilungen des Stiftshauptmannes Anderes er=
wartet; aber daß sich die Äbtissin selber dazu erbot, den Bischof,
den heimlichen Verbündeten der Stadt und heftigsten Gegner
des Grafen, als Schiedsrichter anzurufen, ging über ihr Hoffen
hinaus, denn von seinem Eingreifen versahen sie sich des
günstigsten Erfolges.

Ebenso dachte der Stiftshauptmann. Er gab der un=
ruhig zappelnden Pröpstin, aus deren in allen Falten und
Winkeln zuckendem Gesicht er die gefährliche Absicht las, sich
mit herausplatzendem Eifer einzumischen, schnell einen ver=
stohlenen Wink, um Gotteswillen zu schweigen, was sie denn
auch glücklicherweise that.

„Dürfen wir, hochachtbare Fürstin, Euren gnädigen Be=

scheid gemeiner Bürgerschaft kundgeben?" frug Herr Nikolaus von Belheim.

„Gewiß, Herr Bürgermeister!" erwiederte die Äbtissin, „sagt es Euren klugen und ehrhaftigen Leuten, den Rath=mannen, Innungsmeistern und gemeinen Bürgern, unseren lieben Freunden."

„Und wollt Ihr uns nachher auch wissen lassen, welchen Rath Euch der hochwürdigste Bischof ertheilt hat, gnädige Frau?" frug Herr Werner Scheerenschmid mit einem scharf prüfenden Blick in die leuchtenden Augen der Äbtissin.

„Wir werden Euch über unsere Entschließungen nicht im Ungewissen lassen, Herr Rathsherr!" entgegnete sie ge=schmeidig ausweichend. „Mein fürstlich Wort, Ihr Herren! morgen nach dem Hochmahl reite ich hinüber nach Halberstadt. Ihr wollt mich begleiten, Herr Stiftshauptmann! und Euch, Herr Bürgermeister, ersuch' ich um ein Fähnlein berittener Stadtknechte zu Schirm und Sicherheit."

„Sie stehen jede Stunde zu Euren Diensten, gnädige Frau!" sprach das würdige Oberhaupt der Stadt.

„Gnädige Domina," sagte nun Henning Wollrabe treu=herzig, „wir stehen mit Gut und Blut zu Euch und wollen Euch allerwege schützen und schirmen, daß Ihr sanft und sorglos in Eurem jungfräulichen Bette schlafen könnt!"

„Ich danke Euch, Herr Henning!" erwiederte Jutta lächelnd, „nehmt meinen Gruß mit hinab und meine besten Wünsche für das Wohl unserer guten Stadt Quedlinburg!"

Sie sagte das mit einer leichten Neigung des Hauptes und einer anmuthigen Bewegung des Körpers, denn sie war darauf bedacht, sich den Herren vom Rath nicht bloß als regierende Domina zu zeigen, sondern ihnen auch als schöne Frau zu gefallen und dadurch bestechend auf sie zu wirken.

Und wenn sie das wollte, so verfehlte sie niemals eines tiefen Eindrucks auf die Herzen der Männer.

So schieden auch heute die Abgesandten der Stadt über die Huld und Schönheit der Äbtissin erfreut und darüber vergessend, daß sie von ihrer gnädigen Frau eigentlich nichts erreicht hatten, denn sie hatte ihnen nur versprochen, den Rath des Bischofs zu hören, aber nicht, ihn auch zu befolgen.

Mit dem Stiftshauptmann schlüpfte auch die Pröpstin aus dem Gemach, und die Äbtissin blieb allein, nach pein= vollen Tagen endlich einmal wieder mit dem Gefühl einer stolzen Befriedigung.

Siebzehntes Kapitel.

———•———

Von der in der Stadt Quedlinburg schäumenden Gäh=
rung erhielt Graf Albrecht sofort Kunde; aber er
lachte nur darüber und glaubte nicht an den Ernst
der dort gegen ihn geplanten Unternehmungen, deren gefähr=
lichste Seite ihm allerdings vorläufig noch verborgen blieb.

Für ihn begann in diesen Tagen ein ganz anderer, weit
schwererer Kampf, als die Fehde um eine Burg, ein Kampf
mit seinem Herzen, seinem Gewissen.

Albrecht liebte die Gräfin Oda.

Diese Entdeckung an sich selbst machte er zu seinem
größten Schrecken in der Nacht nach seiner Rückkehr von Qued=
linburg, nach dem Abend, da er Oda die Glockenblume ins
Haar gesteckt hatte. Von dem Augenblick an, wo er sich darüber
klar wurde, daß nicht Mitleid mit dem Loose der Enterbten
oder das Gefühl ritterlicher Pflicht gegen eine Schutzbedürftige
oder aber eine der künftigen Schwägerin schnell entgegen=
kommende Freundschaft der Grund und Boden seiner Em=
pfindungen war, sondern daß diese nichts anderes als
sehnende Liebe waren, von dem Augenblick an überfiel ihn
eine wahre Gewissensnoth bei dem Gedanken an seinen Bruder
Siegfried, von dessen Liebe zu Oda er überzeugt war und
dessen Hoffnung auf ihren Besitz er selber geweckt und ge=

nährt hatte. Jetzt mit den Wünschen des eigenen Herzens
dazwischen zu treten, dünkte den gradsinnigen Mann ein Ver=
rath an dem Bruder. Hier war das einzig Rechte, das einzig
Pflichtgetreue und Ehrenhafte völlige Entsagung, wozu er mit
ehrlichem Willen auf der Stelle bereit war, ohne zu erwägen,
ob die Ausführung dieses edelmüthigen Vorsatzes nicht viel=
leicht die seelische Kraft auch eines Mannes wie er übersteigen
könnte.

Als er am Morgen nach dieser schlummerlosen Nacht
mit Oda zusammentraf, vermied er, wie von einer Schuld
gedrückt, ihren Blick und sprach äußerst wenig mit ihr. Gleich
nach dem Frühmahl ließ er satteln und warf sich aufs Pferd,
um sich Ruhe zu erreiten und einen Entschluß abzuringen.
Ohne Begleitung ritt er fort und achtete nicht des Weges,
wohin seines Rosses ruhiger Schritt ihn trug, das er mit
keiner Handbewegung lenkte, mit keinem Schenkeldruck zum
Laufen trieb. Wie im Traume ritt er dahin, so in Gedanken
verloren, daß er nichts um sich sah und hörte, als Oda,
immer nur Oda. Er rief sich jeden Tag, jede Stunde, jeden
Augenblick des Zusammenseins mit ihr in die Erinnerung
zurück von ihrer Ankunft auf der Burg bis zu dem gestrigen
Gute Nacht=Gruße, den sie ihm mit leiser Stimme und, wenn
er sich nicht getäuscht, mit einem sanften Händedruck erwie=
dert hatte.

Sie konnte nicht ahnen, daß er sie liebte, — so sagte
er sich. Gethan hatte er noch so viel wie nichts für sie, und
sicher nur in der Hoffnung, daß er noch etwas für sie thun
würde, war sie so freundlich gegen den Burgherrn, in dessen
Gewalt sie sich befand, vielleicht auch, weil er Siegfrieds
Bruder war. Woher sollten denn auch andere Gefühle für
ihn in ihre jungfräuliche Brust kommen? und wie konnte

sein Herz nur die unbegreifliche Thorheit und den unver=
zeihlichen Frevel begehen, sich in die schlanke Lilie, Siegfrieds
künftige, hoffentlich baldige Braut zu verlieben?!

Er seufzte tief auf und reckte und hob sich im Sattel
empor; aber mit einem Ruck zog er den Zügel an, daß sein
Pferd zusammenfuhr, als hätte er es von einem Abgrunde
zurückgerissen; er hielt dicht vor Quedlinburg ohne zu wissen,
wie er dahin gekommen war; da oben, nahe vor ihm, ragte
das Schloß der Äbtissin.

Brun hatte ihn unbemerkt denselben Weg zurückgetragen,
den er gestern geritten war. Sprach durch das edle Thier
die Stimme seines Schicksals? wollte es ihn zur Äbtissin
zurückführen, daß er seinen Frieden mit ihr machte, ihr die
Lauenburg freiwillig herausgäbe, um sie aus der Hand der
Fürstin in Huld und Gnaden als ein rechtes Lehen zurück
zu empfangen? Graf Albrecht gab etwas auf Ahnungen, und
Roß, Hund und Habicht waren ihm Freunde, auf deren natür=
lichen Spürsinn er sich gern verließ, ihren stummen Weisungen
mit abergläubischem Vertrauen folgend. Hatte hier sein treues
Roß wieder einmal für ihn entschieden und ihm den Weg,
den er einzuschlagen hatte, vorbedeutend gezeigt?

Mit sich zu Rathe gehend blieb er auf dem Flecke halten,
und es war leicht möglich, daß ihn Jutta's scharfe Augen von
ihrem Fenster aus entdeckten; aber es kümmerte ihn nicht,
was sie über sein Erscheinen hier nach dem gestrigen Streite
denken mochte, und ob sie es für Reue und Verlangen
nach Versöhnung oder für Kundschafterei gegen sie und die
Stadt hielt.

Wie aber, wenn sie ihm von da oben ins Herz blicken
könnte und nun das bewahrheitet fände, was sie in Wallungen
der Eifersucht geargwöhnt hatte, ehe es vorhanden war, was

sie ihm ins Gesicht gesagt und er geleugnet hatte, — seine heimliche Liebe zu Oda!

Hatte ihn sein kluges Roß nun hierher getragen, um ihn der Spottsüchtigen gegenüber zu stellen mit dem demüthigen Bekenntniß, daß sie Recht behalten hätte und er nun Abbitte leisten wollte?

Er klopfte seinem Pferde den Hals und strich ihm die Mähne. „Was meinst Du, Brun?" sprach er leise. „Sollen wir hinaufgehen zu unserer gnädigen Frau, sie um Verzeihung bitten und wieder Frieden und Freundschaft mit ihr schließen?" Brun nickte mit dem Kopfe. „Ja, Du hast gut Nicken, Brun! Du kennst sie nicht, Du hast Dich noch nicht mit ihr gezankt, hast ihr noch nie in die großen, dunklen Augen gesehen, wenn sie im Zorne Feuer und Flammen sprühen. Brun, wenn ich jetzt vor sie hinträte und ihr Herz und Hand fürs Leben böte! Dann wäre ich gebunden auf ewig, dürfte an keine Andere mehr denken und wäre gefeit und gefestet gegen eine thörichte Liebe, vor der ich mich anders nicht zu wahren weiß. Das wäre das sicherste Mittel, das holde Mädchen auf unserer Burg vor dem Sehnen und Sehren meines toll gewordenen Herzens zu schützen und unserem Siegfried sein Glück und seine Liebe zu retten. Hinauf zur schönen, liebeglühenden Domina, ein Wort zu ihr, — und Alles wäre entschieden. Brun, sollen wir den Gang gehen?" Brun schüttelte, daß ihm die Mähne flog und Zaum und Kette klirrte. „Nein, Brun? das willst Du nicht?" rief der Graf freudig. „Du willst die stolze Jutta nicht zur Herrin? hast Du denn Oda nicht lieb und unsern Siegfried? Brun, Du bist ein eben solcher Narr wie ich; komm! laß uns umkehren und sehen, was Oda macht." Aber Brun wandte sich nicht, sondern fing an mit dem Fuße zu scharren. „Hoho! also doch vorwärts?" lachte der Graf. „Sollen wir vielleicht dem trutzigen Städtlein da den rothen Hahn aufs Dach setzen, seine Thore einrennen, seine Mauern stürmen und dem hochmüthigen Bürgerpack die Fehde künden, ehe sie uns den Absagebrief senden?" Brun hob die Nüstern und stieß ein Wiehern aus, das wie ein herzhaftes Lachen klang. Graf Albrecht mußte unwillkürlich einstimmen. „O Brun, Du lustiger Herold!" rief er, „diesmal geht es nicht nach Deinem Roßkopfe; wir reiten nicht aufs Schloß zur Domina und nicht zum Hohen Thor hinein aufs Rathhaus. Komm, komm! Oda ist allein zu Hause."

Er wandte den Braunen und trabte heimwärts, und wie er den Blick immerfort auf den Regenstein geheftet hielt, um so bald wie möglich Oda's fern schimmernde Gestalt vielleicht wieder wie gestern auf der Höhe des Felsens zu erspähen, so richtete er auch alle seine Gedanken auf sie. Und als er über die Zugbrücke ritt, hatte er Alles vergessen, was geschehen war, die Einnahme der Lauenburg, den Zorn der Äbtissin, die Drohung der Blankenburger und die Feindschaft der Quedlinburger.

Mit strenger Selbstbeherrschung verschloß er seine Liebe als das tiefste Geheimniß in seiner Brust, um Oda nicht das Geringste davon ahnen zu lassen. Kein warmer Händedruck mehr, kein zärtliches Wort, kein inniger Blick verrieth eine Spur von der Gluth, die sein Inneres erfüllte. Aber in diesem aufregenden Kampfe fand er zu Hause, in Oda's Nähe keine Ruhe mehr, und wie auf der Flucht vor seiner eigenen Leidenschaft in die Weite getrieben, schwang er sich am anderen Tage wieder in den Sattel, um in der Einsamkeit, wo Oda's fragende Blicke ihn nicht trafen, nachzusinnen und heute zu versuchen, was ihm gestern nicht gelungen war, — einen Entschluß zu fassen.

14*

Am Fuße des Regensteins wollte Brun wieder den Weg nach Quedlinburg einschlagen, aber diesmal ließ ihm der Graf den Willen nicht, sondern lenkte den Widerspenstigen anders herum und ritt bei Kloster Michaelstein das Thal des Gold= baches hinauf. Tiefe Stille war in dem grünen Walde, kein Blättchen regte sich an Busch und Baum, nur die Vögel sangen, und die Hufe des Pferdes klangen dumpf und hohl auf dem wurzelüberwachsenen Boden. Als der schmale Pfad unter tief hängenden Zweigen steil bergan führte, saß der Graf ab, schlang den Zügel um einen niedrigen Ast und streckte sich auf Gras und Moos in den Schatten einer Buche.

Auch hier umschwirrten ihn seine zerstreuten Gedanken ungreifbar durcheinanderfahrend wie Mücken im Sonnenschein. Und wie er sich mühte, sie zu Stetigkeit und Klarheit zu sammeln, da vereinigten sie sich zu einer heranschwebenden Frage, zu einem ihn plötzlich anfallenden Zweifel, der immer deutlichere Gestalt annahm und sich mit immer schwererem Gewicht an seine Seele hängte.

So fest er von Siegfrieds Liebe zu Oda überzeugt war, so wenig war er es noch von Oda's Liebe zu Siegfried. Darüber mußte er Gewißheit haben, und mit dem Gefühl einer Selbst= anklage gestand er sich, daß er aus seinem Zweifel an Oda's Liebe zu Siegfried eine leise Hoffnung für sich selber schöpfte.

Wie aber sollte er es anfangen, Oda's Herz zu ergründen? In allerhand Kriegslisten war der vielbefehdete Ritter wohl bewandert, aber auf die schwere Kunst, einem Frauenherzen sein Geheimniß zu entlocken, verstand er sich nicht. Er beschloß daher, es dem Zufall zu überlassen, wie dieser ihn über Oda's Ge= sinnung aufklären wollte; aber sobald er ihre Liebe zu Siegfried erkannte, wollte er seine eigene zum Schweigen bringen, wollte Jutta's Hand ergreifen, ihr ein treuer Gatte sein und mit

Oda als guter Schwager in herzlicher Freundschaft leben, wie er es mit der Frau seines Bruders Bernhard that. Denn unbeweibt wollte und durfte er als Haupt der Familie nicht bleiben; er war es seinem Stamme schuldig, der Grafschaft Regenstein eine Herrin zu geben. Daß die Äbtissin ihm grollte, brachte er dabei gar nicht in Anschlag; von ihrer Liebe hatte er Beweise genug. Ihre Leidenschaftlichkeit reizte ihn, ihre hohen Geistesgaben und ihr verführerisches Äußere wirkten so stark auf ihn, daß er sich die Kraft zutraute, sein Herz, wenn auch mit bitteren Schmerzen, von Oda loszureißen und Jutta zuzuwenden.

So war er in der Waldeinsamkeit doch endlich zu einem Entschlusse gekommen, der ihm ebenso den Forderungen der Pflicht und des Gewissens zu genügen schien, wie er davon auch Ruhe des Herzens erhoffte, um sich mit kaltblütiger Besonnenheit nun den Angelegenheiten zu widmen, die seine Sorge dringend erheischten.

Er ritt nach dem Regenstein zurück und fand hier Reginhild bei Oda. Wie ein Blitz durchfuhr es ihn, die Schwägerin, die er wie eine Schwester liebte und vor deren sicherem Gefühl und hellem Verstande er eine hohe Achtung hatte, bei Seite zu nehmen, in Alles einzuweihen und von ihr Rath und Beistand zu verlangen. Aber als sie ihn forschend ansah, als suchte sie seine Gedanken zu lesen, da brachte er es nicht über sich, denn er schämte sich des knabenhaften Geständnisses, daß er, der reife Mann, in denselben Fesseln läge wie der Jüngling Siegfried.

Ihm sollte das Erröthen vor der feinsinnigen Frau erspart bleiben, denn sie gab ihm ungefragt einen Rath, zu dessen Ertheilung sie nach dem Regenstein gekommen war.

Oda's Neigung zu Albrecht, die Reginhild selbst ent-

deckt hatte, machte dieser Siegfrieds wegen bange Sorge, und
als Bernhard ihr nach der Rückkehr von der Lauenburg erzählte,
daß Albrecht dort Siegfried als Burgvogt eingesetzt und seinen
Vorschlag, Oda nach dem Schlosse zu Quedlinburg oder nach der
Heimburg zu überführen, wieder schroff abgewiesen hatte, fürch=
tete sie, daß Oda's Gefühle für Albrecht während ihres Allein=
seins mit ihm an Innigkeit noch zunehmen und Siegfried
gänzlich in Vergessenheit bringen würden. Ja, sie schloß
sogar aus Albrechts beharrlicher Weigerung, sich von Oda zu
trennen, daß er selber zu der jungen Gräfin eine Neigung
gefaßt habe, an deren Beständigkeit Reginhild nicht glaubte,
weil sie Jutta von Kranichfeld als die künftige Lebensgefährtin
Albrechts betrachtete. An einem flüchtigen Wohlgefallen aber,
das der ältere Bruder vielleicht an der schönen, bleichen Lilie
fand, sollte die Hoffnung des jüngeren nicht zu Grunde gehen.
Daher hielt sie es für das Rathsamste, das Alleinsein der
beiden durch Siegfrieds Rückkehr auf den Regenstein abzu=
kürzen, und um diese herbeizuführen hatte sie sich mit Bernhards
Zustimmung zu Albrecht auf den Weg gemacht.

Nach freundlicher Begrüßung des Schwagers begann sie
wie im Auftrag ihres Gatten: es wären ihnen auf der Heim=
burg beunruhigende Gerüchte über die drohende Haltung des
Rathes und der Bürgerschaft von Quedlinburg zugegangen,
die auf feindselige Absichten, wahrscheinlich auf den baldigen
Versuch einer Eroberung der Lauenburg hinwiesen. Bernhard
gäbe dem Bruder zu bedenken, ob Siegfried bei allem feurigen
Muth doch in seinen jungen Jahren nicht der nöthigen Er=
fahrung ermangelte, in so schwieriger Lage die Burg zu halten;
er riethe daher, ihn vorläufig durch einen älteren Lehensmann,
vielleicht den Vogt von Derenburg, zu ersetzen und Siegfried
nach dem Regenstein zurückzuberufen.

Reginhilds Worte drangen gleich einer Sonde in die Herzen der beiden Zuhörenden, und die kluge Frau gab nun Acht, welchen Eindruck ihr Vorschlag auf Albrecht sowohl wie auf Oda machen würde.

Dem Grafen kam er sehr überraschend und ungelegen, aber so schnell Albrechts kriegskundiger Sinn die ausgesprochenen Bedenken als richtig erkannte, so schnell fand er auch heraus, daß ihm der Fall als Prüfstein für die Gefühle Oda's dienen konnte. Wenn sie Siegfried liebte, so mußte sie ihre Freude über seine Rückkehr zu erkennen geben, und dann wußte er, was er zu thun hatte.

Bernhards Rath war in Ansehung einer gut geleiteten Vertheidigung der Lauenburg unabweislich. Albrecht jedoch, im Schuldbewußtsein seiner Liebe, vermuthete dahinter noch eine besondere Absicht Reginhilds und traf das Richtige. Er konnte Bernhards Gründen gegenüber die Rückberufung Siegfrieds nicht verweigern, ohne sich dem Verdachte auszusetzen, daß er Siegfried entfernt hätte, nur um mit Oda allein zu sein. Dennoch sann er auf eine verzögernde Ausflucht, die ihm Gelegenheit böte, sich Klarheit über Oda zu verschaffen.

Mit demselben Unbehagen eines sich durchschaut fühlenden Gewissens vernahm auch Oda Reginhilds Vorschlag, lauschte mit Herzklopfen auf das entscheidende Wort aus Albrechts Munde, verrieth indessen mit keiner Miene, welche Wünsche sie hegte. Alle Drei befanden sich in diesem Augenblick, einander heimlich beobachtend, unter dem Druck einer gespannten Erwartung.

„Bernhard hat Recht," sprach Albrecht nach kurzer Überlegung, „ich werde Harder von Derenburg zur Unterstützung Siegfrieds nach der Lauenburg schicken; an dem hat er einen waffenfesten Mann zur Seite, auf dessen erprobten Rath er sich bei Sturm und Ausfall verlassen kann. Aber ich möchte Siegfried nicht gern den kaum anvertrauten Befehl über die Burg schon wieder nehmen; er war so stolz darauf. Nicht wahr, Gräfin Oda, Ihr habt es ihm angemerkt?"

„Bei seinem Abschied sagte er nichts davon," erwiederte Oda; „aber welcher Ritter geböte nicht gern über eine Burg!"

„Du kannst Siegfried nicht auf der Lauenburg lassen, wenn Du Harder hinschickst," bemerkte Reginhild. „Soll sich ein Graf von Regenstein den Anordnungen eines Lehensmannes fügen? Die Knechte dürfen nicht wissen, warum Du den jungen Burgvogt durch einen älteren ersetzest; Du mußt einen anderen, einen besonderen Grund für Siegfrieds Abberufung finden."

„Eine Kränkung bleibt es immer für ihn," sagte der Graf. „Er wird nie zugeben, daß er die Burg nicht ebenso gut vertheidigen könnte wie ein Anderer."

„Unzweifelhaft wird er das zugeben, Schwager, wenn Du es ihm gehörig vorstellst," erwiederte Reginhild. „Frage ihn selber, ob er nicht lieber auf den Regenstein zurückkehrt, statt nur dem Namen nach und nicht in der That den Befehl über eine Burg zu führen. Meint Ihr nicht auch, liebe Oda?"

„Ihr mögt wohl Recht haben, Gräfin Reginhild," sprach Oda beklommen.

Das mußte auch Graf Albrecht einräumen. Er hörte aber aus Reginhilds in einen kriegerischen Rath gehüllter Bitte für Siegfried zugleich die Stimme der Ehre und des Gewissens, und da war's entschieden Mit einem raschen Entschlusse bezwang er alle Selbstsucht des Herzens und sagte: „Du hast mich überzeugt, Reginhild! ich werde Siegfried zurückrufen."

Kein Strahl der Freude aus Oda's Augen blitzte ihm

dankend entgegen. Sie wagte nicht aufzublicken, und Albrecht erfuhr nichts von dem, was in ihrem Innern vorging.

Reginhild aber erkannte das Opfer, das er seinem Siegfried brachte, und kehrte beruhigt nach der Heimburg zurück, wie immer gut und groß von ihrem Freunde denkend.

Als Albrecht später in seinem Gemach allein war, ärgerte er sich, daß er auf den so nahe liegenden Gedanken, Siegfried als Schutz und Schirm zwischen sich und Oda zu stellen, nicht von selber gekommen war und sich erst von Bernhard und Reginhild dazu hatte bereden lassen müssen. Es war das erste Mal im Leben, daß er sich irgend einer Sache wegen vor den Geschwistern zu schämen hatte, und das wurmte ihn.

Unzufrieden mit sich selbst ließ er den Ritter Bock kommen und sprach zu ihm: „Höre, Bock! unsere gnädige Frau, die Äbtissin, hat den Wunsch geäußert, daß kein Graf von Regenstein Vogt auf der Lauenburg sein sollte. Aus diesem Grunde, — hörst Du, Bock? nur aus diesem Grunde will ich, daß Harder von Derenburg meinen Bruder Siegfried ablöst. Morgen früh reitest Du mit drei Mann hinüber, bringst Harder meinen Befehl und geleitest ihn nach der Lauenburg, wo Du Graf Siegfried dieselbe Bestellung ausrichtest. Am nächsten Tage kommst Du mit Siegfried nach dem Regenstein zurück. Hast Du mich verstanden, Bock? Warum soll Harder meinen Bruder ablösen?"

„Weil unsere gnädige Frau wünscht, was wir Alle wünschen, daß Graf Siegfried bei Gräfin Oda bleibt," erwiederte Bock mit einem verschmitzten Lächeln.

„Weil Du nicht recht gescheut bist!" brauste der Graf, dunkelroth. „Weil sie keinen Regensteiner Grafen als Burgvogt haben will, hab' ich gesagt! Nun kaue das nach!"

Bock sprach es Wort für Wort nach.

„So! ich rathe Dir, behalte das und mache kein dummes
Gewäsch!" warnte der Graf. „Also morgen früh reitest Du,
und nehmt Euch vor den Quedlinburgern in Acht; sie möchten
Euch wenig Höflichkeit erweisen. Gefangene bringst Du mir
nicht ein, keinen Gaul und kein Stück Vieh nimmst Du weg,
nichts, gar nichts! Verstanden, Bock?"

„Hm!" machte Bock. „Schade! Aber wenn ich den
Schabernack kriege, Herr Graf —"

„So fragst Du ihn wieder so aus wie neulich, nicht
wahr?" höhnte der Graf.

Bock biß sich auf den Schnurrbart. „Es soll Alles geschehen,
wie Ihr befohlen, Herr Graf!" sprach er und verließ das Gemach.

Schweigen hatte ihm sein Herr nicht auferlegt, und so
brannte ihm die Nachricht von der bevorstehenden Rückkehr
Siegfrieds auf der Seele und ließ ihm nicht Ruhe, bis er
sie Allen auf der Burg mitgetheilt hatte, weil er wußte, daß
sie Allen Freude machte. Besonders wollte er sich bei Eilika
damit in Gunst setzen.

Er fand das Mädchen in einer Laube des Baumgartens
mit Nähen beschäftigt. Sie hatte ihn den Gang daher kommen
sehen, that aber sehr überrascht, als seine lange Gestalt etwas
gebückt durch den niedrigen Eingang der Laube hereintrat. Er
setzte sich ohne Umstände neben sie auf die Bank und begann
schmunzelnd: „Was gebt Ihr mir, holdselige Jungfrau, wenn
ich Euch etwas Angenehmes sage?"

„Ihr habt mich damit nicht gerade verwöhnt, Herr Ritter,"
erwiederte sie, „und es frägt sich, ob es etwas Angenehmes
für Euch oder für mich ist."

„Ich sollte meinen, das wäre ein und dasselbe," sprach
er wohlgefällig; „nur was Euch angenehm ist, kann es auch
mir sein, und umgekehrt."

„Umgekehrt auch?" lächelte sie. „Das ist mir wenig=
stens neu."

„O ich dächte doch nicht," sagte Bock, sie mit seinem
süßesten Blicke von der Seite ansehend. „Aber rathet mal,
was es ist, Jungfer Eilika!"

„Nun denn: Ihr wollt auf längere Zeit verreisen,"
sprach sie, ihm den Blick neckisch zurückgebend.

„Und das wäre Euch angenehm?" frug er vorwurfsvoll.

„Aber wenn Ihr zwei Tage schon eine längere Zeit nennt
und mich während dieser zwei Tage recht vermissen wollt, so
bin ich versöhnt," fügte er herablassend hinzu.

„Zwei ganze Tage? ich bin untröstlich, Herr Ritter!"
sagte Eilika und blickte ihm nun erst recht schelmisch ins Gesicht.

„Das freut mich!" rief er. „Aber nun rathet, wen ich
mitbringe, wenn ich wiederkomme."

„Doch nicht den Grafen Siegfried?"

„Daß Dich der Bock stößt!" versetzte der langbeinige
Recke, „welcher Scharfsinn steckt hinter diesen feingeschwungenen
Augenbrauen! Euch kann man doch mit nichts überraschen!"

„Hat es Graf Albrecht so bestimmt?" frug Eilika.

„Freilich! wer sonst? Sagt einmal, Jungfer Eilika,
hat sich denn Euer gnädiges Fräulein schon recht nach unserm
lieben Jüngsten gesehnt? Sie hat es wohl dem Grafen Albrecht
ein Bißchen zu verstehen gegeben, daß sie ihn gern wieder
haben möchte?" frug er vertraulich näher rückend.

„O Herr Ritter, wie könnt Ihr das denken!" entgegnete sie.

„Na na!" machte Bock. „So ganz von selbst nimmt
der Graf nicht zurück, was er einmal angeordnet hat. Und
das mit der Äbtissin glaube ich nicht."

„Was mit der Äbtissin?"

„Der Graf sagt, die Äbtissin wollte keinen Regensteiner

als Burgvogt haben, und nur um ihren Wunsch zu erfüllen, sagt der Graf, sollte Harder seinen Bruder auf der Lauen= burg ablösen."

"Ich denke, der Graf thut Alles, was die Äbtissin will," sprach Eilika.

"Ja so heißt es," erwiederte Bock, "und es wird auch wohl so sein, denn, ganz unter uns, Jungfer Eilika! die Äbtissin, die wird einmal unsere Herrin hier auf dem Regen= stein."

"So?" sagte Eilika, "und dann will sie ihren künftigen Schwager nicht einmal als Burgvogt auf der Lauenburg haben? Macht mir nichts vor, Herr Ritter! da steckt was Anderes dahinter."

"Versteht sich, steckt was Anderes dahinter," versetzte Bock, "Eure Gräfin! die hat's gemacht."

Eilika schüttelte mit dem Kopfe. "Nein, nein! ich glaube wirklich, die Äbtissin hat's gemacht."

"Weil sie wünscht, daß unser Jüngster und Eure Gräfin ein Paar werden? Das habe ich auch schon gesagt, aber da habe ich eine schöne Antwort vom Grafen gekriegt," sprach Bock und zog ein saures Gesicht.

"So? was hat er denn gesagt?"

"Ich wäre nicht recht gescheut, hat er gesagt."

Eilika lachte laut auf. "Diesmal hat er Euch Unrecht gethan, Herr Ritter! Aber jetzt will ich einmal hören, was meine Herrin dazu sagt."

Sie nahm ihr Nähzeug zusammen und erhob sich. "Was wir hier gesprochen haben, Herr Ritter, das bleibt unter uns," sagte sie. "Kann ich mich darauf verlassen?"

"Auf Ehr und Eid, herzliebste Jungfrau!" erwiederte Bock feierlich. "Euer Vertrauen ist mir ein Born unerschöpf=

licher Wonne." Dabei führte er ihre Hand, die sie ihm mit einem gnädigen Lächeln überließ, mit gezierter Umständlichkeit an seine Lippen und schritt langsam an der Seite der gefallsüchtigen Zofe aus dem Baumgarten zum unteren Burghof. —

„Gnädiges Fräulein, ich habe eine gute Nachricht. Graf Siegfried kommt wieder!" sprach Eilika fröhlich, als sie zu ihrer Herrin ins Zimmer trat.

Oda blickte ihre Zofe schwermüthig an und sagte gelassen: „Warum nennst Du das eine gute Nachricht, Eilika?"

„Ja freut Ihr Euch denn nicht darüber?" frug Eilika. Oda schüttelte traurig das Haupt.

„Aber ich denke —" wollte Eilika fortfahren, unterbrach sich aber und sah die Gräfin zweifelhaft an.

„Du denkst, was die Anderen wünschen," sprach Oda.

„Nun gnädiges Fräulein, ein junger Ritter wie Graf Siegfried, schön, tapfer, sittig und höflich, und ein Regensteiner!" rühmte Eilika. „Habt Ihr's denn noch nicht gemerkt, daß er bis über die Ohren in Euch verliebt ist?"

„O schweige davon!" erwiederte Oda mit einem Seufzer. „Das ist es ja, was mir unsäglichen Kummer macht. Eilika, ich habe hier Niemanden, gegen den ich mein Herz erleichtern könnte; Dir will ich's anvertrauen. Sie wollen, daß ich Graf Siegfrieds Frau werde, Graf Albrecht, Gräfin Reginhild und — ich weiß es wohl — Siegfried selbst am meisten."

„Und die Äbtissin!" setzte Eilika hinzu.

„Die Äbtissin? die will es auch?" frug Oda erstaunt.

„Freilich! die erst recht! die hat es ja bewirkt, daß Graf Siegfried wiederkommt," plauderte Eilika.

„Du irrst, Eilika," sprach Oda kopfschüttelnd. „Graf Bernhard dringt darauf, daß ein älterer, erfahrenerer Mann

die Lauenburg vertheidigt. Gräfin Reginhild hat es in meinem
Beisein dem Grafen Albrecht vorgestellt."

„In Eurem Beisein!" lächelte Eilika. „Natürlich, gnä=
diges Fräulein! Euch werden sie den wahren Grund nicht
sagen. Aber verlaßt Euch darauf, es ist das Werk der Äbtissin;
sie hat sich ebenso hinter Gräfin Reginhild gesteckt wie hinter
Graf Albrecht."

„Wer sagt das?" frug Oda unwillig.

„Der Ritter Bock hat mir's gesagt."

„Ach, was weiß der Ritter Bock davon!"

„Er hat es aus Graf Albrechts eigenem Munde," er=
wiederte Eilika mit Nachdruck.

„Von Albrecht? vom Grafen Albrecht?" frug Oda
bestürzt.

„Gewiß! Graf Albrecht hat ihm gesagt, weil die Äbtissin
es wünschte, daß Graf Siegfried nach dem Regenstein zurück=
kehrt, soll Ritter Bock hinreiten und den jungen Grafen
holen," berichtete Eilika mit geläufiger Zunge. „Graf Albrecht
thut Alles, was die Äbtissin will, denn die wird einmal die
Herrin hier auf dem Regenstein. Wißt Ihr das nicht?"

Oda hatte nur halb gehört, was Eilika schwatzte, aber
bei den letzten Worten fuhr sie auf; ihre Wangen waren
bleicher als die Lilien.

„Nun laßt Ihr doch den Regenstein!" sprach Eilika
munter weiter. „Ihr zieht mit Graf Siegfried auf die
Lauenburg; da soll es herrlich sein, sagt Ritter Bock; eine
schöne, stolze Burg auf steilem Berge, mitten im Walde,
ein rechtes Adlernest für ein glückliches Paar! Und wollt
Ihr Abwechselung, so zieht Ihr mit Eurem schönen, jungen
Gemahl auf den Falkenstein, denn der entgeht Euch nicht,
gnädiges Fräulein! verlaßt Euch darauf! Die Regensteiner

Grafen und der Mansfelder und ich weiß nicht, wer noch,
haben geschworen, Euch die Grafschaft zu retten, sagt Ritter
Bock. Und Graf Siegfried! sieht der aus, als ließe er sich
das Erbe seiner Gemahlin, eine Burg wie den Falkenstein
entgehen? So ein Ritter und Herr! wer den nicht lieben
wollte —"

„Eilika! hat sich die Äbtissin auch hinter Dich gesteckt?"
frug Oda zürnend.

„Hat sie nicht nöthig, gnädiges Fräulein!" lachte Eilika;
„auf dem ganzen Regenstein ist Keiner, der nicht von Herzen
wünschte, daß Ihr und Graf Siegfried ein Paar werdet,
und liebste, gnädigste Gräfin, Ihr sagtet, Ihr wolltet mir
Euer Vertrauen schenken, o thut es! was ich Euch helfen
kann, ich und der Ritter Bock, das soll geschehen; wir gehen
beide für unsere Herrschaft durchs Feuer. Gesteht nur, daß
Ihr Graf Siegfried liebt, und überlaßt das Übrige uns, aber
vertraut mir, vertraut mir, Gräfin Oda!"

„Du meinst es gut, Eilika," sagte die Herrin und
reichte der Zofe die Hand; „ich liebe Graf Siegfried wie
einen Bruder, aber anders nicht, anders nicht, Eilika!"

„O das lernt sich, gnädiges Fräulein!" lachte Eilika,
„fangt nur mit der Bruderliebe an, die andere folgt dann
von selber. Übermorgen kommt Graf Siegfried; seid freund=
lich, seid herzlich gegen ihn; er verdient es, Gräfin Oda, daß
Ihr ihn liebt!"

„Ich will es versuchen, Eilika! will versuchen, mein
Herz zu zwingen, weil Graf Albrecht es wünscht, aber —"
ein schwerer Seufzer hob ihre Brust. —

Als Eilika am tiefdämmrigen Abend den Ritter Bock
am Marstall traf, frug er: „Nun, wie steht's? was hat Eure
Herrin dazu gesagt, daß Siegfried wiederkommt?"

„Wird sich schon machen," kicherte Eilika, „ich bin sicher, sie liebt ihn, will's nur noch nicht Wort haben."

„Kann ich ihm das morgen sagen?" frug Bock.

„Einen kleinen Wink könnt Ihr ihm wohl geben," erwiederte sie.

„Einen kleinen Wink, hm! na werd's schon besorgen!" sagte Bock.

Das Mädchen sanft mit sich ziehend flüsterte er: „Ich glaube, herzliebste Jungfrau, Ihr habt Euer Fingerhütlein in der Laube liegen lassen; kommt, wir wollen es holen."

„Ich glaube, werthester Ritter, Ihr habt Euren Verstand in der Laube liegen lassen," erwiederte sie ihn an seinem langen Schnurrbart zausend, „geht nur allein hin und holt ihn Euch wieder."

Und leise lachend entschlüpfte sie ihm in das Dunkel.

Achtzehntes Kapitel.

E war noch ziemlich früh am Tage, als der Dompropst Jordan von Donfuß das Gemach des Bischofs Albrecht von Halberstadt betrat und auf dessen verwunderte Frage nach der Veranlassung seines unerwarteten Erscheinens erwiederte: „Eine Botschaft, hochwürdigster Herr, von der uns über Nacht wohl beiden nichts geträumt hat. Die Äbtissin von Quedlinburg kommt heute Nachmittag zu Euch auf Besuch."

„Äbtissin Jutta zu mir?" lächelte der Bischof ungläubig. „Jordanus, welche lustigen Zecher in Herbord Moors gebenedeitem Keller haben Euch das Märlein erzählt?"

„In meinem Alter glaubt man kein Märlein mehr, hochwürdigster Herr," sprach der Dompropst, „wenn ich auch wirklich von Herbord Moor die Kunde habe. Der Stiftshauptmann hat seinem Freunde die Nachricht gesandt; ich habe den Zettel mit diesen meinen Augen gelesen. Die Äbtissin Jutta kommt, kommt zu Euch, heute noch!"

Der Bischof erhob sich. „Jordanus! steht der Dom noch?"

„So ähnlich frug ich auch, als ich die Botschaft vernommen," nickte der Propst.

„Was mag sie wollen?" sprach der Bischof halb zu sich selber, während er grübelnd auf und nieder schritt. „Hat sie sich mit dem Regensteiner gezankt? oder kommt sie, um für ihn zum Frieden mit mir zu verhandeln?"

„Letzteres gewiß nicht mit seinem Wissen und Willen," erwiederte der Propst. „Und — wollt Ihr mir einen Rath verstatten, hochwürdigster Herr? — Sagt ihr nicht, daß Ihr dem Grafen mit dem Banne gedroht habt."

„Ich verstehe, Jordanus!" sprach der Bischof verdrießlich. „Das war ein Fehler, ein großer Fehler."

Der Dompropst bewegte langsam das Haupt und hob deutend den Finger. „Man soll nicht mit etwas drohen, was man nicht ausführen will oder kann," sagte er mit einem strafenden Blicke.

„Ja, ja, Ihr habt Recht; ich war zu rasch damit," entgegnete der Bischof. „Könnt' ich nur rathen, was die unberechenbare Domina von mir will!" fuhr er nachdenklich fort. „Auf höfliche Einladung bleibt sie aus, und wenn man gar nicht an sie denkt, so ist sie da."

„Sie darf nicht wissen, daß uns der Stiftshauptmann ihren Besuch heimlich gemeldet hat," bemerkte der Propst. „Wenn sie Euch aber um etwas bittet, so könnt Ihr fordern, und sie muß zahlen, was Ihr verlangt."

„Was ich verlange!" wiederholte der Bischof mit einem Aufblitzen seiner Augen. „So mag sie kommen, Jordanus!"

„Und wenn sie wieder geht, hochwürdigster Herr," sagte der Propst, „so laßt sie nicht unbefriedigt über diese Schwelle schreiten."

Über des Bischofs Gesicht flog ein eigenthümliches Lächeln, aber er schwieg. Der Dompropst verbeugte sich und ging langsam hinaus.

„Der Alte hat Recht: man soll nicht vergebens drohen," sprach der Bischof, als er allein war, „man soll auch nicht vergebens fordern. — Was ist zu wagen? In ihrem stolzen Körper tobt ein heißes Blut. Fortes fortuna juvat!"

Zwei Stunden nach Mittag ritt der Zug der Äbtissin durch die in Reihen aufgestellte Leibwache des Bischofs in die düstere, weitläufige Burg und über den von hohen Mauern eingefaßten Schloßhof. Herr Willekin von Herrkestorf half seiner gnädigen Frau von ihrem prächtig geschirrten Pferde, und zwei Kleriker empfingen sie an der Schwelle des Palastes und geleiteten sie über Treppen und durch säulengetragene Hallen zu dem gewölbten Gange. Dort kam ihr der Bischof selber entgegen, reichte ihr die Hand und führte sie in dasselbe Gemach, in welchem er die Unterredung mit dem Stiftshauptmann hatte, als ihm dieser ihre Absage auf seine Einladung zur Inthronisation überbrachte.

Schon auf dem Ritte nach Halberstadt war die Äbtissin immer ernster und stiller geworden und hatte auf die absichtlich lebhafte und erheiternde Unterhaltung des Stiftshauptmanns, der die schwachmüthige Stimmung der Herrin bemerkend und eine Willensänderung fürchtend sie dadurch von ihren Zweifeln ablenken wollte, immer einsilbiger und zerstreuter geantwortet.

Die alte Bischofsstadt war mit hohen Wällen und sumpfigen Gräben, mit zinnengekrönten Mauern und Brustwehren, mit gewaltigen Thor=, Mauer= und vorspringenden Eckthürmen noch stärker befestigt als Quedlinburg, und sah, weil landschaftlich nicht so schön gelegen, finsterer und trotziger aus als dieses. Abschreckend drohend wie ein bis an die Zähne Bewaffneter starrte sie mit ihrem zackigen Steinpanzer den Nahenden entgegen, und noch vor dem Kühlinger Thore wäre die Äbtissin gern umgekehrt, hätte sie nicht den Rathsherren in Quedlinburg ihr fürstliches Wort gegeben, den Bischof um seine Meinung anzugehen.

15*

Als sie nun an seiner Hand den langen, dämmerigen Gang dahinschritt, wurde ihr bang ums Herz und bleischwer in den Gliedern. Ihr war, als führte das Verhängniß sie einen dunklen Weg, an dessen Ende sie einen Schritt thun wollte, den sie nie wieder rückgängig machen konnte. Sie mußte sich alles Leid, das ihr Graf Albrecht schon angethan und dessen sie in Bezug auf Oda noch von ihm gewärtig war, in das Gedächtniß zurückrufen, um in dem Vorhaben ihres Grolles gegen ihn Standhaftigkeit und Muth zu behalten. Erst als sie mit dem Bischof in das helle Tageslicht des reich ausgestatteten Gemaches trat, erlangte sie ihre Willenskraft und die Beharrlichkeit des einmal gefaßten Entschlusses zurück.

Der Bischof schloß die Thür und ließ einen schweren Vorhang darüber fallen, daß außerhalb kein Lauscher ein hier gesprochenes Wort vernehmen konnte. Bischof und Äbtissin blieben allein.

Auf dem Tische zwischen den bequemen Faltestühlen und vor der polsterbelegten Sitzbank stand eine goldene Kanne mit ungarischem Wein und zwei zierliche Becher, silberne Schüsseln mit Marzipan und anderem Backwerk und zwei große Schalen voll der herrlichsten Rosen, die das Gemach mit ihrem Duft erfüllten.

„Habt Ihr mich erwartet, hochwürdigster Herr?" frug die Äbtissin, von den Anstalten zu ihrem Empfange überrascht.

„Tag für Tag, meine gnädige Frau!" erwiederte der Bischof, „und so bestimmt wie die leuchtende Sonne nach den Schatten der Nacht."

Er hatte sie zu der Polsterbank geleitet und nahm ihr gegenüber auf einem Sessel Platz. Sie hatte den Mantel abgelegt, und ihre recht weltliche Tracht war dazu angethan, die volle Schönheit ihres Wuchses in der glänzendsten Weise hervor=

zuheben. Sie trug ein anschließendes hellblaues Kleid, dessen mit
weißer Seide gefütterte Ärmel, vom Ellenbogen an offen, bis
zur Erde hinabhingen. Die engen, bis zum Handgelenk reichen=
den Ärmel des Untergewandes waren bernsteinfarben. Auf der
Brust hing das Abtskreuz an der Goldschnur um den schim=
mernden Nacken; über den Hüften umschloß ein kostbarer
Gürtel den Leib, und in dem dunklen Haare blitzte ein Dia=
dem von Edelsteinen. Es entging ihr nicht, mit welchem Ent=
zücken des Bischofs Augen auf ihr ruhten.

„Wenn Ihr mich so bestimmt erwartet habt,“ sprach die
Äbtissin, ihr Erstaunen über des Bischofs Versicherung nicht
verbergend, „so wißt Ihr auch wohl, weshalb ich komme?“

„Wenn ich's auch weiß oder vermuthe, gnädigste Domina,“
erwiederte er klug, „so höre ich's doch gern mit Euren Worten
aus Eurem eigenen schönen Munde.“

„Der Graf von Regenstein hat mich beleidigt, und ich
bitte um Euren Rath, hochwürdigster Herr, wie ich ihn zwingen
kann, meine Rechte zu achten,“ sagte die Äbtissin mit einem
leisen Beben der Stimme.

Wie sehr auch der Bischof innerlich jubelte, keine Miene
regte sich in seinem Antlitz; er neigte nur zustimmend das
Haupt, als wüßte er schon Alles. „Bisher, gnädige Frau,
pflegtet Ihr mehr dem Rathe Eures trotzigen Schirmvogtes
zu folgen, als dem Eures einstigen Freundes vom Hofe Land=
graf Friedrichs des Ernsthaften von Thüringen,“ sagte er im
Tone des Vorwurfs, fügte aber dann schmeichelnd hinzu:
„Aber Ihr habt hoffentlich nicht vergessen, daß Ihr mit einem
Blick aus Euren Augen über mich gebietet, wenn Ihr nur
wollt. Ich dachte, Ihr stündet mit dem Grafen auf so
traulichem Fuße, daß er Euch jede Rücksicht schuldet. Für
alle Beweise der Huld und Liebe noch Undank zu ernten

und Beleidigungen zu erdulden, wollte ich Euch hoch ver=
denken."

„Der Graf ist der Schirmvogt des Stiftes," sprach die
Äbtissin etwas verlegen; „sonst hat er sich keiner Gunst und
Huld von mir zu rühmen."

„So sprach der Neid aus mir, vielschöne Domina!" lächelte
der Bischof. „Doch wie meint Ihr, daß ich Euch gegen den
Grafen helfen kann?"

„Nicht helfen, nur rathen, hochwürdigster Bischof," sagte
Jutta. „Zunächst wegen der Lauenburg. Er hat sich ohne
meinen Willen der Burg bemächtigt und sie unter den Befehl
seines Bruders Siegfried gestellt, was ich mir nicht gefallen
lassen will. Ich will keinen Regensteiner zum Burgvogt, am
wenigsten Siegfried."

„Am wenigsten Siegfried!" wiederholte der Bischof. „Hat
Euch der auch beleidigt?"

„Nein, aber —," sie stockte und wußte nicht weiter.

„Aber Ihr wollt ihn nicht auf der Lauenburg haben,"
half ihr der Bischof.

„Ich sagte es Euch," sprach sie ungeduldig. „Leuthold
ist todt; ich wollte nun den Grafen Albrecht von Regenstein
oder die Stadt Quedlinburg mit der Burg belehnen, aber —"

„Keinem von beiden würde ich sie geben," fiel der Bischof
rasch ein, „denn sie sind beide schon mächtiger, als uns lieb
sein kann."

„Aber ich würde gewisse Bedingungen an die Belehnung
knüpfen," fuhr die Äbtissin fort, ohne den Einwurf des Bischofs
zu beachten.

„Und diese wären?" forschte er

Die Äbtissin zögerte mit der Antwort und hielt den
Blick auf ihre Füße gesenkt, die in kleinen, goldgestickten

Schuhen unter dem Saume des Kleides hervorsahen. „Euch ist bekannt," sprach sie ohne die Wimpern zu erheben, „daß Albrecht die Gräfin Oda von Falkenstein, die als Conventualin in unser Stift treten wollte, immer noch auf dem Regenstein festhält. Meinen dringendsten Vorstellungen zum Trotz verweigert er mir ihre Auslieferung, und diese ist die Bedingung für die Belehnung mit der Lauenburg."

„Wißt Ihr einen Grund, warum Graf Albrecht die Gräfin auf dem Regenstein festhält?" frug der Bischof.

Jetzt sah die Äbtissin ihn prüfend an, als überlegte sie, wie viel sie ihm von ihrem Wissen und Wünschen verrathen dürfte. „Graf Albrecht hat mir vertraut," sprach sie dann, „daß er ihre eheliche Verbindung mit seinem Bruder Siegfried erhoffte?"

„Und dann schickt er ihn fort und setzt ihn als Vogt auf die Lauenburg?" sagte der Bischof, „seltsam! höchst seltsam! Domina, glaubt Ihr an diesen Plan des Grafen Albrecht?"

„Nicht wahr? es ist nichts als ein Vorwand!" fuhr die Äbtissin heftig heraus, und ihre Augen glühten im Zorne.

„Ihr meint, er will durch die Gräfin nur die Grafschaft Falkenstein in seinen Besitz bringen?"

„Die Grafschaft mit der Gräfin!" rief Jutta erregt. „Und das dürft Ihr nicht dulden, hochwürdigster Herr! denn ich weiß, die Grafschaft ist Euch zugedacht und zugesagt."

Der Bischof biß sich auf die Lippen, um ein lautes Frohlocken und selbst das sieghafte Lächeln zu unterdrücken, das ihn bei der eben gemachten Entdeckung anwandelte.

Die Äbtissin hatte sich ihm völlig verrathen; Eifersucht auf Oda war es, was sie zu ihm trieb. Im Banne dieser Leidenschaft war sie seinem Einfluß, seiner Gewalt unterworfen und zu jedem Schritte gegen ihren Ungetreuen, des Bischofs eigenen Feind, fähig und bereit. So rechnete der Schlaue und dachte noch weiter. Ließ der Graf sie im Stiche, so hatte er selber freies Spiel, sich in ihre Gunst zu schleichen, nach der er mit heißer Begierde strebte. Nach dieser Richtung lag es in seinem Vortheil, daß Siegfried auf der Lauenburg und Oda auf dem Regenstein blieb, und daß sich Jutta von Albrecht vergessen glaubte. Aber die Grafschaft! mochte nun Albrecht oder Siegfried die Gräfin Oda freien, das Erbe der Gemahlin würde kein Regensteiner fremden Händen überlassen. Da war schwer rathen. Habgier nach dem reichen Besitz, den ihm Graf Hoyer versprochen, und Sehnsucht nach der vollen Huld des blühenden Weibes, das ihm in verführerischer Schön= heit hier gegenüber saß, kreuzten sich in der Brust des zugleich leidenschaftlichen und verschlagenen Mannes. Dazu kam seine Wuth auf Albrecht, der ihm bei dem einen wie bei dem andern hindernd und gefahrdrohend im Wege stand.

Aber er sah in diesem Augenblick weder seinen Feind, den Grafen Albrecht, noch den Gegenstand seiner Habsucht, die Burg Falkenstein, er sah nur die wonnevoll schöne, liebe= verlangende Jutta vor sich, die ihm in ihrer tiefen Erregtheit doppelt begehrenswerth erschien und die er in dem stürmischen Drange ihres Rachegelüstes, wie er wähnte, desto leichter zu gewinnen hoffte.

Nach einem längeren Schweigen begann er: „Ich sinne vergeblich, vielwerthe Domina, wie ich Euch in diesem schwie= rigen Falle zu Eurem Rechte verhelfen könnte. Auch ich habe die Freilassung der Gräfin Oda im Namen ihres Bruders gefordert, allein umsonst. Mir scheint, die Jungfrau will den Regenstein nicht verlassen, denn sie hat dort volle Freiheit zu gehen, wann und wohin sie will, und kommt doch nicht zu Euch nach Quedlinburg. So wird denn Euer Verdacht nicht unbegründet sein, und der beste Rath, den ich Euch geben kann, ist der, Euch um eine Conventualin mehr oder weniger nicht zu grämen, Euer Leben und Eure blühende Jugend in Lust und Fröhlichkeit zu genießen und mit Eurer Huld und Schönheit Augen zu erfreuen und Herzen zu beglücken, die sie besser zu würdigen wissen, als Euer fischblütiger, mit Blindheit geschlagener Schirmvogt."

Er hatte diese Worte mit Blicken begleitet, die eine Bewunderung ihrer Schönheit ausdrückten, und Jutta hatte ihn verstanden. Sie sah ihn mit glänzenden Augen und einem zauberischen Lächeln an, während sich ihre Brust mit einem tiefen Athemzuge hob.

„Ei Herzog Albrecht," sprach sie, „Ihr seid auch im violetten Gewande immer noch der ritterlich höfliche Mann, der Ihr schon als stattlicher Junker im goldverzierten Wams des Edelknaben auf der Wartburg waret."

„Das ist kein groß Verdienst, Gräfin Jutta," erwiederte er verbindlich, „wenn man der schönsten Frau im heiligen Römischen Reiche gegenübersitzt und von ihrem holdseligen Liebreiz gebunden und gefangen ist. Kommt, einen Trunk auf die Erinnerung vergangener Tage! Der einstige Edelknabe bei der Landgräfin Mathilde, Eurer großmüthigen Beschützerin, denkt noch so mancher trauten Stunde an der Seite eines dunkellockigen Edelfräuleins."

Er füllte aus der Kanne die beiden Becher, stieß mit dem einen leise an den andern, den die Äbtissin nahm, und sagte: „Auf Eure unwiderstehlichen Augen, allergnädigste Äbtissin eines freiweltlichen Stiftes!"

„Und Euer freiweltliches Herz, hochwürdigster Herr und Hirt im Bisthum Karls des Großen!" erwiederte sie schalkhaft.

„Laſſet uns Frieden und Freundſchaft halten, Vielliebe!"
ſprach er, „laſſet uns unter dem Schleier des Geheimniſſes
ein Herz und eine Seele ſein!"

„Ein kühner Gedanke, hochwürdigſter Herr! Biſchof und
Äbtiſſin unter dem Schleier eines Geheimniſſes!" lächelte ſie,
den Wein in kleinen Zügen langſam genießend.

„Was könnten wir Zwei nicht miteinander wagen, wenn
wir den Muth hätten, zu wollen!" erwiederte er ſie unver=
wandt betrachtend.

Sie nickte leiſe vor ſich hin: „Den Muth und den Willen,
ja! aber auch die Kraft?"

„Die Kraft? und ſo fragt Ihr in der grenzenloſen, be=
rückenden Macht Eurer Schönheit?" ſprach der Biſchof die
Becher wieder füllend und den ſeinen erhebend. „O Domina!
dieſem Weine möchte ich Euch vergleichen! ſtark und ſüß, voll
Feuer und Geiſt, machet Ihr beide Jeden trunken, dem Ihr
nahe kommt. Seht, mit dieſer köſtlichen Fluth trinke ich einen
Tropfen Eurer allmächtigen Seele!"

Sie ſah ihn an, als wollte ſie ihre Macht über ihn
prüfen; dann leerte ſie haſtig ihren Becher.

„Recht ſo!" rief er, „da ſchlägt Flamme zu Flamme und
brennt und berauſcht, wie hier Roſe neben Roſe duftet." Dabei
ließ er ſeine Finger taſtend über die weiche Fülle der Blumen
gleiten.

Sie neigte ihr erglühendes Antlitz auf die andere der
beiden Schalen und ſagte bei geſchloſſenen Augen den Duft
tief einathmend: „Roſen berauſchen auch ohne Berührung."

„Wenn ich aber Euch berühre, herrlichſte Roſe in Morgen=
und Abendland, ſo fühle ich mich durch alle Himmel getragen!"
ſprach er ihre Hand ergreifend und an ſeine heißen Lippen
führend.

„Bleibt nur auf Erden; zur Seligkeit seid Ihr noch nicht reif, hochwürdigster Freund!" sprach sie lächelnd mit einem Blick und einer schmiegsamen Bewegung ihres üppigen Körpers, die sinnverwirrend auf den Bischof wirkten.

„O, ich weiß und will nur eine Seligkeit!" rief er aus, „und die habt Ihr zu vergeben! — Gräfin Jutta, ein Wort von Euch, und Euer Wunsch und meiner ist erfüllt!"

„Was für ein Wunsch, Herzog Albrecht?"

„Den Grafen seine Schuld gegen Euch fühlen zu lassen."

Sie seufzte leise. „Er hat mir nichts versprochen."

„Aber Ihr seid schon längst im Gerede mit ihm," erwiederte der Bischof, „und er rühmt sich Eurer Gunst."

„Das ist nicht möglich! dazu hat er kein Recht!" rief sie erröthend.

„Desto schlimmer!" sprach er. „Untreu übt er an Euch, läßt Euch hoffen und harren und denkt nicht daran, Euch zu seiner Herrin zu machen. Lockt es Euch, Jutta die Verschmähte zu heißen?"

Die Äbtissin wollte wüthend auffahren, aber sein Blick hielt sie gebannt. In wildester Empörung saß sie nun da, zitternd, starr vor sich hinbrütend, während der Bischof lauernd beobachtete, wie sein Lügen und Hetzen bei ihr anschlug.

Dann schüttelte sie heftig das lockige Haupt und sagte bestimmt: „Es ist nicht möglich! Ihr thut ihm Unrecht!"

„Ihr vertheidigt ihn noch?" lachte der Bischof. „Nun, Ihr müßt es ja wissen, wie er über Euch denkt, Ihr und vielleicht — Gräfin Oda."

„Oda?!"

„Ja, Oda, die bei ihm auf dem Regenstein ist, der er von dort Euer Schloß zeigt und erzählt, mit welcher Gluth Ihr ihn liebt!"

„O, wenn ich das wüßte!" knirschte die Äbtissin.

„Wie könnt Ihr noch zweifeln!" lächelte der Bischof. „Rache würd' ich nehmen statt darüber zu seufzen, und es kostet Euch ein Wort, so —"

„Wie wollt Ihr mich rächen?" frug sie rasch.

„Die That sei mein, aber auch der Lohn; und wie ich vor nichts zurückschrecken will, so dürft Ihr auch mir nichts versagen, welchen Preis ich auch von Euch fordere," sprach er mit gedämpfter Stimme.

Sie sah ihn einen Augenblick an, als überlegte sie den Sinn seiner Worte. Aber da graute ihr vor dem Ausdruck seines Gesichts, und mit einem Male sah sie den Abgrund, bis zu dessen Rand sie der Verführer gelockt hatte.

„Nein!" sprach sie, sich schnell erhebend, „so nicht! so nicht, Bischof Albrecht! das habe ich nicht gewollt, als ich Euren Rath erheischte."

„Ich biete Euch meine Hülfe zu Allem, was Ihr wollt," drang er leidenschaftlich in sie. „Glaubet mir, der Graf ist uns beiden gefährlich; mit Euch treibt er nur sein Spiel. Kommt, schlaget ein zum Bunde mit mir! beide vereint vermögen wir Alles wider ihn. Laßt ihn fahren, den Treulosen! vergeßt ihn, wie er Eurer vergißt! Hier schlägt ein Herz, über das Ihr zu gebieten habt zu jeglichem Thun! O Jutta! wir Zwei könnten miteinander selig sein, — ich sag' es noch einmal — wenn Ihr den Muth hättet zu wollen."

Sie wich erschrocken vor ihm zurück, und abwehrend die Hände gegen ihn ausstreckend, rief sie: „Nein! nein! den Bund schließe ich nicht mit Euch! lieber schütze ich selber den Grafen, auch vor Euch!"

„Auch vor mir?!" frug er mit durchdringendem Blick.

„Weiset Ihr Euren treuesten, Euren einzigen Bundesgenossen

zurück? Schmachtet Ihr lieber in den Fesseln des ungeschlif=
fenen Raubgrafen statt mit dem Euch anbetenden Jugend=
freunde des Lebens Lust und Freiheit zu genießen?"

„Ich schmachte in Niemandes Fesseln, aber auch die Euren
will ich nicht tragen," erwiederte sie schroff.

„Ihr tragt Euch mit Hoffnungen, die nie in Erfüllung
gehen," sprach der Bischof entschieden. „Werft diese Ketten
ab, ehe Ihr gebeugt und verzweifelnd einsehen müßt, daß
Ihr verlassen und verrathen seid."

„Mich vor Euch zu beugen würde mir leichter werden,
meint Ihr?"

„Wenn ich gewähre, wonach Ihr trachtet, wenn ich biete,
was Euch glücklich macht, so kann ich auch fordern," ent=
gegnete der Bischof.

„Fordert, wo Ihr Aussicht auf Zahlung habt! ich bin
Euch nichts schuldig!"

„Wer verlangte nach Rache, Ihr oder ich?" sprach er
mit finsterer Stirn ihr gegenüberstehend.

„Ich nicht!" erwiederte sie heftig. „Ich kam zu Euch,
vom Rathe der Stadt bedrängt, die sich von der Schirmvogtei
des Grafen Albrecht lossagen will und dabei auf Eure Unter=
stützung hofft."

„Und darum kommt Ihr zu mir? seit wann thut Ihr
denn Botengänge für Bürgermeister und Rath?" frug höhnend
der Bischof.

„Ich denke, Ihr wußtet, warum ich kam? Habt mich
ja von Tag zu Tag erwartet!"

„Aber nicht deswegen!" erwiederte er. „Was kümmert
mich der Streit der Quedlinburger mit ihrem Schirmvogt?
Mögen sie sehen, wie sie seiner ledig werden! Mir schien, Eure
Euch vorenthaltene Conventualin, die junge Gräfin von Falken=

stein, läge Euch vor allem Andern am Herzen," schloß er mit einem boshaften Lächeln.

„Auch darüber wollte ich Euren Rath erbitten, und nichts als Euren Rath!" sprach die Äbtissin erröthend. „Aber erkaufen wollt' ich ihn nicht, Herr Bischof!" fügte sie trotzig hinzu.

„Nun wohl, so höret meinen Rath, hochwürdigste Domina!" antwortete der Bischof stolz und kühl, während ein Zug scharfen Spottes seinen Mund umspielte. „Laßt dem um Euren Schutz beneidenswerthen Grafen Eure Burg, vielleicht nimmt er auch noch die Stadt dazu. Laßt ihm auch die Gräfin Oda, wenn Ihr sie ihm nicht nehmen könnt, und bleibt in Gebet und Buße eine fromme Äbtissin bis an Euer seliges Ende, zu dem Euch Gott in Gnaden verhelfen möge!"

„Ich danke Euch, hochwürdigster Herr, für Euren wohlmeinenden Rath, den ich von den geweihten Lippen eines so heiligen Mannes auch nicht anders hätte erwarten sollen!" sprach die Äbtissin in kaum zu beherrschender Wuth, während sie sich den Mantel um die Schultern warf.

„Er steht Euch jederzeit zu Diensten, gnädige Frau!" sagte der Bischof mit schneidender Höflichkeit. „Wenn Ihr mich ruft, so komm' ich."

„Ich werde es nicht vergessen, hochwürdigster Herr!" erwiederte sie beim Abgehen in demselben Tone, der aber wie eine Drohung klang.

Der Bischof hob mit eigener Hand den Vorhang, um ihr den Ausgang zu erleichtern.

„Immer noch wie damals Sonnenschein und Sturm dicht neben einander!" sprach er, als sich die Thür hinter der Zürnenden geschlossen hatte. „Nun, kein Baum fällt auf den ersten Hieb. Sie wird mich rufen, wenn sie mich braucht, und

der Tag wird kommen! und dann — 'fordert, wo Ihr auf
Zahlung hoffen könnt!' sagte sie. O Du zahlst noch, was
ich fordere!" lachte er laut. — „Was schadet es, wenn sie
Albrecht warnt? er weiß ja, wie ich ihn liebe," fuhr er in
seinem Selbstgespräch fort. „Daß die Quedlinburger jetzt mit
ihm anbinden wollen, kommt mir sehr gelegen; hoffentlich
ahnt Jutta mein Bündniß mit ihnen nicht. Aber Gräfin
Oda! — ins Kloster mit ihr! kein Regensteiner darf sie ge=
winnen. Wir müssen unserm Freund Hoyer die Hölle ein
wenig heiß machen." —

Als die Äbtissin wieder im Sattel saß und mit ihrem
Gefolge davon ritt, sagte sie zum Stiftshauptmann: „Macht
Euch keine Hoffnung auf die Lauenburg, Herr Willekin! Der
Bischof hilft Euch nicht; er hat mir gerathen, sie dem Grafen
Albrecht als Lehen zu lassen."

„Das hat Euch der Bischof gerathen, gnädige Frau?"
sprach der Stiftshauptmann höchst verwundert.

Sie antwortete nicht weiter, sondern trabte ein paar
Pferdelängen voraus, um umgestört ihren Gedanken nachhängen
zu können.

Nun lag der Schritt hinter ihr, den sie nicht rückgängig
machen konnte. O hätte sie ihn doch nicht gethan! hätte sie doch
der warnenden Stimme ihres Innern gefolgt, die sie noch vor
den Thoren Halberstadts zur Umkehr bewegen wollte! Denn
was hatte sie mit dem Wagniß erreicht? nicht das Geringste.
Sie hatte dem Bischof mit ihrem augenblicklichen Groll zugleich
ihre Leidenschaft zu Albrecht und ihre Eifersucht auf Oda ver=
rathen; das konnte der ruhelose Ränkeschmied benutzen, wie
er wollte und es ihm zufällig in seine Pläne paßte. Auf der
anderen Seite hatte sie die schmeichelnde Erfahrung gemacht,
daß der Bischof mit seinem entzündbaren Herzen und begehr=

lichen Sinn immer noch in ihren Banden lag, und das konnte nun wiederum sie nach Belieben gegen ihn benutzen. Es hatte sie nicht einmal beleidigt, daß er Liebe von ihr gefordert, denn in ihrer beider Vergangenheit lagen Stunden und Tage, die ihm zwar noch kein Recht zu solchem Verlangen gaben, es aber auch nicht zu einem Verbrechen machten.

Daß sie nahe daran gewesen war, den Grafen an den Bischof zu verrathen und gegen ihren eigenen Schirmvogt dessen Todfeind zu Hülfe zu rufen, wollte sie sich jetzt nicht mehr eingestehen. Sie hatte, so redete sie sich vor, nur ihr den Rathsherren gegebenes Wort der oberflächlichen Form nach eingelöst und weitergehende Absichten durchaus nicht gehabt. Wenn sie aber die geschmeidige, trügerische Sinnesart des in Listen bewanderten, zu allen Unthaten fähigen Bischofs, der, um sie zu bethören, vielleicht gar einen Liebestrank in den Wein gemischt hatte, mit dem derb zufahrenden, aber auch treu stichhaltenden Wesen des immer groß denkenden, immer offen handelnden Grafen verglich, so konnte sie sich eines Gefühls tiefer Beschämung nicht erwehren, daß sie jenen zu ihrem Berather und Richter über diesen gestellt hatte.

Ihr Zorn gegen den letzteren, den der Bischof so schändlich bei ihr verleumdet hatte, war verraucht, und in dem völligen Umschlag ihrer Stimmung war sie ihm dafür nach Urtheil und Spruch ihres Herzens eine Genugthuung schuldig. Damit hatte sie nun einen Grund, der wenigstens vor ihr selber Albrechts Belehnung mit der Lauenburg rechtfertigte, zumal sie ihm dieselbe vor seiner Gewaltthat ohnehin schon bestimmt hatte. Ihm diese Gewaltthat und noch manches Andere zu verzeihen und sogar mit Huld und Gnade zu vergelten, sollte nun ihre nächste Sühne sein.

Auf den Feldern wogten die Ähren, von einem sanften

Winde bewegt, und ein sonniger Friede lag über der Land=
schaft. Zur Rechten der wieder heiter um sich Schauenden
dehnte sich das Gebirge in dunkelgrünen oder bläulichen
Farbentönen, wie sich näher oder ferner Thäler und Berge
durcheinander schoben oder zurückstehende Gipfel über die be=
waldeten Vorberge in die Ebene hernieder schauten. Dort
lag das Schloß und die rings umwallte Stadt mit ihren
Mauern und Thürmen, und die Äbtissin kehrte mit weit
leichterem Herzen dahin zurück, als sie davon ausgeritten
war. Da der Bischof seine Einmischung in den Streit der
Stadt mit dem Grafen versagt hatte, so hoffte sie, allein
mit der Bürgerschaft zu Gunsten Albrechts fertig zu werden
und überlegte sich, mit welchen Mitteln und Worten sie Rath
und Bürgerschaft beschwichtigen und zu Frieden und Eintracht
mit ihm bewegen wollte

Plötzlich hielt sie ihren Zelter an und wandte sich an
das absichtlich etwas zurückbleibende Gefolge mit der Frage:
„Wer sind die Reiter da drüben?"

„Graf Siegfried von Regenstein und Bock von Schlanstedt
mit drei Knechten," erwiederte Herr Willekin von Herrkestorf.

„Graf Siegfried? Ihr irrt Euch wohl, Herr Stifts=
hauptmann!" sprach die Äbtissin. „Was hätte der hier zu
schaffen?"

„Ich irre mich nicht, gnädige Frau," entgegnete der
Stiftshauptmann.

„Nein, nein," riefen nun auch die geleitenden Stadtknechte,
„es ist Graf Siegfried und Ritter Bock mit Dreien von der
bösen Sieben."

Jetzt überzeugte sich Jutta mit eigenen Augen, daß die
Ihrigen Recht hatten, und auch sie mußte von den Reitern,
die noch in ziemlicher Entfernung rechts auf einem anderen

Wege daher kamen, erkannt sein, denn eben setzte der jüngste der Regensteiner sein Pferd aus dem Schritt in Galopp und sprengte auf die Äbtissin zu. Dieser war die Begegnung mit Siegfried durchaus nicht angenehm, doch hier auf freiem Felde konnte sie ihr nicht ausweichen. Erst als der Graf heran war, blieb sie halten, seiner Anrede gewärtig. Siegfried grüßte sie ritterlich und rief froh bewegt: „Der seines Amtes entsetzte Burgvogt sagt der gnädigen Frau den innigsten Dank für seine Ablösung!"

„Ich verstehe Euch nicht, Herr Graf," erwiederte Jutta erstaunt.

„O gebt es nur zu, gnädige Frau! ich weiß es ja," lachte der Jüngling. „Nur auf Euren Wunsch hat Albrecht einen anderen Vogt auf die Lauenburg geschickt und mich nach dem Regenstein zurückberufen."

„Wer hat Euch das gesagt?" frug Jutta freudig überrascht.

„Wer mir das gesagt hat?" wiederholte Siegfried. „Ei, gnädigste Frau, mein Bruder selber hat es mir durch den Ritter Bock so bestellen lassen, und eine größere Freude konntet Ihr mir nicht machen, als mich von der Lauenburg los sein zu wollen."

„Und Ihr glaubt, daß mein Wunsch, — den Ihr verzeihen werdet, Graf Siegfried! — mein Wunsch allein den Grafen Albrecht bestimmt hat, Euch zurückzurufen?" frug sie immer noch ungläubig.

„Ohne allen Zweifel, gnädigste Domina!" sprach Siegfried, „aber —"; er lenkte sein Pferd näher an sie heran und sagte dann etwas leiser: „Albrecht scheint allerdings noch einen anderen Grund dabei zu haben. Wie sag' ich's nur?" fuhr er verlegen und zögernd fort. „Ihr wißt, gnädige Frau, die Gräfin Oda ist auf dem Regenstein, und Albrecht wünscht, daß ich — daß ich in freundlichem Verkehr mit ihr bleibe und ihr stetig Gesellschaft leiste; er hat mich selber zu ihrem Ritter gemacht, und der soll ich nun auch bleiben, soll mich um ihre Gunst bemühen, und — gnädige Frau, ich thue das sehr gern," schloß er erröthend.

Jutta traute ihren Ohren nicht; aber sie fühlte ihr Herz klopfen. Kaum brachte sie vor tiefer Erregung die Frage heraus: „Hat Euch das auch Graf Albrecht sagen lassen?"

„Jawohl!" antwortete Siegfried, „nur ein wenig verblümt und verschnörkelt kam es von des biederen Ritter Bocks ungewandten Lippen. Der hat mir noch mehr gesagt, fast zu viel und zu Schönes, um es Alles glauben zu können," plauderte Siegfried in der überquellenden Freude seines Herzens.

„Dann macht nur, daß Ihr heim kommt!" lächelte die Äbtissin, selbst in hellem Jubel über das Gehörte. „Und, Graf Siegfried," setzte sie, ihm die Hand reichend hinzu, „sagt Eurem Bruder Gruß und alles Liebes genug von mir!"

Sie wußte kaum, was sie sprach, hörte auch nicht auf des jungen Grafen Dank, sondern gab ihrem Pferde einen Druck und sauste dahin, daß Mantel und Locken flogen.

Der Stiftshauptmann aber schüttelte, nichts von alledem begreifend, sein graues Haupt und suchte der Herrin in scharfem Galopp zu folgen. Die gepanzerten Stadtknechte rasselten auf ihren schweren Gäulen staubwirbelnd hinter ihm her.

Auf dem Schloßhofe angekommen, sprang die Äbtissin ohne Hülfe vom dampfenden Pferde, flog die Treppen hinauf und stürmte durch die Vorhallen in ihr einsames Zimmer, dessen Thür sie schnell hinter sich verriegelte.

Neunzehntes Kapitel.

— ⁂ —

Mit einem schmetternden Hornruf verkündete der Thürmer die Ankunft Siegfrieds auf dem Regenstein, und der Liebling des ganzen Burggesindes winkte beim Eintritt dem Bläser auf dem Thurme freundlich zu.

„Gott sei Dank! da ist er; nun wird Alles gut werden,“ sprach Graf Albrecht zu sich, als er den Ruf hörte.

Oda fuhr bei den lustigen Klängen zusammen, denn sie rüttelten an ihrem Herzen, daß es sich mit Gewalt von dem einen Bruder zum andern wenden und fortan dem gehören sollte, den Alle hier freudiger willkommen hießen, als gerade sie.

Als ihr jedoch Siegfried, den zu empfangen sie mit Albrecht in den Burghof hinabstieg, in voller Rüstung mit innigem Gruß entgegen trat, eine Welt voll Hoffnung und Liebe im blühenden Antlitz, da empfand sie doch ein herzliches Wohlgefallen an seiner jugendlich kräftigen Rittergestalt, und sie erwiederte ihm Blick und Handdruck mit einer Wärme, die ihn vom Wirbel bis zur Sohle durchschauerte.

Sie war es sogar, die zuerst dabei Worte fand. „Nun?“ frug sie lächelnd, „ich dachte, Ihr würdet bei Eurer Heimkehr die Blume von der Lauenburg an Eurem Kettenhemd tragen; habt Ihr sie denn nicht gefunden?“

„Die Blume von der Lauenburg habe ich nicht gesucht," erwiederte er ihr mit einem vollen Blick; „ich mußte nur immer an die schlanke Lilie des Regensteins denken."

Sie schlug die Augen nieder, erhob sie aber wieder mit innigem Ausdruck zu Albrecht, als dieser sagte: „Ich habe sie gehütet und gehegt, wie ich konnte, aber sie ließ manchmal das Köpfchen hängen."

Siegfried deutete sich das als ein Zeichen ihrer Sehnsucht nach ihm, und froh bewegt sprach er: „Das dürft Ihr nun nicht mehr, liebe Gräfin Oda! Wir wollen wieder reiten, baizen und jagen und fischen und allerlei fröhliche Kurzweil treiben, wozu der für uns Alle sorgende Bruder nicht Zeit hat."

Albrecht nickte ihnen liebevoll zu und sagte: „Du bist wohl ganz gern wiedergekommen, Siegfried?"

„Das siehst Du mir doch an," lachte der Jüngere mit dem ganzen Gesicht. „Ich kann ja auch hier auf dem Regenstein Burgvogt sein, wenn Du außen bist und Dich mit dem Bischof und der Äbtissin schlägst oder verträgst. Doch eh' ich's vergesse, — sie sendet Dir freundliche Grüße, Albrecht!"

„Wer? die Äbtissin? mir?" frug Albrecht verwundert.

„Jawohl!" erwiederte Siegfried. „Sie begegnete mir unweit Quedlinburg, mit dem Stiftshauptmann und sechs Stadtknechten von Halberstadt kommend, und war sehr gnädig."

„Von Halberstadt kommend? was hat sie denn in Halberstadt gemacht?"

„Weiß ich's? Sie wollte mir gar nicht glauben, daß Du nur auf ihren Wunsch mich von der Lauenburg abberufen hast; ich habe ihr dafür gedankt."

„Ja so!" sagte Albrecht, „das ist richtig; fast hätt' ich's vergessen." Dabei warf er einen Blick auf Oda, die still aufhorchend daneben stand und nicht mitsprach. So hat also

Eilika doch Recht, sagte sie sich, wenn sie behauptet, Graf Albrecht thäte Alles, was die Äbtissin will.

Dem Grafen ging der Ritt der Äbtissin nach Halber=stadt durch den Kopf, aber die Lösung dieses Räthsels fand Albrecht nicht; ihren Gruß an ihn wußte er sich leichter zu erklären.

„Sage mal, Bruder, hat Ursula gewußt, daß ich heute kommen würde?" frug Siegfried jetzt. Albrecht hatte die Frage überhört, aber Oda antwortete statt seiner: „Es ist Alles be=reit, legt nur den Panzer ab, Graf Siegfried! Ursula hat Euch ein Mahl gerüstet, als wäre auf der Lauenburg Herr Schmalhans Euer Küchenmeister gewesen."

„Viel besser war's auch nicht", versetzte er heiter. „Wenn wir einen Braten haben wollten, so mußten wir ihn uns erst im Forste birschen, und Leutholds Nachlaß im Keller war auch nur ein nothhafter Rest."

„So muß ich doch noch ein Wort mit der Ursula reden," sagte sie lächelnd und ging in den Palas voraus. Siegfried blickte der Enteilenden mit glückstrahlenden Augen nach.

Albrecht folgte dem Bruder in dessen Kammer, um sich während des Kleiderwechselns Manches über die Lauenburg be=richten zu lassen. Beim Eintritt sah er sich flüchtig darin um; kein frischer Blumenstrauß, wie er bei seiner Rückkehr in seinem Gemache gefunden hatte, stand auf Siegfrieds Tische.

Danach begaben sich beide in den Saal und saßen mit Oda fröhlich beim Mahle. —

Für Siegfried kamen nun Tage des Glückes. Er widmete sich Oda von früh bis spät und suchte sie durch Vergnügungen und tausend kleine Aufmerksamkeiten zu erfreuen, die sie durch ein stets bereites Eingehen auf seine Vorschläge wie durch ein heiter vertrauliches Wesen zu erwiedern bestrebt war.

Vorzugsweise gern drang er mit ihr in den Wald. Dort wandelten sie plaudernd oder sinnend und schweigend unter den Wipfeln der Eichen und Buchen und kamen dann oft, ohne es zu wollen, nach Kloster Michaelstein. Schon beim ersten Mal, daß dies geschehen war, hatte Siegfried die Geliebte in den schönen, mit steingemeißeltem Laubwerk geschmückten Kreuzgang geführt und ihr die Grabsteine seiner Ahnen gezeigt, so viele der Grafen und Gräfinnen von Regenstein in den zwei Jahrhunderten seit Erbauung des Klosters hier zum ewigen Schlafe gebettet waren.

Da war der würdige Abt mit seinem langen weißen Barte dazu gekommen und kam nun jedesmal, wenn die beiden Grafenkinder sein Kloster betraten, und lud sie in das große Refectorium neben der Krypta, dessen hohe Gewölbe fünf Säulen mit romanischen Kapitälen trugen, zu einem erfrischenden Trunk Wein oder Milch. Mit stiller Freude ruhten seine Augen auf den jugendlichen Gestalten seiner Gäste, und er dachte und wünschte dasselbe, was Siegfried hoffte. Gern saßen sie auch an dem murmelnden Goldbach und an den stillen Klosterteichen, die von Erlen, mannshohem Schilf und quirlstieligem Schachtelhalm umwachsen waren. Auf den Teichen schwammen zwischen ihren breiten, runden Blättern wundervolle Wasserrosen, an deren großen, schneeweiß leuchtenden Blüthen sich Oda nicht satt sehen konnte.

Auf dem Heimwege, wenn ihnen das Herz voll war von Glück und Sehnsucht, die doch nicht bei beiden dieselbe Quelle und das gleiche Ziel hatten, glaubte Siegfried manches Mal den Augenblick zum Reden gekommen. Aber der ritterliche Jüngling, der sich, wo es galt, furchtlos an jeden Feind wagte, fand nicht den Muth, dem holden Mädchen seine Liebe zu gestehen. „Gräfin Oda —" hatte er schon mehr als einmal

begonnen, aber dann war sie von dem feierlichen Tone und
der unsicher bebenden Stimme erschrocken und hatte ihn mit
einem ängstlich flehenden Blick angesehen wie ein zages Reh,
das den zielenden Jäger um sein Leben bittet. Dann hatte
er verwirrt und stotternd seiner Rede eine andere Wendung
gegeben, als hätte er seine liebe Gefährtin nur auf eine Blume
oder einen Vogel aufmerksam machen wollen; ein Seufzer der
Beklemmung bei ihm und der Erleichterung bei ihr endete das
kurze Gespräch, und niemals wiederholte Siegfried den Versuch
an demselben Tage.

Einmal jedoch, als ihm Oda besonders froh gestimmt
erschien, ermannte er sich zu einer schüchternen Frage. Es war
in dem Gewirr von steilen Klippen auf der östlichen Abdachung
des Regensteins, zwischen denen junge Eichen in dichtem Ge-
büsche standen. Diese hatten jetzt frische Triebe, und die Blätter
an den Spitzen der Zweige waren schön roth, mit hellbräun-
lichem Ton in die grüne Farbe des älteren Laubes übergehend.
Von solchen jungen Eichentrieben hatte Oda, mit Siegfried im
Schatten breit überhängender Äste sitzend, einen Kranz geflochten und dem Freunde mit einer scherzenden Erinnerung an
das Ballenstedter Turnier auf die blonden Locken gedrückt.
Er sah prächtig aus in dem prangenden Waldschmuck. Wie
er ausgestreckt und auf den linken Arm gestützt, das Haupt
zur Erde neigte, streifte ein Sonnenstrahl seinen Scheitel, daß
das Haar inmitten des rothen Kranzes goldig erglänzte. Sie
betrachtete ihn heimlich, während sie einen Haufen gepflückter
Blumen zu einem Strauße ordnete. Er aber zupfte gedankenvoll
an dem Zittergrase, das hier gleich winzigen Tannenbäumchen
stand und sagte nach einem langen Schweigen: „Ist es nicht
schön hier, Oda? könntet Ihr Euch wohl entschließen, für immer
hier zu bleiben?"

„Ach mit Freuden! immer und ewig!" gab sie selbst=
vergessen und mit ihren Blumen beschäftigt zur Antwort.

Siegfried fuhr empor: „Wirklich? immer und ewig, Oda?"
rief er trunken von Glück.

„Ja! so lang' ich das Leben habe!" sprach sie fröhlich und
dachte nicht an den ganz verschiedenen Sinn seiner Frage und
ihrer Antwort.

Siegfried haschte ihre Hand und mit einem Blick voll
überströmender Liebe stammelte er: „Und das mit mir, Oda?"

Sie sah ihn groß an. Jetzt mit einem Male begriff sie.
„Um Gott, Siegfried! was hab' ich gesagt?" rief sie in
bebender Angst. „Fragt mich nicht, quält mich nicht! Ihr
wißt nicht, — ich kann Euch nicht Rede stehen, — mir schnürt
sich das Herz zusammen."

Aber seine Hoffnung hob die Flügel und schwang sich
in alle Himmel empor. Noch nie hatte er ähnliche Worte und
in einem so freudigen Tone gesprochen aus ihrem Munde ver=
nommen. Ihr Erschrecken darüber, ihre ängstliche Abwehr
gegen sein weiteres Fragen und die Schwermuth, in die sie
gleich darauf wieder verfiel, hielt er für das Ringen ihres
Herzens mit der aufsteigenden Liebe zu ihm, und er nahm sich
vor, sie in ihrem jungfräulichen Bangen mit keinem vorschnellen
Worte zu bestürmen, sondern ihr Ruhe zu lassen, bis sie sich
in das Gefühl, von ihm geliebt zu sein, gefunden habe und
im Stande sei, das offene Geständniß seiner Liebe zu hören
und ihm Gleiches mit Gleichem zu erwiedern.

Wie er nun alle seine Zeit mit Oda verbrachte, mußte
ihn Albrecht daran erinnern, die gewohnten Waffenübungen
nicht ganz zu vernachlässigen, und Siegfried gehorchte der
Mahnung gern, um seine Kunst im Reiten und Stechen zu
zeigen.

In dem Baumgarten zwischen der Oberburg und der Vorburg war ein weiter Raum als Reitbahn freigelassen, wo Herren und Knechte unter Albrechts oder Bocks Leitung und Lehre ihre Reit= und Fechtübungen hielten.

Hier stiegen nun eines Tages Siegfried und Bock zu einem Speerstechen zu Pferde, die Brust mit einer leichten Brünne geschützt, den dreieckigen Reiterschild am Arme und lederne, vorn mit Blech beschlagene Stechhelme auf dem Haupte. Ihre Speere trugen statt der scharfen Eisen kleine, mit Werg umwickelte Scheiben auf der Spitze, mit denen sich die Kämpfenden wohl aus dem Sattel stoßen, aber nicht verwunden konnten. Albrecht, Oda und Eilika sowie einige der Burgmannen sahen dem Spiele zu. Bock, der nicht seinen Schecken, sondern ein Pferd aus dem Marstalle ritt, war Siegfried in der Führung der Lanze überlegen, aber so höflich, die Zuschauenden nicht merken zu lassen, wie er seinen jungen Herrn schonte. Beide bemühten sich, mit ihrer Geschicklichkeit vor den Augen ihrer Angebeteten zu glänzen, die dem Tummeln der Rosse, den gut gezielten Angriffen und dem geschmeidigen Ausweichen der Tjostenden mit Aufmerksamkeit folgten und in eifersüchtiger Freude jeden errungenen Vortheil des Einen über den Anderen mit Beifall begrüßten. Dann und wann rief Albrecht ein Wort der Ermunterung, der Belehrung oder des Tadels, immer nur Siegfried treffend, dazwischen und ließ die Reiter bestimmte Wendungen und Gefechtsarten nach seinen Befehlen ausführen. Unterdessen hatte er einem Knechte den Auftrag gegeben, ihm ein Pferd zu satteln und Stechzeug zu bringen. Als beides zur Stelle war, wappnete er sich und forderte Siegfried zum Kampf heraus, was diesem nicht sehr willkommen war, weil er wußte, daß er Albrecht gegenüber nicht bestehen konnte.

Eine hohe, halb freudige, halb ängstliche Spannung be=
mächtigte sich Oda's, als nun die Brüder gegen einander in
die Schranken traten; mit glühenden Wangen beobachtete sie
jede kleinste Bewegung derselben und zuckte bei jedem Speer=
krach zusammen. In ihrem Herzen wünschte sie dem Älteren
den Sieg, hätte aber auch dem Jüngeren eine Niederlage gern
erspart gesehen. Anfangs schien Albrecht nur den Lehrmeister
machen zu wollen und nach keinem eigenen Erfolge zu streben;
mit spielender Gewandtheit und Sicherheit fing er Siegfrieds
Stöße ab, ohne sie mit voller Kraft zu erwiedern oder hielt
sie mit unerschütterlicher Festigkeit aus, so daß dem Jüngeren
mehr als eine Lanze brach. Als aber Siegfried durch die un=
erwartete Schonung des Älteren gereizt, immer eifriger und
hitziger wurde und immer heftiger auf Albrecht einrannte, gab
auch dieser, um das Jugendfeuer des seine Ruhe verlierenden
Bruders nicht zum Zorne werden zu lassen, das leichte Ge=
plänkel auf, legte die Lanze fester ein, ritt schärfer darauf los
und warf Siegfried mit einem wuchtigen Stoße mitten auf
den Schild aus dem Sattel in die Bahn hinein.

Ein Schreckensruf tönte aus Oda's Munde. Ohne Be=
sinnen wollte sie dem zu Boden Geschleuderten beispringen;
aber Eilika hielt sie zurück, und Siegfried stand auch schnell
wieder auf den Füßen.

Den vorwurfsvollen Blick, den Oda ihm sandte, bemerkte
Albrecht ebenso gut, wie er ihren Angstschrei gehört hatte, und
nun that es ihm fast leid, den Bruder mit so rücksichtsloser
Gewalt niedergeworfen zu haben. „Alles gut abgelaufen,
Siegfried?" frug er laut.

„Vollkommen!" erwiederte der Besiegte ohne eine Spur
von Empfindlichkeit, „aber reiten kann ich heute nicht mehr."

Der jähe Sturz mußte ihm doch etwas verstaucht haben,

denn er hinkte ein wenig. Oda betrachtete ihn mit herzlicher Theilnahme.

War es, um den Ärger über seinen harten Stoß gegen Siegfried in einem neuen Kampfe zu vergessen oder um Siegfried nicht den einzigen Überwundenen bleiben zu lassen, — Albrecht rief dem Ritter Bock, der noch zu Pferde saß, zu: „Nun, Bock, wir sind auch lange nicht gegen einander geritten; komm' an und wehre Dich, wie Du magst und kannst!"

„Das will ich wohl thun, Herr Graf!" antwortete Bock und seufzte, während er sich den Helm wieder festband, denn er sah sein Schicksal ziemlich sicher voraus.

Beide ritten an die entgegengesetzten Enden der Bahn, und nun begann ein die Umstehenden aufregendes Turnier, denn zwei vorzügliche Renner senkten jetzt ihre Lanzen gegen einander. Selbst den Burgmannen und Knechten, deren sich immer mehr als Zuschauer eingefunden hatten, war es ein Hochgenuß, ihren unbezwinglichen Herrn mit dem sich für ebenso unbesiegbar ausgebenden Ritter tjosten zu sehen. Alle wünschten ihrem Grafen den Sieg und gönnten dem manchmal etwas großschnäuzigen Bock einen tüchtigen Denkzettel als Mahnung zu gebührender Bescheidenheit.

Fast bei jedem Anritt trafen die Speere krachend und zersplitternd auf den Schild des Gegners, der dann mehr oder minder stark im Sattel schwankte, sich aber noch immer darin hielt, bis es dem Grafen gelang, Bock mit einem besonders fest und grade geführten Stoß auf den Sand zu setzen. Jauchzender Zuruf belohnte den Sieger. Oda winkte ihm mit ihrem Tuche zu, und das Herz schlug ihr in stolzer Freude. Eilika war schon froh, daß es den Grafen doch wenigstens Mühe gekostet hatte, ihren tapferen Ritter bügellos zu machen, und noch froher war sie, als sie ihn mit heilen Knochen wieder aufstehen sah.

„Tröste Dich, Bock!" rief sich die Stirn trocknend Albrecht, „nichts kann den Lehrer mehr rühmen, als wenn ihn sein eigener Schüler bemeistert."

„Ach ja!" sagte Bock, „den Stoß kenn' ich!" Er reckte und streckte seine langen Glieder und wünschte sich Glück, noch so leichten Kaufs davongekommen zu sein. —

Wenn Oda auch sonst schon in Albrechts Beisein gerade am freundlichsten zu Siegfried war, so erwies sie ihm an dem Tag und Abend nach dem Kampfspiel eine so entgegenkommende Herzlichkeit, daß es beiden Brüdern auffallen mußte. Beide erriethen auch ihre Absicht, den Jüngeren für die ihm von dem Älteren bereitete Niederlage durch eine doppelte Freund= lichkeit ihrerseits entschädigen zu wollen, legten es ihr aber beide, ohne Verständigung unter einander, nicht als bloßes Mitleid und wohlgemeinte Tröstung, sondern als sich mehr und mehr offenbarende Liebe aus.

Siegfried jubelte. Albrecht aber ward es schwer ums Herz, und er fing an zu fürchten, daß er sich eine größere Kraft der Entsagung zugetraut hätte, als er nun wirklich auf= zubringen im Stande wäre. Die Hoffnung, in Siegfrieds Gegenwart seine eigene tiefe Neigung zu Oda bewältigen und still begraben zu können, hatte ihn getäuscht. Wenn er Zeuge war von dem Eifer, mit dem sich Siegfried um Oda's Huld bewarb und dabei zu bemerken glaubte, mit welcher Freude sie diese Bewerbungen entgegennahm und begünstigte, so konnte er nicht umhin, sich zu sagen: O wärst Du an Siegfrieds Stelle! Ja, ein böser Dämon raunte ihm zu: Thu' doch, wie Sieg= fried thut! wirb um sie! Wie zu Pferde um den Sieg, so kämpfe nun auch um ihre Liebe mit ihm, und wie Du ihn aus dem Sattel geworfen haſt, ſo wirf ihn auch aus ihrem Herzen; er hat kein größeres Recht, darin zu ſein, als Du!

Was er am ſchmerzlichſten entbehrte, waren die glücklichen Stunden, die er mit ihr allein in traulichem Geſpräch oder auch nur im ſtillen Anſchauen ihrer verlebt hatte. Die waren unwiederbringlich dahin, denn wo Oda war, da war auch Sieg-fried; er konnte ihn nicht entfernen, konnte ſie nicht von ihm fortlocken, daß ſie ohne Siegfried ihm folgte, und es kamen Augenblicke, in denen er die Rückberufung des Bruders bereute.

Was er davon erwartet und gewünſcht, hatte ſich in das Gegentheil verkehrt; ſeine Leidenſchaft war nicht geſchwunden, vielmehr im ſteten Anblick von Siegfrieds Liebe noch mächtig gewachſen. Wie lange war es denn her, daß er ſich Vorwürfe gemacht, ihn nicht ſchon früher zurückberufen zu haben, daß er ſich geſchämt hatte, ſich erſt von Bernhard und Reginhild dazu überreden laſſen zu müſſen; jetzt zürnte er den Ge-ſchwiſtern, daß ſie ihn mit Gründen, die er heute nicht mehr als ſtichhaltig anerkennen wollte, dazu förmlich überliſtet hatten. Er hatte vergeſſen, warum er eigentlich ſo ſchnell in ihren Vor-ſchlag gewilligt, und daß es geſchehen war, um Siegfried als Schild und Schirm zwiſchen ſich und Oda zu ſtellen. Er wußte nicht mehr, ob er den Schritt mehr Reginhild oder mehr Jutta zu Gefallen gethan hatte, von denen ſich die Eine unbefugter Weiſe in ſeine Herzensangelegenheiten miſchte und die Andere voll Eiferſucht ſelber nach ſeiner Liebe begehrte. Das wenigſtens hatte Jutta nun erreicht, daß Siegfried wieder bei Oda auf dem Regenſtein war, darum hatte ſie ihn durch jenen ſo freundlich grüßen laſſen und über die Erfüllung ihres Wunſches ſo un-verhohlen frohlockt. Hatte ſie denn ſeine geheimſten Entſchlüſſe errathen, jenen Vorſatz, den er im Thale des Goldbaches ge-faßt hatte, und der ihm jetzt, bei dem Gedanken an Jutta, mit einem Male wieder in Erinnerung kam? Wenn er sich von Oda's Liebe zu Siegfried überzeugte, — hatte er sich damals gelobt — dann wollte er seine eigene zum Schweigen bringen und sich in Jutta's sehnende Arme retten.

Er befand sich in sehr unbehaglicher, unzufriedener Stimmung. Nichts war ihm mehr zuwider, als ein un= männliches Wanken und Schwanken. Dem mußte ein Ende gemacht werden. Er hatte Wichtigeres zu thun, als unter den blauen Augen eines Mägdleins, das ihn nicht liebte, sich thatenlos auf seiner Burg zu verliegen, während rings um ihn drohende Wolken aufzogen. Er wünschte sich Kampf mit seinen Feinden, um dem Kampfe in seiner Brust zu entfliehen; er war ärgerlich auf die Blankenburger, daß sie mit ihrem Angriff zögerten und hatte Lust, sie zu reizen und heraus= zufordern; er hätte gern einen neuen Streit mit dem Bischof vom Zaune gebrochen oder den Quedlinburgern in ihrem Geschrei nach der Lauenburg und der Befreiung von seiner Schirmvogtei die großen Mäuler gestopft, nur um etwas zu thun zu haben, sich herumzuschlagen und sein thörichtes Minnen zu vergessen.

Aber um sich rundum nach außen seiner Haut wehren und seine Feinde bestehen zu können, mußte er erst innen in seinem Hause reine Bahn haben. Darum drängte er zur Ent= scheidung. Siegfried sollte offen um Oda werben. Es war nicht denkbar, daß sie ihn abwies; that sie es aber dennoch, — nun, so sollte deshalb der Bischof die Grafschaft Falken= stein doch nicht haben, aber Oda sollte dann in Frieden als Kapitularin nach dem Quedlinburger Schlosse ziehen und Jutta als Herrin auf den Regenstein. Vielleicht wurde Oda später einmal Äbtissin und er selber dann der Schutz= und Schirm= vogt derer, die er einmal mit ganzer Seele geliebt hatte, seiner einstigen Gefangenen. Er mußte selber den Kopf schütteln über diesen absonderlichen Gedanken, aber er ging ohne Zaudern ans Werk.

„Siegfried," sprach er zu dem Bruder, den er zu einer Unterredung in sein Gemach beschieden hatte, „wie stehen die Dinge zwischen Dir und Oda? Daß Du die Gräfin liebst, weiß ich, aber ich frage: liebt sie Dich wieder? will sie Dein Weib werden?"

Siegfried, nicht im Mindesten vorbereitet, erschrak über die kurz angebundene Weise und die etwas gradezu tappende Frage seines Bruders und konnte in der Verwirrung darüber nichts Anderes antworten, als: „Ich weiß es nicht."

„Du weißt es nicht? weißt es immer noch nicht?" herrschte ihn der Ältere an. „Höre, Brüderlein, dieses Hoffen und Harren hab' ich satt; wir müssen damit zu Rande kommen. Geh hin zu Deiner Lilie, biete ihr offen und ehrlich Herz und Hand und frage sie rund heraus, ob sie Dein eigen werden will. Und wenn sie, wie ich hoffe und vermuthe, Ja sagt, so macht Ihr Hochzeit, und dann ziehen wir Regensteiner mit unserem Volk zu Roß und zu Fuß ins Selkethal und nehmen Deinem edlen Schwager Hoyer die schöne Grafschaft, die er nicht werth ist, ohne langes Federlesen über seinem fromm grüblerischen Kopfe weg, ehe er selber und sein Freund und Erbschleicher, der Bischof, sich's versehen. Dann mag Graf Hoyer mit seiner bußfertigen Margarethe sich in eine Halber= städter Curie einnisten, und Du hausest mit Deinem jungen Weibe auf dem Falkenstein im Schwabengau. Was meinst Du dazu?"

Siegfried hatte diese Rede mit wachsender Verwunderung und Freude angehört. Albrechts Vorschlag, die Art, wie er von Oda als von seinem, Siegfrieds jungen Weibe sprach,

und die höchst lockende Aussicht, mit ihr in Liebe vereint auf
dem Falkenstein horsten zu sollen, hatte ihm das Herz in der
Brust entflammt. Darüber war es ihm vollständig entgangen,
wie seltsam bewegt Albrecht selber beim Sprechen gewesen war,
der sich mit Mühe zu einem entschiedenen und heiteren Tone
gezwungen hatte, während ihm doch recht schwer dabei zu
Muthe war.

Dennoch gab der Jüngere keine Antwort, sondern blickte
verlegen zu Boden.

„Wie! Du besinnst Dich? Du willst nicht?" rief Albrecht
mit großen Augen.

„Ich will wohl, aber ich kann nicht," erwiederte Sieg=
fried kleinlaut.

Albrecht runzelte die Brauen. „Was kann Graf Sieg=
fried von Regenstein nicht?" frug er finster, „nicht um ein
Mädchen freien?"

„Höre mich an, Albrecht!" bat der Jüngere. „Mehr als
einmal habe ich versucht, der Vielholden meine Liebe zu ge=
stehen; aber vergeblich, immer wich sie mir aus; ich konnte
den Satz nie vollenden, denn sobald ich davon anfing, sah sie
mich so erschrocken, so ängstlich flehend an, daß es mir ins
Herz schnitt und ich nicht weiter sprechen konnte. Ich glaube,
daß sie mich liebt, und neulich sagte sie einmal, daß sie am
liebsten ihr Leben lang hier bliebe; aber sie ist viel zu
schüchtern und zaghaft, mein Geständniß anzuhören, ge=
schweige denn zu erwiedern. Albrecht, — wirb Du für mich!
Du bist unbetheiligt, Du kannst von ihr verlangen, was
Du willst."

„Siegfried!" sprach Albrecht betroffen, „Du weißt nicht,
was Du forderst!"

„Nichts, was ich nicht mit Freuden für Dich thun würde,

wenn Du an meiner Stelle wärest und ich an der Deinigen," erwiederte Siegfried treuherzig.

Albrecht schaute den Bruder mit einem tiefen, stummen Blick an, den dieser nicht verstand. Dann reichte er ihm die Hand und sagte sehr ernst: „Ich will thun, was Du verlangst, Siegfried, und Gott gebe, daß es Dir und mir zum Heile ausschlägt!"

„Ich hoffe, Albrecht!" sprach Siegfried. „Ich werde morgen früh nach Gersdorf reiten zu Günther; dann bleibst Du allein mit Oda und kannst mit ihr reden. Und wenn mein Wunsch Erhörung bei ihr findet, so laß den rothen Wimpel vom Thurme wehen, daß ich heimkehrend mein Glück schon von ferne winken sehe."

„Gut!" nickte Albrecht, „aber wenn sie —"

„Wenn sie mich aber nicht will," fuhr Siegfried fort, „so brauche ich auch kein Zeichen; ich will darum doch nicht den Muth verlieren, sie mir noch zu erringen."

„Reite nur," sprach Albrecht, „und komm als Glücklicher wieder!"

Damit war die Unterredung zu Ende. Siegfried ging erleichtert von dannen; auf Albrecht lag es bergeschwer. Mit einem bitteren Lächeln blickte er den ihm fest Vertrauenden nach und wiederholte dessen Worte: „Du bist unbetheiligt, Du kannst von ihr erlangen, was Du willst!" Am Tische sitzend stützte er den Kopf auf beide Hände und flüsterte: „Ihm soll ich gewinnen, woran meine ganze Seele hängt! Herr Gott im Himmel, führe mich nicht in Versuchung! in meiner Hand liegt jetzt das Ja und das Nein; wie ich spreche, so kommt's und geschieht's; namenloses Glück und unsägliches Leid, sein ist es oder mein, wie ich es drehe und wende."

Dann sprang er auf und warf die argen Gedanken aus

Kopf und Herzen heraus. „Nein!“ rief er laut, „ich verrathe Dich nicht, mein Siegfried! ich will für Dich werben, als wenn ich für mich selber würbe!“

Am nächsten Morgen — Siegfried war schon lange weg= geritten — stieg Albrecht mit Oda zu ihrem Lieblingsplatze, der Felsbank empor und jede Stufe, die er hinan mußte, um dort oben eine verhängnißvolle Frage zu thun, dünkte ihn heute noch einmal so hoch und beschwerlich zu überschreiten als sonst. Oda dagegen, ahnungslos heiter und in dem beglückenden Gefühl, mit Albrecht einmal wieder allein zu sein, war ihm schnellfüßig vorausgeeilt, und dabei etwas außer Athem ge= kommen, stand sie nun oben und sog durch die lächelnden, sanft geöffneten Lippen die Luft in tiefen Zügen ein, daß ihre Brust sich lebhaft hob und senkte, während sie die Blicke fröhlich in die Runde schweifen ließ. Sie stand mit dem Gesicht gegen den Wind, der ihr das Haar kräuselnd durch= wehte, ihr Gewand flattern machte und es anschmiegend gegen ihren wohlgeformten Körper drückte.

Albrecht sah es und rastete vor den zwei obersten Stufen, sich an dem entzückenden Bilde zu weiden. Mit dieser herrlichen Maid, deren Liebe ihn zum glücklichsten Menschen gemacht hätte, war er nun hier allein und durfte sie nicht, was er doch von Herzen gern gethan hätte, in seine Arme schließen, sondern sollte dieses wonnevolle Recht dem Bruder erkämpfen.

Ihm schwindelte fast vor Gram und Herzeleid, und es war, als wollten ihm die Füße den Dienst versagen. Da wandte sich Oda nach ihm um und rief ihm neckisch zu: „Nun, Herr Graf? könnt Ihr nicht herauf? Hier, nehmt meine Hand! — Haltet fest!“

Lachend streckte sie ihm die rechte Hand entgegen, und

17*

er, auf den Scherz eingehend, that so, als müßte er sich von ihr heraufziehen lassen; aber wunderbar ward ihm zu Sinne, als sie ihm in dieser Stunde ihre Hand bot.

„Worauf horchtet Ihr denn? oder wonach spähtet Ihr?" frug sie unbefangen, als er nun oben war und ihre Hand noch immer festhielt.

„Ich sah nach Euch, Gräfin Oda," sprach er bewegt, „denn Ihr standet vor meinen Augen wie eine gnadenbringende Erscheinung, die dem glücklich Schauenden die Seligkeit ver= heißt."

„Welche Seligkeit hätte ich zu bringen!" erwiederte sie, ihre Hand aus der seinigen lösend.

„Die höchste — dem, der sie eben jetzt von Euch er= bitten will."

Sie trat unwillkürlich einen Schritt zurück, zitternd, marmorbleich, mit stockenden Pulsen.

„Erschreckt nicht," fuhr er mit einem trüben Lächeln fort; „nicht für mich selber will ich bitten. Ihr müßt denken, statt meiner stünde Siegfried hier. Kommt, setzt Euch her und hört mich freundlich an."

Sie ließ sich auf die Bank mehr niedersinken, als daß sie sich setzte.

„Ich brauche Euch wohl nicht zu sagen," fuhr er alle Kraft zusammennehmend fort, „daß Euch mein Bruder Sieg= fried von ganzem Herzen liebt. In seinem Namen und Auftrag werbe ich bei Euch um Eure Hand, Gräfin Oda! Wollt Ihr sein ehelich Gemahl werden, so laßt es mich hier aus Eurem Munde hören."

Oda mußte Haupt und Rücken an die Steinwand lehnen; ihre Augen waren geschlossen, ihre Arme hingen matt und schlaff herab. Dann sah sie Albrecht mit einem Blicke an, wie ihn nur hoffnungslos verzweifelnde Liebe hat, und sagte langsam und leise: „Wünschet Ihr's, Herr Graf?"

„Wenn Ihr meinen Bruder liebt und mit ihm glücklich zu werden glaubt, so ist es mein größter Wunsch auf Erden," erwiederte er, aber es klang wie im Traume gesprochen.

Sie starrte wieder vor sich hin und schüttelte das Haupt. „Ich kann Euch auf Eure Frage — keine Antwort geben, Herr Graf," sprach sie endlich mit halb von Thränen erstickter Stimme, „weder ein Ja, noch ein Nein. — Ich bin Graf Siegfried von Herzen zugethan, — aber die Seine zu werden, —"

„Ihr habt ihm doch gesagt, daß Ihr gern Euer Leben lang hier auf dem Regenstein bliebet; damit meintet Ihr doch an Siegfrieds Seite?" sprach er die tief Erregte gespannten Blickes ansehend.

„Nein, nein! so hab' ich es nicht gemeint; ich meinte den Wald, die Ruhe, das Wandern und Leben im Walde," gab sie ganz verwirrt zur Antwort, und eine dunkle Röthe ergoß sich über ihr Antlitz.

„Aber was soll ich Siegfried sagen? weiset Ihr ihn ab?" frug er dringend und mit klopfendem Herzen.

„Nein, Graf Albrecht! das thu' ich nicht, denn ich sehe, — es ist Euer Wunsch," sprach sie ergebungsvoll, „und was ich vermag —"

„Halt, Oda!" unterbrach er sie jäh, „nicht mein Wunsch, um alles in der Welt! nicht mein Wunsch, Ihr, Ihr selber sollt wählen, Euer Wille nur soll entscheiden."

Sie schüttelte das Haupt und sagte: „Ich habe keinen Willen. Laßt mir Zeit, mich hierin zu finden, einen Entschluß zu fassen; ich hoffe —, Ihr sollt nicht unzufrieden mit mir sein."

Ihre Augen blinkten; sie erhob sich und wollte hinab.

„Und Siegfried?" frug er noch einmal.

„Danket ihm herzlich," erwiederte sie mit ihrer letzten Kraft, „und er soll der Zukunft vertrauen."

Albrecht blieb sitzen und horchte auf die allmählich verhallenden Schritte der Hinabsteigenden.

„Sie liebt ihn doch!" sprach er düster vor sich hin, „und du hast keine Hoffnung!"

Bald schmerzvolle, bald trotzige und kühne Gedanken durchkreuzten sein Hirn, wie er noch lange einsam und allein hier auf der Höhe seiner gewaltigen Felsenburg saß und Pläne schmiedete.

Endlich stand er auf und ging hinab in den Palas und in sein Gemach. Dort schrieb er auf einen Streifen Pergament die Worte: „Kein Wimpel, aber hoffe!" Mit diesem Zettel schickte er einen Reitenden seinem Bruder Siegfried auf dem Wege nach Burg Gersdorf entgegen.

Zwanzigstes Kapitel.

Wenn Oda bisher noch ein bald stärkerer, bald schwächerer Strahl von Hoffnung auf Albrechts Liebe aus seinem freundlichen Benehmen gegen sie geleuchtet hatte, so war ihr heute, nachdem er für Siegfried bei ihr geworben, auch der letzte Schimmer davon erloschen. Sie hätte ihm jeden Wunsch erfüllt; aber auch den, mit der Liebe zu ihm selber im Herzen, die Frau seines Bruders zu werden? Sie empfand eine innige Neigung zu Siegfried, weil er liebenswerth und weil er Albrechts Bruder und diesem in vielen Stücken, auch äußerlich, ähnlich war. Sollte sie nun dem einzig Geliebten zu Liebe das Opfer bringen und sich mit seinem Spiegelbilde begnügen, weil sie ihn selbst nicht besitzen konnte? So frug sie sich, als sie nach dem Gespräch mit Albrecht in ihrem Gemach allein war und den ersten, heftigsten Schmerz niedergekämpft hatte. Graf Siegfried, der mannhaft schöne, edelmüthige Jüngling liebte sie — sie wußte es — mit der ganzen Gluth seines ritterlichen Herzens und dabei mit einer Zurückhaltung und Bescheidenheit, die bei seiner sonst überall hervortretenden Lebhaftigkeit um so beredtere Zeugnisse für die Kraft seiner Liebe waren. Um ihr jede Verlegenheit ihm gegenüber zu ersparen, — so sagte sie sich — hatte er nicht einmal selber um sie geworben, sondern hatte durch seinen Bruder um ihre Hand, die

Hand einer Enterbten, bitten lassen. Sollte Albrecht sie ver=
geblich um etwas bitten? nein! und wenn er um ihr Herz=
blut bäte! Aber sie wollte den Mann, mit dem sie Hand in
Hand durchs Leben gehen sollte, nicht betrügen und ihm nicht
Gefühle heucheln, die sie nicht hatte. Sie wollte, wenn es
zum Gelöbniß kam, weil Albrecht es wünschte, offen zu Sieg=
fried sagen: willst Du mit meiner herzinnigen Neigung fürlieb
nehmen, so will ich Dein treues Weib sein, leidenschaftliche
Liebe habe ich nicht zu vergeben. Vordem sie jedoch diese
Worte spräche, wollte sie versuchen, was Zeit und guter Wille
über ihr Herz vermöchten. Sie wollte fortan in Siegfried
ihren besten Freund sehen, wollte ihr Herz ihm näher und
näher bringen, daß es sich an ihn gewöhnte, ihn lieber und
lieber gewänne, bis sie es ihm vielleicht ganz zu eigen geben
könnte. Wie lange Zeit sie dazu nöthig haben würde, schon
um auch den letzten, zitternden Faden, mit dem es noch an
Albrecht hing, zu lösen, konnte sie nicht voraussehen, aber heute
noch wollte sie damit den Anfang machen.

Albrecht war nach der Unterredung von Oda's Liebe zu
Siegfried fester überzeugt als zuvor und konnte deßhalb nicht
begreifen, warum sie seine Werbung nicht auf der Stelle mit
Freuden angenommen hatte. Der tapfere Kriegsheld war ebenso
wenig wie sein jüngster Bruder im Leben und Weben des weib=
lichen Gemüthes bewandert und erwartete daher mit Bestimmt=
heit ein baldiges Nachgeben Oda's. Damit war die Sache für
ihn selber entschieden; er mußte nun sehen, wie er sich mit
seinem Herzen abfand, ob er es durch Kriegslärm betäuben
oder durch Jutta's Liebe beschwichtigen und einigermaßen ent=
schädigen sollte.

Darüber hatte er schon oben auf der Felsbank einsam
nachgedacht, und darüber sann er immer noch, als er jetzt,

eine Stunde vor Mittag, in öfter stockendem Gespräch mit Oda im Baumgarten auf und nieder wandelte.

Plötzlich erscholl vom Thorthurm ein in Ton und Takt ungewöhnliches, lang andauerndes Hornzeichen. Albrecht und Oda sahen sich verwundert an.

„Ein Gast von fürstlichem Range!" sprach Albrecht, — „wer kann das sein?"

Sie gingen zu einer buschigen Stelle des Gartens, wo sie den Weg vom Thore zum oberen Burghof übersehen konnten ohne selbst gesehen zu werden, und erblickten nun zwei Damen zu Pferde mit einem höfischen Begleiter und zwei reisigen Knechten.

Albrechts Lippen entfuhr ein Ausruf höchsten Erstaunens, und Oda, als hätte es ihr Jemand gesagt, wußte sofort, wer die Damen waren. Doch frug sie: „Die Äbtissin, Herr Graf?"

„Ja, die Äbtissin von Quedlinburg, Gräfin Jutta von Kranichfeld, und zur Linken die Kanonissin, Gräfin Adelheid von Hallermund," lautete die Antwort.

Oda überlief es eiskalt. „Sie wollen mich holen," sagte sie bebend.

Albrecht hörte die Worte nicht. Ihm erschien es wie ein Wink des Schicksals, daß ihn Jutta gerade an dem heutigen Tage, an dem sich seine Gedanken auch mit ihr schon so lebhaft beschäftigt hatten, zum ersten Mal auf seiner Burg besuchte. Er eilte, sie zu begrüßen und vor dem Palas vom Pferde zu heben, was sie sich leicht erröthend mit einem zufriedenen Lächeln gefallen ließ.

Oda, die ein wenig zurückgeblieben war, weil sie dem Grafen nicht so schnell folgen konnte oder wollte, sah es, wie er den stolzen Leib der Äbtissin behend umfaßte und sie in seinen Armen haltend sanft zur Erde setzte. Es war ihr wie ein Stich ins Herz.

Der schönen Kanonissin leistete denselben Ritterdienst der vertraute Begleiter der Damen, der lustige Stiftsschreiber Florencius.

Als die Äbtissin die zögernden Schrittes näher kommende Oda bemerkte, warf sie einen musternden Blick auf dieselbe und sagte leise zu Albrecht: „Ist das Eure Lilie? so schön und stattlich hatte ich sie mir nicht gedacht." Dann ging sie ihr entgegen und bot ihr die Hand.

Bei aller Höflichkeit und Freundlichkeit der Begrüßung witterte doch jede der beiden in der Anderen etwas ihr Feindliches, mit dem sie im Leben vielleicht noch einmal hart zusammenstoßen könnte. Jutta's selbstbewußtes und gewandtes Wesen half indessen ihr sowohl wie Oda schnell über die Verlegenheit der ersten Begegnung hinweg. Sie schlug sofort gegen ihre ausgebliebene Kapitularin, wie sie Oda scherzweise nannte, einen heiter vertraulichen Ton an, auf welchen diese, so viel sie es über sich vermochte, auch bereitwillig einging.

Alle Fünf begaben sich nun auf Albrechts Einladung in den Saal, wo die Äbtissin, die sich draußen schon einige Male wie suchend umgesehen hatte, Albrecht mit scharfem Blicke frug: „Wo ist Graf Siegfried?"

Albrecht, den Sinn der Frage wohl verstehend, antwortete mit einer merklichen Verstimmung darüber: „Er ist schon früh nach Gersdorf geritten, doch erwarte ich ihn zu Mittag zurück."

„Schade!" bemerkte Jutta einlenkend und sichtlich erleichtert, „ich hätte ihn gern zum Zeugen gehabt bei dem, was ich Euch zunächst zu sagen habe, Herr Graf. Florencius, mein kunstfertiger Freund, gebt her!" wandte sie sich an den Stiftsschreiber und nahm aus seinen Händen ein zusammengefaltetes Pergament, das dieser bis jetzt verborgen gehalten hatte. „Herr

Graf," fuhr sie zu Albrecht, ihm das Schriftstück überreichend, fort, „hier bringe ich Euch den von mir unterschriebenen und besiegelten Lehensbrief über die Lauenburg als Dank und Lohn Eurer fürsorglichen Mühe, sie Eurer Euch wohlgewogenen Fürstin vor den Gelüsten der Blankenburger und Quedlin= burger großmüthig gerettet zu haben. Nehmt, mein edler Schirmvogt, und schützt sie mir gut gegen Leute, die sie etwa vor Thau und Tag beschleichen und sich mit Gewalt darin festsetzen wollen!" schloß sie mit einem schelmischen Lächeln.

„Allen freundlichen und dienstlichen Dank, gnädigste Domina!" erwiederte Albrecht, hoch erfreut, daß diese erst so stürmisch verlaufene Angelegenheit nun einen so friedlichen und für ihn günstigen Abschluß fand. „Hat denn Florencius auch hinein schreiben müssen, daß kein Graf Regenstein Vogt auf der Lauenburg sein darf?" Diesen kleinen Spott konnte er ihr als Antwort auf den ihrigen nicht ersparen.

Die Äbtissin erröthete bis an das Stirnhaar, aber die Kanonissin kam ihr zu Hülfe. „Es steht nicht im Lehensbrief," sprach Gräfin Adelheid, „aber unsere Domina hat es den Quedlinburgern versprechen müssen; sie waren es, die das von Anfang an verlangten, sonst Niemand."

Albrecht lächelte dazu und sagte: „Ist das das Einzige, was sie verlangten?"

„O nein!" entgegnete die Äbtissin, „und ich habe Euch Manches darüber zu sagen."

Sie setzten sich auf die Holzbank, die an den Wänden des Saales entlang lief, während die anderen Drei plaudernd in einen der tiefen Fensterbogen traten, und die Äbtissin be= richtete nun dem Grafen: „Vor allen Dingen begehren sie Befreiung von Eurer Schutzvogtei und eigenes Gericht über Hals und Hand. Mehr als einmal kamen Abgesandte des

Rathes zu mir mit immer neuen Vorschlägen und Anerbieten. Mir wollten sie hold und unterthänig sein, sagten sie, aber nicht Euch, und wollten mir beinah das Doppelte an jährlichen Schoß und Zöllen geben, wenn ich ihnen zu ihrer städtischen Freiheit verhülfe, und als das bei mir nicht verfing, wagten sie sogar zu drohen und ließen durchblicken, daß sie mächtige Bundesgenossen hätten, unter deren Beistand sie sich mit Gewalt nehmen würden, was sie nicht .in gutem Frieden erreichen könnten."

Dem Grafen schwoll die Zornader bei diesen Mittheilungen. Unwirsch frug er: „Und was habt Ihr ihnen darauf erwiedert?"

„Ich habe ihnen meinen Unwillen über ihren Hochmuth wahrlich nicht verschwiegen," sagte Jutta mit stolzem Zurückwerfen des Kopfes, als säße ihr nicht der Graf von Regenstein, sondern der rebellische Rath von Quedlinburg gegenüber, „habe sie gebührendermaßen an ihr beschworenes Weichbildsrecht erinnert und sie letzlich mit ihren Forderungen an Euch verwiesen, Ihr würdet ihnen schon die rechte Antwort darauf geben."

„Bei allen Heiligen und Verdammten! das will ich!" brauste der Graf, „es scheint, sie haben meine Hand lange nicht gefühlt, ich muß mich einmal wieder bei ihnen blicken lassen."

„Aber nicht ohne eine erkleckliche Zahl Gepanzerter!" warnte die Äbtissin, „denn Ihr habt Euch von unseren Lieben und Getreuen in Quedlinburg nichts Gutes zu versehen."

„Von diesen Pfeffersäcken und Trinkstubenhelden?" erwiederte Graf Albrecht mit verächtlichem Lachen.

„Schreibt es nicht in den Sand!" sagte die Äbtissin. „Glaubt mir, sie führen etwas gegen Euch im Schilde und würden das Haupt nicht so frech erheben, wenn sie nur auf eigene Faust handelten und nicht Einen im Rücken hätten, der sie aufstachelt und Euch zu schaden sucht, wo er weiß und kann."

„Ihr meint den mit dem langen Krummstabe?" lachte Albrecht aufs Neue.

„Lachet nicht!" mahnte Jutta noch einmal, „der scheut kein Mittel, keines, sag' ich Euch!"

„Ich glaub' es schon und behalte ihn in gutem An= denken," versetzte der Graf sorglos. „Ihr waret ja bei ihm in Halberstadt."

„Ja, das war ich," sprach sie verlegen, „ich bedurfte seines Rathes in stiftischen Dingen und —"

„Genug, Domina! genug!" unterbrach er sie vertrauens= voll. „Und was unsere lieben Quedlinburger angeht, so weiß ich doch nun, wie ich mit ihnen dran bin."

„Deshalb kam ich her, Graf Albrecht," erwiederte sie. „Den Lehensbrief konnte Euch Florencius bringen, aber ich wollte Euch selber sprechen, denn mir bangt um Euch, und ich habe schwere Träume."

Voll und freudig glitt sein Blick über ihre schöne Gestalt, und lächelnd sprach er: „Ihr habt böse Träume, Domina? — ich habe dafür desto schönere und hoffe, daß sie in Erfüllung gehen."

Sie sah überrascht und fragend auf, wo er denn damit hinaus wollte, und sagte: „Das kommt auf ihre Deutung an."

„Deutung wie Erfüllung liegt bei Euch," erwiederte er leise. Da funkelten und blitzten ihre Augen und hingen er= wartungsvoll an seinen Lippen, was er weiter sprechen würde.

Aber sehr zur ungelegenen Zeit rief die Kanonissin in diesem Augenblick: „Wenn Du den unvergleichlichen Ritter Bock von Schlanstedt sehen willst, Jutta, so komm' schnell her!"

„Den könnt Ihr nachher sehen, gnädige Frau," sprach
Albrecht, „ich werde ihn zu Tisch entbieten."

Die Äbtissin war aber schon aufgesprungen und ans
Fenster geeilt, weniger um den Ritter Bock zu sehen, als um
die Wallung ihres Herzens zu verbergen, das ihr in fliegender
Hoffnung schlug.

Oda hatte von Albrechts Gespräch mit Jutta wenig oder
nichts gehört, wohl aber die Blicke erhascht, die er zuletzt mit
ihr wechselte, und so viel Lust sie der Einen erregten, so viel
Leid fügten sie der Anderen zu. —

Die alte Schaffnerin Ursula hatte große Sorge in der
Herrenküche, ein würdiges Mahl für den vornehmen Besuch
herzurichten, und als die Tafel gedeckt war, so gut es der ein=
fache, fast dürftige Hausrath des Burgherrn ermöglichte, mußten
die verwöhnten Damen doch sehr fürlieb nehmen. Der Graf
entschuldigte sich deßhalb, als sich die kleine Gesellschaft zu Tisch
setzte und fügte, zu Oda gewandt, hinzu: „Das hättet Ihr bei
unserer gnädigen Frau von Quedlinburg besser gehabt, liebe Oda."

„Nun, Eure schöne Gefangene sieht nicht danach aus, als
hättet Ihr sie darben lassen," sprach die Äbtissin.

„Hungern lasse ich meine Gefangenen nie," erwiederte
er gut gelaunt.

„Ihr müßt uns nachher Euer Gefängniß zeigen, Gräfin
Oda," sagte die Kanonissin.

„Und die Ketten, mit denen Ihr Nachts an Händen
und Füßen gefesselt werdet," fügte Florencius den Scherz
weiter treibend hinzu.

„An Händen und Füßen wohl nicht," neckte die Äbtissin.
„Auch sind die Ketten, mit denen Gräfin Oda hier gehalten
wird, wenn auch unzerreißbar, so doch von so feiner Art, daß
man sie weder sieht noch klirren hört."

Oda fühlte den Stich und suchte sich mit den Worten zu wehren: „Ihr habt ganz Recht, gnädige Frau, die Dankbarkeit schmiedet starke Fesseln, und ich werde sie niemals abstreifen."

Jutta's Lippen kräuselten sich zu einem spöttischen Lächeln, das Oda nicht entging. Aber die Äbtissin erwiederte nichts, um in Albrechts Gegenwart jeden Mißklang zu vermeiden.

Der Platz zu Oda's Linken war leer, denn Albrecht hatte ihn für Siegfried bestimmt, und der war noch immer nicht zurück. Zwischen ihr und der Gräfin Adelheid saß der Ritter Bock von Schlanstedt.

Bock führte gewöhnlich an der langen Tafel der Dienstmannen den Vorsitz und das große Wort und war dabei durch Beispiel und Winke bemüht, den Knechten Anstand und höfliche Sitte beizubringen, mit welchen Bestrebungen er leider keine großen Erfolge aufzuweisen hatte. Von Zeit zu Zeit aber durfte er im Palas mit den Herren speisen, und das war dann immer ein Festtag für ihn, nicht der besseren Kost, sondern der Auszeichnung wegen, auf die sich der also Bevorzugte den Anderen gegenüber nicht wenig zu Gute that. Für solche Gelegenheiten hielt er sich ein besonderes, etwas fremd aussehendes Gewand aus zimmetbraunem Tuch, das sogar bestickt und mit gestepptem Leder besetzt war, ein altes, aber noch gut erhaltenes Beutestück, das auf seinen langen, hageren Leib vortrefflich paßte und in dem er sich dann und wann sehr gern sehen ließ. Niemals auch erschien er ohne Schwert und ohne seinen höchsten Stolz, den Rittergurt. Übrigens wußte er sich bei Tische stets tadellos zu benehmen, saß mit einer feierlichen, gezierten Würde stocksteif auf seinem Stuhle, befleißigte sich der gemessensten Bewegungen und bediente sich beim Sprechen der gewähltesten Ausdrücke. Auch heute schlug

er die Ehre, mit so vornehmen und schönen Frauen der Tisch=
gast seines Herrn zu sein, hoch an, zumal sie ihm seiner
Meinung nach auch in Eilika's Augen einen besonderen Glanz
verleihen mußte.

Die liebenswürdige, rosig blühende Kanonissin, die ihrer
jugendlichen Domina, wie sie ihr an Jahren ziemlich gleich=
stand, auch an sprudelnder Lebhaftigkeit nichts nachgab, hatte
ihren Spaß an der angenommenen Wichtigkeit ihres drollig
ernsten Nachbars zur Linken, und Bock, durch die ihm erwiesene
Huld der Übermüthigen geschmeichelt, ging auf ihre Fragen
und Scherze mit geflissentlicher Gründlichkeit ein und suchte
eine angenehme und belehrende Unterhaltung mit ihr zu führen,
was sie ungemein belustigte. Sie füllte ihm fleißig den Becher
mit dem würzigen und schweren Weine, der in hohen Kannen
auf der Tafel stand, und dem Alle, außer Oda, wacker zu=
sprachen. Auch die Äbtissin, die den Grafen mit verführerischer
Gunst überhäufte, und Albrecht, der wie bezaubert davon
war, kamen in eine immer gehobenere Stimmung und er=
götzten sich an Florencius' sinnreichen Bemerkungen, die er
oft keck und vorwitzig in das munter schwirrende Gespräch
hinein warf. Nur Oda nahm, Albrecht und Jutta heimlich
beobachtend, an der lauten Fröhlichkeit geringen Antheil. Die
Anderen reizten sie auch nicht dazu, denn sie dachten, Sieg=
fried fehle ihr nur, und wenn der käme, würde sie schon auf=
thauen. Albrecht warf auch zu ihr manchmal einen Blick
hinüber; aber wenn er dann zufällig dem tief bekümmerten
ihrigen begegnete, so mußte er schnell wegsehen, als hätte er
kein reines Gewissen gegen sie.

Endlich kam Siegfried. Ein stummer Dankesblick auf
Oda und Albrecht bei seinem Eintritt in den Saal deutete
ihnen an, daß er mit der ihm nachgesandten Botschaft, hoffen

zu dürfen, zufrieden war und nicht mehr erwartet hatte. Nach
höflicher Begrüßung der Gäste nahm er an Oda's Seite Platz,
und wirklich schien der Frohsinn, der die Anderen belebte, nun
auch bei ihr einzukehren; hatte sie nun doch Einen in dem
Kreise, von dem sie wußte, daß er sie von Herzen liebte.

"Nun, wie sieht es draußen aus, Siegfried?" frug
Albrecht leichthin.

"Ein Gewitter ist im Anzuge; es kommt von Halber=
stadt," erwiederte er seinen Bruder bedeutungsvoll ansehend
und auch die Äbtissin mit einem forschenden Blicke streifend.

Aber Albrecht, von Jutta's berückender Nähe in Anspruch
genommen, gab nicht Acht auf den Doppelsinn der Auskunft
und verstand nur wörtlich, was Siegfried sagte.

Der Himmel hatte sich in der That mit schweren Wolken
bezogen, was die im Saale nun erst gewahrten.

"Von Halberstadt!" lachte Graf Albrecht, "natürlich!
von da kommt Alles, was Schaden stiften kann, selbst ein
Gewitter."

"Es sei willkommen mit seiner Blitze Saat und Segen!"
sprach die Äbtissin, "aber wenn es losbricht, Herr Graf, und
bis in die Nacht währt — habt Ihr Losament für uns?"

"Platz haben wir schon," erwiederte Albrecht, "aber ob
Ihr hier so sanft ruhen werdet wie auf Eurem prächtigen
Schlosse —?"

"Herr Graf! bei unserem edlen Schirmvogte?" versetzte
sie schalkhaft.

"Aber was würde unsere geliebte Pröpstin Kunigunde
denken, wenn wir nicht heimkehrten?" meinte Adelheid.

"Daß man uns hier gefangen hielte," lachte Florencius.

"O, es lebt sich gewiß auch als Gefangene recht lustig
hier," sagte Jutta, "nicht wahr, Gräfin Oda?"

„Das kommt auf die Ketten an, mit denen man hier gefesselt wird," entgegnete die Gefragte.

Alle, außer Siegfried, der diese Anspielung auf eine früher gefallene Äußerung nicht verstehen konnte, lachten über Oda's schlagfertige Antwort; selbst die Äbtissin, auf die sie gemünzt war, stimmte gezwungen mit ein; aber sie wollte sich's merken.

Da flammte der blendende Schein eines Blitzes durch den etwas dämmrig gewordenen Saal. Adelheid schrie erschrocken auf; das Lachen war plötzlich verstummt.

Das Gesicht der Äbtissin aber nahm den Ausdruck einer freudigen Verzückung an, und mit stolz erhobenem Haupte frug sie: „Was ist, Adelheid? bangt Dir vor dem Blitze? Mir war so dumpf, so heiß, jetzt naht die Befreiung und quillt über alle Schranken. Wie ein Feuerkuß des Ewigen auf Augen, auf Mund und Herz fährt die zuckende Lohe über mich hin, und von Kopf zu Fuß durchrieselt mich ein süßer Schauer, aus Furcht und Wonne gemischt!"

Der Donner hub an und wuchs und schwoll und dröhnte, die Luft erschütternd.

„Hört doch!" rief Jutta, „zittert Euch nicht das Herz in der Brust, wie das knattert und rollt und um die Felsen hallt, als schlüg' es mit ehernen Schwingen dagegen? Das ist Grimm und Lust in Einem mit wilder, unerschöpflicher Kraft!"

Die Anderen schauten sie verwundert an, als sie so aufgeregt sprach.

Graf Albrecht sagte: „Domina, noch nie sah ich ein Weib, dem bei Donner und Blitz wohlig zu Muthe war."

„Es steckt einmal in mir," erwiederte sie rasch, „daß ich jauchzen muß in Sturm und Gewitter. Und wißt Ihr, was ich möchte? — — donnern können!"

„Das könnt Ihr! das könnt Ihr, Domina!" lachte der Graf. „Ich hab' es schon öfter gehört."

Adelheid und Florencius nickten lächelnd einander zu: „Ach ja! wir auch!"

Wieder zuckte ein Blitz, und der Donner war stärker als vorhin.

„Es kommt auf den Wolken geschritten," sprach Jutta, „der Himmel kracht und die Erde bebt; ich fühle, wie sich der Boden unter meinen Füßen bewegt. Oder bin ich es, die von wirbelnden Fluthen umbraust bis in des Lebens Grund an allen Fasern gepackt wird? denn Euer Regenstein steht fest, Graf Albrecht, der wankt nicht in allen Wettern, so wenig wie Ihr selbst. Seid Ihr ein Prometheus hier auf dem starrenden Felsen, Graf Albrecht? angeschmiedet, ewig einsam hier oben zu hausen? Womit habt Ihr den Zorn der Götter verschuldet? sie grollen Euch und rütteln am Berge und donnern und drohen Euch Rache. Rache, wofür? für ein ge= brochenes Wort? ein zerschmettertes Glück? Redet, Graf Albrecht! die Blitze leuchten ins Herz."

„Ich brach niemals mein Wort und fürchte keine Rache," erwiederte Albrecht. „Seid ruhig, Gräfin Jutta! um den Regenstein hat schon manches Gewitter getobt und ihn nicht zum Wanken gebracht."

Aber je näher das Gewitter heranzog, je häufiger die Blitze, je heftiger die Donner wurden, desto aufgeregter wurde die Äbtissin. Das gewaltige Naturereigniß übte eine wunder= same, unbegreifliche Wirkung auf sie aus, der sie nicht wider= stehen und von der sie sich auch keine Rechenschaft geben konnte; es war, als bestände zwischen ihr und den wettergeladenen Wolken eine geheimnißvolle Verwandtschaft. Wenn Adelheid und Oda sich bei den Blitzen mit der Hand die Augen be=

deckten und bei den Donnerschlägen zusammenfuhren, und während auch die Männer unter dem großen Schauspiel ernst da faßen und nur kurze Bemerkungen darüber austauschten, war Jutta von einer tiefen Unruhe und einer tollkühnen Luft ergriffen, die sich in Blicken und Bewegungen und in über= schwänglichen Worten kundgab.

Oda war diese grenzenlose Erregung der Äbtiffin un= heimlich, und sie sagte in ihrem Grauen davor: „Gnädige Domina, fordert den Himmel nicht heraus!"

„Thu ich das, Kind?" erwiederte sie trotzig. „Komm heraus, komm auf die oberste Höhe mit mir, Du bleiche Lilie, ob Du dem Sturme Stand hälst wie ich, wo uns die Blitze umtanzen und die Donner um die Felsen kriechen wie heulende, brüllende Drachen in Rauch und Nebeldampf!" Sie sprang auf, als wollte sie wirklich hinaus mitten zwischen Blitz und Donner.

Auch die Anderen erhoben sich. Adelheid hing sich an den Arm der Überreizten und sprach auf sie ein: „Jutta! wohin? Du rasest! Da oben schlagen die Blitze ein."

„Laß mich!" rief sie, „was zündet und brennt, trag' ich in mir!"

Sie stand hochaufgerichtet und blickte herausfordernd auf Albrecht, als erwartete sie ein Wort von ihm. Der aber schwieg und sah nach Oda, die halb von Unmuth, halb von Entsetzen erfaßt war. Siegfried stellte sich wie schützend vor sie; auch ihm war es schwer in Haupt und Gliedern. Florencius näherte sich der Kanoniffin und raunte ihr zu: „Laßt die Domina sich nur aussprechen, Gräfin Adelheid; mit dem da draußen geht auch das Donnerwetter bei ihr vorüber." Der Ritter Bock schien zur Bildsäule erstarrt; regungslos hielt er seinen Herrn im Auge, die Entwickelung der Dinge ruhig abwartend.

So war die fröhliche Gesellschaft durch den ungestümen Drang der Einen aufgescheucht und auseinander gesprengt. Aber es dauerte nur wenige Minuten, da öffneten sich die Wolken, und stürzender Regen ergoß sich.

„Ach!" sagte Jutta tief Athem schöpfend, „da kommt's, da strömt das erquickende Bad. Macht auf! laßt Luft herein und den sprühenden Thau! ich lechze danach. Jetzt möcht' ich erst recht hinaus und mit fliegenden Haaren über die Berge stürmen, mir das heiße Blut im Herzen zu kühlen."

Sie riß selber ein Fenster auf und lehnte sich hinaus, daß ihr die am Gesims aufschlagenden Tropfen die erhitzten Wangen benetzten. Der Regen verursachte auf dem harten Gestein ein lautes Plätschern und Rauschen, und der volle, weiche Ton hatte etwas unendlich Wohlthuendes und Erlösendes. In zahllosen kleinen Rinnsalen floß das Wasser von den Felsen herab. Das Laub der Bäume und Sträucher, die lange Zeit gedürstet hatten, belebte sich mit einem farbensatten Grün, und Blumen und Kräuter begannen zu duften.

Jutta winkte Albrecht zu sich in das schmale Fenster. „Kommt, Graf Albrecht!" sagte sie mit einem Blicke voll Gluth und Leidenschaft, „kommt doch und fühlt, wie köstlich das ist! o süß, süß wie gestillte Sehnsucht!"

Er stemmte über ihrer Schulter den Arm gegen die Mauer des Fensterbogens und blickte mit ihr hinaus. Sie mußte sich fügen, weil sie nicht anders Platz hatte; er fühlte ihren Körper an seiner Seite und erwiederte wie von ungefähr den sanften Druck der unvermeidlichen Berührung. Sie wich nicht zurück; ihr Haupt war dicht an dem seinen, er fühlte ihr Haar an seiner Schläfe, fühlte ihren Athem, und ihm selber klopfte das Herz laut und stürmisch.

Ferner und matter grollte es in den abziehenden Wolken,

der Regen ließ nach, und hie und da kam wieder blauer
Himmel zum Vorschein.

„Jetzt laßt uns hinaufgehen," sprach Siegfried, „es muß
jetzt herrlich sein oben im Freien."

Albrecht und Jutta wandten sich um. Nun war sie
ruhig geworden. Auf ihrem noch gerötheten Antlitz lag ein
seliges Lächeln, und aus ihren Augen glänzte ein inniges Glück.
Eine sanfte Ermattung überkam sie nach dem heftigen Aufruhr, den das Gewitter in ihr erzeugt hatte; sie war bald still
gedankenvoll, bald heiter gesprächig, als hätte sie gern Jeden
so froh gesehen, wie sie selber war.

Florencius besuchte mit Bock den Marstall, den Hunde-
zwinger und das Vogelhaus, denn der Stiftsschreiber war ein
Freund von klugen Thieren

Die Anderen erstiegen die Felsenhöhe und labten sich an
der erfrischenden Kühle der Luft, die nach dem Gewitter außerordentlich rein und durchsichtig war. Die Äbtissin freute sich,
als sie in der Ferne ihr Schloß erblickte; sinnend schaute sie
ringsum in das Land und dann wieder hinab auf Palas und
Burghof des Regensteins.

Da trat Gräfin Adelheid zu ihr und flüsterte: „Hältst
Du Umschau über Dein Reich und Deinen künftigen Felsen-
thron, Du glückliche Braut?"

Jutta schüttelte das Haupt und erwiederte: „Er hat mir
kein Wort gesagt."

„Aber Dein Herz sagt Dir's?" sprach die Kanonissin.

Jutta nickte der Freundin lächelnd zu.

Albrecht kam zu ihnen und erklärte ihnen dieses und
jenes im Bilde der Landschaft. Auch er war stiller und ernster
geworden, als wäre ihm ein Rausch verflogen, nachdem er aus
der dumpfen Schwüle des Saales heraus war.

Während er beim Sprechen mit der Hand deutend in die Ferne zeigte, schweiften seine Augen hinüber zu Oda, die mit Siegfried seitab auf einer anderen Erhöhung und jetzt dicht am Rande des Felsens stand. Das Gestein war noch naß und daher glatt und schlüpfrig. Oda stützte sich auf Siegfrieds Schulter, und er hielt sie am Arme, während sie sich vornüber beugte, um in die Tiefe hinabzuschauen.

Dem Grafen stockte das Wort im Munde, als er das sah, und Jutta, der seine plötzliche Zerstreutheit auffiel, folgte der Richtung seines Blickes. Da war es mit ihrer harmlosen Fröhlichkeit wieder vorbei; der Argwohn regte sich wieder, und spöttisch sagte sie: „Es ist rührend, Herr Graf, mit welcher liebevollen Sorge Ihr Eure keusche Lilie behütet. Aber Graf Siegfried hält sie ja fest genug, um sie nicht fallen zu lassen, und sie muß da unten sehr Wichtiges zu sehen haben, daß sie sich so lange von ihm halten läßt."

Albrecht antwortete nicht, und zu ihrem Glücke sah die Äbtissin den finsteren Blick nicht, den er ihr zuwarf.

„Endlich! jetzt treten sie zurück," sprach sie weiter, „sie hat gewiß Eure Angst um sie ahnungsvoll gefühlt. Und wie verschämt sie ihrem Ritter zulächelt! mich dünkt, sie wird roth; was mag er ihr gesagt haben? O diese Empfindsamkeit schmachtender Liebe!"

Albrecht erwiederte ihr auch jetzt nichts; er fühlte sich von ihrem herzlosen Spotte verletzt und verstimmt, und als bald nachher die Kanonissin zum Aufbruch mahnte, erhob er keine ernstliche Einsprache dagegen.

„Ihr gebt uns doch ein Stück Weges Geleit, Herr Graf?" sagte Jutta.

„Das ist die Pflicht Eures Schirmvogtes, gnädige Frau," erwiederte er.

Man ließ satteln, und beide Damen verabschiedeten sich von Oda in einer durchaus freundlichen Weise.

„Ihr habt zwar eine Kemenate in unserem Schlosse bis= her verschmäht, Gräfin Oda," sprach die Äbtissin, „aber sie ist immer noch offen und bereit für Euch, und Ihr seid jeder= zeit willkommen in unserem Kapitel."

„Und wenn Ihr uns auf Tage oder Wochen nur be= suchen wolltet, so würdet Ihr uns und unseren Schwestern im Stifte eine große Freude machen," fügte die Kanonissin ebenso freundlich hinzu.

Oda dankte ihnen aufs Wärmste und sagte, es wäre leicht möglich, daß sie die so huldvoll angebotene Gastfreund= schaft annähme, wenn Graf Albrecht ihr die Freiheit zurückgäbe.

„Das thu' ich aber nicht," lachte der Graf.

Dann stiegen sie zu Pferde, und die Brüder gaben ihren Gästen das Geleit bis halbwegs Westerhausen.

Aus den scherzhaften Andeutungen, die sie unterwegs gegen Siegfried machte, ließ die Äbtissin erkennen, daß sie Oda wirklich schon als dessen heimlich Verlobte betrachtete, und der Liebende ließ sich ihre launigen Neckereien gern ge= fallen, weil sie seiner Hoffnung schmeichelten. Aber auch Albrecht bekam dabei von Jutta, so fest sie ihn auch jetzt in ihren Banden verstrickt glaubte, manchen kleinen Seitenhieb, der mit noch nicht überwundener Eifersucht auf versteckte zärtliche Gefühle seinerseits für die künftige Schwägerin zielte.

Man schied in bester Freundschaft. Die Damen ritten mit Florencius und den Knechten gen Quedlinburg weiter, die Grafen wandten sich nach dem Regenstein zurück. Der Ältere erzählte nun dem Jüngeren von seiner Werbung für ihn bei Oda und gab der Überzeugung Ausdruck, daß ihr Herz schon ihm, dem Jüngeren, gehörte, woran dieser auch nicht zweifelte.

Darauf begann Siegfried: „Nun höre auch mich an, Albrecht, was ich zu melden habe. Wenn ich heute nicht zu Günther gekommen wäre, so wäre er morgen zu uns gekommen mit einer Nachricht, die ganz seltsam lautet. Als ich Dir auf Deine Frage heute Mittag antwortete, es wäre ein Gewitter im Anzuge, meinte ich nicht bloß das, welches gleich darauf mit Donner und Blitz niedergegangen ist, sondern noch ein anderes, schwereres, das uns von Halberstadt her aufsteigt." Albrecht horchte hoch auf, und Siegfried fuhr fort: „Fürst Bernhard von Ballenstedt, der dem Bischof wegen der Stadt Aschersleben bitter grollt, hat gestern unserem Bruder Günther eine heimliche Botschaft gesandt, wir sollten uns vorsehen, der Bischof machte einen Anschlag gegen uns. Er wäre vor einigen Tagen in weltlicher, ritterlicher Kleidung und in Begleitung des Grafen Konrad von Wernigerode und einiger Anderen auf dem Falkenstein beim Grafen Hoyer gewesen. Was sie dort verhandelt hätten, wüßte Fürst Bernhard nicht, aber der Graf von Wernigerode wäre darauf auch zu ihm nach Ballenstedt gekommen und hätte ihn gefragt, ob er gegen Belehnung mit der Stadt Aschersleben wohl dem Bischof in einer Fehde gegen uns helfen würde."

„Siegfried! die Nachricht ist freilich einen Ritt nach Gersdorf werth!" sprach Albrecht. „Was hat denn Bernhard dem Wernigeröder geantwortet?"

„Er hat ihn abgewiesen," erwiederte Siegfried, „und hat ihm gesagt, er nehme von keinem Menschen zu Lehen, was ihm redlich und rechtlich einmal als Eigenthum zufallen müßte und was er sich seiner Zeit schon zu nehmen wissen würde. Sie nennten ihn jetzt spottweise Bernhard den Beraubten, der sein Lehen verschlafen hätte, statt es zur rechten Zeit zu fordern und zu empfahen, damit es nicht verwirkt werde. Das verdankte er dem Bischof, mit dem er niemals in Krieg oder Frieden eine Straße ziehen würde."

„Die Antwort des Fürsten gefällt mir," sprach Albrecht, „wir wollen morgen ein wenig auf Kundschaft reiten."

„Erst ist die Äbtissin beim Bischof gewesen und dann der Bischof beim Grafen Hoyer," versetzte Siegfried. „Ist das nicht seltsam?"

Graf Albrecht sah ihn betroffen an. „Du meinst —"

„Ich meine, das sind zwei Fäden, die sich vielleicht an= einander knüpfen lassen."

„Siegfried!" sprach Albrecht erstaunt, „Du hast Ver= dacht gegen unsere lobesame Frau, die Domina? Warum hast Du mir das nicht früher gesagt, damit ich sie fragen konnte?"

„Ich wollte es," entgegnete Siegfried, „aber als ich sah, wie sie mit Dir so vertraut verkehrte, da schwand mir der Verdacht, aber jetzt taucht er wieder auf, und ich werde den Gedanken nicht los, daß sie bei den Absichten des Bischofs die Hand im Spiele hat. Und ich glaube, Albrecht, der Anschlag geht auf Oda."

„Ach so! darum!" lachte der Ältere, „ja freilich, für Dich dreht sich die ganze Welt um Oda!"

Siegfried erröthete und schwieg, denn Albrechts Lachen hatte bitter, fast höhnisch geklungen.

Sie waren am Burgthor angekommen, und als sie vom Pferde stiegen, ging Jeder still seines Weges, Siegfried in den Palas und Albrecht hinauf zur Felsbank. Siegfrieds Nachrichten und besonders die geheime Botschaft des Fürsten Bernhard an Günther lag Albrecht schwer im Sinn, und er wollte ungestört darüber nachdenken.

Als er oben auf der Abplattung des Felsens anlangte,

fuhr Oda erschrocken von der Bank empor, wo sie in Gedanken verloren gesessen und daher Albrechts Kommen nicht gehört hatte. Sie war durch sein plötzliches Erscheinen verwirrt und hatte verweinte Augen.

„Oda! was ist geschehen? Ihr habt geweint!" sprach Albrecht, selber erschrocken und verwundert.

Sie sah ihn erst einen Augenblick tieftraurig an, führte dann ihr Tuch vor das Gesicht und sagte mit schluchzender Stimme herb und unfreundlich: „Ach! — laßt mich! was kümmert's Euch!"

Damit huschte sie ohne weiter Rede zu stehen an ihm vorüber und eilte die Stufen hinab.

Was war das? So war sie noch niemals gegen ihn gewesen. Was hatte er ihr denn gethan? Graf Albrecht stand vor einem Räthsel.

Einundzwanzigstes Kapitel.

Siegfried war am anderen Morgen der Erste im Sattel. Er ritt unter dem bischöflichen Schloß Langenstein vorüber auf Halberstadt, um nach irgend welchen Zeichen zu spähen, die auf Vorbereitung zu einem feindlichen Angriff deuten könnten. Etwas später machte sich Bock von Schlanstedt auf, um zu demselben Zwecke in der Richtung auf Wernigerode zu streifen; erst sollte er aber auf der Heimburg vorsprechen und den Grafen Bernhard zu einer Berathung mit Albrecht nach dem Regenstein bestellen. Danach wollte auch Albrecht fortreiten und in der Gegend von Quedlinburg Beobachtungen anstellen. Außerdem wurden noch Rothnagel, Hasenbart und Gutdünkel auf Kundschaft in Wald und Feld ausgesandt, ob etwas von anziehendem oder lagerndem Kriegsvolk zu spüren wäre.

Bock war noch nicht lange fort, als er wieder zurückkam und Hinze Habernack mitbrachte, den er nicht weit vom Regenstein unter ihm verdächtig scheinenden Umständen aufgegriffen hatte. Der Alte hatte vorgegeben, auf dem Wege zum Grafen Albrecht zu sein, dem er wichtige Mittheilungen zu machen hätte, und Bock war mit ihm umgekehrt, um den schieläugigen Landfahrer, auf den er noch eine Pike von seiner Begegnung mit ihm in der Schenke zu Erkstedt hatte, nicht aus den Händen zu lassen.

Vor den Grafen geführt, bestätigte Habernack zunächst den Ritt des Bischofs nach dem Falkenstein, wobei ihn außer dem Grafen von Wernigerode die Ritter Rudolf von Dorstadt und Hans von Kreiendorf begleitet hatten, beides ausgesuchte Feinde Albrechts.

Auf die Frage des letzteren, was der Bischof beim Grafen Hoyer wohl zu schaffen gehabt hätte, sah ihn der Alte mit einem verschmitzten Blicke schräg von der Seite an und leckte sich die Lippen wie ein Fuchs, der mißtrauisch vor dem kirrenden Anbiß steht. Dann sprach er: „Ich weiß es, Herr Graf, und wenn ich es vor dem ehrenwerthen Ritter Bock hier sagen darf —."

„Daß Dich der Bock stößt! drücke los, oder ich hole die Daumenschrauben!" drohte Bock.

„Vorwärts, vorwärts! nur heraus damit!" gebot auch Albrecht ungeduldig.

„Also," fuhr Habernack fort, „Graf Hoyer hat doch dem Bischof nach dem Ableben der Gräfin Margarethe die Graf=schaft Falkenstein versprochen. Nun hat aber die Äbtissin Jutte dem hochwürdigsten Herrn erzählt, daß Ihr die Gräfin Oda heirathen wolltet und die Grafschaft als Mitgift oder Erbe verlangtet. Darum, damit aus der Heirath nichts wird, hat er mit dem Grafen Hoyer abgemacht, Euch die Gräfin Oda mit Gewalt zu entreißen, und das, Herr Graf, das wollen sie mit den Blankenburgern zusammen nun ausführen."

„Mensch! wer hat Dir das Alles gesagt?" fuhr ihn der Graf an.

„Hm! Herr Graf," erwiederte der Alte, „das Alles so haarklein herauszukriegen, war nicht leicht, aber ich hatte ja dem großgünstigen Herrn und Ritter Bock von Schlanstedt versprochen, Euch sichere Kundschaft zu bringen, und ich hoffe,

Ihr werdet mich für erlittene und aufgelaufene Unkosten billig schadlos halten. Seht, der hochwürdigste Bischof hat ein Liebchen, ein feines Weibsbild, und die Mutter davon ist so ein Stück Freundschaft von mir; der sage ich denn Bescheid, was ihre Tochter, die schöne Wicburg, dem hochwürdigsten Herrn Alles so hübsch zur rechten Stunde ablocken soll. Wie sie das anfängt, — ja, das ist ihre Sache, aber — weiß der Teufel! sie bringt's fertig."

„Und wann wollen sie kommen? weißt Du das auch?" frug Albrecht.

„Nein, das weiß ich nicht," erwiederte Habernack. „Ich glaube, sie sind sich noch nicht ganz einig; ein paar Wochen kann es wohl noch dauern, aber es kann auch früher sein, ich weiß es nicht."

„Weißt Du noch mehr?" frug der Graf.

„Nein, weiter weiß ich nichts," betheuerte der Alte.

„Schabernack! — die Daumenschrauben!" drohte Bock noch einmal.

Der Alte sah ihn mit einem giftigen Blicke an und schüttelte. Darauf lohnte ihm Graf Albrecht seine Nachrichten mit reichlichem Solde. „Da! nun mache, daß Du fortkommst!"

„Herr Graf," fiel Bock ein, „ich traue dem Kerl nicht. Wäre es nicht besser, wir setzten den alten Gaudieb so lange fest, bis wir sehen, daß sich Alles so verhält, wie er gesagt hat? Und wenn er gelogen hat, so hängen wir ihn an seinem ausgedörrten Schluckhalse so hoch, daß die Luft über ihm und unter ihm durchstreicht."

„Was? Ihr krummnäsiger, großschnäuziger Heckenreiter!" schrie der Bucklige, „wollt Ihr zum Dank für meine gute Kundschaft bundbrüchig an mir werden? Habt Ihr mir nicht Sicherheit gelobt ein und aus?"

„Haſt Du das gethan?" frug der Graf ſtreng.

„Das hab' ich freilich," antwortete Bock widerwillig,
„aber —"

„Dann bleibt es auch dabei."

„Ich will Euch was ſagen, hochgeborener Herr Graf,"
ſprach der Graukopf, als er ſich von ſeinem Schrecken erholt
hatte, „ich bin früh aufgebrochen heute; gebt mir ein noth=
dürftig Eſſen und Trinken und laßt mich ein wenig ausruhen.
Dann geh' ich nach Blankenburg hinüber; ich habe da im
Burgflecken mehr als einen guten Bekannten und will mal
horchen, ob ſie ſich da ſchon rühren, ob ſie vielleicht rüſten.
Merke ich was, ſo komm' ich wieder und ſteck' es Euch; bin
ich aber bis Abend nicht zurück, ſo hat's noch keine Noth."

„Gut!" erwiederte der Graf nach kurzem Bedenken, „thu',
wie Du ſagſt. Bock, nimm ihn mit und ſorge für ihn nach
ſeinem Begehren; dann mache, daß Du zur Heimburg hinauf=
kommſt!"

Bock führte Habernack in eines der Weichhäuſer, daß er
ſich da ruhen und pflegen ſollte. Der Alte ging ſehr langſam,
als wenn er wegemüde nicht mehr recht fort könnte, und Bock
merkte nicht, wie er ſich verſtohlen nach allen Seiten umſchaute,
denn da ſeine Augen ſchief im Kopfe ſtanden, ſo konnte man
nie wiſſen, wo er eigentlich hinſah. Dann ritt Bock ab und
ließ den behaglich Schmauſenden im Geſpräch mit einigen
Knechten, denen er mancherlei Späße vormachte und ſie dabei
nach Allem, was er wiſſen wollte, gründlich ausholte.

Gegen Mittag war Hinze Habernack auf dem Schloſſe
zu Blankenburg beim Grafen Berthold, der den Kundſchafter
ſchon ſeit ein paar Tagen erwartete, und berichtete ihm für
gutes Geld Alles, was er auf dem Regenſtein gehört und ge=
ſehen hatte. „Sie ſchlafen da drüben wie die Hamſter im

Winter," kicherte er, „die Besatzung ist nicht stärker als ge=
wöhnlich, der Viehstand knapp, und sie haben lange keine Zu=
fuhren gehabt. Lauft nur schnell zu, jetzt sind sie am wenigsten
vorbereitet und denken an keinen Angriff; ich habe sie noch
recht sicher gemacht, wie mir der hochwürdigste Bischof be=
fohlen hatte."

Daß er dem Grafen Albrecht den Plan seiner Feinde
verrathen und ihn nur über die Zeit der Ausführung getäuscht
hatte, verschwieg der alte Schuft natürlich.

„Weißt Du nichts von den Falkenstein'schen?" frug Graf
Berthold.

„Die liegen schon in Wegeleben, Herr Graf."

„Wann kannst Du in Halberstadt sein?"

„In drei Stunden bin ich beim hochwürdigsten Bischof,"
erwiederte Habernack.

„So sag' ihm, wir wären bereit," sprach der Graf. „In
Wernigerode warten sie nur auf meinen Wink; ich schicke
augenblicks einen Reitenden hin und einen anderen nach
Quedlinburg; noch vor Mitternacht können wir Alle bei=
sammen sein."

Darauf schlug sich der heimtückische Botengänger um den
Regenstein herum und auf dem kürzesten Wege nach Halberstadt.

Graf Albrecht war von den Eröffnungen des alten Land=
fahrers, denen er vollen Glauben schenkte, weil sie mit der
Warnung des Fürsten von Ballenstedt im Wesentlichen über=
einstimmten, eben so beunruhigt wie entrüstet über die dabei
gemachte Entdeckung. Siegfried hatte also doch Recht: der
Anschlag ging auf Oda, und die Äbtissin war schuld daran,
denn auf ihren Antrieb hatte sich der Bischof aufgemacht und
den Grafen Hoyer mit Gott weiß was für Mitteln endlich dahin
zu bringen gewußt, daß er die Schwester mit Gewalt zurück=

verlangte. Jutta war noch vor Siegfrieds Abberufung von der
Lauenburg beim Bischof gewesen in dem Wahne, daß nicht
Siegfried, sondern Albrecht die Gräfin Oda heirathen wollte.
Also ihrer maßlosen Eifersucht allein verdankte er diesen Krieg
mit der ganzen Schaar seiner Feinde, denn er war überzeugt,
daß auch die Quedlinburger nicht müßige Zuschauer dabei
bleiben würden.

Bernhard ließ lange auf sich warten, ehe er von der
Heimburg herüber kam, und Albrecht verbrachte die Zeit bis
dahin in Gesellschaft Oda's. Sie war wieder ruhig und sanft
wie immer und zeigte das unverkennbare Bestreben, ihre gestrige
schroff abweisende Antwort durch eine doppelte Freundlichkeit
gut zu machen. In ihren Augen las er die stumme Bitte,
mit keiner Frage darauf zurückzukommen. Albrecht verschonte
sie auch damit, schob ihren Unmuth auf eine Nachwirkung von
Jutta's sonderbarem Benehmen und dachte, den Kopf mit
anderen Dingen voll, nicht weiter darüber nach, so daß sie
wieder die besten Freunde waren.

Als Bernhard endlich kam, gingen die Brüder in
Albrechts Gemach und hatten dort, nachdem ersterer in das
jüngst Geschehene und demnächst zu Erwartende eingeweiht
war, eine ziemlich scharfe Auseinandersetzung. Bernhard warf
Albrecht vor, daß es durch seinen Starrsinn einerseits und sein
unverständliches Zaudern andererseits nun so gekommen wäre,
wie ihm Bernhard vorausgesagt hätte, daß ihnen um dieses
Mädchens willen noch harte Kämpfe erblühen würden. Er
hätte, wie Bernhard stets gerathen, Oda längst nach dem
Quedlinburger Schlosse schicken und ebenso längst die Äbtissin
Jutta, die er nun auch schon seit Jahr und Tag mit Hoffnungen hinhielte, zum Weibe nehmen sollen, wenn er überhaupt ernsthaft daran dächte. Dann hätte sie keinen Grund

zur Eifersucht gehabt und ihnen nicht eine so heiße Suppe einbrocken können. Bernhard ließ dabei durchblicken, daß er Albrecht im Verdacht des eigenen Verliebtseins in Oda hätte und dies der wahre Grund wäre, warum er sie bei sich fest= hielte.

Je mehr Albrecht in seinem Inneren dem Bruder Recht geben mußte, desto mehr ärgerten ihn dessen Vorwürfe. Mürrisch entgegnete er ihm: „Der Kampf um die Grafschaft Falkenstein wäre uns nie und nimmer erspart geblieben. Sieg= fried liebt Oda, und wird sie sein Weib, so müssen wir doch über kurz oder lang dem Bischof ihr Erbe abjagen."

„Wer weiß, ob wir das gemußt hätten!" erwiederte Bern= hard, „ob sich nicht Hoyer über die Enterbung der Schwester noch besonnen hätte, wenn Siegfried in Frieden und Freund= schaft ihr Gatte geworden wäre und sich mit seinen Ansprüchen bis zum Tode des regierenden Grafen geduldet hätte, und ob dann der Bischof noch gewagt hätte, uns den Falkenstein auch nur mit einem Worte streitig zu machen."

„Und darauf sollen wir warten?" fuhr Albrecht auf. „Was ich heute kriegen kann, das laß ich nicht bis morgen liegen, damit es sich ein Anderer nimmt."

„Das ist ja eben das Unglück," sagte Bernhard, „diese ruhelose Gier nach Macht, die Dir im Blute, in Deinem tapferen, ehrlichen Herzen steckt wie ein Pfahl im Fleische! Sie wird Dich noch einmal in Unheil und Verderben stürzen, Albrecht! Dich und uns Alle."

„Wenn Du lieber Kinder wiegst, als Speere brichst und Burgen nimmst, so will ich Dich in Deiner Ruhe nicht stören," lachte Albrecht; „meines Lebens Lust und Ziel geht mit Pferd und Schwert in die Weite."

Darauf schwieg Bernhard, und da sie beide einsahen,

daß bei dem Streiten nichts herauskam, so gaben sie es auf und hielten besonnenen Kriegsrath. Am nächsten Tage wollte Albrecht die Vögte und Amtleute sämmtlicher Regenstein'schen Burgen und festen Häuser von dem nahen Ausbruch einer Fehde benachrichtigen und zur schärfsten Wachsamkeit ermahnen lassen und wollte auch an die befreundeten Harzgrafen im Schwaben= und Helmgau, die ihm schon im Frühjahr ihren Beistand gegen das widerrechtliche Umsichgreifen der bischöf= lichen Macht zugesagt hatten, Botschaft senden, daß die Stunde des Kampfes gekommen sei und sie sich dazu bereit halten möchten. Auch sollte der Regenstein für alle Fälle mit reich= lichen Mundvorräthen versehen werden.

Nach Quedlinburg ritt Albrecht heute nicht mehr, und Bernhard blieb bei ihm, bis am Abend Siegfried, Bock und die ausgesandten Knechte, einer nach dem andern, zurückkehrten. Keiner von ihnen hatte etwas Auffälliges bemerkt. Wer aber nicht wiederkam, war Hinze Habernack, woraus die Brüder, seinem trügerischen Versprechen gemäß, schlossen, daß der feind= liche Angriff so bald noch nicht zu erwarten wäre.

Als Bernhard aufbrach, um zu seiner in Ungeduld und Neugier harrenden Reginhild heim zu reiten, wollte ihn Albrecht bis zum Burgthor geleiten und er dort erst zu Pferde steigen. Wie sie nun beide gemächlichen Schrittes in der Dämmerung nicht den Reitweg, sondern in einem Bogen an dem auf= ragenden Felsen entlang gingen, blieb Albrecht plötzlich vor der dunklen Öffnung im Boden, wo der halb verschüttete Gang schräg nach unten in den Felsen hinein führte, stehen und sagte: „Horch! — hörst Du's?"

„Was?" frug Bernhard.

„Den Tempelherrn; er klopft und bohrt wieder mächtig," sprach Albrecht leise.

19*

„Ich höre es," sagte Bernhard, „er will uns melden, was wir schon wissen, daß uns harte Kämpfe bevorstehen."

„Ein böses Zeichen, daß er sich heute so laut vernehmen läßt!" erwiederte Albrecht in anfallender Sorge.

Bernhard bewegte langsam nickend das Haupt, und sie gingen schweigend weiter.

Aus der Tiefe drang ein dumpfes Geräusch, das sich nicht mit Bestimmtheit auf natürliche Weise erklären ließ. Der dunkle Gang war das Tempelherrenverließ, und bei den Regenstein'schen ging seit Menschenaltern folgende Sage darüber.

Ein Vorfahr der jetzt lebenden Grafen hielt dort im tiefen Verließ Jahre lang einen Tempelherrn gefangen, der sich rastlos in verzweifelter Anstrengung quälte, den Felsen mit einem Stück alten Eisens zu durchbrechen, um sich aus seinem Kerker einen Weg zur Flucht zu bahnen. Man ließ ihn gewähren, weil er sich in vergeblichem Mühen nach dem jähen Absturz des Felsens hin bohrte. Er kam auch in dem harten Gestein nicht weit und sah das Licht des Tages niemals wieder; das Pochen da unten verstummte endlich, der Tempelherr war todt. Aber sein Geist fand keine Ruhe; der setzte die hoffnungslose Arbeit in sehnsüchtigem Drange nach Erlösung noch immer fort, und wenn dem Regenstein'schen Hause irgend ein besonderes, gefahrdrohendes Ereigniß bevorstand, dann war sein Klopfen und Bohren in der Stille des Abends und der Nacht deutlich zu hören. Vor einem großen Unglück aber, das nicht immer gleich einzutreten brauchte, jedoch nie länger als höchstens ein Jahr auf sich warten ließ, wollte man den Geist schon mit Augen gesehen haben, wie er nächtens in seinem weißen wallenden Tempelherrenmantel auf der Höhe des Felsens rundum wandelte und dann die Stufen langsam hinab schreitend wieder in sein dunkles Verließ zurückkehrte.

Als sich Bernhard am Burgthor zu Pferde geschwungen
hatte, ging Albrecht denselben Weg zum Palas zurück. Am
Tempelherrenverlieẞ blieb er wieder stehen und horchte. Das
Klopfen tönte noch. „Wenn ich wüẞte, wie ich Dich erlösen
könnte, armer, ruheloser Geist," sprach er leise, „ich thät' es.
Aber wider Dich hilft kein Beschwören, Du bist die Schicksals=
stimme für uns Regensteiner und unser treuer Wächter und
Warner. Kampf ist mir allstunds willkommen, aber Du weis=
sagest Unheil, Du ewig Gefangener, den kein Gnadenwort und
keine Gewaltthat befreit! Und von Oda soll uns aller Un=
segen kommen, meint Bernhard? Thöricht Geschwäẞ! er muẞ
immer murren und mäkeln und kann Einem den lustigsten
Fehderitt mit seinen endlosen Bedenken vergällen. — Und Oda!
ach! ein Blick in ihre blauen Augen macht Leid und Sorge
vergessen."

Und ruhig schritt der Graf durch das Dunkel hinauf zum
Palas.

Zweiundzwanzigstes Kapitel.

Als sich im Osten über den weit sichtbaren Klippen der Gegensteine die Sonne erhob und von der Thalsenkung aus Gründen und Schluchten die weißen Nebel vertrieb, da ward es lebendig um den Regenstein, und an seinem nun thaufeuchten, bewaldeten Abhange blinkten spiegelnde Waffen. Vor dem Burgthor erschien ein Hornbläser und schmetterte einen Anruf hinauf, den der Thürmer sofort erwiederte. Neben ihm stand ein Gepanzerter, der den Rittergurt trug und einen Fichtenzweig in der Hand hielt zum Zeichen, daß er als Herold kam. Er verlangte den Burgherrn zu sprechen oder seinen ersten Dienstmann. Graf Albrecht sowohl wie Bock waren bereits geweckt, und letzterer eilte soeben herbei. Er frug von der Mauer herab nach dem Begehren des Fremden, und der sprach nun mit lauter Stimme:

„Ich bin der Ritter Bosse von Silda. Mein Lehensherr, der hochedle und hochgeborene Graf Hoyer von Falkenstein, entbietet durch mich dem Grafen Albrecht von Regenstein seinen ritterlichen Gruß und verlangt, daß Ihr uns sein Schwesterlein, die Gräfin Oda, die Ihr wider Recht und Billigkeit hier gefangen haltet, stracks herausgebt. Sofern Ihr das aber nicht ohne Verzug in gutem Frieden thut, wollen wir Euch mit Heimsuchung anfallen, vor Eurer Burg lagerhaftig bleiben, mit Feuer und Schwert, mit Berennen und Stürmen Euch Schaden und Abbruch thun, wie wir nur wissen und können, und nicht eher abweichen, als bis Ihr uns das Thor aufthut und das Fräulein ungekränkt und unversehrt in unsere Hände liefert. Wir sind mit unseren guten Freunden und Genossen an die vierhundert Mann zu Roß und zu Fuß mit Sturm= zeug und Kriegsgeräth, und Ihr dürft keinen Zuzug erwarten, weder an reisig Volk, noch zu Eures Leibes Nahrung und Nothdurft. Damit habt Ihr unsere Absage; nun sorget um eine wohlbedachte Antwort von Eurem Herrn."

„Die kann ich Euch gleich selber geben," rief Bock von oben herab. „Ich bin der Ritter Bock von Schlanstedt und scheere mich mitsammt meinem gnädigen Herrn den Teufel um Eure Heimsuchung. Das Fräulein kriegt Ihr nicht, und Zu= zug brauchen wir nicht, haben reisig Volk und Kriegszeug eher zu viel als zu wenig, und unsere Kammern, Scheunen und Ställe sind rammel=stoppen=voll, denn wir wußten, daß Ihr kommen würdet. Wenn Ihr also nicht mit langer Nase wie= der abziehen wollt, so bleibt meinetwegen liegen, wo Ihr liegt; wer uns aber von Euren Vierhundert zu nahe an die Mauern kommt, dem schmieren wir eins über den Kopf! Damit habt Ihr unsere Antwort, und wenn Ihr sie von dem Herrn Grafen selber noch einmal hören wollt, so will ich ihn rufen lassen; ist aber nicht nöthig."

„Nein, ist nicht nöthig," sprach Graf Albrecht, der jetzt ebenfalls auf den Zingeln des Thorthurmes erschien. „Was ist der Herren Begehr?" frug er den Untenstehenden.

„Die Auslieferung der Gräfin Oda von Falkenstein," rief der Herold hinauf.

„Wird verweigert ohne jede Verhandlung darüber!" rief Albrecht hinab. „Wer führt Euch als Feld=Oberster?"

„Graf Berthold von Blankenburg."

„Ich dachte mir's," lachte der Graf. „Und wer ist der Hauptmann der Bischöflichen?"

„Ritter Rudolf von Dorstadt."

„Natürlich! Also sagt den Herren, sie möchten sich die Zeit nicht lang werden lassen, bis wir das Thor aufthäten und sie zum Imbiß lüden," sprach Albrecht und stieg wieder vom Thurme herab, um die nöthigsten Befehle zu geben.

„Hätt' ich doch nur den gottverfluchten Hund von Verräther, den Schabernack gestern nicht aus den Klauen gelassen!" sagte Bock, als er an der Brustwehr der Mauern entlang schritt und der Besatzung den Vertheidigungsdienst einschärfte.

Trotz der großen Worte Bocks vom Thurme herab war die Lage der Burgbewohner eine sehr ernste. Der Regenstein war ja vermöge seiner natürlichen Beschaffenheit mit einer verhältnißmäßig geringen Mannschaft leicht zu vertheidigen und bei gehöriger Wachsamkeit eine Überwältigung mit stürmender Hand kaum zu befürchten. Aber eine dauernde Belagerung brachte darum eine große Gefahr mit sich, weil man sie nicht im Entferntesten vermuthet und daher nicht daran gedacht hatte, die Burg mit für längere Zeit ausreichenden Lebensmitteln zu versorgen.

Albrecht ließ auf dem Bergfried das Nothzeichen aufziehen, um Bernhard von dem Überfall zu benachrichtigen. Konnte auch die Besatzung der Heimburg allein gegen die Masse der Feinde nichts ausrichten, so konnte doch Bernhard durch Aussendung von Boten Hülfe herbeischaffen. Allein sofort meldete dasselbe Zeichen vom Thurme drüben, daß der Feind diese Möglichkeit zur Rettung vorausgesehen und durch Umschließung auch der Heimburg abgeschnitten hatte. Vom Regen-

stein aus bemerkte man nun auch in einem weiten Umkreise
ausgestellte Wachen und ausschwärmende Reiter, augenscheinlich
in der Absicht, jeden sich Nähernden zurückzuweisen, damit
keine Kunde von der Belagerung in die Umgegend dringen
konnte. Die Regensteiner konnten also vorläufig nicht auf
Entsatz hoffen.

Die Reisigen und Knechte waren bis auf den letzten
Mann guten Muthes, denn Graf Albrecht war ja bei ihnen.
Seine Ruhe und Festigkeit, sein sicherer Blick und die Klarheit
und Bestimmtheit seiner Befehle flößten ihnen ein unbegrenztes
Vertrauen ein. Die schwächsten Punkte der Feste wurden am
stärksten besetzt und am reichlichsten mit Kriegsgeräth versehen,
auch am Burgthore die sorgfältigsten Vorkehrungen getroffen;
aber es erfolgte noch kein ernsthafter Angriff. Nur ein leichtes
Schützengefecht entspann sich allmählich; aus dem Gebüsch und
hinter den Klippen hervor schwirrten Armbrustpfeile zu den
Zingeln hinauf und ebenso von dort hinunter. Die Belagerten
sandten den Feinden auch größere Wurfgeschosse von mächtigen
Fischbeinbogen, die auf hölzernen Gestellen ruhten, weil sie
zum Halten viel zu schwer waren. Auch Fußangeln streuten
sie, soweit sie von der Mauer aus werfen konnten, rings umher
in das Gebüsch, vierspitzige eiserne Dornen, die, wie sie auch
fielen, stets mit einem Stachel nach oben lagen, für Mann und
Roß gefährlich.

Hätte Graf Albrecht nur sich und seine Burg zu vertheidigen gehabt, so wäre seine Sorge nicht halb so groß gewesen, als sie war, weil er Oda zu schützen hatte, die ja der
Preis des Kampfes war. Ihn marterte der Gedanke, wenn
die Einschließung lange dauerte, auch ihr Entbehrungen auf-
erlegen und sie zuletzt, wenn kein Entsatz kam, vom Hunger
zum Äußersten getrieben, doch noch ausliefern zu müssen. Am

liebſten hätte er ihr auch jetzt noch verſchwiegen, daß nur um
ihretwillen der Feind vor der Burg lag. Aber das war nicht
möglich; ſie würde es errathen, wenn er es ihr verhehlte, und
es hatten zu viel Knechte die Aufforderung des Ritters Boſſe
von Silda gehört, als daß ſie ein Geheimniß bleiben konnte.

Wirklich erfuhr auch Oda die Wahrheit ſchon in den
erſten Stunden, und nicht in ſchonender Weiſe von Albrecht
oder Siegfried, ſondern von der darüber aufs Höchſte beſtürzten
Eilika.

Als der würdige Ritter Bock von Schlanſtedt im Voll=
gefühl ſeiner Unerſetzbarkeit, die Sturmhaube auf dem Kopfe
und die eiſengeflochtene Helmkapuze um Hals, Kinn und
Ohren, ſo daß nur das Geſicht mit den kampfmuth blitzen=
den Augen daraus hervorſah, wie beſeſſen zwiſchen der Mauer
und dem Rüſthauſe hin und her rannte, begegnete ihm auf
dem Burghofe ſein angebetetes Ehrenwadel, der die Unruhe
am frühen Morgen auffiel, ſo daß ſie nach der Urſache der=
ſelben frug.

„Ha! für Euch! Alles für Euch, liebholdeſte Jungfrau!“
rief Bock begeiſtert. „Wir ſind eingeſchloſſen, Graf Hoyer
verlangt Eure Auslieferung. Die Falkenſtein’ſchen, die Blanken=
burger, Wernigeröder und Biſchöflichen liegen draußen und
wollen uns berennen, um Euch heraus zu holen.“

„Ach du mein Himmel, das iſt ja fürchterlich! Herr
Ritter, liebſter, beſter Herr Ritter! Habt Erbarmen und liefert
uns nicht aus!“ jammerte die geängſtigte Zofe händeringend.
„Sie wollen uns ins Kloſter ſtecken, ach du lieber Gott, ins
Kloſter!“

„Habt keine Bange, liebe Jungfer Eilika,“ erwiederte
Bock großartig, „dieſer Arm und dieſes Schwert ſchützen Eure
Unſchuld! Wir liefern Euch nicht aus, ſo lange wir etwas zu

brechen und zu beißen haben und dann — —" die letzten
Worte verhallten im Innern des Rüsthauses, in welches der
Vielgeschäftige eilfertig verschwunden war.

Eilika lief zu ihrer jungen Herrin und überbrachte dieser
die bedrohliche Kunde. Auch Oda erschrak und warf sich mit
zitternder Hast in die Kleider, um mit dem Grafen Albrecht
zu sprechen.

Sie traf ihn gerüstet und gewappnet von den östlichen
Werken kommend, und da er ihr auf den ersten Blick ansah,
daß sie schon Alles wußte, suchte er sie zu beruhigen, indem
er lächelnd sagte: „Sorget Euch nicht, liebe Oda! Ihr seid
hier sicher und geborgen. Der Regenstein ist nicht zu erstürmen,
es kommt kein feindlicher Mann zum Thore herein oder über
die Mauern; sie werden bald wieder abziehen, aber ohne Euch."

„Laßt mich lieber mit ihnen ziehen, Herr Graf," erwiederte
sie traurig aber gefaßt, „um mich soll kein Schwertschlag
fallen; ich gehe, damit Ihr Frieden habt."

„Mit nichten, Gräfin Oda! Ihr werdet den Regenstein
nicht verlassen," sprach er sehr bestimmt. „Ihr dient denen
da draußen nur zum Vorwande. Das ist eine alte Feindschaft, und die Rechnung zwischen jenen und mir ist allmählich
etwas aufgelaufen, sie muß endlich einmal beglichen werden."

„So nehmet ihnen den Vorwand, indem Ihr mich ihnen
übergebt," erwiederte sie. „Ich bringe Euch nur Unglück ins
Haus."

„Oda!" — Der Ton, mit dem er ihren Namen sprach,
und der Blick, mit dem er sie dabei ansah, kamen ihm aus
tiefstem Herzen. Sie blickte verlegen zu Boden.

„Gebt mir die Hand," fuhr er fort, „bleibt, wie Ihr
bisher auf meine Bitte geblieben seid! nicht wahr? Ihr thut
es gern."

Da konnte sie nicht widerstehen; sie wollte bei ihm aus=
halten, ihn auch in der Noth nicht verlassen. Und wie sie
schon mehr als einmal in demselben Streite der Gefühle
gethan hatte, reichte sie ihm auch heute wieder die Hand und
dachte: Wenn du nicht mit ihm leben kannst, so kannst du
vielleicht mit ihm sterben.

„Ihr wollt es, Herr Graf!" sprach sie mit schimmernden
Augen, aus denen doch eine hingebende Freude glänzte, „und
wenn diese schwache Hand Euch nützen kann, so gebietet; Ihr
sollt mich zu jedem Dienste bereit und willig finden."

„Wenn ich Euch nur heiter und zufrieden sehe," erwiederte
er freundlich; „mehr verlange ich nicht."

Auf dem Wege zum Palas begegnete ihnen Siegfried,
ebenfalls in voller Rüstung und mit strahlendem Gesicht,
glücklich, für Oda kämpfen, sie mit Wagniß seines Lebens
schützen zu können. Er sprach zuversichtliche, fröhliche Worte
mit ihr, die zwar nicht so prahlerisch klangen, als wenn Bock
seine vor dem Kloster zitternde Eilika trösten wollte und mit
seinen hochtrabenden Redensarten von blutigen Thaten und
sich für sie in Stücke=hacken=lassen das Gegentheil erreichte, die
aber voll überschäumender Streitlust auch nicht gerade zur
Beruhigung Oda's beitragen konnten. Ganz ärgerlich sagte
er zu Albrecht: „Sie kommen nicht heran; ich glaube wahr=
haftig, sie haben gar kein Sturmzeug mitgebracht."

„Wohl möglich," erwiederte Albrecht, obwohl er anderer
Meinung war, die er nur in Oda's Gegenwart nicht aus=
sprechen wollte.

Siegfried wich und wankte nicht von den Mauern, war
immer an den gefährlichsten Stellen und suchte die Feinde zu
einem Angriff herauszufordern und zu reizen. Als aber ein
solcher auch nicht am zweiten und nicht am dritten Tage der

Einschließung erfolgte, mußte sich Albrecht dieses auffällige Zögern nicht zu erklären und glaubte, sich mit dem unthätigen Abwarten und der strengsten Wachsamkeit bei Tag und Nacht nicht begnügen zu dürfen. Abgezogen war der Feind nicht; sollte er zu schwach sein, um einen Sturm zu wagen? Darüber mußte sich Albrecht Klarheit verschaffen, und er beschloß, zu diesem Zwecke einen Ausfall zu machen.

Die Belagerer hatten vor den Belagerten den großen Vortheil, daß der Regenstein zwar mehrere Angriffspunkte, aber nur ein einziges Ausfallthor hatte, so daß Albrecht den Feind nicht von zwei Seiten zugleich angreifen konnte.

In der Frühe des nächsten Morgens wurde der Ausfall unter Albrechts Befehl ausgeführt. Es sollte nur ein kleiner Vorstoß sein, und nur ein kleines Häuflein konnte dazu verwandt werden, um die Mauern nicht zu sehr von Vertheidigern zu entblößen.

Die vordersten feindlichen Wachen wurden allerdings überrascht und geworfen, aber sie erhielten schnell von allen Seiten Beistand, und nach einem kurzen, heißen Gefecht mußte sich Albrecht vor der Übermacht eilig zurückziehen, um nicht umgangen und von der Burg abgeschnitten zu werden. Siegfried ging in blinder Wuth so weit vor, daß er auf Albrechts endlich zornigen Ruf gar nicht mehr hörte und unzweifelhaft gefangen genommen wäre, wenn nicht Bock, der die Unvorsichtigkeit des Tollkühnen zur rechten Zeit bemerkte, ihm mit seinen Getreuen wie eine Leibwache gefolgt wäre und ihn mit großer Gefahr aus dem Gedränge herausgehauen hätte. In dem Gebüsch, zwischen Bäumen und Steinen war ein beschwerliches Kämpfen; deckten auch die Klippen den Fechtenden den Rücken, so verhinderten sie auch die freie Umsicht und boten Hinterhalte und Gelegenheit zum Anschleichen. Von

den Regenstein'schen fielen drei Mann, ein für sie schon em=
pfindlicher Verlust; den schwer verwundeten Rupfer von der
bösen Sieben konnten sie noch mit Mühe und Noth in die
Burg hinein retten. Zu den leichter Verwundeten gehörte
auch Siegfried; er hatte einen Kolbenschlag auf den Kopf be=
kommen, den seine gute Stahlhaube aushielt, weil Bock die
stärkste Wucht des Schlages noch so ziemlich abgefangen hatte.
Aber Siegfried wankte doch und wäre umgesunken, hätte ihn
Gutdünkel nicht gehalten und zurückgeführt, während Bock
mit Anderen die scharf nachdringenden Feinde abwehrte. Unter
Albrechts Hülfe, der mit seiner Streitart wuchtige Hiebe aus=
theilte und sich dabei sehr aussetzte, dem aber die Seinigen in
diesem gefährlichsten Augenblick opfermuthig und tapfer zur
Seite blieben, erreichten sie glücklich das Thor, das sich schnell
hinter dem Letzten schloß. Dieser Letzte war der alte Werwolf
Nothnagel.

Albrecht war sehr böse auf Siegfried und machte ihm
zu seinem dröhnenden Kopfe noch bittere Vorwürfe. Von der
Stärke des Feindes hatte er sich nun überzeugt; an ein Zu=
rückdrängen desselben im offenen Kampfe war nicht zu denken.

Auch Bock hatte eine Beule an der Schulter davon=
getragen und einen Stich in den Oberschenkel erhalten, den aber
der Kettenpanzer am Eindringen gehindert hatte, so daß er
aus beiden nicht viel machte und nur Eilika gegenüber stolz
darauf war, ein paar Tropfen Blut für sie verloren zu haben.
Er schonte sich nicht und blieb in seinem rastlosen Dienste,
während sich Siegfried Oda's Pflege gefallen lassen mußte.
Er blickte selig lächelnd zu ihr auf, wenn sie ihm mit leichter,
sanfter Hand nasse Tücher auf die Stirn legte, und auch sie
war glücklich, ihm die Schmerzen, die er für sie erduldete,
lindern und sich nützlich machen zu können. Aber in ihrem

innersten Herzen dachte sie: wenn sie doch Albrecht einmal
so pflegen könnte! und war doch wieder sehr froh, daß er's
nicht nöthig hatte.

Am nächsten Tage antworteten die Belagerer auf den
Ausfall endlich mit einer Berennung der südöstlichen Mauern,
die aber nach hartnäckigem Ringen und ohne Verlust für die
Belagerten zurückgeschlagen wurde. Siegfried durfte zu seinem
größten Leidwesen dabei nicht mitkämpfen, weil er die Stahl-
haube noch nicht wieder aufsetzen konnte.

Beide Theile hatten nun, der eine durch den erfolglosen
Ausfall, der andere durch den mißglückten Sturm, die Stärke
des Gegners erprobt und ließen sich von jetzt ab unbehelligt.
Albrecht erkannte aus dem Verhalten der Feinde ihre Absicht,
ihn auszuhungern, was ihn mit wachsender Sorge erfüllen
mußte, denn nach Berechnung der vorhandenen Lebensmittel
konnte er sich kaum länger als zwei Wochen halten; ein Glück
noch war der abgrundtiefe, unversiegliche Brunnen auf dem
Burghof.

Sehnsüchtig schauten Albrecht, Siegfried und Oda von
der Höhe des Felsens nach einem heranziehenden Entsatz aus.
Oda blieb den größten Theil des Tages oben wie ein aus-
gestellter Wachposten, hielt die Hand über die Augen und
spähte, ob sich in der Ferne nicht blitzende Helme und ragende
Speere zeigen wollten. Sie malte es sich so lustig aus, wie
sie die Stufen hinab fliegen und Albrecht zujubeln wollte:
Sie kommen, sie kommen, zu Roß und zu Fuß! Aber sie
kamen nicht, und Oda wurde mit jedem Tage niedergeschlagener.
Um ihretwillen war die Fehde entbrannt, um ihretwillen war
Blut geflossen, hatte es Verwundete und Todte gegeben, zu
welchen letzteren um ein Haar Siegfried gehört hätte, und
wer wollte ermessen, welche Opfer der Kampf noch kosten würde.

Sie wagte es nicht, Albrecht noch einmal den Vorschlag zu ihrer Auslieferung zu machen, aber er las es ihr vom Gesichte, wie sie sich grämte und härmte.

Das konnte er nicht länger mehr mit ansehen, und er strengte seine Gedanken an und sann und suchte, wie er durch Kriegslist oder Gewaltstreich sich und die Seinen aus ihrer Nothlage befreien könnte.

Endlich tauchte ihm ein Plan auf, fast traumhaft und abenteuerlich, aber wie er ihn näher und näher erwog und durchdachte, da reifte ihm der Plan zum Entschlusse und stand nun fest in ihm als ein unbeugsamer Wille. Es war eine überaus kühne That, und wer sie wagte, der wagte sein Leben; aber wie oft hatte das Albrecht schon gethan! und diesmal war es für Oda.

„Siegfried," sprach er zum Bruder, „wenn uns von selber keine Hülfe kommt, so müssen wir welche herbeiholen, und ich werde es sein, der das auf sich nimmt. — Wie ich durchwill, meinst Du? höre mich an! Wir haben nur einen Weg, der offen und frei ist, den der Feind nicht sperrt und bewacht, an den er gar nicht denkt, und diesen einzigen Weg werde ich gehen, — dort, den Felsen hinab!"

„Albrecht! ist das Scherz oder Ernst?" frug Siegfried verblüfft.

„Mein voller Ernst," erwiederte Albrecht. „Ihr laßt mich in der Nacht an Seilen hinab, ich schleiche mich nach Ditfurt, schicke von dort nach den Burgen, nehme selber ein Pferd, hole den Grafen Burchard von Mansfeld, der wieder Boten nach Stolberg und Hohnstein senden muß, und in drei, längstens vier Tagen bin ich mit einem stattlichen Haufen zur Stelle und mache Euch frei. So lange könnt Ihr Euch halten, und komme ich glücklich und unangetastet durch, so kann es nicht fehlen; also vorwärts! rufe Bock!"

„Aber warum mußt Du es denn sein, der auf diesem
fürchterlichen Wege sein Leben einsetzt und durch Nacht und
Nebel als Bote schleicht?" hielt ihm Siegfried entgegen, „das
kommt doch viel eher mir zu, als Dir, unser Aller Herrn.
Denke, wenn Du stürztest oder gefangen würdest! Was fingen
wir an ohne Dich?!"

„Ich muß es sein," sprach Albrecht. „Du bleibst bei
Oda, bist ihr Schirm und Schutz fürs ganze Leben, darfst
nicht fallen, sie nicht zur Wittwe machen, ehe sie mal Dein
Weib war."

Aber Siegfried bat noch einmal: „Laß mich hinabsteigen, Albrecht! Du bist hier nöthiger als ich. Mit Freuden
übernehm' ich's. Albrecht, laß mich auch einmal etwas Ordent-
liches thun!"

„Kein Wort mehr!" gebot Albrecht. „Ich will es sein,
der den Weg geht und mit einem Heere wiederkommt, das ich
führen und im Kampfe befehligen kann, aber nicht Du."

Das mußte Siegfried zugeben. „Noch eins!" sprach
Albrecht. „Oda erfährt heute nichts davon! erst morgen, wenn
ich fort bin, sagst Du es ihr."

Nun wurde Bock in das Geheimniß eingeweiht; auch er
erbot sich sofort zu dem Wagniß an Stelle seines Herrn,
wurde aber von diesem ebenso entschieden davon zurückgewiesen
wie Siegfried. Dann schritt man in aller Stille zu den Vorbereitungen.

An der Kette des Ziehbrunnens, die von der Welle
abgelöst und noch durch starke Taue verlängert, hoffentlich ausreichte, sollte Albrecht etwas vor Mitternacht an der
schroffsten und glattesten Stelle des Absturzes in Gegenwart
Siegfrieds und Bocks von dem Waffenmeister Klinkhard und
zwei Knechten hinabgelassen werden. So lange auf dem Regen-

stein Alles gut stände, sollte Siegfried den rothen Wimpel vom
Thurme flattern lassen, damit Albrecht bei seiner Rückkehr
mit den Bundesgenossen schon von weiten sähe, daß er nicht
zu spät käme. Ein eigenartiger Hornruf sollte dann das
Zeichen zum Angriff sein, den Siegfried durch einen Ausfall
der ganzen Besatzung unterstützen sollte.

So war Alles verabredet und bestimmt, und es hatte
auch keine Schwierigkeit, Albrechts gefahrvolles Vorhaben bis
zur vollendeten Ausführung Oda zu verheimlichen, um sie
nicht in Aufregung und Angst zu versetzen. Seit Beginn der
Belagerung hielten Albrecht, Siegfried und Bock der Reihe
nach abwechselnd Nachtwache, so daß Einer von ihnen in
Wehr und Waffen die Nacht aufblieb und öfter einen Rund=
gang machte, um die Wachen zu beaufsichtigen. Die anderen
Beiden leisteten diesem stets noch eine gute Weile über die ge=
wöhnliche Schlafenszeit hinaus Gesellschaft. Es hatte daher
für Oda nichts Auffälliges, daß sich die Grafen noch nicht
zur Ruhe begaben, wenn sie ihnen Gute Nacht sagte. Albrecht,
der mit der Nachtwache an der Reihe war, antwortete ihr
auch heute nicht anders, als er allabendlich that, nur daß er
ihr einen unsäglich liebevollen Blick schenkte; konnte er doch
nicht wissen, ob es nicht der letzte war.

Als die Stunde gekommen war, stiegen die drei Männer
zum Felsen empor, Albrecht in Panzer und Sturmhaube, mit
Schwert und Dolch bewaffnet und in einen dunklen Mantel
gehüllt. Oben harrten ihrer schon Klinkhard, Rothnagel und
Schatte mit der bereitgelegten Kette.

Die Nacht war sternenklar, der Mond sollte nach Mitter=
nacht aufgehen, und es war hell genug, um mehrere Schritte
weit sehen zu können. Die Tiefe aber lag schwarz und un=
ergründlich vor den Lauschenden da, und trotz der vollkommenen

Stille drang nicht der leiseste Ton von unten herauf. Am Ende der Kette war ein Querholz befestigt, auf das sich Albrecht rittlings setzen sollte; ein damit verbundenes Seil ward ihm um den Leib geschlungen, so daß er Hände und Füße frei hatte, um sich beim Hinabschweben gegen den Felsen stemmen zu können. Während sie ihn festbanden, empfahl er still dem Allbarmherzigen seine Seele; dann umarmte er Siegfried, drückte den Anderen, auch den beiden Knechten, die Hand zum Abschied und kletterte, während Klinkhard, Nothnagel und Schatte die Kette straff hielten, über den Rand des Absturzes hinaus.

Die fünf Zurückbleibenden überlief ein kalter Schauer, als sie ihren geliebten Herren auf diesem furchtbaren Wege in der Dunkelheit verschwinden sahen. Keiner sprach ein Wort; sie hörten, wie er mit den eisenbeschuhten Füßen gegen den Felsen trat und dann und wann ein paar losgelöste Brocken in die Tiefe rollten. Bald aber erstarb das Geräusch; nur die Kette, die sie langsam, Zoll um Zoll, nachließen, klirrte und scharrte leise über das Gestein, und auch dieser Ton verstummte, als die Kette zu Ende war und nun auch das daran geknüpfte Tau immer weiter und weiter hinabglitt. .

Eine bange Viertelstunde verging in der steten Sorge, ob Tau und Kette auch halten und tief genug hinablangen würden. Plötzlich fühlten sie, daß kein Gewicht mehr daran hing. War die Kette zerrissen? oder in einer Felsenspalte eingeklemmt? war der Graf gestürzt? oder hatte er den Boden erreicht? Sie warteten eine Weile und zogen dann vorsichtig an. Die Kette war frei und gab nach, und als sie das Ende wieder oben hatten, fanden sie das Seil, das der Graf um den Leib gehabt hatte, um das Querholz gewickelt; er war also lebend und gerettet unten angekommen, das grausige Wagestück war gelungen.

Erleichterten Herzens verließen die Fünf den Ort der heldenmüthigen That ihres Herren, und Bock übernahm die Wache für ihn.

Siegfried war am Morgen wieder früh bei Wege, erfüllt von dem stolzen Gefühl, Oda's Beschützer und Befehlshaber der großen, im Kriegszustande befindlichen Burg zu sein. Er beauftragte Bock, den Reißigen und Knechten mitzutheilen, daß, wie und zu welchem Zwecke Albrecht den Regenstein verlassen hatte, damit sie in der Hoffnung auf baldigen Entsatz ihren Dienst desto freudiger thäten. Noch in der Nacht hatte er lange überlegt, wie er sich damit gegen Oda verhalten sollte. Bei ihrer beständigen Furcht vor den Gefahren, denen sich die Brüder ihretwegen aussetzten, und ihrem selbstquälerischen Gram darüber, als hätte sie allein diese Gefahren heraufbeschworen und verschuldet, durfte er ihr ein so mit dem Leben spielendes Wagniß, wie Albrechts Fahrt den Felsen hinab, auch jetzt noch, nachdem es geglückt, nur in der vorsichtigsten Weise beibringen, wenn er ihr nicht einen Todesschrecken einjagen wollte.

Den ersten Morgenimbiß genossen Albrecht und Siegfried während der Belagerung nicht zu bestimmter Stunde, sondern wann Jeder Zeit hatte, so daß Oda bei ihrem Frühmahl oft allein blieb. So hatte sie es auch heute schon beendet, als Siegfried zu ihr in die Halle trat.

Gleich frug sie ihn: „Hat Graf Albrecht in der Nachtwache mit Euch oder dem Ritter Bock getauscht?"

„Wieso?" entgegnete Siegfried.

„Es war nicht sein Schritt, den ich diese Nacht über den Burghof schallen hörte," behauptete sie.

„Kennt Ihr Albrechts Schritt denn so genau?" frug er erstaunt.

Gern hätte sie gesagt: ja, ganz genau! aber damit hätte sie zuviel verrathen; so wußte sie nicht, was sie darauf erwiedern sollte.

„Ihr habt recht gehört," fuhr Siegfried fort, als sie nicht antwortete. „Bock hat diese Nacht die Wache gethan."

„Warum das?" frug sie wieder „Euer Bruder war doch an der Reihe. Ist Graf Albrecht nicht wohl? wo ist er?"

Wo ist er? Dieser einfachen, schnurgeraden Frage gegenüber kam er in große Verlegenheit. Was sollte er nun sagen? Sie wartete auf Antwort.

„Albrecht ist — fort," kam es unsicher und zögernd heraus.

„Fort?!"

„Ja, — er ist fort vom Regenstein." Siegfried war überzeugt, daß er das mit dem dummsten Gesichte sagte, das er je in seinem Leben gemacht hatte.

Oda schwieg und blickte ihn grübelnd an, als hätte er in fremder Sprache zu ihr geredet und sie ihn nicht recht verstanden. Plötzlich verwandelten sich ihre Züge zu dem Ausdruck des Entsetzens, und überstürzt frug sie: „Hat es in der Nacht einen Kampf gegeben? hat sich der Graf allein hinausgewagt? ist er gefangen?"

„Nein," erwiederte Siegfried, „er hat sich durchgeschlichen, um Hülfe zu holen."

„Sich durchgeschlichen? mitten durch die Feinde?" sprach sie ungläubig und fügte erregt hinzu: „Graf Siegfried, Ihr verbergt mir etwas. Sagt Alles auf einmal! was ist geschehen? wo ist Graf Albrecht?"

Siegfried fühlte sich Angesichts dieser plötzlich auflodernden Heftigkeit Oda's und ihrer zitternden Angst um Albrecht von einer seltsamen Beklemmung ergriffen, und eine schreckliche Ahnung stieg in ihm auf.

„Nicht durch die Feinde ist Albrecht gegangen, sondern den Felsen hinab," sprach er sehr ernst, indem er Oda mit schnell tagender Erkenntniß unverwandt ansah.

„Den Felsen? wo? welchen Felsen? — welchen Felsen, Graf Siegfried?!"

„Da oben am Absturz, wo er am steilsten —"

Sie sprang auf ihn los, packte ihn am Arme und rüttelte und schüttelte ihn mit einer rasenden Kraft. „Da?! da hinab? hinabgestürzt? zerschmettert und todt? todt? Die Wahrheit, Graf Siegfried! o mein Gott! mein Gott!" Aus stürmender, keuchender Brust schrie sie die Worte; ihre Augen traten aus den Höhlen, die Lippen zuckten; dann schlug sie die Hände vor das Gesicht, in ihrer Verzweiflung nicht wissend, was sie that und sagte.

Bleich und starr, mit einem Blicke, in dem Licht und Leben erloschen schien, stand Siegfried vor ihr, mitten ins Herz getroffen, und sprach matt und leise: „Seid ohne Sorge, Gräfin Oda! Albrecht lebt. Wir haben ihn sanft und sicher hinabgelassen. In drei Tagen kommt er mit einem Heere zurück und wird als Sieger durch das Burgthor reiten. Und dann" — die Stimme sank immer mehr zum Flüsterton hinab — „dann, Gräfin Oda, dann werd' ich ihm sagen, daß Ihr ihn liebt."

„Das werdet Ihr nicht thun!" rief sie glühend und bebend. „Euer Ritterwort, daß Ihr es nicht thut! Wenn Ihr es ihm aber dennoch sagt, es ihn nur ahnen laßt, so springe ich den Felsen hinab da, wo Graf Albrecht hinunter stieg! Ich schwöre es Euch beim Haupte Eures Bruders!"

Kaum hielt sie sich noch aufrecht. Endlich, endlich war das, was sie so lange im übervollen Herzen zurückgedrängt und unter einer ruhigen, sich stets gleichbleibenden Freundlich=

keit mühsam verborgen gehalten hatte, mit einer Gewalt, die stärker war, als sie selbst, einmal hervorgebrochen, hatte sie in heißer Leidenschaft mit fortgerissen und Siegfrieds holden Blüthentraum mit einem Schlage vernichtet. Sie sah, wie all sein Glück in Trümmern vor ihm lag, und er jammerte sie im Grunde der Seele. Aber sie hatte keine Worte mehr. Erschöpft, wie nach einer übermenschlichen Anstrengung, wankte sie mit einem Blicke herzinnigen Mitleids, den er nicht sah, an ihm vorbei und aus dem Saale hinaus.

Siegfried sank auf einen Schemel am Tische, verhüllte das Gesicht mit beiden Händen und weinte bitterlich.

Dreiundzwanzigstes Kapitel.

———•———

Es waren vier schwere Tage, für Siegfried sowohl wie für Oda, die ihnen bis zu Albrechts sehnlichst erwarteter Rückkehr langsam dahinschlichen. Wenn sie sich auch beide einer ruhigen und ernsten Freundlichkeit zu einander befleißigten und den zwischen ihnen stattgefundenen leidenschaftlichen Auftritt mit keinem Worte berührten, so war doch diese Zeit, namentlich für Oda, außerordentlich peinlich und machte ihr den großen Abstand recht fühlbar, wenn sie dieselbe mit dem heimlichen Glück jener Tage verglich, die sie in Siegfrieds Abwesenheit mit Albrecht allein verlebt hatte. Siegfried bat sie gleich am ersten Mittag um Erlaubniß, den Ritter Bock, weil er jetzt einen so beschwerlichen Dienst hätte, an ihrem Mahle theilnehmen zu lassen, was sie, seine Absicht verstehend, um so lieber gewährte, als er damit auch ihrem Wunsche, ein Beisammensein unter vier Augen möglichst zu vermeiden, entgegen kam.

Bock führte die Unterhaltung bei Tische fast ganz allein, und da er Siegfrieds und Oda's Befangenheit für Sorge um Albrecht hielt, so suchte er sie ihnen auszureden, indem er ihnen die Zeit vorrechnete, die derselbe zur Aufbringung genügender Streitkräfte und zum Anmarsch mit denselben gebrauchte und dabei die Umsicht und Erfahrung seines Herrn rühmte, womit er jeder Gefahr gewachsen wäre. Nur darüber konnte er sich nicht zufrieden geben, daß der Graf den alten Schuft, den Habernack hatte entwischen lassen, der nur gekommen wäre, um sie mit falschen Nachrichten in Sicherheit zu wiegen und dann den Feinden zu verrathen, wie wenig sie auf dem Regenstein auf einen Angriff vorbereitet waren. Er schwur dem Verräther tödtliche Rache.

Der Feind rührte sich nicht, sondern lag ruhig auf derselben Stelle, in der Hoffnung, die Burg durch Aushungerung zu Falle zu bringen. Vom dritten Tage an war auf der Höhe des Felsens Tag und Nacht ein Posten aufgestellt, der nach Annäherung des Entsatzes spähen und auf das mit Albrecht verabredete Hornzeichen lauschen sollte.

Endlich, am fünften Morgen, meldete dieser: sie kommen! und die Hinaufeilenden erblickten einen anrückenden Heerhaufen, den sie in Anbetracht der Stärke des Feindes allerdings etwas größer wünschten. Sie wußten nicht, daß dies nur die Hälfte war und die andere Hälfte, die sie von hier oben nicht sehen konnten, den Regenstein südlich umging, um gleichzeitig den Feind auch von dieser Seite anzugreifen. Sofort sammelte Siegfried die Seinigen zum Ausfall, und als der Posten oben das Zeichen gab, daß er Albrechts Hornruf vernommen, brachen sie aus dem Thore heraus und faßten den Feind nun von der dritten Seite, ohne selbst von diesem Vortheil Kenntniß zu haben.

Trotz der tapfersten Gegenwehr der Angegriffenen, die in heißem Ringen das Gefecht eine Zeit lang zum Stehen brachte, war der Sieg der Regensteiner und ihrer Bundesgenossen ein vollkommener. Der Feind wurde mitsammt den ihm zu Hülfe kommenden Belagerern der Heimburg, denen Graf Bernhard mit seiner Besatzung auf dem Fuße folgte, geschlagen und

versprengt, außer den Todten und Verwundeten, an denen es
auch auf Seiten der Angreifer nicht fehlte, eine beträchtliche
Zahl Gefangener in den Händen der Sieger zurücklassend.

Als nach erzwungener Durchbrechung der feindlichen
Macht die Eingeschlossenen des Regensteins mit ihren Be=
freiern auf dem Kampfplatze zusammentrafen und ihren helden=
müthigen Herrn, den Grafen Albrecht, nach seinem gefährlichen
Wagniß wiedersahen, jauchzten sie ihm zu und schwangen die
Waffen; selbst Bock vergaß seine strenge Würde, hob sich im
Sattel seines steifbeinigen Schecken und schrie aus Leibeskräften:
„Victoria! Victoria!"

Mit herzlicher Freude begrüßten sich nach dem erfochtenen
Siege die gräflichen Brüder, die außer dem Domherrn Ulrich
nun wieder einmal alle beisammen waren, denn auch Günther
und Poppo waren auf Albrechts Ruf mit ihren Knechten von
Gersdorf und Crottorf zum Entsatz ihrer Stammburg herbei=
geeilt. Bernhard, der ja selbst eingeschlossen gewesen war und
daher Albrechts Erscheinen an der Spitze der Verbündeten
nicht begreifen konnte, hörte nun mit Staunen den Bericht
von seiner nächtlichen Fahrt vom Felsen hinab. Siegfried
drückte dem Bruder von Pferd zu Pferd die Hand, konnte
aber kein Wort zu Gruß oder Glückwunsch hervorbringen, und
Albrecht, von Lärm und Gewühl umdrängt, nahm sein Schweigen
und seinen brennenden Blick für sprachlose Freude des Wieder=
sehens nach solchem Abschied.

Die wenigen ritterlichen Gefangenen, unter denen jedoch
leider kein Graf von Blankenburg oder Wernigerode und auch
nicht Rudolf von Dorstadt war, ließ man gegen ein mäßiges
Lösegeld, dessen Zahlung sie, sobald sie etwas hätten, — aber
sie hatten nie etwas — auf Ehr und Eid gelobten, frei von
dannen ziehen, weil Kampf und Fehde ihr Handwerk war und

man ihnen ihr lustiges Reiterleben, das sie bald im Solde
eines Mächtigeren, bald auf eigene Faust abenteuernd führten,
nicht verkümmern wollte.

Als sich aber bei Musterung der gefangenen Knechte
herausstellte, daß nicht allein Reisige des Bischofs, sondern
auch der Städte Halberstadt, Aschersleben und Quedlinburg
an der Belagerung Theil genommen hatten, wollte sich Graf
Albrecht diesen gegenüber nicht zu der gleichen Großmuth ver=
stehen, sondern die unvermuthete Entdeckung gründlicher prüfen.
Da erfuhr er denn von einem mit der Sache vertrauten
Halberstädter, daß der Bischof schon vor längerer Zeit ein
geheimes gegen ihn gerichtetes Schutz= und Trutzbündniß
mit diesen drei Städten geschlossen hatte. Albrecht war ent=
rüstet darüber, aber am meisten ergrimmte ihn diese Heim=
tücke von der unter seiner Schirmvogtei befindlichen Stadt
Quedlinburg, von deren Feindschaft er auf seinem eiligen Ritt
durch den Gau noch weit Schlimmeres erfahren hatte. Wäh=
rend daher die übrigen Gefangenen nach Ablieferung ihrer
Rüstungen und Waffen ungekränkt entlassen wurden, war er
nicht zu bewegen, auch die Quedlinburger freizugeben, ja, er
wollte sie als Empörer und Verräther sämmtlich über die
Klinge springen lassen, und die Freunde hatten große Mühe,
ihn davon abzubringen; aber frei gab er sie nicht, sondern ließ
sie in die Felsenkammern des Regensteins sperren.

Im Lager des Feindes hatte man reiche Beute an Mund=
vorräthen gemacht, die den Insassen des Regensteins sehr will=
kommen war. Das Kriegsvolk der verbündeten Grafen sowie
das von Gersdorf und Crottorf wurde vorläufig in den
nächsten Burgen und festen Häusern untergebracht, und was
dort nicht Platz fand, lagerte sich unterhalb des Regensteins,
denn es gab noch Arbeit für Schwert und Spieß.

Die Herren wollten den Sieg nun mit einem guten Trunke auf dem befreiten Regenstein feiern und ritten zusammen hinauf. Es waren außer den fünf Brüdern die Grafen Burchard von Mansfeld, Bernhards Schwiegervater, Heinrich von Stolberg und Dietrich von Hohnstein und Geldrungen mit einigen ritterlichen Dienstmannen, denen sich natürlich der höfliche Ritter Bock von Schlanstedt anschloß.

Albrecht hatte noch mitten im Getümmel Oda's gedacht und ihr sofort nach Entscheidung des Kampfes einen Boten gesandt, von dem sie auch erfuhr, daß er unverwundet war. Nun erwartete sie ihn mit sehnsuchtsvoller Ungeduld, aber in ihre Freude mischte sich ein Gefühl verschämter Bangigkeit, als wüßte er jetzt um ihre Liebe zu ihm. Nicht daß sie Siegfried zutraute, das Schweigen, das sie ihm darüber auferlegt, gebrochen zu haben, aber da das Geheimniß einmal ihrem Herzen entschlüpft und, wenn auch nicht von ihren eigenen Lippen, in deutlichen Worten ausgesprochen war, so meinte sie, es müßte dem Geliebten wie ein gezähmter, der widerwilligen Haft entflohener Falke über Berg und Thal nachgeflogen sein, ihn gefunden und sich bei ihm niedergelassen haben, so daß er es nun auch in seiner Brust trüge wie sie in der ihrigen. Der Gedanke erfüllte sie halb mit Schrecken und halb mit Seligkeit.

Nach langem Warten kam wieder ein Bote, der der Schaffnerin Albrechts baldige Ankunft und die Zahl der Gäste ansagte.

Oda war es nicht lieb, daß sie ihn in Gegenwart Fremder begrüßen sollte, und um ihn erst einmal ungestört und unbeobachtet, auch von Siegfried unbeobachtet, wiederzusehen, eilte sie zu jener von Gesträuch verdeckten Stelle, wo sie mit ihm zusammen die Ankunft der Äbtissin erspäht hatte.

Da stand sie nun mit klopfendem Herzen und lauschte.

Endlich erklang das Horn des Thürmers, und so schmetternd und jubelnd, wie sie es noch nie gehört hatte. Und da — da kam er vor seinen ritterlichen Gästen und seinem tapferen Kriegsvolk als Vorderster einher geritten, stolz wie ein Reichs= fürst, glücklich wie ein Sieger. O wie herrlich sah er aus in seiner kraftvollen, blühenden Männlichkeit hoch zu Roß in be= staubter Rüstung mit lächelndem Munde und blitzenden Augen! Und diese Augen blickten um in der Runde und suchten, — suchten — etwa sie?! Jetzt wandte er den Kopf nach der Seite hin, wo sie stand; schnell fuhr sie zurück, daß sich die Zweige am Strauche bewegten, — da suchte er nicht mehr.

Graf Albrecht führte die Herren in den Palas und sagte fröhlich: „Günther und Siegfried, weist unseren edlen Gästen Saal und Gemach! Poppo, Du sorgst für den Tisch und daß die Humpen nicht fehlen! und Du, Bock, plünderst den Keller, denn darauf verstehst Du Dich am besten!"

Und, Albrecht, wohin willst Du? wollte Siegfried fragen.

Albrecht stahl sich hinaus und ging, wie er vom Pferde gestiegen, in den Baumgarten hinüber zu der, die seiner dort harrte wie bei einem heimlichen Stelldichein.

Bald stand er vor ihr, und es fehlte wenig, so hätte er sie an seine Brust gezogen, so wäre sie ihm in die Arme ge= sunken.

„Oda! Oda!" sprach er nur mit bewegter Stimme und streckte ihr beide Hände entgegen. Sie zitterte und bebte, von Gluth überströmt, und konnte nicht sprechen. Keiner wußte etwas von sich selbst, Jeder sah nur den Andern. Er hatte vergessen, daß er für Siegfried bei ihr geworben, und sie, daß ihre Liebe ohne Hoffnung war.

„Da bin ich wieder," sagte er endlich, um doch etwas zu sagen.

„Seid willkommen, Herr Graf!" hauchte sie, „und alles Glück und Heil zum Siege! ich danke Euch, daß Ihr mir Botschaft gesandt habt."

„Seid Ihr mir auch nicht böse," frug er, „daß ich ohne Abschied von Euch den schlimmen Weg da oben ging?"

„Hättet Ihr's mir gesagt, so hätt' ich's nicht gelitten," erwiederte sie leise.

„Ich ging ihn für Euch, liebe Oda!" sprach er, „und für Siegfried, den ich Euch nicht nehmen wollte, denn man konnte doch nicht wissen —"

Und für Siegfried! Der Name weckte sie wie ein kalter Wassersturz aus ihrem Augenblickstraume. Sein Leben hatte Albrecht gewagt, um das Siegfrieds zu schonen und zu erhalten — für sie! O wenn er wüßte —! Sie konnte ihm für seinen Opfermuth nicht danken; beklommenen Herzens sagte sie: „Kommt zu Euren Gästen, Herr Graf!"

Während sie mit einander nach dem Palas gingen, begann er: „Nun muß ich Euch doch noch selber das Gastrecht kündigen. Wir ziehen Alle wieder zu Felde, und Ihr könnt nicht allein auf dem Regenstein bleiben. Ist es Euch recht, wenn wir Euch nach Quedlinburg zur Äbtissin geleiten? Sie wird Euch gewiß freundlich aufnehmen, hat Euch ja selber eingeladen, und ich hoffe, Euer Aufenthalt bei ihr wird nicht lange dauern. Auch Siegfried hofft das," schloß er mit gepreßter Stimme.

Wieder fuhr sie wie fröstelnd zusammen. „Mir ist Alles recht, was Ihr über mich beschließt, Herr Graf," gab sie äußerlich ruhig zur Antwort.

„So haltet Euch übermorgen bereit; dann müssen wir fort," sagte er noch.

Im Saale trat Oda etwas bedrückt den Herren entgegen,

die sie Alle ritterlich begrüßten, und zog sich dann bald zurück. Siegfried hatte gesehen, wie sie mit Albrecht aus dem Baumgarten kam. Sie war sehr bleich.

Nun saßen die Grafen und Ritter um den Tisch herum und labten sich aus vollen Humpen und Krügen. Albrecht trank aus dem silbergetriebenen Mundbecher seines Vaters und merkte nicht, wie Siegfried ihn immerfort ansah. Aber in diesen Blicken lag nichts von Neid und Groll der Eifersucht, sondern ein schwermüthig gedankenvolles Forschen und Rathen, öfter unterbrochen durch Hinabstürzen eines vollen Kruges.

Die Herren unterhielten sich von den einzelnen Zügen und Wendungen des eben bestandenen Kampfes, vertieften sich immer mehr in Waffen= und Fehdegespräche, und wie nun Reiten und Streiten, Stechen und Schlagen ihres Lebens Höchstes war, so wurde das siegesfrohe Trinkgelage unversehens zu einem pläneschmiedenden Kriegsrath, in dem sie die Unternehmungen der nächsten Tage und Wochen beredeten, denn nun waren sie einmal beisammen, nun wollten sie auch Bischof und Städte und wer ihnen sonst noch Feind war, ihre Macht fühlen lassen.

Graf Burchard von Mansfeld war dafür, daß sie sich zunächst der Grafschaft Falkenstein bemächtigen sollten; die beiden Grafen aus dem Helmgau riethen, erst an den Blankenburgern und Wernigerödern Rache zu nehmen, während Albrechts Brüder lieber dem Bischof zu Leibe wollten.

Albrecht schüttelte den Kopf, stieß seinen Becher auf den Tisch und sagte grimmig: „Erst Quedlinburg! — abbrennen will ich das Nest, wenn sie nicht zu Kreuze kriechen, und blechen sollen sie, daß ihnen die Augen übergehen! Denkt Euch: während ich hier fest saß, haben sie die Guntecken burg überfallen, erstürmt und in einen elenden Schutthaufen verwandelt."

Ausrufe des Unwillens, Drohungen und Verwünschungen unterbrachen ihn.

„Luchard mußte sich mit den Knechten, so viel noch am Leben waren, in das Wipertikloster flüchten," fuhr er fort; ,aber auch dahin verfolgten ihn die Rebellen, zerstörten die von mir erbauten Ringmauern und hätten das Kloster bis auf den Grund verwüstet, wenn sich nicht die Äbtissin mit ihrem ganzen Ansehen ins Mittel gelegt hätte."

„Woher weißt Du das Alles?" frug Graf Burchard.

„Als ich zu Dir nach Mansfeld trabte, holte ich unter= wegs einen von Luchards Knechten ein, der verwundet und ab= geschnitten, sich nach der Lauenburg durchschlagen wollte; der hat mir's erzählt," erwiederte Albrecht. „Dann haben sie in Quedlinburg auf dem Markte geschrien und getobt und sich von meiner Vogtei losgesagt. Dazu noch das geheime Bünd= niß mit dem Bischof — o! das Maß ist voll zum Über= laufen! Ich will ihnen für die Guntedenburg ihr Rathhaus zerbrechen, und von denen, die sich darin spreizen wie die Pfauen, müssen ein paar Köpfe von ihren Hälsen herunter!"

Dem widersprach Niemand, und Albrecht fuhr fort: „Aber den Tanz mit Quedlinburg können wir Regensteiner allein besorgen; nehmt unterdessen den Falkenstein für uns, und nachher stürzen wir uns Alle zusammen auf den Bischof von Halberstadt."

„Er wird sich tüchtig wehren, denn er hat Bundesgenossen," sagte der Graf von Stolberg. „Aber ich hoffe, die Askanier werden dann auch mit ihm anbinden wegen Aschersleben, und wenn dann nicht Harzgau und Schwabengau wie ein einziges großes Turnierfeld von Kriegsgeschrei erfüllt ist, so liegt es an unserem guten Willen nicht."

„Vielleicht könnten wir uns ein Stück Arbeit ersparen,"

meinte der Graf von Mansfeld, „wenn wir den Halberstädtern einen gemeinsamen Fehdebrief schrieben wegen des Bischofs; ich weiß, sie lieben ihn nicht, und er hat auch Feinde in seinem eigenen Domkapitel."

„Einverstanden!" sprach Albrecht. „Poppo, schreibe den Brief gleich hier am Tische; Du weißt, wo Du Pergament und Schreibzeug findest."

Poppo holte sich das Nöthige herbei und schrieb hier zwischen den Bechern den Fehdebrief, dessen herkömmlicher Wortlaut den ritterlichen Herren so geläufig war wie das Vaterunser.

Die Anderen setzten dabei die Berathung ihres Feldzugs= planes fort. Die Grafen von Mansfeld, Stolberg und Hohn= stein sollten in die Grafschaft Falkenstein einrücken, die Burg nehmen, den Grafen Hoyer mit Glimpf oder Gewalt daraus vertreiben und eine Besatzung auf dem Falkenstein zurücklassen, bis die Regenstein'schen Grafen freie Hand hätten und ihn selber behaupten könnten. Graf Albrecht sollte alle seine Streitkräfte zusammenziehen, um mit der Stadt Quedlinburg ins Gericht zu gehen. Während der vielleicht längere Zeit in Anspruch nehmenden Belagerung sollten auf den Burgen nur die nöthigsten Wachen bleiben, aber ein scharfer Beobachtungs= dienst eingeführt werden, damit keine derselben vom Feinde eingeschlossen würde, ohne daß es die Grafen erführen. Es sollten durch den ganzen Umkreis des Regenstein'schen Gebietes, von Burg Botfeld bei Elbingerode bis Schlanstedt und Wester= burg und von Benzingerode bis Ditfurt und Gersdorf, fort= während einige Reiter zwischen den einzelnen Burgen einher streifen und über Sicherheit oder Gefahr Meldungen mit einander austauschen. So war denn Alles abgemacht, über= morgen wollten die Herren aufbrechen.

Nun las Poppo den Fehdebrief vor: „Wisset, Bürger=
meister und Rath von Halberstadt, daß wir, Graf.... (folgten
die Namen) mit unseren Helfern um Albrechts Grafen von
Regenstein willen Euch und der Eurigen offenbare und ab=
gesagte Feinde sein und Euch allen Schaden thun und thun
lassen wollen, wo er auch herkommen und wie er sich auch be=
namsen möge, so Ihr nicht anders binnen drei Tagen Euch
von Eurem Bischof gänzlich ab= und lossaget. Damit wollen
wir unsere Ehre zu rechter Zeit bei Euch verwahret haben
und thun uns hiermit in dem obengenannten Grafen seinen
Frieden und Unfrieden. Geschrieben unter deß Grafen Albrecht
von Regenstein beigedrucktem Insiegel.“

Sämmtliche Herren setzten ihre Namen darunter, und
Poppo drückte das Wappen mit der vierendigen Hirschstange in
Siegelwachs dazu.

„So!“ sprach Albrecht, „das wäre gemacht. Nun kommt
her und stoßt an: auf gute Verrichtung! Jetzt wollen wir
trinken und fröhlich sein!“

Das gelang ihnen denn auch. Die hohen Kannen wurden
immer wieder gefüllt und auch immer wieder geleert, und die
Gäste wurden immer lebhafter und lauter. Es waren frei=
müthige Gesellen, starkherzige Männer, gesund und dauerhaft,
die im Sattel immer wußten, wo sie hinschlugen, aber beim
Becher nicht sein überlegten, was sie sagten.

„Auf Eure schöne Gefangene, Albrecht!“ rief Graf
Dietrich von Hohnstein den Humpen schwingend. „Donner
und Hagel! Das war kein schlechter Fang, Ritter Bock von
Schlanstedt!“

„Und nicht bloß die schöne Gefangene, auch die schöne
Grafschaft mit dem Falkenstein, die Euch dabei zufällt!“ sagte
Graf Heinrich von Stolberg.

„Noch ist sie nicht gefallen, Freund!" erwiederte Albrecht.

„Haha! dafür laßt uns sorgen!"

„Sagt mal, Ihr Regensteiner," frug Graf Burchard, „wer von Euch, die Ihr noch ledig seid, wird denn die schöne Gräfin nun eigentlich ins Brautbett tragen, der Älteste oder der Jüngste?"

„Ich glaube, sie sind alle Vier in sie verliebt; wie? gesteht mal!" sagte Graf Dietrich.

„Ich gesteh' es, ich bin's!" lachte Poppo.

„Ich auch!" folgte ihm Günther.

„Albrecht und Siegfried schweigen; also die sind's am meisten," neckte Graf Heinrich.

„Nun kommt es bloß darauf an, wen von uns sie liebt," sagte Poppo. „Albrecht, ich glaube, sie liebt Dich!"

„Wieso?" frug Albrecht erschrocken.

„Ich habe vorhin einen Blick von ihr gesehen, einen Blick auf Dich —!"

„Dummes Zeug!" unterbrach ihn Albrecht ärgerlich, „schweig still!"

„Hoho! ruhig Blut!" mahnte Burchard.

„Wenn Ihr nicht Brüder wäret," sagte Graf Dietrich, „so wäre es das Einfachste, Ihr kämpftet um die Gräfin so lange mit einander, bis nur Einer von Euch übrig bliebe, dem sie dann von selber zufiele. Jetzt ist Einer dem Andern im Wege."

„Aber wir sind Brüder!" sprach Bernhard streng und finster, „und keiner von uns ist dem Andern im Wege."

„Nun, nun, so bös war es wohl nicht gemeint," begütigte Burchard.

Wie zwei Blitze von Augen zu Augen hatten sich unwillkürlich bei Dietrichs Worten Albrechts und Siegfrieds

Blicke getroffen. Was Jeder dabei empfunden und gedacht, errieth Keiner. Siegfried verhielt sich schweigsam, und Albrecht bemerkte nun erst sein düsteres, schmerzverstörtes Gesicht. Auch ihm war das Gespräch von Anfang an peinlich gewesen, und etwas erregt sagte er: „Genug damit, Freunde! die Gräfin Oda ist so gut Gast des Regensteins wie Ihr; ich will kein Wort mehr über sie hören. Wenn wir übermorgen nach Quedlinburg reiten, so nehmen wir sie mit und bringen sie zur Äbtissin aufs Schloß, denn allein kann sie hier nicht bleiben.''

Das Gespräch nahm eine andere Wendung, und schnell war die allseitige Fröhlichkeit wieder hergestellt, bei der sie noch lange beisammen saßen, bis Graf Burchard als Gast seines Schwiegersohnes mit diesem und seinen ritterlichen Dienst= mannen nach der Heimburg aufbrach. Die Anderen blieben auf dem Regenstein, wo sie Jeder ein bescheidenes mit un= verglastem Fenster und sehr nothdürftigem Hausrath versehenes Kämmerlein erhielten.

Als sich Albrecht seit fünf Nächten zum ersten Male wieder in sein eigenes Bett legte, wollte ihm der sonst so getreue Schlaf selbst nach den gehabten Anstrengungen nicht kommen. Er dachte nicht mehr an die Noth der Belagerung, nicht an den grausigen Weg, auf dem er ihr entronnen, und seinen langen Ritt nach Mansfeld, auch nicht an den heute erfochtenen Sieg oder die nun bevorstehenden Kämpfe, er dachte einzig und allein an Oda. Sie war ihm bei dem Wieder= sehen so schön, so hold und herrlich erschienen, daß die schwer unterdrückte Leidenschaft nach der kurzen Trennung aufs Neue und mit doppelter Gewalt in ihm aufglühte und es ihm un= möglich däuchte, von der Geliebten zu lassen. War es denn etwas so Undenkbares, daß sie ihn wiederliebte? Seine Be=

werbung für Siegfried hatte sie so gut wie abgewiesen und war manchmal, wenn er mit ihr allein sprach, in eine seltsame Verwirrung gerathen; wie oft hatte er ihre Wangen sich röthen, ihre Blicke leuchten gesehen und liebe, herzige Worte aus ihrem Munde gehört!

Aber mitten in diese freundlichen Gedanken hinein schoß wie ein vergifteter Pfeil das häßliche, sündhafte Wort des Hohnsteiner Grafen: 'Einer von Euch ist dem Andern im Wege'.

Dietrich hatte sich dabei sicher nichts Arges gedacht. Er hatte es in Siegesfreude und Zecherlust übermüthig hervorgesprudelt als Einer, der gewohnt war, um das Größte wie um das Kleinste zu stechen und zu streiten, zu wetten oder zu würfeln. Aber einmal ausgesprochen, war es nicht mehr zurückzunehmen und klang nun Albrecht fort und fort grauenhaft in den Ohren. „Verdammtes Wort!" murmelte er und warf sich jach auf die andere Seite, als wollte er ihm den Rücken zukehren, „ich will es vergessen, als hätt' ich es nie gehört!"

Endlich schlief er ein, aber nun schlich sich ein böser, ein fürchterlicher Traum in seine Seele. Er erstürmte eine Burg, um die darin gefangene Oda zu befreien. Da kam ein Trupp Reiter gesprengt der eroberten Burg zu Hülfe, und er rief seinem Bruder Siegfried zu: „Halte sie auf, bis ich Oda habe!" Siegfried warf sich mit einer Handvoll Knechten den Reitern entgegen und kämpfte mit ihnen; aber als Albrecht Oda gerettet in Armen hielt, sah er, wie Siegfried, von einer Lanze durchbohrt, vom Pferde sank. Siegfried war nicht mehr, und Oda war sein. —

Vierundzwanzigstes Kapitel.

A m andern Morgen war das Erste, daß die reitenden Boten mit der Absage an den Rath zu Halberstadt und den nöthigen Befehlen an die Burgen und festen Häuser abgefertigt wurden. Bock hatte es beim Grafen durch= gesetzt, daß unter Anderen auch die fünf Dienstfähigen der bösen Sieben — der Sechste, Rupfer, lag noch an seinen Wunden danieder, hoffte jedoch aufzukommen — damit betraut wurden. Ehe sie abritten, nahm sie Bock bei Seite und gab ihnen noch einen besonderen Auftrag, von dem der Graf nichts wußte, den sie aber mit einem vergnügten Grinsen aufnahmen und zu Bocks Zufriedenheit auszuführen versprachen, wenn ihnen das Glück dabei ein wenig zur Hand ginge.

Dann begannen die Zurüstungen zu dem Kampfe mit der Stadt Quedlinburg. Waffen aller Art, Sturmleitern, Sturmböcke, Wurfmaschinen, Schleudern und Geschosse, Pech= kränze und unzählige Bündel Pfeile wurden aus den Rüst= häusern hervorgeholt, haufenweise auf dem Burghofe nieder= gelegt, geordnet und verpackt.

Graf Albrecht, Siegfried, Bock und der Waffenmeister Klinkhard hatten alle Hände voll zu thun, und Albrecht fand nicht Zeit, sich um Oda zu kümmern, die selber beschäftigt war, sich mit Eilika zum Abzug zu rüsten. Er fand auch nicht Zeit, Siegfried über sein verändertes Wesen zur Rede zu stellen, der gar nicht wie sonst bei den Vorbereitungen zu einem Kampfe fröhlich und guter Dinge, sondern ernst und in sich gekehrt war. Albrecht bemerkte es in seiner Viel=geschäftigkeit kaum, und das, was er davon bemerkte, schob er auf eine noch dauernde Empfindlichkeit Siegfrieds über das gestrige sich um Oda drehende Gespräch der übermüthigen Zecher. Damit griff er auch nicht fehl. Tiefer, schrecklicher noch als den älteren Bruder hatte Dietrichs von Hohnstein unbesonnenes Wort von dem 'einander im Wege sein' den jüngeren getroffen, der seit der Entdeckung von Oda's Liebe zu Albrecht nur noch den einen Gedanken hatte, nur an der einen Frage würgte: liebt Albrecht auch sie?

Die Unterhaltung der Gäste war den Grafen Poppo und Günther überlassen, und obwohl die Herren doch sämmtlich in den letzten Tagen genug geritten und gestritten und dazu auch in den kommenden vollauf Gelegenheit hatten, konnten sie doch nicht still sitzen, stiegen zu Pferde, tummelten sich lustig in der Reitbahn und brachen lachend ein paar Speere gegen einander.

Während Eilika ihrer Herrin beim Einpacken half, seufzte sie ein über das andere Mal so laut, daß Oda endlich frug: „Was hast Du, Eilika? wird es Dir so schwer, von hier zu scheiden?"

„Ach ja, gnädiges Fräulein!" antwortete die Zofe, „es war doch hübsch hier, und wer weiß, ob wir hier einmal wieder herkommen werden. Ihr wollt es ja nicht."

„Wir kommen nun dahin, Eilika, wohin wir eigentlich wollten," sprach Oda. „Du mußt denken, wir hätten nur einen kleinen Umweg gemacht, wie sich der höfliche Ritter Bock ausdrückte, als er uns vor Quedlinburg bei der Bockshorn=schanze gefangen nahm."

„Ja, ja, aber es war doch gar zu hübsch hier," sagte
Eilika noch einmal. „Was haben wir hier nicht Alles erlebt!
und was hätten wir nicht noch erleben können, wenn Ihr
gewollt hättet! Dann brauchten wir jetzt nicht fort von hier."

Oda mußte trotz des tiefen Wehs im eigenen Herzen
doch über Eilika, die gern noch etwas Anderes hier erleben
wollte, unwillkürlich lächeln.

„Eilika," sagte sie, „Dir macht wohl der tapfere Ritter
den Abschied schwer? Aber der hat ja, wie mir scheint, auch
nicht gewollt."

„Der hat nur auf Euch gewartet, daß Ihr uns mit
gutem Beispiel voranginget," erwiederte Eilika fast schmollend.
„Er sieht ebenso wenig wie ich einen vernünftigen Grund,
warum Ihr nicht eine Gräfin von Regenstein werden wollt,
denn es liegt doch nur an Euch, gnädiges Fräulein."

„Fange davon nicht wieder an!" gebot Oda, sogleich
wieder sehr ernst werdend und sich abwendend.

Eilika seufzte wieder zum Steinerbarmen, und schweigend
fuhr sie im Zusammenlegen der Gewänder fort.

„Wie denkt Ihr Euch denn unser Leben bei der Äbtissin,
gnädiges Fräulein?" fing sie nach einer Weile wieder an.
„Das wird gewiß ein wahres Klosterleben werden."

„Sahen die beiden Damen etwa so klösterlich aus, die
vor vierzehn Tagen hier waren?" frug Oda.

„Nein! da habt Ihr Recht, das müßte man lügen!" lachte
Eilika. „Und dann der Herr Stiftsschreiber Florencius — —".

„Nun?"

„Der wohnt auch auf dem Schlosse und ist viel unter-
haltender und lustiger, als der Ritter Bock."

„So! den scheinst Du Dir also schon zu Deinem Troste
ausersehen zu haben."

„Lieber Gott, gnädiges Fräulein, unsereins will doch auch seinen Spaß haben."

„Nun, wenn Du Dich schon auf Deinen Spaß mit dem Stiftsschreiber Florencius freust, so jammere wenigstens nicht über Deinen Abschied vom Regenstein, als solltest Du statt in das Schloß der Äbtissin gegenüber in das Marienkloster auf dem Münzenberge," verwies Oda ihre leichtfertige Zofe.

Darauf schwieg diese.

Oda that sich Zwang an, als sie beim Einpacken mit Eilika scherzte, um sich über die Traurigkeit ihres letzten Tages auf dem Regenstein hinwegzutäuschen. Ihr war das Herz unendlich schwer. Eilika hatte Recht: was hatte sie hier nicht Alles erlebt! Als Gefangene eingebracht, hatte sie hier beinahe fünf Monate wie die Herrin gehaust, sich in der Gegenwart zufrieden und glücklich gefühlt und kaum an die Zukunft gedacht, die nun auf einmal, nachdem der schöne Traum verflogen, wieder in ihre grausamen Rechte trat. Der Mann, der große Graf, der weit über seinen Gau hinaus geachtete und gefürchtete Held, zu dem sie seit Jahren schon in schwärmerischer Bewunderung aus der Ferne emporgeschaut hatte, der war ihr Beschützer geworden, dem gerade hatte das Schicksal sie so nahe gebracht, daß sie ihn mit der vollen Gluth erster Liebe umfaßt hielt und der, der entschwand nun ihren sehnsüchtigen Blicken im wilden Kriegsgetümmel, und wenn sie ihn wiedersah, so war es vielleicht, weil er kam, um vor ihren sehenden Augen eine Andere in seine Arme zu schließen, sich die schöne, stolze Domina zu holen, bei deren Vermählung mit ihm in der alten, hochragenden Stiftskirche sie vielleicht eine brennende Kerze tragen durfte. So schied sie von der hohen Felsenburg und den beiden Grafen, von denen der Eine, der Geliebte, sie ruhig ziehen ließ, sie fortschickte,

und der Andere nun wiederum ihr mit dem Gram und Groll
verschmähter Liebe nachschaute. Was blieb ihr? nichts, als
die Erinnerung. Und um sich von dieser so viel wie möglich
in die Verbannung hinüber zu retten, beschloß sie, noch einmal
zu der Felsbank hinaufzusteigen und sich die Augen und die
Seele noch einmal mit dem Bilde zu füllen, das sie so oft
mit Entzücken von dort oben betrachtet hatte und nun wohl
niemals wiedersehen würde. Heute war sie auch sicher, daß
der Eine, der Geliebte, sie dort nicht überraschen würde; er
hatte ja heut überhaupt kaum einen Blick für sie. —

Von Graf Albrechts ernsten Lippen kam heute Befehl
auf Befehl, und mit einer Schärfe, die den Gehorchenden
Schwingen an die Sohlen band. Am Nachmittage, als die
Vorbereitungen zum Abmarsch beendet waren, frug er seinen
getreuen Paladin: „Sind die Boten alle zurück?"

„Alle noch nicht," erwiederte Bock; „drei fehlen noch."

„Wer hat die Absage nach Halberstadt gebracht?"

„Nothnagel; aber er ist noch nicht zurück."

„Hm! sollten sie ihn gefangen haben?"

„Schwerlich, und lebendig gewiß nicht," sagte Bock.

Der Meinung war auch der Graf, denn er kannte seine
Leute, und ohne weitere Sorge um Nothnagel ging er jetzt
in den Marstall, um sich von dem tadellosen Hufbeschlag der
Rosse zu überzeugen. Bock begab sich in seine Felskemenate,
wo er noch dieses und jenes für sich selber zu schaffen hatte.

Am Abend trafen die bis jetzt Ausgebliebenen alle Drei
zusammen ein. Bock kam dazu, als sie eben von den Gäulen
stiegen.

„Besorgt!" sagte Nothnagel zu ihm, „ich habe den Brief
am Johannisthor abgegeben."

„Was sagten sie?"

„Wir sollten nur kommen, wenn wir Hiebe haben wollten."

„Daß Dich der Bock stößt! wir wollen sie räuchern wie den Schinken im Schornstein! — Und das Andere?" frug Bock weiter.

„Auch besorgt! Er baumelt," erwiederte Rothnagel.

„An einer Weide," sagte Hasenbart.

„Und unter ihm fließt die Holtemme," schloß Spring=wolf, und dann lachten sie alle Drei wie die Kobolde.

Bock meldete nun dem Grafen: „Der Brief ist besorgt, Herr Graf. Die drei Letzten sind herein."

„Wo haben die Kerls so lange gesteckt?" frug Albrecht.

Bock wollte nicht recht mit der Sprache heraus. „Laßt nur, Herr Graf," sagte er; „sie haben ihre Schuldigkeit gethan."

„Das dank' ihnen der Teufel!" brauste der Graf. „Wo waren sie?"

„Sie hatten noch eine kleine Bestellung von mir aus=zurichten an — an einen alten Freund," erwiederte Bock.

„An wen? — Bock, an wen?" drängte der Graf.

„An Hinze Habernack."

Da hob Albrecht den Finger und sagte: „Bock, Bock! ich will nicht wissen, was geschehen ist, aber was Frommes war's wohl nicht."

„Herr Graf," antwortete Bock mit fester Stimme: „das nehm' ich auf mich!"

Aber er ging nicht, und Albrecht sah ihm an, daß er noch etwas auf dem Herzen hatte.

„Was hast Du noch?" frug er.

„Herr Graf, der Tempelherr rumort heut Abend mit Gewalt," sagte Bock leise.

„Schon wieder?" sprach Albrecht betroffen. „Hat es außer Dir noch Jemand gehört?"

„Ich glaube nicht."

„So schweige still davon und sorge, daß Niemand da um das Verließ herum schleicht und lauscht. Sie nehmen's sonst für eine böse Ahnung, und das taugt nichts, wenn man den Harnisch anthun will. Verstehst Du?"

Bock nickte und wandte seine Schritte nach dem dunklen Schachte. Dort saß er noch lange auf einer vorspringenden Klippe und hielt Wache, daß sich Niemand dem verrufenen Orte näherte. Er selber aber horchte mit trüben Gedanken auf das unterirdische Getön, das bald wie ein ununterbrochenes Rauschen und Rieseln, bald in kurzen, regelmäßigen Absätzen wie ein lauter Tropfenfall klang. Es war eine düstere Nacht; kein Stern blickte tröstlich auf den Einsamen hernieder, und um die Kanten und Ecken des hohen Felsenbaues strich leise klagend ein herbstlicher Wind. —

Das vereinigte Heer, das mit seinem Troß von Sturm= geräth am nächsten Morgen auf der Straße nach Quedlinburg dahinzog, bot ein jedes kriegerische Herz erfreuendes Schau= spiel. Speerfähnlein flatterten, Stahlhauben und Blechschienen blitzten, Waffen klirrten, Ketten und Eisenringe rasselten an den Panzern, Riemenzeug knarrte, und Schnauben und Huf= schlag tönte. Die Reisigen und Knechte zu Fuß und zu Roß sangen und trieben allerlei Schimpf und neckischen Muthwillen, denn sie freuten sich aufs Stürmen, auf Brennen und Sengen und hofften Plünderung und gute Beute. Die acht Grafen ritten voran, Oda in ihrer Mitte.

„Ihr seid gewiß die erste Kapitularin, Gräfin Oda, die mit einem Heereszuge auf das Schloß der Äbtissin geleitet wird," sagte Graf Heinrich von Stolberg.

„Wollt Ihr denn Alle mit hinauf, Herr Graf?" lächelte Oda.

„O nein," erwiederte er, „wir schwenken unter dem Schlosse rechts ab und reiten —"

„Den Schrecken wollen wir unserer gnädigen Frau er= sparen, ihr Schloß von Kriegsvolk erlaufen zu sehen," fiel Albrecht dem Grafen Heinrich in die Rede, weil er fürchtete, dieser möchte Oda sagen, daß der Zug der drei verbündeten Grafen gegen ihren Bruder nach dem Falkenstein ging.

„Ich würde der lieben Gräfin Eure böse Sieben als Ehrengeleit mitgeben, Albrecht," lachte der in seinen Scherzen selten glückliche Graf Dietrich von Hohnstein.

Albrecht warf ihm einen mißbilligenden Blick zu und sagte: „Siegfried wird Gräfin Oda der Domina zuführen."

Siegfried und Oda hörten es beide nicht gern, aber Keiner von beiden wagte dagegen Einsprache zu erheben, um den Andern nicht zu verletzen.

Zu Eilika, die mit zwei von Knechten geführten Pack= pferden hinter den Grafen und ihrer Herrin ritt, kam Bock heran getrabt und sprach: „Kennt Ihr den Weg wieder, liebe Jungfer Eilika, den wir schon einmal zusammen ritten?"

„Ich habe auf den Weg nicht geachtet, ich hatte nur Augen für Euch, Herr Ritter," erwiederte der lose Schalk.

„Es ist mir nicht entgangen," sprach er geschmeichelt und selbstbewußt, und ich hoffe, bald wieder hier an Eurer Seite zu reiten. Unterdessen gehabt Euch wohl, liebwertheste Jung= frau, und vergeßt mich nicht! ich muß bei unseren Leuten bleiben."

Sie nickte ihm freundlich zu, und er lenkte seinen Schecken seitab.

Als die Verbündeten der Stadt nahe kamen, erklang die Sturmglocke, und bald sahen sie Kopf an Kopf über die Brustwehr ragen. Die Thore waren geschlossen, die Brücken

aufgezogen. Der Rath war auf eine Fehde mit den Regen=
steinern auch ohne Absage gefaßt und hatte Wachen ausgestellt,
um vom Anrücken des Feindes zur rechten Zeit Kunde zu
erhalten. Nun drängten sich Reisige, Bürger, Frauen und
Kinder auf den Mauern, um ihn zu sehen und seine Stärke
zu prüfen; aber bald verschwanden die nicht Wehrhaften den
Blicken der Angreifer.

Am Münzenberge, ein paar Pfeilschüsse vor dem Hohen
Thore machte Graf Albrecht Halt, und die Grafen von Mans=
feld, Stolberg und Hohnstein verabschiedeten sich von den
Regensteinern und der Gräfin Oda. Sie versprachen sich
gegenseitig Botschaft über den guten Fortgang ihrer Unter=
nehmungen zu senden, und Graf von Stolberg sagte noch zu
Oda: „Grüßt mir meine Base dort oben auf dem Schlosse,
die Gräfin Luitgard; ich glaube, sie ist Thesauraria im Kapitel.“
Dann zogen sie mit ihrem Volk ihres Weges weiter.

Graf Albrecht vertheilte nun seine Mannschaft unter den
Befehlen seiner Brüder an verschiedene Stellen zur Belagerung
der Stadt. Zur völligen Umschließung derselben reichten seine
Streitkräfte nicht aus, wenn er sie nicht zu weit auseinander
ziehen wollte; auch gedachte er in überraschender Weise bald
an diesem, bald an jenem Thore zu stürmen.

Zu Oda sprach er, ihr die Hand reichend: „Gott grüße
Euch, Gräfin Oda! Ihr könnt von dort oben sehen, was wir
hier unten schaffen; sobald ich hier einmal los kann, komme
ich hinauf und besuche Euch. Sagt das der Domina. Auf
Wiedersehen!“

„Gott schütze Euch, Herr Graf!“ erwiederte sie mit einem
langen Blicke. Dann ritt sie mit Siegfried ab. Eilika und
zwei gepanzerte Reisige als Geleit, nebst zwei Knechten mit
ihren Packpferden folgten ihr in kurzer Entfernung.

Als sie den steilen Schloßberg hinan ritten, der außerhalb der städtischen Ringmauern lag, sprach Siegfried: „Gräfin Oda, laßt uns hier Abschied von einander nehmen, wo uns Niemand hört. Gott weiß es, und Ihr wißt es wohl auch, daß ich Euch geliebt habe, mehr, o viel, viel mehr, als ich Euch sagen kann. Ich habe eine Zeit lang in der seligsten Hoffnung gelebt; aber es war nur ein Traum. Ihr liebt meinen Bruder, und ich glaube, er liebt Euch wieder, aber ich weiß es nicht. Wenn er Euch seine Hand bietet, so nehmet sie und werdet glücklich mit ihm, und wenn Ihr dann mit ihm auf dem Regensteine sitzt, so denket mein —". Die Stimme wollte ihm versagen, er mußte sich sammeln.

Sie hatte ihn mit peinlichen Gefühlen angehört und sagte nun: „Graf Siegfried, ich danke Euch für alle Eure Liebe, die Ihr mir erwiesen habt. Mein Schicksal steht in Gottes Hand; aber wenn es uns beide wieder zusammenführen sollte, wo und wie das auch geschehen mag, — laßt uns Freunde, gute, treue Freunde bleiben, Siegfried, wie wir es in so vielen fröhlichen Stunden auf dem Regenstein waren."

Sie streckte ihm ihre Hand hinüber; aber er nahm sie nicht. Er schüttelte das Haupt und sprach: „Wir sehen uns nicht wieder, Gräfin Oda. Ich fühle es, daß dies ein Abschied für ewig ist, und ich bin's zufrieden, denn ich kann nicht leben ohne Euch. Ich habe nur noch einen Wunsch: macht Albrecht glücklich! — darauf gebt mir die Hand!"

Sie verstand den Sinn seiner Worte nicht, wie er ihn meinte, und erwiederte daher ruhig: „Warum sollten wir uns nicht wiedersehen können, Graf Siegfried? Laßt ein wenig Zeit vergehen; Euch wird das Glück auch noch aus anderen Augen lächeln. Kann ich Eurem edlen Bruder hier auf dem Schlosse bei der Äbtissin irgendwie dienlich und behülflich sein,

so soll es mit Freuden geschehen; jeden Wunsch werde ich ihm
erfüllen, — hier, meine Hand darauf!"

Da nahm er ihre Hand und schüttelte sie leise und ließ
sie erst nach einem langen Drucke wieder los. „So! nun still
davon!" sprach er, „wir sind oben. Zeigt der Äbtissin ein
freundlich Gesicht, und ich rathe Euch, laßt sie nicht merken,
wen Ihr liebt; es ist um Albrechts willen."

Man hatte sie kommen sehen. Florencius empfing sie auf
dem Schloßhofe und führte sie die Treppen hinauf. Oben
kamen ihnen die Äbtissin und die Kanonissin entgegen und
hießen Oda willkommen. Als Jutta sah, daß Siegfried ihr
Oda zuführte, war sie zufrieden, denn sie dachte: Der Bräutigam giebt seine Braut in sicheren Schutz, bis der Krieg zu
Ende ist und er sie heimführen kann. Dennoch frug sie: „Und
Graf Albrecht? Hatte er nicht Zeit herauf zu kommen?"

„Nein, gnädige Frau," entgegnete Siegfried, „heute war
es ihm nicht möglich; aber er sendet Euch Gruß über Grüße."

„Und sobald er kann, will er kommen," fügte Oda hinzu.

„Wisset, Graf Siegfried, daß auch Ihr allezeit bei uns
willkommen seid," sprach die Äbtissin.

„Ich danke Euch, gnädige Domina!" erwiederte er.

Die Gräfinnen Jutta und Adelheid wandten sich etwas zur
Seite und sprachen leise mit einander, um den Abschied der Lieben-
den, wie sie glaubten, nicht zu stören. Aber der war sehr kurz.

„Lebet wohl, liebe, liebe Oda!" sagte Siegfried mit dem
Aufgebot aller Kraft.

„Lebet wohl, Siegfried!" gab sie ihm bang zurück.

Noch ein Händedruck, noch ein langer, tiefer, wehevoller
Blick zwischen dem blonden Siegfried und seiner bleichen Lilie,
dann eine stumme Verbeugung vor den zwei Damen, —
und mit festen, klirrenden Schritten ging er dahin.

Jutta und Adelheid nahmen Oda Arm in Arm in ihre Mitte, und die Äbtissin sprach: „Kommt, liebe Oda, daß wir Euch Euer Wohngemach zeigen; von Euren Fenstern seht Ihr den Regenstein. Nachher rufe ich unsere Schwestern vom Kapitel zusammen; sie erwarten Euch Alle mit Sehnsucht."

„Und auch ein wenig mit Neugier," fügte die Kanonissin lächelnd hinzu.

Siegfried ritt, von den Reisigen gefolgt, langsam hinab und zu Albrechts Lagerplatz. Als er aber den Bruder von weiten halten sah, gab er seinem Rosse die Sporen und sprengte im Galopp auf ihn zu. Wie er das Schwert zog und über dem Haupte schwang, daß es im Sonnenscheine blitzte, und wie er in blinkender Rüstung, mit leuchtenden Augen und flatternden Locken daher flog, sah er aus wie der Ritter Sankt Georg, der zum Siege stürmt.

„Albrecht, da bin ich!" rief er mit lauter, seltsam erregter Stimme, „nun stelle mich hin, wo der Kampf am heißesten wird!"

Fünfundzwanzigstes Kapitel.

———•———

ie Belagerung Quedlinburgs ging nicht nach Graf
Albrechts Wünschen, denn die trotzige Stadt war nicht
so leicht zu bezwingen, wie er sich das wohl gedacht
hatte. Die stets wiederholten Sturmläufe an verschiedenen
Thoren wurden tapfer zurückgeschlagen und ein paar Feuers=
brünste, die namentlich in der Neustadt von hineingeschleuderten
Brandgeschossen entzündet waren, bald wieder gelöscht, so daß
die Belagerer sich keines ernsten Erfolges rühmen konnten.

Graf Albrecht war daher sehr übler Laune, und sein
Besuch auf dem Schlosse, den er Jutta's wegen nicht ver=
meiden konnte und Oda's wegen sehr gern unternahm, war
nur von kurzer Dauer. Oda benahm sich, eingedenk der War=
nung Siegfrieds, sehr vorsichtig und zurückhaltend dabei und
schien mit der Domina wie auch mit den übrigen, namentlich
den jüngeren Conventualinnen schon auf ganz freundschaft=
lichem Fuße zu stehen, sah auch zufrieden und wohlgemuth aus.
Die Äbtissin entschuldigte das unverbindliche, fast unfreund=
liche Wesen ihres edlen Schirmvogtes mit seiner Mißstimmung
über den schlechten Fortgang der Belagerung und erbot sich zur
Friedensvermittlerin zwischen ihm und der Stadt, was er
jedoch streng von der Hand wies. Sein Groll gegen die letztere
steigerte sich mit jedem Tage, den er vergeblich vor ihren

Thoren lag, ohne ihr beikommen und die Zerstörung der in rauchgeschwärzten Trümmern liegenden Guntedenburg an ihr rächen zu können.

Siegfried hatte weder den älteren Bruder bei seinem Besuch auf dem Schlosse begleitet, noch war er allein oben gewesen. Albrecht legte ihm diese große Enthaltsamkeit als Ehrgeiz aus, mit dem Siegfried sich vielleicht Oda gegenüber vermessen oder wohl gar durch ein Gelübde gebunden hatte, erst als Sieger und Eroberer der Stadt wieder vor der Geliebten zu erscheinen. Er frug ihn nicht, aber seine Vermuthung wurde bestärkt durch Siegfrieds verwegenes Vordrängen und sich preisgeben bei jedem Angriff und durch sein ungeduldiges Verlangen, daß sich die Belagerten endlich zu einem Ausfall und einem Waffengang auf freiem Felde entschließen möchten.

Aber damit hatten es die Quedlinburger nicht eilig. Laut des abgeschlossenen Schutz= und Trutzbündnisses mußten ihnen der Bischof und die Städte Halberstadt und Aschersleben zu Hülfe kommen, und darauf warteten sie. Wenn sie von ihren Thürmen aus gewahrten, daß die Bundesgenossen heran rückten, dem Feinde in den Rücken, dann wollten sie selber aus den Thoren ausfallen und mit drauffchlagen, bis dahin aber ihre Kräfte einem so ausgezeichneten Kriegsführer gegenüber, wie der Graf von Regenstein war, wohlweislich schonen. Inzwischen hielten sie gute Wache, wehrten die Sturmversuche an den Thoren ab und sahen ruhig am Tage die Zelte und Nachts die Lagerfeuer jenseits ihrer breiten Gräben. Ausgehungert konnte die Stadt von den Regenstein'schen nicht werden, trotzdem ihr die Handelswege durch die Belagerung abgeschnitten waren. Einen Frachtzug mit Güterladung, der für einen Quedlinburger Kaufherrn bestimmt und die Gefahr nicht kennend, die alte Heerstraße von Nordhausen

22*

über den Harz kam, hatte der Feind schon abgefangen und ausgeraubt. Aus diesem Grunde war den Bürgern das lange Ausbleiben der zu erwartenden Hülfe sehr unbequem. Dem Grafen Albrecht dagegen kam diese Verzögerung ihrer Ursache wegen sehr zu Statten, und als ihm die letztere durch einen reitenden Boten aus Burg Schwanebeck gemeldet wurde, verwandelte sich seine Verdrossenheit in helle Freude.

Der Fehdebrief an den Rath zu Halberstadt hatte eine Wirkung gehabt, die Albrechts kühnste Hoffnung überstieg: der Bischof war aus der Stadt vertrieben und hatte flüchten müssen.

Und das war so gekommen. Graf Albrecht von Regenstein war beim gemeinen Volke weit und breit beliebt im Lande, weil er die armen Leute nicht schindete und plagte, wie das andere ritterliche Lehensherren thaten, sondern sie mit milder, wohlthätiger Hand unterstützte und ihnen selbst gegen ihre weltlichen und geistlichen Bedrücker beistand. Um so weniger Freunde hatte der Bischof, der seine Gülten und Zehnten mit unnachsichtiger Strenge eintrieb, so daß der Graf bei seinen Streitigkeiten mit ihm, von denen die Kunde in alle Schichten der Bevölkerung drang, die große Masse des ärmeren Volkes auf seiner Seite hatte. Als nun der Absagebrief der Verbündeten, der die Stadt nur des Bischofs wegen mit einer scharfen Fehde bedrohte, bekannt wurde, ergriffen die Handwerksgilden und die kleineren Leute offen Partei für den Grafen gegen den Bischof, und es kam in Halberstadt zu einem gewaltsamen Aufstande. Der Rath und die Geschlechter thaten wenig oder nichts zur Unterdrückung desselben, theils weil ihnen die Macht dazu fehlte oder ihnen um ihr eigen Gut und Blut bangte, theils weil sie dem Bischof für sein oft hochmüthiges Auftreten und seine vielfachen Übergriffe in das

Stadtregiment diese bittere Lehre gönnten, damit er einsehen sollte, daß ein gutes Einvernehmen mit Rath und Geschlechtern sein eigener Vortheil wäre. Es mochte auch wohl von seinen alten Gegnern im Domkapitel heimlich geschürt und gehetzt werden, kurz, die erregten Volkshaufen machten Anstalt, die bischöfliche Burg zu stürmen, und um sein Leben zu retten, blieb dem Bischof nichts übrig, als zu fliehen. Es hieß, er habe sich bei Nacht über die Stadtmauer gerettet und über Osterwiek nach seiner Feste Hornburg ganz im nordwestlichen Winkel des Harzgaues, an der Ilse oder nach seiner Burg Wiedelah zwischen Stötterlingenburg und der Oker gewandt, von wo er leicht in noch größere Sicherheit nach der Harzburg, der sehr starken Bergfeste der Grafen von Wernigerode, kommen konnte.

Diese wichtige Nachricht war dem Grafen Albrecht begreiflicherweise sehr willkommen, denn wenn er auch weit davon entfernt war, zu glauben, daß der vertriebene Bischof sich gottergeben in sein Schicksal fügen und lange unthätig still sitzen würde, so hatte er doch vorläufig Ruhe vor ihm und durfte hoffen, daß die Halberstädter unter diesen Umständen von der Entsendung einer Streitmacht zu Hülfe der Stadt Quedlinburg absehen würden.

Demgemäß fiel auch sein Bescheid auf eine Anfrage der verbündeten Grafen aus, als sie ihm die Einnahme des Falkensteins melden ließen. Graf Hoyer, oder vielmehr die Besatzung der Burg, hatte sich, um der Waffenehre und der Treue gegen ihren Lehensherrn einigermaßen zu genügen, drei Tage lang standhaft gewehrt, dann aber die Burg übergeben, und Graf Hoyer war mit seiner frommen Gemahlin und seinem bischöflichen Burgkaplan grollend und grämlich abgezogen. Die Grafen machten sich auf dem schön gelegenen

Falkenstein nun gute Tage und pflegten des edlen Waidwerks in den wildreichen Forsten. Sie frugen aber doch bei Albrecht an, ob sie ihm gegen die Stadt Quedlinburg zu Hülfe kommen sollten. Wenn nicht, so würden die Grafen Heinrich und Dietrich den Falkenstein für Albrecht besetzt halten — mit anderen Worten, so lange weiter zechen und birschen — bis er oder einer seiner Brüder sie ablöste. Graf Burchard aber wollte dann mit seinem Volke auch noch die zur Grafschaft Falkenstein gehörige Herrschaft Arnstein mit der Rammelburg und Hettstedt besetzen.

Albrecht verstand recht gut, wie das gemeint war. Die Herrschaft Arnstein mit dem herrlichen Schloß grenzte an Burchards Grafschaft Mansfeld, und wenn er sie besetzen wollte, so hieß das so viel, als daß er sie für sich besetzen und behalten wollte. Darüber war nun zwar nichts abgemacht, allein Albrecht sah ein, daß er dies seinem treuen Bundes=genossen nicht verwehren und ihm den Lohn für seine bereitwillig geleistete Hülfe nicht verweigern konnte. Außerdem lag dem Grafen Albrecht daran, den Quedlinburgern zu zeigen, daß er allein stark genug wäre, sie zu züchtigen, damit sie in Zukunft die nöthige Achtung vor seiner Gewalt hätten und nicht etwa meinten, er könnte ihnen ohne den Beistand Verbündeter nichts anhaben. Er antwortete daher auf die Anfrage der Freunde, er bedürfe ihres Zuzuges nicht; Burchard möchte sich in Gottes Namen der Herrschaft Arnstein bemächtigen, und Heinrich und Dietrich möchten den Falkenstein und die Gegend um Erms=leben besetzt halten, bis er einen seiner Brüder zur Übernahme schickte, was hoffentlich bald geschehen würde. Aber sie möchten die Stadt Aschersleben durch streifende Reiter beobachten lassen, daß ihm von dort nicht unvermuthet reisig Volk in den Rücken fiele, und wenn es ihre Zeit irgend erlaubte, so möchten sie

die Anhaltinischen Fürsten, namentlich Bernhard den Beraubten
ansprechen und ihn zur Theilnahme an ihrem Bündniß gegen
den Bischof zu gewinnen suchen.

Den Quedlinburgern kam die Säumigkeit der beiden
anderen Städte doch nachgerade verdächtig vor, und man be=
schloß, bei ihnen anzufragen, ob sie denn bundbrüchig werden
wollten, oder warum sie der bedrängten Schwesterstadt keine
Hülfe schickten. Da die Umschließung der Stadt seitens der
Belagerer eine sehr lückenhafte war, so kamen die in der
Dunkelheit der Nacht aus einem versteckten Mauerpförtchen
gelassenen Boten glücklich durch die Feinde durch und in der
darauf folgenden Nacht auch wieder in die Stadt hinein.

Da erfuhr man denn nun die Geschichte von der Ver=
jagung des Bischofs. Aber Bürgermeister und Rath von
Halberstadt ließen denen von Quedlinburg sagen, sie dächten
nicht daran, bundbrüchig zu werden und würden die liebe
Schwesterstadt gewiß nicht im Stich lassen, wenn sich diese nur
noch einige Tage gedulden und gegen den Feind halten könnte.
Sie stünden mit dem Bischof über seine Rückkehr in Unter=
handlung, die, wenn sie nicht überstürzt würde, einen für ihre
Stadt sehr wünschenswerthen Ausgang verspräche. Dann
wollten sie mit einem namhaften Volk zu Roß und zu Fuß
kommen und durch ein Fahnenzeichen von der Hamwarte ihr
Nahen kund geben. Die Quedlinburger möchten nur immer
scharf auslugen und dann zu rechter Zeit durch einen Ausfall
auf den Feind kräftig zudrucken.

Der Bescheid der Aschersiebener lautete nicht so günstig.
Sie könnten nicht durch, hieß es, denn die Stolbergischen und
Hohnstein'schen lägen ihnen im Wege und bewachten sie un=
ablässig.

Dabei mußten sich die Quedlinburger wollend oder nicht=

wollend beruhigen, und im Hinblick auf die tröstliche Nachricht aus Halberstadt konnten sie es auch; aber die auf die Wege=lagerei der Harzgrafen gestützte Entschuldigung Aschersleben sah doch einer willkommenen Ausrede zum Verwechseln ähnlich, und es wollte die Quedlinburger dünken, als wäre die neue Bischofsstadt ihnen nicht so bundestreu wie die alte.

Selbst von Quedlinburgs höchstem Kirchthurme war der umliegenden Berge wegen die Straße nach Halberstadt nicht zu übersehen, während die Hamwarte den Thurmwächtern, aber nicht den Belagerern sichtbar war. Über den ganzen Harz=gau vertheilt ragten auf Bergen und Flurgrenzen zehn solcher hohen, steinernen Wartthürme, von denen man Umschau halten und sich durch Zeichen verständigen konnte; aber die Wächter mußten ihre Augen länger als bloß einige Tage anstrengen, ehe eine flatternde Fahne von der Hamwarte herüber winkte.

Unterdessen ließ Graf Albrecht nicht nach, die Stadt zu berennen und ihr auf jede Weise, besonders durch Feuer zu schaden; allein es gelang ihm nicht, sie zu überwinden und als Sieger mit den Seinigen hineinzukommen. Einmal wäre dies beinahe geglückt. Das Hohe Thor war gestürmt und er=brochen und die Regenstein'schen waren schon in die Gasse da=hinter eingedrungen, wurden hier aber von einer erdrückenden Übermacht gestellt, mit einem Hagel von Geschossen und schweren Steinen und mit Strömen siedenden Wassers und Öles über=schüttet, so daß sie sich nach starkem Verluste zurückziehen mußten. Albrechts Grimm über die Fruchtlosigkeit seiner An=strengungen steigerte sich bis zu einer unnahbaren Wuth.

Da erhielt er zu allem Mißgeschick eines Tages noch die unheildrohende und leider schon verspätete Kunde, daß der Bischof nach gepflogenen Unterhandlungen und gemachten Versprechungen nach Halberstadt zurückgekehrt war, und von dem wetterwen=

bischen Volke jubelnd empfangen, einen prunkvollen Einzug in den Petershof gehalten hatte.

Aber der schlimmste Theil der Nachricht war der Zusatz, daß der Bischof eine gar ansehnliche Schaar Reisiger theils neu geworben, theils von seinen Burgen mitgebracht hatte, die mit der schon kriegsbereiten Mannschaft des Rathes ohne Verzug zum Entsatz der Stadt Quedlinburg aufbrechen sollte. Der Feind konnte also auch von dort jeden Tag, jede Stunde auf dem Kampfplatz erscheinen.

Albrecht wußte, was er von der Rache des in Folge seiner Absage Vertriebenen zu erwarten hatte und schickte sofort Kundschafter auf die nächsten Berge. Während er nun eines Morgens mit seinen drei jüngsten Brüdern und dem Ritter Bock in der Nähe des Gröper Thores stand, bemerkte er auf den Mauern eine lebhafte Bewegung, die ein außergewöhnliches Vorhaben, wahrscheinlich einen Ausfall der Belagerten vermuthen ließ.

Da kamen die ausgesandten Kundschafter und meldeten das Anrücken eines Heerhaufens von Halberstadt her; die Hauptmacht sei noch weit zurück, aber ein starker Vortrab Reiterei schon am Liebfrauenberge.

„Die müssen wir zurückdrängen, jedenfalls aufhalten, bis wir sehen, was hier vorgeht," sprach Albrecht.

Dann — den Blick auf Siegfried gerichtet — fuhr er in kurzem Befehlstone fort: „Siegfried, Du wirfst Dich ihnen mit den Reitern entgegen; in dem Hohlwege zwischen den Weinbergen fällst Du sie an, hältst sie auf, läßt sie nicht durch, so lange Du noch einen Mann zur Seite hast!"

„Herr! das wird ein heiß Stück Arbeit für Graf Siegfried," sagte Bock. „Eine Reiterschlacht im Hohlweg ist ein mißlich Ding, und wir kennen noch nicht die Stärke —"

„Hilft nichts! es muß sein!" unterbrach ihn Graf Albrecht streng. „Du reitest natürlich mit!"

Siegfried aber ließ zum Aufsitzen blasen, und eine wilde Entschlossenheit in den kampfglühenden Zügen, preschte er mit Bock und den gepanzerten Reitern davon.

Graf Albrecht fuhr zu den zwei andern Brüdern fort: „Günther ans Hohe Thor, Bernhard bleibt am Öhringer, Du, Poppo, hier! Ihr haltet Verbindung untereinander und unterstützt den am meisten Bedrängten. Bekommt Ihr Luft, so schickt Ihr, was Ihr an Mannschaft entbehren könnt, den Weg nach Halberstadt zu; müßt Ihr weichen, so geschieht es ebenfalls in dieser Richtung. Ist völliger Rückzug unvermeidlich — dann Sammeln um Burg Gersdorf, den Freunden entgegen."

„Und Siegfried?" frug Poppo, „soll der mit seinen Reitern im Hohlweg allein bleiben? Er weicht nicht, aber —"

„Ich folge ihm mit einem Fähnlein, sobald ich hier Alles in Ordnung sehe," erwiederte Albrecht.

Günther und Poppo rückten in die ihnen angewiesenen Stellungen und erwarteten dort schlagfertig den Feind. Albrecht schickte einen Reisigen mit denselben Nachrichten und Befehlen zu Bernhard vor dem Öhringer Thore und hielt dann zu Pferde mit einem Fähnlein Fußvolk auf einem Hügel, von wo er den Kampf übersehen und leiten konnte.

Siegfried trabte an der Spitze seiner Reiter den Halberstädtern entgegen. Er sprach kein Wort, sondern blickte mit fieberhaft glänzenden Augen lebhaft um sich, zum blauen Himmel empor, nach dem Harzwald hinüber und dann nach dem Regenstein.

Und endlich, ehe er in die Weinberge einbog, wandte er sich im Sattel, schaute noch einmal nach dem Schlosse

der Äbtissin hinüber und winkte mit der Hand einen Scheide=
gruß hinauf.

Bald waren sie in dem Hohlwege, und als sie durch eine
Biegung desselben geritten waren, sahen sie vor sich den Feind.
Siegfried hob sich in den Bügeln, streckte das Schwert in der
Faust hoch empor, und sich nach seiner Reiterschaar umkehrend,
rief er mit schallender in höchster Erregung bebender Stimme:
„Vorwärts! Sieg oder Tod!"

Ein wildes Kriegsgeschrei hüben und drüben, und die
feindlichen Geschwader prallten mit einem fürchterlichen Stoße
klirrend und krachend aufeinander. Es war ein verzweifeltes
Fechten, ein Roß an Roß, Knie an Knie Drängen; Schwerter
klangen und zuckten, daß Funken sprühten, und Kolben und
Streitärte schmetterten auf Hauben und Harnische. Auf
beiden Seiten wurde mit äußerster Erbitterung gekämpft, und
keine Schaar wollte der anderen weichen. Wirr durcheinander
mischten sich die von hüben und drüben, hier in einen dichten
Knäuel verwickelt, dort im Einzelgefecht auf einander los=
dreschend. Im stärksten Gewühl, von Vielen umringt, kämpfte
Siegfried, heldenkühn, todverachtend; ihm so nahe wie möglich
Ritter Bock, ihm helfend, ihn schützend, sein eigenes Leben
für ihn in die Schanze schlagend.

Endlich nach furchtbarem blutigen Ringen gewannen die
Regenstein'schen die Oberhand; die Halberstädter warfen die
Rosse herum und flohen rückwärts, die Sieger in toller Jagd
hinter ihnen her. Reiterlose Pferde galoppirten den dahin=
sausenden Verfolgten und Verfolgern nach.

Im Hohlwege war es still. Verwundete wanden sich in
Schmerzen, Sterbende und Todte, Schwert oder Kolben noch
in der erstarrenden Faust, lagen neben einander, über ein=
ander; zwischen ihnen mit durchstochenem Leibe, schwer athmend,

langsam verblutend, der jüngste, blühendste, blondeste der sechs Grafen von Regenstein.

Er lag etwas an der Seite des Weges auf dem Rücken und hielt die Linke auf sein zerschlitztes Kettenhemd gedrückt, wo zwischen den Panzerringen unter der Brust sein rothes, warmes Blut hervorquoll. Die Augen schauten zum hohen Himmel empor, und ein stilles, friedliches Lächeln umschwebte sein Antlitz. —

Da kam Bock auf den Kampfplatz zurückgesprengt. Bei der Verfolgung hatte er Siegfried vermißt und suchte ihn nun. Als er ihn liegen sah, stieg er vom Pferde und rief ihn an: „Graf Siegfried! verwundet? wie steht es mit Euch?"

„Es ist aus," erwiederte Siegfried mit matter Stimme, „Stich in die Brust, — tief genug."

„Nun, nun!" sprach Bock beruhigend, so erschrocken er auch war, „das wächst wieder zu. Bei Eurer Kraft und Jugend heilt Alles schnell."

Siegfried bewegte das Haupt und sagte: „Nein, Bock, es heilt nicht Alles. — Alter, treuer Freund, komm her! — ich habe Dir ein Geheimniß zu vertrauen, — das nicht mit mir begraben werden darf."

„Graf Siegfried!" rief Bock, „Herr Gott im Himmel —!" aber weiter kam er nicht. Der Vielerfahrene hatte schon manch Einen so liegen sehen und kannte den Blick, mit dem ihn Siegfried anschaute.

„Höre genau zu, Bock, — was ich Dir sage," sprach Siegfried. „Gräfin Oda hat mir gestanden, daß sie nicht mich, — sondern meinen Bruder Albrecht mit ganzer Seele liebt. — — Sag's ihm, Bock, — wenn ich todt bin, — sag's ihm; hörst Du, — aber nur ihm selbst, keinem Anderen, — ich durfte es nicht."

„Euer Wunsch soll erfüllt werden, Graf Siegfried, wenn ich den Tag überlebe," erwiederte Bock, in tiefster Seele ergriffen. Dem kampfgestählten Manne brachen die Thränen aus den Augen und rollten ihm die braunen Wangen hinab. Er schleppte seinen Liebling mit zärtlicher Vorsicht an den Wegrain und legte ihn dort an die Böschung des Rasens.

„Danke!" hauchte Siegfried. „Lieber Freund, lebe wohl! — reite, Bock, reite! — laß Keinen durch!"

Bock konnte nicht bei ihm bleiben; er mußte seinen Reitern nach und sah auch — ach! leider nur zu klar und deutlich, daß er seinem jungen Herrn nichts mehr helfen konnte. Er reichte ihm noch einmal die Hand, biß die Zähne auf einander und schluchzte. Dann saß er auf und stob davon. —

Der Ausfall der Quedlinburger, den sie am Öhringer, am Gröper und am Hohen Thore zugleich unternahmen, wurde mit schwachen Kräften und geringem Nachdruck ausgeführt, und da Graf Albrecht sah, daß die Seinigen wacker Stand hielten, zog er mit seinem Fähnlein Fußknechte nach den Weinbergen.

Als er vor den Knechten langsam dahin ritt, überfiel ihn eine plötzlich aufsteigende Angst um Siegfried. Er hatte ihn gegen einen Feind geschickt, dessen Stärke er nicht kannte, und ihm den Befehl gegeben, bis auf den letzten Mann auszuhalten. Siegfried hatte sich während der ganzen Belagerung über alle Maßen vorgewagt, freiwillig, selbst gegen die Mahnungen seiner Brüder; was würde er erst thun, angefeuert von einem solchen Befehle! Es konnte ein Todesritt sein, zu dem Albrecht den Bruder ausgesandt hatte. Ihm wurde bang ums Herz, sein Traum fiel ihm ein, und mit jedem Schritte wuchs seine Unruhe. Er setzte sein Pferd in Trab und aus dem Trab in Galopp, spornte es immer schärfer und schärfer und fegte endlich wie von einem bösen Geiste gehetzt querfeldein dem Hohlwege zu. Und als er hinter der Biegung desselben auf den Kampfplatz kam, da sah er die Verwundeten liegen und dort am Wegrain — er wußte nicht, ob lebend oder todt — seinen Bruder Siegfried.

„Siegfried! Siegfried! barmherziger Gott! Siegfried!" rief er, sprang aus den Bügeln und beugte sich über ihn.

Siegfried sah ihn mit brechendem Blicke an; ein trübes Lächeln glitt über seine bleichen Züge, und leise sprach er: „Wir haben gesiegt, Albrecht, aber — es kostet Dich einen Bruder."

„Siegfried! o Gott!" rief Albrecht „und ich, ich habe Dich in den Tod geschickt!"

„Nein — nein —" flüsterte der Wunde.

Albrecht lag auf den Knien, in des geliebten Bruders Antlitz blickend. „Mein Traum! mein Traum! den hatte ich vergessen, der hat mich umsonst gewarnt," jammerte er.

Siegfried verstand ihn nicht. Er versuchte Albrechts Hand zu fassen, war aber schon zu schwach, die seine zu er= heben. Albrecht ergriff sie sanft und fühlte ein leises Zucken. Siegfried wollte ihn zu sich herabziehen, weil er kaum noch fähig war zu sprechen. „Albrecht, grüße Oda; — nun bin ich Euch — nicht mehr — im Wege," hauchte er kaum hörbar mit bebenden Lippen.

„Siegfried! was sagst Du da? Siegfried! Du darfst nicht sterben mit dem Gedanken, daß Du mir im Wege warst," rief Albrecht. „Du warst mir nicht im Wege, Siegfried! ich wollte Dich glücklich machen, Dich und Oda!"

Aber Siegfried hörte ihn nicht mehr. Albrecht nahm den Sterbenden in seine Arme und lauschte auf den erlöschenden Athem.

Das Fähnlein Fußknechte hatte ihn mittlerweile erreicht
und blieb nun um des Weges Breite von ihm entfernt flüsternd
stehen in scheuer Ehrfurcht vor dem tiefen Schmerze ihres
heldenhaften Gebieters, den sie noch niemals so gesehen hatten.
Sie frugen ihn nicht nach Befehlen, und er achtete ihrer nicht,
wußte vielleicht kaum, daß sie da waren. Alles um sich her
vergessend saß er von Schmerz überwältigt bei dem verschei=
denden Bruder, dessen Haupt auf seinem Schoße haltend. —

Die von Bock und seinen Reitern verfolgten Halber=
städter hatten sich jenseits der Weinberge von der Straße ab=
gewandt und links im offenen Felde zerstreut, wo ihnen die
Regensteiner immer noch nachsetzten. Endlich gaben diese die
Verfolgung auf, konnten aber nun nicht denselben Weg zurück,
weil inzwischen die feindliche Hauptmacht herangekommen war
und ihnen diesen Rückweg abgeschnitten hatte.

Der Kampf vor der Stadt verlief für die Regensteiner
sehr unglücklich. Anfänglich machten die Quedlinburger aus
zwei Thoren nur Scheinangriffe, um die davor stehenden Feinde
dort festzuhalten. Aus dem dritten und mittelsten aber, dem
Gröper Thore fielen sie bald in einer unerwarteten Stärke
aus, drängten Poppo mit Übermacht zurück und schoben sich
nun wie ein Keil zwischen Bernhard und Günther, beide von
der Seite anfallend, während gleichzeitig nun auch die Angriffe
aus dem Öhringer und dem Hohen Thore mit großer Gewalt
erfolgten. So wurden die Belagerer aus ihrem Zusammen=
hange gerissen, durchbrochen und geworfen. Ein Theil des
Halberstädtischen Fußvolkes hatte die Weinberge umgangen und
kam Poppo und Günther, die auch im Rückzuge noch tapfer
kämpfend und beide leicht verwundet, sich am Hungerplane
vereinigt hatten, in den Rücken, so daß sie, um nicht gefangen
zu werden, auf Westerhausen zu weichen mußten. Dort im

Felde stieß Bock zu ihnen und brachte ihnen die erschütternde Trauerkunde, daß Siegfried gefallen. Sofort kehrten sie mit ihren Knechten, so viel sie deren noch bei sich hatten, nach der Stelle des Reitergefechtes um, bis zum letzten Blutstropfen entschlossen, den Bruder oder seinen Leichnam aus den Händen der Feinde zu retten. Wo Albrecht und Bernhard waren, wußte Keiner von ihnen.

Von den Mauerthürmen hatte man sowohl Siegfrieds Ritt mit den Gepanzerten als Albrechts Abmarsch mit einem Häuflein Knechte nach den Weinbergen, also den anrückenden Halberstädtern gerade entgegen, wohl bemerkt und schickte sich eben an, ihnen mit einem abgesonderten Haufen dahin nachzuziehen, als sich Überraschendes begab.

Mit verhängtem Zügel kam Graf Albrecht aus dem Hohlwege gejagt, und hinter ihm her in rasender Verfolgung wohl zwanzig bischöfliche Reiter.

Auf den ersten Blick sah er, daß die Schlacht für ihn verloren, sein Volk vollständig zersprengt und ein Sammeln desselben unmöglich war. Der nächste Weg nach Burg Gersdorf ging links um die Stadt herum. Dorthin wandte er sich, nur der Schnelligkeit seines Rosses vertrauend. Aber wie die Reiter auf seinen Spuren, so verfolgte ihn überall das Geschrei der über seine Flucht frohlockenden Feinde, von denen sich ein großer Theil auch noch hinter ihm hermachte. Er mußte an dem Öhringer Thore vorüber, und das war sein Verderben. Hier begegnete ihm eine Schaar reitender Knechte und Bürger, die noch nicht am Kampfe Theil genommen und daher noch frische Pferde hatten. Diese Schaar nahm Albrechts Verfolgung in der Richtung nach Gersdorf auf und bedrängte ihn so hart dabei, daß er in seiner Noth und Verwirrung in den Bruch des Hackelteiches gerieth, wo sein erschöpftes Pferd bis an den Bauch im Moraste versank und nicht mehr herauskonnte.

Nun wurde er von den immer zahlreicher herbei stürmenden Feinden umzingelt. Viele auf einmal wagten sich trotz der Gefahr in Bruch und Morast. Ein verzweifelter, furchtbarer Kampf fand noch statt, bei dem sich Albrecht wie ein wüthender Eber wehrte, bis sie mit Spießen und Stangen auf ihn losschlugen und auch sein starker Schwertarm erlahmte.

Da geschah das Unglaubliche: Graf Albrecht von Regenstein wurde von den Quedlinburgern gefangen genommen.

Wie ein Flugfeuer über Strohdächer pflanzte sich der Ruf: Wir haben ihn! wir haben ihn! bis zur Stadt fort, in deren Gassen bald tausend und aber tausend Kehlen jauchzten und brüllten: Der Raubgraf ist gefangen! der Raubgraf kommt, mit Ketten beladen!

Bernhard hatte es trotz der größten Anstrengungen nicht gelingen wollen, sich zu Poppo durchzuschlagen, und um seine Streitkräfte nicht gänzlich aufreiben zu lassen, sondern für spätere Kämpfe zu sparen, zog er sich fechtend zurück, um in einem Bogenmarsche den von Albrecht befohlenen Sammelplatz, Burg Gersdorf zu erreichen. Da sah er von weiten einen fliehenden und heftig verfolgten Reiter, in dem er seinen Bruder Albrecht zu erkennen glaubte. Er versuchte, ihm zu Hülfe zu eilen, kam aber zu spät. Von den schnell in großer Zahl nachrückenden Feinden wurde er sofort aufs Neue angegriffen und zurückgewiesen, ohne jedoch weiter verfolgt zu werden.

Der Kampf war zu Ende, die Regenstein'sche Macht aufgelöst und so gut wie vernichtet. Die Sieger begnügten sich mit ihrem überaus wichtigen Fange und kümmerten sich nicht um die hier und da vereinzelt umher irrenden Trupps von

Feinden, die der geschlossenen Masse der Städter keinen Schaden thun konnten.

Als Bernhard dessen inne wurde, ritt er nicht nach Gersdorf, sondern folgte in einiger Entfernung dem allmählich zu einem großen Heerhaufen anschwellenden Zuge, der den Gefangenen nach der Stadt führte. Mit trüben und bitteren Gedanken und unter den schwersten Sorgen um Albrechts Schicksal ritt er in einiger Entfernung hinter dem gefesselten Oberhaupte seines ruhmreichen Hauses langsam einher. „O Albrecht, Albrecht!" seufzte er. „Du wolltest den Harzgau erobern und zu einem Regenstein'schen Fürstenthume machen, und nun wird eine Kerkerzelle Dein leidvolles, schmachvolles Loos! Und was wird das Ende sein? — Oder ist es Alles nur um jenes Mädchens willen, vor dessen unheilbringender Nähe ich vergeblich warnte? Hier an dieser Stelle wurde sie gefangen; — o hätten wir sie nie gesehen!"

Er beschloß seine drei anderen Brüder aufzusuchen, von denen er den ganzen Tag über nichts gesehen und gehört hatte, setzte sein müdes Roß in Trab und ritt um die Stadt herum. Endlich sah er sie mit Bock im Schritt von den Weinbergen daher geritten kommen, gefolgt von einer kleinen Schaar Reiter und Fußknechten, die einen Verwundeten trugen. Ach! es war kein Verwundeter, sondern ein Todter, ihr Bruder Siegfried. Und als er bei ihnen war und die geliebten Züge des Gefallenen erkannte, mußte er den Brüdern zu ihrem und seinem unsäglichen Schmerze noch das Schreckliche melden, daß Albrecht lebend in den Händen der Feinde war.

Da wollte ihnen das Herz still stehen vor Jammer und Noth. Gebrochenen Muthes zogen sie zusammen mit der Leiche des Bruders weiter nach dem Wipertikloster, und kein Feind behelligte sie auf dem traurigen Wege. In der Klosterkirche betteten sie den Entschlafenen vor dem Altar auf eine Lade, und als sie ihn entkleideten, um zu sehen, an welcher Wunde er verblutet war, fanden sie auf seiner Brust unter dem Harnisch einen welken Kranz von Eichenlaub und Epheu, mit einem verblichenen goldgestickten Bande umwunden Die Brüder kannten diesen Kranz und legten ihn wieder an dieselbe Stelle, an der sie ihn gefunden hatten. Ein Gepanzerter und ein Mönch übernahmen die Todtenwache, und ein Knecht wurde nach Kloster Michaelstein geschickt, damit man dort eine neue Gruft bereite für einen Grafen von Regenstein. —

In Quedlinburg stand alles Volk auf den Gassen, in den Thüren und an den offenen Fenstern, um den gefangenen Grafen vorbeikommen zu sehen. Es war ein endloser Zug, der ihn einbrachte. Voran der Stadthauptmann mit gepanzerten Reitern, dann eine Rotte Speerträger zu Fuß mit dem Stadt= banner, darauf der Gefangene, umgeben von den Bürgern und Knechten, die ihn in den Hackelteich getrieben und dort ergriffen hatten; nach ihnen die bischöflichen Reiter, die ihn von der Leiche seines Bruders Siegfried aufgeschreckt und zuerst verfolgt hatten, und endlich fast die gesammte Kriegsmacht beider Städte. Düsteren Angesichtes, den Blick nicht vom Boden erhebend schritt Graf Albrecht dahin. Ein kleiner Theil derjenigen, die ihn so sahen, ehrten sein Un= glück durch tiefes Schweigen, die Meisten aber empfingen ihn mit lautem Murren, Schimpfreden, Verwünschungen und drohend erhobenen Fäusten. Neben= und hinterher drängte die Menge und schob und wälzte sich wie eine mächtige Welle brausend nach dem Markte hin, wo auf der breiten Rath= haustreppe Bürgermeister und Rath versammelt waren. Ihre finsteren Mienen weissagten nichts Gutes, als der Graf an ihnen vorüber ging, ohne sie eines Blickes zu würdigen. Ge=

sprochen wurde kein Wort; das enge Kämmerlein für den
lange gefürchteten, endlich gebeugten Feind der Stadt war be=
reit. Er ließ sich widerstandslos hineinführen, die schwere
Eisenthür schlug hinter ihm zu, Schloß und Riegel klirrten,
— er war allein.

Die Dämmerung sank über den Unglückstag herab. In
der Zelle des Priors zu Sankt Wiperti saßen die drei Brüder
mit Bock bei ernster Berathung. Sie wollten die Nacht hier
bleiben, und morgen wollte Bernhard Unterhandlungen mit
dem Rath über Albrechts Lösung anknüpfen und die Äbtissin
um ihren Beistand anrufen. Bock erklärte, nicht aus dem
Kloster weichen zu wollen, so lange sein Herr in Quedlinburg
gefangen wäre.

Da kam ein Abgesandter des Rathes mit zwei Reisigen
und begehrte Bernhard zu sprechen, dessen Aufenthalt im Kloster
man erfahren hatte. Der Gesandte erklärte, daß Bürgermeister
und Rath von den Regenstein'schen Grafen und ihren Ver=
bündeten die Einstellung aller Feindseligkeiten erwarteten.
Beim ersten Angriff auf die Stadt oder beim schwächsten
Versuche, den Gefangenen mit Gewalt zu befreien, würde Graf
Albrechts Haupt von Henkershand fallen.

Sechsundzwanzigstes Kapitel.

———

Noch am Abend, gleich nach der Einbringung des Grafen Albrecht, war der Stiftshauptmann Willekin von Herrkestorf zur Äbtissin aufs Schloß gekommen und hatte ihr das große Ereigniß gemeldet. Sie hatte, den Kampf Tags über mit ihren Damen von der Höhe des Schlosses verfolgend, wohl gesehen, daß die Regensteiner geschlagen wurden, das aber als einen der vielen Wechselfälle des Krieges genommen, die heute dem Feinde, morgen dem Freunde den Sieg verleihen. Bei der Nachricht des Stiftshauptmanns nun, die er zweimal wiederholen mußte, ehe die Äbtissin sie faßte und glaubte, gerieth sie in eine schrankenlose Wuth über die unerhörte Frechheit der Quedlinburger, ihren Schirmvogt gefangen einzusperren. Sie verlangte seine augenblickliche Freilassung und wollte den Stiftshauptmann mit diesem Befehle nach dem Rathhause schicken. Herr Willekin unterdrückte kaum ein spöttisch mitleidiges Lächeln und erlaubte sich die Bemerkung, daß der wohledle Rath diesem Befehle der gnädigen Frau wohl nicht so schnell nachkommen dürfte.

„So gewährt ihm wenigstens ein ritterlich Gefängniß," begehrte sie. „Schickt ihn hier herauf zu mir und nehmt Sicherheit von ihm und mir, daß er vor Zahlung des Lösegeldes dies Schloß nicht verläßt."

Auch auf Erfüllung dieses Wunsches konnte ihr der Stiftshauptmann keine Hoffnung machen, deutete vielmehr an, daß der Graf durch bloße Erlegung eines noch so hohen Löse=geldes seine Freiheit schwerlich wieder erlangen würde.

„Ja, was wollt Ihr denn von ihm?" frug die Äbtissin. „Ihr werdet doch ehrlich Fehderecht gelten lassen?"

„Man spricht von einem Gericht unter dem hohen Baume," erwiederte Herr Willekin

„Oho, Herr Stiftshauptmann!" fuhr die Äbtissin auf, „soll's da hinaus? unterfängt sich die Stadt von dem Gericht unter dem hohen Baume zu reden? Kaiser und Reich ruf' ich gegen sie an, wenn sie das wagt! Aber Ihr seid nicht die Stadt; laßt Bürgermeister und Rath selber kommen; mit denen werden wir uns abzufinden wissen."

Damit entließ die zürnende Fürstin ihren Stiftshauptmann.

Von dem Gerichte unter dem hohen Baume sprachen nur die Gerechteren und Besonneneren in der Stadt, die Rach=süchtigen, Blutdürstigen, welche die Mehrzahl bildeten, und der gemeine, große Haufe forderten ohne Weiteres den Tod des Grafen.

Der Rath hielt noch am Abend eine Sitzung, in der man sich hauptsächlich mit dem sicheren Gewahrsam des ge=fährlichen Mannes beschäftigte und den Beschluß faßte, einen besonderen, sehr starken Käfig für ihn bauen zu lassen, um sein Entkommen zur Unmöglichkeit zu machen, wie die Einen sagten, und um die Erstürmung seines jetzigen Kerkers und die Tödtung des Gefangenen durch das erregte Volk zu ver=hindern, wie die Anderen hinzusetzten. Dem Gildemeister der Zimmerer ward die Ehre zu Theil, einen solchen Käfig schleunigst anfertigen zu müssen.

In der Stadt wollte der Jubel heute kein Ende nehmen;

auf Markt und Gassen wogte das Volk und erzählte sich die
abenteuerlichsten Geschichten von 'Albert von Reinstein', wie
es ihn gemeinhin nannte, und die halbe Nacht hindurch währten
die Freudenfeste und Trinkgelage, bei denen die tapferen Spieß=
bürger, die den wehrlos im Hackelteiche Versunkenen ergriffen
hatten, als Helden gefeiert wurden.

Bei den Kapitularinnen auf dem Schlosse fand das Un=
glück ihres Schirmvogtes eine ungleiche Theilnahme. Die
Pröpstin Gräfin Kunigunde von Woldenberg und die Dekanissin
Gertrud von Meinersen, die manchen Spott von ihm selber und
manche Kränkung seinetwegen von der Domina hatten erdulden
müssen, gönnten ihm die tiefe Demüthigung aus dem Grunde
ihrer altjüngferlichen Herzen und machten auch, um die Do=
mina zu ärgern, kein Hehl aus ihrer Schadenfreude. Die Übrigen
nahmen alle tiefen, aufrichtigen Antheil an seinem traurigen
Geschick. Keine aber war so von Schreck und Schmerz dar=
über ergriffen, wie Gräfin Oda von Falkenstein, obwohl sie
aus den Äußerungen der in solchen Dingen besser bewanderten
Äbtissin, deren Wuth auf die Quedlinburger größer war als
ihre Sorge um den Eingekerkerten, die Hoffnung schöpfte, daß
das Leben des Geliebten nicht bedroht wäre. Aber daß er
geschlagen, niedergeworfen und gefangen war, auf Gnade und
Ungnade in den Händen seiner Feinde, — er, der Kriegs=
gewaltige, Sieggewohnte, bisher Unbezwingbare, — das schon
machte sie trostlos und wollte sie gar zur Verzweiflung bringen,
wenn sie sich in seine Seele hinein dachte. Sie suchte sich
jedoch den Anderen, namentlich der Äbtissin gegenüber zu be=
herrschen, um ihnen nicht ihre Liebe zu Albrecht auf ähnliche
Weise zu verrathen, wie es an jenem Morgen nach Albrechts
Hinabsteigen vom Felsen Siegfried gegenüber geschehen war.

Am Morgen kam Graf Bernhard von Regenstein zur

Äbtiffin und fand fie in Gefellfchaft der Kanoniffin Gräfin
Adelheid von Hallermund und Oda's. Er fetzte die Kennt=
niß alles Gefchehenen bei der Fürftin voraus und erbot fich
dazu, was fich eigentlich von felbft verftand, die Schutzvogtei
des Stiftes für feinen gefangenen Bruder zu übernehmen.
Die Äbtiffin willigte dankend ein, und er merkte wohl, daß
fie feinem Erbieten nur geringe Wichtigkeit beilegte und
Albrechts Haft als etwas fchnell Vorübergehendes betrachtete.
Da konnte er nicht umhin, fie über diefen Irrthum aufzu=
klären. Er hätte, erzählte er nun, heute früh bereits den
regierenden Bürgermeifter um eine Unterredung und um ficheres
Geleit dazu erfuchen laffen wie auch um die Erlaubniß ge=
beten, feinen Bruder fprechen zu dürfen. Beides wäre ihm
verweigert mit dem Bedeuten, daß man fich auf keinerlei Ver=
handlungen einlaffen könnte, weil fich der Rath über fein
Verfahren gegen den Gefangenen noch nicht fchlüffig gemacht
hätte. „Aus der in der Bürgerfchaft obwaltenden Stimmung zu
fchließen," fügte Bernhard hinzu, „fchwebt Albrechts Leib und Leben
in der höchften Gefahr, und ich bin gekommen, gnädigfte Domina,
Euch inftändigft um Eure Vermittlung und Hülfe zu bitten."

„Alles, Alles, was ich vermag, Herr Graf!" erwiederte
die Äbtiffin in großer Beftürzung über die fehr trübe lautende
Nachricht, die Oda in eine unbefchreibliche Angft verfetzte.
Dann warf die Äbtiffin das Haupt zurück und frug: „Aber
wo find denn Eure Verbündeten, Herr Graf? Wenn Ihr
Eure Streitkräfte wieder fammeltet und fie mit denen der
Grafen von Mansfeld, Stolberg, Hohnftein vereinigtet, —"

„Die Fehde mit Quedlinburg ift aus," unterbrach er
fie. „Ich habe den Freunden fagen laffen, fie follten heim=
ziehen, denn beim erften Sturmlauf würden wir meines
Bruders abgefchlagenes Haupt auf der Mauer erblicken."

Die Damen erblaßten. Oda fühlte, wie sie wankte.

„Laßt mich nur erst mit Bürgermeister und Rath ver= handeln," sagte die Äbtissin; „mir müssen sie Rede stehen. Dann sollt Ihr von mir hören, Herr Graf. Sind Eure drei Brüder, die hier mit gekämpft haben, unversehrt ge= blieben?"

„Meine drei Brüder?" wiederholte Bernhard erstaunt. „Wie, gnädige Frau, so wißt Ihr nicht —?"

„Was?"

„Daß nur noch zwei von ihnen leben. Siegfried ist gefallen." Er sprach es mit einem dumpfen und bitteren Tone, und vielleicht ungewollt und ungewußt streifte er dabei mit einem finsteren Blicke Oda, die sich schaudernd davon ge= troffen fühlte.

Mit eisiger Gewalt packte sie in diesem Augenblick die Erinnerung an Siegfrieds Abschied. „Wir sehen uns nicht wieder," hatte er gesagt. Hatte er geahnt, daß es ein Abschied auf ewig wäre? oder hatte er es gar — gewollt?! — o der Gedanke war nicht auszudenken ... Aber so heftig war sie davon erschüttert, daß sie alle Fassung verlor und das Gesicht mit ihrem Tuche verhüllend in heiße Thränen ausbrach.

Auch die anderen beiden waren tief bewegt und sahen mit dem Ausdruck herzlichen Mitleids auf Oda. „Siegfried todt!" sprach die Äbtissin leise, „in all seiner Kraft und blühenden Jugend! Erzählt uns: wie ist er gefallen?"

Bernhard berichtete: „Albrecht hatte ihn der feindlichen Reiterei entgegen in den Hohlweg der Weinberge geschickt mit dem strengen Befehl, sich dort bis auf den letzten Mann zu halten und keinen Feind hindurch zu lassen. Siegfried hat den Befehl wörtlich befolgt; aber es war auch ein Ritt, von dem wiederzukehren Niemand hoffen durfte."

„Und solchen Befehl konnte der Bruder dem Bruder geben?" sagte die Äbtissin.

„Ich war nicht zugegen, als es geschah," erwiederte Bernhard.

Die Äbtissin sah den Grafen scharf forschend an; dann sprang ihr Blick, wie einem schnellen Gedankengange folgend, mit einem eigenthümlich strengen Ausdruck zu Oda hinüber. — „Wann wollt Ihr ihn zur Ruhe bringen?" frug sie endlich.

„Übermorgen Mittag wollen wir ihn in Kloster Michaelstein bestatten und seinen Schild und Helm vergraben," antwortete Bernhard.

„Wir werden dabei sein, wir Drei," sprach die Äbtissin, „nicht wahr?"

„Gewiß!" sagte Adelheid.

Oda nickte stumm.

Bernhard dankte den Damen und nahm Urlaub.

Darauf sagte die Äbtissin zu Adelheid und Oda: „Laßt mich allein; ich muß mir mein Verhalten gegen den Rath überlegen."

Die beiden gingen, und Jutta blieb, von einer tiefen Unruhe erfaßt, allein. Bernhards kurzer Bericht über Siegfrieds Tod hatte ihr einen Eindruck hinterlassen, von dem sie sich in einer völligen Verwirrung der Gedanken nicht freimachen konnte. Ein fürchterlicher Verdacht war wie ein einschlagender Blitz vor ihr niedergefahren, aber sie hatte ihn mit einer wahren Angst von sich abgewehrt, weil er Einen, den sie liebte, mit einer grausigen Schuld belud. Dennoch war ihr, als stünde sie vor einer unglückseligen Verknüpfung von Menschenloosen, die sie vergeblich zu einer natürlichen, vorwurfsfreien Klarheit aufzulösen suchte. Wie gläubig sie sich auch dem unerforschlichen Walten der Vorsehung oder des Schicksals beugte, und eine wie große Macht sie auch dem unberechenbaren Zufall einzuräumen bereit war, der gegen Wunsch und Willen der Menschen sein tückisches Spiel mit ihnen treibt, immer blieb doch die Thatsache in Wirklichkeit bestehen: durch Siegfrieds Tod war Oda's Hand frei geworden. Sollte — um diese Hand für sich selber frei zu machen, der Bruder den Bruder — —? nein! nein! nein! fort! fort mit diesem gräßlichen Gedanken!

Wenn aber nun etwas Wahres an dem war, was sie in früheren Tagen geargwöhnt und geglaubt hatte, wenn zwischen Albrecht und Oda eine gegenseitige heimliche Neigung bestand, was hinderte dann die beiden noch, diese Schicksalsfügung oder diesen traurigen Zufall zu benutzen und den Bund fürs Leben zu schließen? Und wenn sie Albrecht aus dem Kerker befreite, that sie es dann für sich oder für Oda? Er war durch kein Versprechen an sie gebunden; sie wußte nicht, ob seine Liebe zu ihr stark genug war, um auch ohne ein solches an ihr festzuhalten, und ebensowenig wußte sie, ob nicht Oda ihn liebte und darauf bedacht war, statt des Jüngsten nun den Ältesten der Regensteiner an sich zu fesseln. Sie beschloß, das Herz ihrer nunmehrigen Conventualin darauf hin zu prüfen und ersann Gelegenheit und Plan, die zwar lieblos und grausam, aber ganz dazu angethan waren, ihr darüber Gewißheit zu verschaffen.

Für Albrechts Befreiung wollte sie alle Hebel in Bewegung setzen, auch jedes Opfer, ihre Ansprüche auf ihn selber ausgenommen, dafür bringen, aber auch dieselbe, wenn sie glückte, womöglich so gestalten oder wenigstens in seinen Augen so erscheinen lassen, als wenn er sie einzig und allein ihren Anstrengungen zu danken hätte.

Mit Ungeduld erwartete sie den Besuch des Bürger=
meisters, den sie durch den Stiftshauptmann hatte zu sich be=
scheiden lassen. Erst am zweiten Tage kam er in Begleitung
des Rathsherrn Werner Scheerenschmid. Auf die Frage der
Äbtissin, unter welchen Bedingungen sie den Grafen Albrecht
freigeben würden, antwortete ihr der Bürgermeister mit Festig=
keit: „Unter keinen Bedingungen, gnädige Fürstin! Der größte
Theil der Bürgerschaft und auch viele von den Rathsherren
fordern den Tod des Grafen. Die Übrigen aber, die ihm das
Leben lassen wollen, verlangen wenigstens, daß er in ewiger
Gefangenschaft bleibe, damit die Stadt in Zukunft Ruhe vor
ihm hat.“

Die Äbtissin war empört; aber sie bezwang sich und
sagte: „Wenn Ihr ihn nun Urfehde schwören ließet?“

Herr Nikolaus von Bekheim schüttelte das Haupt. „Solche
Schwüre sind schon gebrochen worden, gnädige Frau. Wenn
wir den Grafen am Leben lassen, so müssen wir ihn auch in
Haft behalten, um eine Geißel gegen seine Brüder und Ver=
bündeten in Händen zu haben, denn mit seinem Kopfe muß
er uns für den Frieden bürgen.“

„Könnte ich nicht zwischen Euch und ihm einen Frieden
aufrichten und die Sache vergleichen?“ frug die Äbtissin in
ängstlicher Spannung.

„Wir haben die Entscheidung über Leben und Tod des
Grafen bereits in andere Hände gelegt,“ erwiederte der Bürger=
meister. „Das Gericht unter dem hohen Baume wird darüber
das Urtheil finden.“

„Das Gericht unter dem hohen Baume? nimmermehr!“
rief die Äbtissin. „Was fällt Euch ein? wie könnt Ihr es
wagen, von dem Gericht unter dem hohen Baume zu reden?
Darüber habe ich zu bestimmen, nicht Ihr!“

„Wißt Ihr einen andern Weg, achtbare Fürstin?" frug der Bürgermeister. „Der Stadtschultheiß kann über den Grafen nicht Recht sprechen."

„Was Recht! er ist im Recht und Ihr im Unrecht!" wetterte die Äbtissin. „Das Glück hat ihn nur verlassen, und Euer Verrath hat ihn ins Elend gebracht."

„Über Recht und Unrecht werden die fürstlichen Schöffen unter dem hohen Baume entscheiden."

„Dann ist der Stab so gut wie gebrochen über ihn. Aber das wollt Ihr ja!"

„Ihm wird Gerechtigkeit werden," sprach der Bürger= meister. „Wir haben eine Botschaft an den Herzog Otto von Braunschweig gesandt, daß er das Fürstengericht zusammen= berufe."

„Ihr habt gesandt?" fuhr die Äbtissin auf. „Ihr wollt sagen, Herr Bürgermeister, Ihr bittet mich um Erlaubniß, ob Ihr eine Botschaft senden dürftet."

„Wir haben sie bereits abgesandt, hochwürdige Domina!" erwiederten jetzt beide Herren zugleich.

„Und das ohne mich darum zu fragen?"

Nikolaus von Bekheim bejahte mit einer kühlen, stolzen Bewegung des Hauptes.

„Wir wußten Eure Antwort auch ohne Frage, gnädige Fürstin," sagte Werner Scheerenschmid.

„Und der Herzog von Braunschweig, der Bruder des Bischofs, des ärgsten Feindes vom Grafen Albrecht, soll den Spruch fällen? Und das nennt Ihr Recht sprechen?"

„Ihm steht jetzt die Hegung des Fürstengerichtes zu," erwiederte der Bürgermeister, „und in Volkes Mund heißt er Otto der Milde."

„Euch wäre wohl lieber, wenn er Otto der Strenge

hieße, Herr Bürgermeister?" sprach die Äbtissin höhnisch. „Nun, auch ich habe Sitz und Stimme im Fürstengericht. Also auf Wiedersehen unter dem hohen Baume, wohlweise Herren!"

Und wüthend wandte sie den Beiden den Rücken.

Da wäre jedes weitere Wort verloren gewesen. Das Fürstengericht war angerufen; seinem Spruche konnte man nicht vorgreifen. Vor Allem kam es darauf an, ein Todes= urtheil über Albrecht zu verhüten. Blieb er am Leben, wenn auch in Haft, so blieb auch seine Befreiung, sei es früher oder später, sei es durch List, Bestechung oder Gewalt, immerhin eine Möglichkeit, in deren Voraussicht Jutta ihre Hoffnung unter Anderm auch auf das schnelle Umschlagen der Gunst oder Ungunst des gemeinen Volkes baute. —

Am andern Tage, zu der Stunde, da man Siegfried in der Reihe seiner Ahnen zur Ruhe bestatten wollte, hielt die Äbtissin mit Adelheid und Oda, dem Stiftshauptmann und dem Stiftsschreiber nebst einigen Knechten, sämmtlich zu Pferde, auf einer Waldblöße unter dem Regenstein, auf den man die Leiche inzwischen gebracht hatte. Jutta sah nicht aus wie eine Leidtragende; sie schoß zuweilen einen beobachtenden Blick auf Oda, war unstät und zerstreut, und ihre drei Begleiter, die sie schon länger kannten, schlossen aus ihrem Wesen und Ge= baren, daß sie etwas Besonderes vorhaben mußte. Bald kam der Zug langsam den Burgweg daher, und die Wartenden stiegen ab, um sich zu Fuß anzuschließen.

Acht Gepanzerte aus der Zahl derer, die jenes tod= bringende Reitergefecht überstanden hatten, trugen den be= kränzten Sarg, hinter welchem zunächst Ritter Bock von Schlanstedt zwischen zwei Reisigen mit Siegfrieds Helm, Schild und Schwert einherschritt; ihnen folgte der Waffenmeister

Klinkhard, Siegfrieds Roß am Zügel führend. Dahinter
gingen die Brüder Bernhard mit seiner Gemahlin Reginhild,
Ulrich, der aus Hildesheim gekommen war, Poppo und Gün-
ther; sie nahmen nun die drei Damen in ihre Mitte, und
Willekin von Herrkestorf schloß sich mit Florencius ihnen an.
Reisige und Knechte in Wehr und Waffen machten den Schluß.

So trugen und geleiteten sie den todten Heldenjüngling
im hellen Sonnenschein durch den herbstlich buntgefärbten
Wald, den er unzählige Male zu Fuß und zu Roß durch-
streift, mit Armbrust und Jagdspieß durchbirscht und an Oda's
Seite fröhlich durchwandelt hatte.

An der Biegung des Weges stand der weißbärtige Abt
von Michaelstein mit seinen Mönchen, und aus dem stillen
Thale hallte in langsamen Schlägen der Klang der Kloster-
glocke. Die Mönche schritten nun unter Anstimmung eines
feierlichen Sterbegesanges dem Zuge voran nach dem Kloster
und bis vor die offene Gruft in der Mauer des breiten
Kreuzganges. Dort setzten die Reisigen den Sarg nieder, der
Abt sprach tief empfundene und tief ergreifende Worte, und
dann vertrauten sie unter lauten Gebeten, unter Litaneien und
Responsorien die sterbliche Hülle der geweihten Stätte ewigen
Friedens.

Die Trauernden knieten zu einer stillen Andacht am
Grabe nieder und erhoben sich dann, um den Mönchen und
einigen Werkleuten zur Schließung desselben Raum zu geben.

Dieser Augenblick war die von der Äbtissin ausersehene
Gelegenheit, Oda auf die Probe zu stellen. Wie von einer
plötzlichen Eingebung erleuchtet, wandte sie sich an die von
aufrichtigem Schmerz Gebeugte und sprach mit einem feierlich
sanften Tone, doch so, daß die Umstehenden es hören mußten:
„Gräfin Oda! was wir Alle wissen, brauchen wir jetzt und

hier nicht mehr zu verschweigen. Mehr als alle Lebenden habt
Ihr in diesem edlen Todten verloren. Wir Andern nahmen
hier von einem Bruder und Freunde den letzten Abschied,
Ihr aber habt mit ihm Eure Liebe begraben. Gewiß habt
Ihr schon in Eurem stillen Gebet dem Andenken des Geliebten
Eure Seele geweiht, aber laßt dem Todten zu Ehren uns
Zeuge sein von Eurem hohen Gelübde, niemals einem anderen
Manne anzugehören, nachdem der dahin gegangen ist, dessen
Herz Euch und dem Euer Herz zu eigen war."

Wie unter den Bissen einer Schlange, die sich aus den
Kränzen an Siegfrieds Grabe hervorwand, hatte Oda's Herz
bei den verfänglichen Worten der Äbtissin gezuckt, und im
Innersten empört über diese Tücke, deren Ausfluß und Ziel
sie wohl erkannte, wollte Oda schon der Arglistigen den letzten
Wunsch Siegfrieds, den er ihr beim Abschied auf dem Schloß=
berge zu Quedlinburg wie ein Vermächtniß auf die Seele ge=
bunden hatte, ins Angesicht schleudern. Aber eine unbestimmte,
ahnungsvolle Scheu und Reginhilds stumme ängstlich ab=
rathende Erwiederung ihres hülfesuchenden Blickes hielt sie
davon zurück, und die Hand auf den stürmenden Busen ge=
preßt antwortete sie mit bebender Stimme: „Was ich mir und
dem Todten gelobt habe, das weiß nur Gott, soll nur Gott
wissen."

Aber damit gab sich die Äbtissin nicht zufrieden; das
konnte Alles und nichts sein von dem, was sie verlangte. Ihre
Absicht verfolgend sprach sie eindringlich: „Was Gott wohl=
gefällig ist, soll es auch den Menschen sein, und warum sollen
wir nicht wissen, was Ihr Euch gelobt habt, wir, die wir Euch
dabei zu Hilf und Trost gereichen können?"

Oda kämpfte, ob sie reden oder schweigen sollte.

Da trat der greise Abt vor und sprach mit mildem

Ernste zur Äbtissin: „Was ein demüthig trauernd Herz mit seinem Gotte abzumachen hat, ist ein heilig Geheimniß, da hinein soll sich keines Menschen Fürwitz und irdisch Begehren drängen. Das Fräulein thut Recht, wenn es uns sein brünstig Gebet verschweigt. Euch aber bitt' ich, gnädige Domina, störet nicht die Ruhe der Todten!"

Die Äbtissin, im Unmuth, nicht zu ihrem Ziele gelangen zu sollen, und durch die Zurechtweisung des Abtes gereizt, entgegnete herrisch: „Hochwürdiger Abt, eben für die Ruhe des Todten erwarten wir von unserer Conventualin dieses Gelübde als ein Opfer, das sie ihm schuldig ist, weil er um ihretwillen aus dem Leben schied."

Jutta wußte nicht, was sie mit diesen bitteren Worten sagte. Sie meinte, daß die Quedlinburger Fehde, in der Siegfried seinen Tod gefunden, nur eine Folge von Oda's Gefangenhaltung auf dem Regenstein gewesen wäre, aber Oda verstand es anders. Für sie lag in den Worten der Äbtissin die Behauptung, daß er in der Verzweiflung verschmähter Liebe den Tod gesucht hätte. Sie hatte sich immer noch mit aller Macht dagegen gesträubt, seine Abschiedsworte so zu deuten, aber nun — an seinem Grabe, vor seinen Brüdern und vielen anderen Zeugen ihr laut und schonungslos vorgehalten — ward es ihr zur schrecklichen Gewißheit und mahnte sie wie eine Blutschuld, die als Sühne den Verzicht auf alles Glück der Zukunft von ihr fordern durfte.

Schon wollte sie wankend zur offenen Gruft schreiten, um das Gelübde abzulegen, als Reginhild, die Oda's wahre Liebe kannte, herzusprang, sie mit Armen umfing und ausrief: „Kein Gelübde, Oda! ich beschwöre Dich! ich kenne Dein Herz, und Gott kennt es; ihm vertraue Dein Schicksal!"

In ihren Armen führte sie die nicht Widerstrebende den

Kreuzgang entlang mit sich fort; aber in dem Blicke, den Jutta ihr nachsandte, war alles Gift ohnmächtiger Wuth und unversöhnlicher Feindschaft gemischt.

Einer athmete auf, der mit Schrecken den Schwur der Entsagung von Oda's Lippen zu hören gebangt hatte — Bock von Schlanstedt. Mehr als Reginhild wußte er, aber das Wort eines Sterbenden hielt seine Zunge gebunden.

Siebenundzwanzigstes Kapitel.

——•——

Wochen waren vergangen, ehe das Fürstengericht unter
dem hohen Baume zu Quedlinburg endlich versammelt
war. Alle Fürsten und Grafen des Harzgaues und der
benachbarten Gaue und Herzogthümer waren dazu erschienen
und saßen unter dem freien Himmel im Halbkreise zu beiden
Seiten des steinernen Tisches und des Richterstuhles am Stamme
der Linde. Zur Rechten des Herzogs saß die Äbtissin, zur
Linken sein Bruder, der Bischof von Halberstadt, der sich hier
zum ersten Male wieder seit dem Streit über Schwanebeck
und Emersleben seinem Nebenbuhler um die Herrschaft im
Harzgau Auge in Auge gegenüber fand und diesen mit sieges=
frohem Hochmuth nun machtlos und vernichtet vor sich sah.
Auch Albrechts Brüder waren zugegen, hatten aber ebensowenig
ein Stimmrecht wie der Bürgermeister mit dem gesammten
Rathe, der als Kläger auftrat. Außerhalb der Schranken
standen viele Ritter und Edle und unzähliges Volk.

Herzog Otto von Braunschweig waltete seines Richter=
amtes mit Gerechtigkeit und Milde und leistete dem tödtlichen
Hasse seines Bruders gegen den Beklagten keinerlei Vorschub.
Unter den fürstlichen und gräflichen Schöffen waren Freunde
und Feinde des Grafen, aber die adligen Zuschauer hielten es
fast sämmtlich mit ihm, der ihnen das Spiegelbild eines ritter=

24*

lichen Kriegsmannes war, und mit dessen Demüthigung sie sich selber tief gekränkt fühlten, denn die Städter waren ihre geborenen Feinde.

Drei verschiedene Forderungen wurden gestellt. Der Bischof und seine Helfer begehrten den Tod des Grafen Albrecht. Der Bürgermeister verlangte Namens der Stadt seine ewige Gefangenschaft, Befreiung Quedlinburgs von jeglicher Schutz= vogtei, Einziehung der Regenstein'schen Häuser und Höfe inner= halb des städtischen Weichbildes und Erbauung von zwölf Mauerthürmen auf Kosten des Grafen, bei Ablehnung dieser Bedingungen aber seinen Tod. Die Äbtissin und die Freunde des Grafen forderten seine Freilassung gegen Zahlung eines Lösegeldes, und auch er selber wollte sich zu keiner anderen Bedingung verstehen.

Es wurde lange und hart darum gestritten. Als aber das Urtheil gefunden werden mußte, weil die Sonne sich neigte, war eine Stimmenmehrheit für den einen oder andern Antrag nicht zu erzielen, und der Herzog bestimmte nun aus eigener Machtvollkommenheit, daß über die drei gestellten For= derungen und ihre Begründungen ein ausführliches Schriftstück aufgesetzt und unter Vorlegung desselben die Entscheidung des Kaisers angerufen werden sollte.

Da erhob sich die Äbtissin und sprach mit lauter Stimme: „Und ich werde es sein, die zum Kaiser geht und seinen Spruch einholt! Gewährt mir die Gunst, erlauchte und edle Herren! Der Graf ist mein Schirmvogt, und so habe ich das Recht und die Pflicht, für ihn zu sprechen, und daß ich die volle Wahr= heit sprechen werde, gelobe ich Euch bei meiner fürstlichen und fraulichen Ehre!"

Wie sie hoch aufgerichtet dastand, schön und muthig, die einzige Frau im Kreise der Fürsten und Grafen, und mit

stolzen Augen vom Einen zum Andern blickte, da wagte
Keiner, ihr die Bitte zu versagen, obwohl es Manche von
ihnen übel zufrieden waren, daß der, dessen Untergang sie
wünschten, eine so schöne und verführerische Frau zum An=
walt am Hofe des Kaisers haben sollte. Die Äbtissin wurde
zur Gesandtin an Kaiser Ludwig gekürt, und damit hatte die
Hegung des Fürstengerichtes ein Ende. Das Ding unter dem
hohen Baume wurde geschlossen und Graf Albrecht unter starker
Bedeckung in seinen Kerker zurück geführt.

Dieser Kerker war längst nicht mehr die gemauerte Zelle
im Erdgeschoß, in die man den Grafen bei seiner Einbringung
gesperrt hatte, sondern ein aus dicken Fichtenbohlen gezimmerter
und mit starken Eisenbändern verwahrter Kasten auf dem Boden
unter dem Dache des Rathhauses von acht Fuß im Geviert
und etwas über sechs Fuß Höhe. Er hatte ein kleines, ver=
gittertes Guckloch und eine noch nicht zwei Fuß hohe, eisen=
beschlagene Thür und im Innern eine Bank und eine
Schließkette.

In diesem Kasten und an dieser Kette lag nun Graf
Albrecht von Regenstein, der mächtigste Mann und tapferste
Held im Gau, wehrlos, beinah lichtlos, ein gefesselter Löwe.

Als er den schweren Gang zum Gericht unter dem hohen
Baume antreten mußte, gedachte er des Tages, da er mit
Siegfried von der Belehnung mit Burg Gersdorf kommend
dort vorüber ritt und sein treues Roß an jener Stelle scheute,
und er zu Siegfried sagte: „Gott verhüte, daß jemals ein
Regensteiner als Verklagter unter dieser Linde stehen muß!"
Von da war er nach dem Rathhause geritten, hatte vor dem
versammelten Rath mit der Eisenfaust auf die Brüstung der
Schranke gedonnert und ihn mit derben, befehlenden Worten
zur Aufhebung des bischöflichen Aftergerichtes gezwungen.

Und nun? Nun hatte er selber unter jener Linde ge=
standen, mit dem Tode oder ewiger Gefangenschaft bedroht,
in der Gewalt desselben Rathes, den er vor sich zittern gesehen
hatte. Der freie Bergluft zu athmen, sich fröhlich im Sattel
zu wiegen und Hufschlag und Waffenklang zu hören gewohnt
war, der stak nun in einem dumpfen Käfig, in dem er nicht
vier Schritte machen konnte und nichts Anderes hörte, als das
Rasseln der Kette, an die er mit einem Fuße angeschlossen
war. Sein Kerkermeister gab ihm auf alle seine Fragen keine
Antwort, kein anderer Mensch nahte seinem Gefängniß, keinen
der Seinigen ließ man zu ihm, auch während des Gerichts hatte
Niemand mit ihm reden dürfen; er hatte keinen Trost in
seiner schauerlichen Einsamkeit.

Wohl hing er am Leben, wohl lockte ihn die Freiheit,
aber daheim auf seiner Felsenburg war es öde geworden.
Siegfried war todt, und Oda war fort vom Regenstein.
Zwar hatte Siegfried im offenen, ehrlichen Kampfe einen
tapferen Reitertod gefunden, wie Albrecht selber ihn sich nicht
schöner wünschen konnte. Was aber diesen Tod des Bruders
so schrecklich für ihn machte, das waren des Sterbenden letzte
Worte: „Albrecht, nun bin ich Euch nicht mehr im Wege!"

Wenn es denkbar wäre, daß Siegfried um Albrechts
Liebe zu Oda gewußt hätte und mit der Bitterniß im brechen=
den Herzen aus dem Leben geschieden wäre, Albrecht hätte ihn
in den Tod gesandt, um sich des Bruders zu entledigen und
den Weg zu Oda frei zu haben, dann könnte er seines Lebens
keine Stunde mehr froh sein. Der Befehl, die ihm in den
Rücken fallende Reiterei des Feindes aufzuhalten, war ein
richtiger gewesen. Sieg oder Niederlage stand auf dem Spiele,
bei dem jeder der Regenstein'schen Brüder, ob Siegfried oder
ein anderer, sein Leben einsetzen mußte und eingesetzt hätte.

So gut wie Bock, der sich niemals schonte, und eine, wenn
auch kleine Zahl seiner Mitstreiter konnte auch Siegfried den
Kampf überstehen, wenn es das Schicksal gewollt hätte. Trotz
alledem durfte Albrecht den Befehl nicht Siegfried geben, seiner
selbst wegen und Oda's wegen.

Seine tiefsinnige Liebe zu ihr war jetzt sein einzig Gut,
sie kürzte ihm die peinvoll langen Stunden und erfüllte seinen
dunklen Kerker mit Sonnenglanz. O daß er zu ihr könnte,
sie zu trösten! daß er mit ihr entfliehen könnte, sie zu schützen!
er wollte nichts von ihr begehren, als um sie zu sein und mit
ihr plaudern zu dürfen wie oben auf der einsamen Felsbank
des Regensteins. Auf ihre Liebe durfte er ja niemals hoffen,
auch wenn er frei wäre, aber auch ungeliebt wollte er ihr
sein Leben weihen, wenn er noch darüber zu verfügen hätte.
Haßte sie ihn aber, verabscheute sie ihn um Siegfrieds willen,
dann nützte ihm, dann galt ihm auch Leben und Freiheit
nichts mehr.

Zuweilen sah er auch Jutta's leuchtende Gestalt durch
das Düster seiner Nächte schweben, doch ohne Sehnsucht und
Verlangen nach ihr, nur mit dem Gefühle aufrichtiger Dank=
barkeit. Sie hatte im Fürstengericht mit offenem Visir für
ihn gekämpft, unbekümmert um das boshafte Lächeln des
Bischofs und die verwunderten Augen der Anderen, denen sie
mit der Leidenschaftlichkeit seiner Vertheidigung ihre Neigung
zu dem Beklagten deutlich genug verrieth. Sie hoffte noch
auf seine Rettung und hatte es entschlossen auf sich genom=
men, selbst den Kaiser dafür zu gewinnen; sie hoffte — mit
Trauer und Sorge dachte er daran — auch noch auf ihn selbst.
Ach! er hätte ihr gern zu ihrem Sitz unter der breitästigen
Linde hinüber gerufen: Spare den Weg und die Worte; wenn
Du mich auch rettest, Dir bin ich doch verloren.

Jutta hatte eine Art zu bitten, der zu widerstehen es einer mit dreifachem Erz gepanzerten Brust bedurfte, und Kaiser Ludwig der Bayer war nicht blind und taub für spielende Frauenaugen und schmeichelnden Frauenmund. Durfte Albrecht aber die Freiheit aus Jutta's Händen nehmen und dann nach einem trockenen Habedank damit abgehen?

Während er darüber sann und grübelte, befand sich die Äbtissin schon auf der Reise, deren nächstes Ziel die Wartburg war. Dort wollte sie ihre hohe Gönnerin, die Landgräfin Mathilde von Thüringen, um eine schriftliche Verwendung bei deren Vater, dem Kaiser, bitten, damit sie sich eines gnädigen Empfanges bei ihm zu versehen habe. Sie baute auf die Großmuth des ritterlichen Kaisers, wie sie kürzlich sein eigener Gefangener von ihm erfahren hatte. Seinen Jugendfreund und späteren Gegenkönig, Friedrich den Schönen von Öster=reich, den der Sieg des tapferen Schweppermann auf der Amfinger Heide in seine Hände lieferte, hatte er aus jahre=langer Haft erlöst, als Bruder in die Arme geschlossen und zum Mitregenten ernannt. Von dieser Hochherzigkeit erhoffte Jutta nun einen kaiserlichen Machtspruch zu Gunsten des Ge=fangenen der Stadt Quedlinburg.

Auf der Wartburg, wo sie bei ihrer einstigen Herrin die freundlichste Aufnahme fand, erfuhr sie, daß der Kaiser auf Schloß Trausnitz bei Landshut in Bayern Hof hielte, und reiste, mit einem förderlichen Handschreiben der Landgräfin ausgerüstet, nach wenigen Tagen genossener Gastfreundschaft dahin weiter. Ihr Gefolge bestand aus der Scholastika Fräu=lein Hedwig von Hakeborn, dem Stiftsmarschall Gerhard von Ditfurt, einem anderen jüngeren adeligen Dienstmann des Stiftes, einer Kammerfrau und sechs reisigen Knechten, die noch mehrere Packpferde am Zügel führten.

Die Gräfin Adelheid von Hallermund hatte zwar die
Äbtissin gebeten, sie auf der Reise begleiten zu dürfen, allein
Jutta, die während ihrer Abwesenheit die Leitung des Stiftes
der Pröpstin Kunigunde von Woldenberg übergeben mußte,
wünschte, daß ihre Freundin Adelheid jener etwas auf die
Finger sähe und etwaigen Übergriffen derselben entgegen träte,
zu welchem Zwecke sie die Kanonissin für alle Fälle mit ge=
heimen Vollmachten versehen hatte. Eine Kapitularin aber
mußte die Äbtissin als Ehrendame mitnehmen, und dazu hatte
sie mit Absicht die hübsche, lustige und nicht zu spröde Scho=
lastika gewählt, die ganz das Zeug und sicher auch den guten
Willen dazu hatte, den Herren am Hofe des Kaisers ein wenig
die Köpfe zu verdrehen und ihr in der Beseitigung etwaiger
Schwierigkeiten mit liebenswürdiger Gefälligkeit zu helfen.

Oda verlebte auf dem Schlosse keine fröhlichen Tage,
denn die Äbtissin, bei der nach dem Begräbniß Siegfrieds die
alte Eifersucht wieder erwacht war, hielt sie unter strenger
Aufsicht und fortgesetzter Beobachtung. Beides fiel mit Jutta's
Abreise fort, denn wem die Äbtissin übel wollte, den suchte
die Pröpstin in ihrem hartnäckigen Widerspruchsgeiste gegen
die Domina nach Möglichkeit zu begünstigen, und während sie
nun das Regiment führte, erwies sie Oda nur Liebes und
Gutes. Auch die übrigen Conventualinnen, einschließlich Adel=
heids, begegneten der sehr Zurückhaltenden mit Freundlichkeit
und ehrten ihren Gram über den Verlust ihres, wie sie glaubten,
heimlich Verlobten mit rücksichtsvoller Theilnahme.

Schwer lastete auf Oda die traurige Gewißheit, daß
Siegfried um ihretwillen den Tod gesucht hatte, und sie mußte
sich fragen, ob sie nicht schuld daran wäre, indem sie vielleicht
durch zu große Vertraulichkeit Hoffnungen in ihm erregt hätte,
deren völlige Enttäuschung ihn zu dem verzweifelten Entschlusse

getrieben hätte. Aber ihr tiefster Schmerz galt nicht dem
todten Freunde, sondern dem lebenden Geliebten, um dessen
Schicksal sie in einer beständigen Angst schwebte. Sie getraute
sich nicht, ihrem Herzen durch ein befreiendes Aussprechen
gegen eine der Conventualinnen Erleichterung zu verschaffen,
und Eilika war bei aller Anhänglichkeit an sie doch immerhin
nur ihre Dienerin und dazu ein gar geschwätzig Ding, bei dem
ihr scheues Geheimniß in keiner sicheren Hut gewesen wäre.
Allein ihre Verschwiegenheit auch gegen diese half ihr nichts.
Die schlaue Zofe kam auch ohne ein abgelegtes Bekenntniß ihrer
Herrin dahinter, und wie sie früher auf dem Regenstein bereit
gewesen war, einer Verbindung Oda's mit Siegfried Vorschub
zu leisten, so war sie nun gewillt, einer solchen mit dem Grafen
Albrecht die Wege zu ebnen, denn sie glaubte mit einer beneidenswerthen Zuversicht an dessen baldige Befreiung und
vermochte damit auch ihrer Herrin einige Beruhigung einzu-
flößen. Ihr Bundesgenosse bei diesem neuen Heirathsplane
sollte wiederum ihr getreuer Ritter mit dem langen Schnurrbart sein.

Bock von Schlanstedt hatte sich, um seinem gefangenen
Herrn nahe zu bleiben, bei seinen guten Freunden, den Mönchen
zu Sankt Wiperti eingenistet und eine rege Verbindung mit
Eilika zu unterhalten gesucht. Eilika hatte sehr gern die Hand
dazu geboten und war schon zu manchem Stelldichein mit dem
sich immer verliebter geberdenden Ritter gekommen, denn mit
Florencius wurde es doch nichts, der schien ihr selber zu vornehm für sie.

Bock dagegen hatte mit ihm Freundschaft geschlossen,
die zwar auf einem gegenseitigen Gefallenfinden an einander
beruhte, bei der aber Bock noch seine besondere Absicht hatte.
Der lustige Stiftsschreiber war nämlich auch in der Stadt

allgemein beliebt und hatte in allen Kreisen der Bürger=
schaft Gönner und gute Freunde. Darum lag ihm Bock schon
lange in den Ohren, daß er ihm durch seine vielen Bekannt=
schaften einmal Zutritt zu seinem Herrn verschaffen sollte, den
Bock gern einmal wiedersehen und sprechen möchte, und Flo=
rencius hatte gelobt, Alles zu thun, was in seinen Kräften
stünde, diesen Wunsch des Ritters zu erfüllen.

Als nun Eilika ihrem beharrlichen Anbeter die Entdeckung
mittheilte, die sie in dem Herzen ihrer Herrin gemacht hatte,
sagte sie ihm zwar nichts, was dieser nicht länger und besser
wußte als Eilika, aber der verschwiegene Mann hörte mit
Freuden auch von dieser Seite die Bestätigung dessen, was ihm
Siegfried in seiner letzten Stunde anvertraut hatte.

Und als Eilika ihrer Herrin Bocks Hoffnung verkündete,
durch Vermittlung des Stiftsschreibers den Grafen Albrecht
sprechen zu können, war Oda hoch erfreut darüber in dem
heißen Verlangen, auf diesem Wege etwas über das Befinden
des Geliebten und über die Möglichkeit seiner Rettung zu er=
fahren. Sie gab Eilika ein mit werthvollen Edelsteinen be=
setztes Geschmeide, damit Florencius nöthigenfalls Mittel zur
Bestechung der Wächter habe.

Dabei mußte man jedoch mit der größten Vorsicht zu
Werke gehen. Florencius gebrauchte eine lange Zeit, seine
unverdächtige Annäherung an den Rathhauswart vorzubereiten,
und als er endlich soweit gekommen war, daß er Wärter und
Schließer willig gemacht hatte, kehrte, ungemeldet und früher
als erwartet, die Äbtissin von ihrer Reise an den Hof des
Kaisers zurück.

Sie hatte gesiegt. Das Ergebniß ihrer muthigen Pilger=
fahrt war die Freiheit des Grafen Albrecht.

Nach manchen Verhandlungen, Vorstellungen und Bitten

hatte sie dem Kaiser einen Bescheid abgerungen, der den Grafen aus der Gefangenschaft löste, wenn dieser sich den Bedingungen fügte, die in einem von der Äbtissin mitgebrachten Majestätsbriefe an die Stadt Quedlinburg enthalten waren.

Diese Bedingungen waren die folgenden. Der Graf sollte zwar Schirmvogt des freiweltlichen Stiftes bleiben, aber seiner Schutzvogtei über die Stadt Quedlinburg entsagen und diese fortan unabhängig von ihm sein. Die im Weichbild der Stadt belegenen Regenstein'schen Häuser und Höfe sollten der Stadt verfallen. Der Graf sollte die Guntecenburg nicht wieder aufbauen und eine Meile im Umkreise der Stadt keine neue Befestigung, sei es Burg oder Haus, errichten dürfen und endlich in der Umwallung der Stadt sieben Mauerthürme auf seine Kosten bauen lassen. Bei Annahme dieser Bedingungen seitens des Grafen sollte die Stadt ihn sofort in Freiheit setzen, und als besondere Gnade wollte ihr der Kaiser dann die hohe Gerichtsbarkeit über Hals und Hand verleihen, womit indessen keineswegs das Gericht unter dem hohen Baume gemeint war.

Der Rath nahm diese Bedingungen an, aber Graf Albrecht wies sie entschieden zurück.

Die Äbtissin war empört. Sie hatte sich seinetwegen den Mühen und Gefahren einer langen, beschwerlichen Reise in herbstlich rauhem Wetter ausgesetzt, hatte für ihn gesprochen und gestritten, hatte mit Hülfe ihrer unerschrockenen Begleiterin die Gunst und Fürsprache der kaiserlichen Räthe und Paladine durch Mittel gewinnen müssen, über die sich die opferfähige Scholastika in vielsagenden Andeutungen gegen ihre jüngeren Stiftsgenossinnen erging, und hatte endlich Bedingungen für den Gefangenen erreicht, die ihm nicht die kleinste Abtretung von dem Besitzstande seiner Grafschaft zumutheten und im

Vergleich mit dem dafür erkauften Werthe des Lebens und
der Freiheit noch ein billiger Preis zu nennen waren. Und
das Alles sollte sie umsonst gethan haben? Sie hatte einen
Dank von ihm erwartet, der ihre stolzesten Hoffnungen und
heißesten Wünsche erfüllte, und statt dessen war seine Antwort
ein trotziges Nein!?

Sie setzte sich hin und schrieb ihm einen geharnischten
Brief, worin sie ihm seinen Undank ziemlich unverblümt vorhielt und ihn dringend zum Nachgeben ermahnte. Der Brief
ward ihm durch Vermittlung des Rathes übergeben, denn
diesem war es sehr um das Zustandekommen des Vertrages zu
thun, weil er der Stadt neben anderen Vortheilen die längst
ersehnte Befreiung von der Schutzvogtei und die hohe Gerichtsbarkeit einbrachte, wogegen die zweifelhafte Genugthuung,
einen so gefährlichen Mann, wie Graf Albrecht von Regenstein war und, so lang er lebte, auch für sie blieb, als Gefangenen in ihren Mauern zu halten, gar nicht in Betracht
kommen konnte.

Aber auch der Brief beugte den harten Sinn des Grafen
nicht. Er ließ der Schreiberin seinen tief empfundenen Dank
für ihre Bemühungen um ihn, aber auch seinen festen Entschluß, auf diese Bedingungen nicht einzugehen, mittheilen, blieb
in seinem Kasten und klirrte mit seiner Kette weiter.

Die Äbtissin gerieth darüber in helle Verzweiflung und
war vorläufig rathlos, was sie nun beginnen sollte. Sie ergab
sich einem dumpfen Brüten über die abenteuerlichsten Pläne,
zu jeder That, zum Äußersten bereit, das die Durchsetzung
ihres Willens herbeiführen könnte. —

Endlich nahte die Stunde, in der Bock seinen Herrn
heimlich sprechen sollte. Er wünschte, ihm einen Gruß Oda's
aus ihrem eigenen Munde bringen zu können und erbat durch

Eilika eine Zusammenkunft mit ihr, die ihm gern gewährt wurde. In der Krypta der Schloßkirche, wo die Conventualinnen zuweilen am Grabe der ersten Abtissin Mathilde ein stilles Gebet zu verrichten pflegten, trafen sie sich.

„Bringt dem Grafen meinen freundlichsten Gruß, Herr Ritter," sprach Oda, „und sagt ihm, ich ließe ihn herzlich bitten, die Bedingungen anzunehmen und damit die Freiheit zu gewinnen."

„Und sonst habt Ihr mir nichts zu bestellen, gnädigstes Fräulein?" frug der Ritter.

„Nein," erwiederte sie, „das ist genug."

„Wollt Ihr mir nicht irgend ein Zeichen, ein kleines Andenken für den Herrn Grafen zum Troste in seinem Kerker mitgeben?" frug er weiter.

„Was soll ich Euch geben?" erwiederte sie, „ich habe nichts bei mir; oder — hier! dieses Ringlein, es ist — Gott hab' sie selig! — ein Erbkleinod von meiner lieben Mutter. Das bringt ihm von mir." Sie streifte einen schmalen Goldreif vom Finger und gab ihn dem beglückten Boten.

Er versprach ihr am nächsten Abend hier an derselben Stelle den Dank des Grafen zu übermitteln und trat seinen Schleichweg mit dem Stiftsschreiber an.

Florencius hatte Alles auf das Sorgfältigste vorbereitet. Er brachte den Ritter glücklich in die Stadt, barg ihn bis zur Nacht bei einem sicheren Bekannten und führte ihn dann mit Hülfe der bestochenen Wächter durch ein Seitenpförtchen des Rathhauses zum Kerker des Grafen, wo er ihn, sich mit dem Wärter zurückziehend, allein ließ. Bock stellte sich außen und der Graf innen an die durch einen eisernen Kreuzstab versperrte Öffnung, und so konnten sie miteinander reden.

Graf Albrecht, von dem Besuche seines treuen Dienst-

mannes freudig überrascht, vernahm den Gruß und die Bitte
Oda's mit bewegtem Herzen. Sie zürnt Dir also nicht, sie
haßt und verabscheut Dich nicht! dachte er und drückte das
von ihr kommende Ringlein gerührt an die Lippen.

„Das liebe Mädchen!" sprach er dann, „sie wünscht, daß
ich mir Leben und Freiheit mit hohen Verschreibungen und
großer Bürgschaft rette, aber sie versteht nicht, was mich das
kosten soll. Die Demüthigung ist zu groß und der Lohn zu
gering."

„Herr Graf," sagte Bock, „haltet's Eurem geschworenen
Manne zu Gnaden, aber das ist ein thöricht Wort. Eine
Schlappe nach so viel Siegen, was will das sagen? Nicht
bloß Gräfin Oda, wir Alle bitten Euch: gebt nach! Kommt!
frischauf ins Feld! steigt wieder aufs Pferd und reitet uns
voran zu Stoß und Fehde; wir folgen Euch in alle vier Winde
und machen's wett, was die nichtswürdigen Städter an Euch
gefrevelt haben."

„Es geht nicht, Bock," entgegnete der Graf; „das Schick=
sal hat mir die Wege verlegt, und ich habe ein gebrochen
Schwert."

„Wir schmieden ein neues, Herr Graf!" sprach Bock leb=
haft und dringend. „Was soll denn aus der Grafschaft und
Eurem edlen Hause werden, wenn Ihr fehlt? Der Regenstein
verlangt nach seinem Herrn."

„Auf dem Regenstein ist es einsam und öde geworden,"
erwiederte der Graf; „auf seinem Felsen blüht kein Glück mehr."

„Wer weiß, Herr Graf!" sagte Bock, und seine gedämpfte
Stimme klang wie ein fröhlicher Hornruf. „Vielleicht bringe
ich Euch heute ein Glück, das Euch des Lebens und der Frei=
heit werth dünkt."

Der Graf antwortete nicht; nur der Ton eines schweren

Seufzers drang zu Bock, der nun fortfuhr: „Herr Graf, ich habe noch eine Botschaft an Euch von Graf Siegfried aus-zurichten."

„Von Siegfried?" frug der Graf erstaunt. „Siegfried ist in meinen Armen gestorben; wie kannst Du eine Botschaft von ihm haben?"

„Erst nach seinem Tode solltet Ihr's erfahren, und nur Euch selber sollt' ich es sagen, hat er mir befohlen, als ich ihn nach seiner Verwundung im Hohlwege auf den Rasen legte," erwiederte Bock. „Ich habe Euch an dem Tage nicht mehr gesehen und konnte auch nicht eher zu Euch gelangen als heute."

„Ach Bock!" sprach Albrecht dumpf, „ich rathe, was es ist. Er hat Dir gesagt, ich hätte ihn in den Tod geschickt."

„Nein, nein, Herr Graf!" rief Bock, „ganz anders lautet die Botschaft. Ich soll Euch dieses sagen: Gräfin Oda hat dem Grafen Siegfried gestanden, daß sie nicht ihn, sondern Euch mit ihrer ganzen Seele liebte."

Im Käfig klirrte die Kette, als hätte der Insasse eine rasche Bewegung gemacht. „Bock! Bock, was sagst Du da?" klang es mit bebender Stimme aus der Finsterniß heraus. „Weißt Du auch, was Du sprichst?"

„Wort für Wort, Herr Graf!" betheuerte Bock. „Ich habe es unserem lieben Grafen Siegfried in seiner Todesstunde ge-loben müssen, Euch dieses Geheimniß mitzutheilen, das Euch selber zu vertrauen ihm von der Gräfin Oda streng verboten war."

„Bock, guter, treuer Mensch, besinne Dich!" sprach der Graf und seine Stimme klang wie ein rührendes, brünstiges Flehen aus der Dunkelheit des Kastens, „besinne Dich wohl, daß Du mir nichts sagst, was nicht ganz genau wahr und richtig ist. Du mußt denken, Bock, von Deinen Worten hinge mein Leben ab!"

„Auf Ehr und Eid, Herr Graf!" erwiederte Bock, „ich habe Euch die reine Wahrheit gesagt, kein Wort mehr und keines weniger, als mir Graf Siegfried kurz vor seinem Scheiden aus diesem Leben Euch zu sagen geboten hat."

„Wirklich? wirklich? ist es wahr, Bock? — O Gott! o Gott! sie liebt mich! sie liebt mich!" flüsterte der Graf, bis in den Grund erschüttert. — „Und ich, ich liege hier in Schmach und Schanden, angekettet wie ein bissiger Hund?!" rief er plötzlich in einer rasenden Wildheit. „Macht auf! ich will heraus! Bock, hilf doch! hast Du kein Eisen? schlage zu, Bock! brich auf! ich will los, ich will heraus!" So schrie er wüthend und riß an seiner Kette und tobte gegen die Wände seines Käsigs, daß die starken Bohlen in ihren Fugen krachten.

Der Kerkermeister sprang erschrocken herzu und mahnte: „Ruhig! ruhig, Herr Graf! Ihr weckt ja mit dem Lärm die Leute im Rathhaus, Ihr weckt die Bürger in der Stadt, sie müssen es ja auf dem Markte hören."

„Sie sollen es hören!" schrie der Graf mit furchtbarer Stimme. „Laß sie kommen mit ihrem verfluchten Geklere! ich will Alles thun, was sie verlangen, ich will Alles unter= schreiben, Alles geloben, Alles beschwören, aber frei will ich sein, frei, nur frei!"

„Morgen könnt Ihr frei sein, wenn Ihr es wollt!" rief nun Bock durch die Öffnung zum Grafen hinein.

„Meinst Du, Bock? meinst Du, daß sie mir Wort halten und mich heraus lassen?" antwortete der Graf von innen. „Schaffe mir die Freiheit, Bock, und bringe mich zu ihr! Nichts Anderes will ich mehr, aber die Freiheit, Bock! und ein Schwert und ein Pferd und sie, die mich liebt, ohne die ich nicht leben will!"

„Morgen, morgen, Herr Graf!" sagte Bock.

„Morgen? Wann siehst Du sie wieder, Bock?" frug er nun ruhiger.

„Morgen Abend in der Krypta."

„So sage ihr, daß ich die Bedingungen des Kaisers an= nähme, weil sie es wünschte, nur weil sie es wünschte, Bock! Weiter sagst Du ihr nichts, und sie soll es noch verschweigen und Du auch, Bock. Sobald ich frei bin, will ich sie sprechen, aber allein, unter vier Augen. Kannst Du das machen?"

„Gewiß, Herr Graf!" erwiederte Bock, „in der Krypta. Niemand fällt es auf, wenn sie dahin geht; ich bringe Euch zu ihr, und Florencius hilft uns. Kommt nur ins Kloster, sobald Ihr frei seid, und überlaßt das Übrige uns."

„Gut, Bock, gut! morgen lasse ich dem Rathe melden, daß ich meine Freiheit wieder haben will."

„Herr Graf," sagte Bock, „Florencius sieht Gräfin Oda schon morgen früh. Darf er es ihr nicht melden? er ist zu= verlässig und verschwiegen, er hat mich zu Euch geführt, ohne ihn wäre ich nicht hier."

„Ja, Bock! laß es Florencius ihr sagen; ist er hier?" Bock rief den Stiftsschreiber heran. „Habt Dank, braver Freund! hier ist meine Hand," sprach Albrecht und streckte ihm die halbe Hand durch das Eisenkreuz. „Bock wird Euch um eine Botschaft an Gräfin Oda bitten, richtet sie gut aus!"

„Sicher, Herr Graf! verlaßt Euch darauf!" erwiederte Florencius, „aber nun müssen wir fort, ehe die Wache wechselt."

„Geht! geht! bald sehen wir uns wieder!" sagte der Graf bewegt und zwängte noch einmal seine Hand durch das Eisen= gitter, die sie beide in ihrer großen Freude über seinen Ent= schluß herzlich drückten. Dann schlichen sie davon und ließen in dem engen, düstern Kasten einen Glücklichen.

Achtundzwanzigstes Kapitel.

—◦—

Als die Kapitularinnen im Schloſſe ſich zu ihrem ge=
meinſamen Frühmahl verſammelten, fehlte Oda, und
da ſie als die zuletzt Eingetretene das Gebet zu ſprechen
hatte, ſo mußte auf ſie gewartet werden. Man war an ſolche
Unpünktlichkeit nicht gewöhnt, und die Äbtiſſin ſchickte die
Scholaſtika zu der Vermißten, um nach dem Grunde ihres
Ausbleibens zu forſchen. Fräulein Hedwig von Hakeborn kam
mit der Meldung zurück, die Erwartete würde ſogleich er=
ſcheinen, und fügte auf eine Frage der Äbtiſſin hinzu: „Junker
Florencius war bei ihr.“

„Florencius?“ ſagte die Äbtiſſin erſtaunt.

„Zu dieſer Stunde?“ die Pröpſtin.

„Und allein?“ die Dekaniſſin.

„Nein, ihre Zofe Eilika war dabei,“ erwiederte die
Scholaſtika.

Kurz darauf trat Oda in den Saal, entſchuldigte ſich
ihrer Säumniß wegen, nahm ihren Platz ein und ſprach das
Gebet. Aber ſie ſprach es mit einer empfindungsloſen Haſt
und Zerſtreutheit, die deutlich erkennen ließ, daß ihre Gedanken
nicht bei ihren Worten waren, und ihr nach Beendigung des=
ſelben verwunderte und ſtrafende Blicke zuzog. Während des
Mahles, das die Damen in ihrer unbeſchränkten Muße gern

25*

lang ausdehnten, war Oda wie umgewandelt. Bald saß sie
träumerisch vor sich hinstarrend, bald ergab sie sich an Stelle
ihrer sonstigen Schweigsamkeit und Niedergeschlagenheit einem
sprudelnd mittheilsamen Frohsinn, wie man noch gar nicht an
ihr kannte. Allen fiel es auf, und Alle waren mit sich einig,
daß über Nacht eine seltsame Veränderung mit ihr vorgegangen
und ihr etwas Außerordentliches begegnet sein müßte. Sollte
sie sich wirklich über den Tod des Grafen Siegfried mit dem
lustigen Stiftsschreiber Florencius trösten? dachten die Einen,
und die Anderen: sie freut sich über die Enttäuschung und den
Grimm der Äbtissin, die zu lieben sie ja wahrlich keine Ursache hat; aber was ist geschehen, daß diese Freude so plötzlich
und unverhohlen zum Durchbruch kommt?

Der Äbtissin schien Oda's verändertes Wesen sehr verdächtig, und sie gebot ihrer Freundin Adelheid, der Scholastika
Hedwig, der sie sich auf der Reise enger angeschlossen hatte,
und ihrer Kammerfrau, Oda auf Schritt und Tritt zu beobachten und ihr von deren Thun und Treiben genaue Kunde
zu geben.

Niemand ahnte den wahren Grund von Oda's Freude,
denn Niemand außer den vier Eingeweihten wußte etwas von
dem in der Nacht gefaßten Entschlusse des Grafen Albrecht.

Dieser ließ am Morgen den Bürgermeister bitten, zu
einer Unterredung mit ihm an seinen Kerker zu kommen.
Der Bürgermeister kam, und Graf Albrecht erklärte ihm,
durch Annahme der kaiserlichen Bedingungen seine Freiheit erkaufen zu wollen, wenn man ihn nach vollzogener Unterschrift und geleistetem Eidschwur heut Abend der Haft entledigen und seine Freilassung bis zum nächsten Tage geheim
halten wollte.

Herr Nikolaus von Bekheim glaubte dem Gefangenen

die Erfüllung dieses Wunsches versprechen zu können, ließ so=
fort die Rathsherren in aller Stille zu einer geheimen Sitzung
berufen und bis sie kamen, eine Urkunde über den Verzicht
des Grafen auf die Vogtei und über seine sonstigen Ver=
pflichtungen und Gelöbnisse vorbereiten.

Die Sitzung verlief in Gegenwart des Grafen ruhig
und würdevoll. Da mit seiner Einwilligung dem Rathe ein
großer Gefalle geschah, so behandelte dieser seinen ehemaligen
Feind mit ausgesuchter Höflichkeit und Rücksicht. Er selber
sprach kein Wort mehr, als durchaus nothwendig war und hatte
für die versammelten Rathsherren nicht einen Blick. Der
Bürgermeister las die Urkunde laut vor, der Graf unter=
schrieb sie mit fester Hand und schwur zu Gott und den
Heiligen, die eingegangenen Verpflichtungen ehrlich und ge=
wissenhaft zu erfüllen. Darauf wurde er los und ledig ge=
sprochen und ihm die Versicherung gegeben, daß seine Freilassung
bis zum nächsten Tage verschwiegen bleiben sollte.

Er wartete im Gemache des Bürgermeisters die Abend=
dämmerung ab und ging dann frei aus der Stadt hinaus,
deren gebietender Schutzvogt er gewesen war.

Man hatte ihm sein Schwert und Panzer und Stahl=
haube wiedergegeben, und damit angethan und in einen langen
Mantel gehüllt schritt er in der Dunkelheit den ihm wohl=
bekannten Weg nach dem Wipertikloster, einsam und allein
wie ein Ausgestoßener und Geächteter. Es war Ende October;
die frische Luft und ein kalter Sprühregen, der ihm das Ge=
sicht netzte, thaten dem aus dumpfer Haft Erlösten unendlich
wohl; er blieb mehrmals stehen und weitete sich die Brust
mit tiefen Athemzügen.

Von den Opfern, die er seiner Freiheit gebracht hatte,
war ihm keins so schwer geworden wie seine Einwilligung

in die Unabhängigkeit der Stadt Quedlinburg, die nun mit ihrem Trotz und ihrer Macht über ihn triumphirte. Der Zornmuth darüber wallte jedoch nur einen Augenblick in ihm auf, als er an der zerstörten Guntecfenburg vorüber kam. Urfehde hatte er ja der Stadt glücklicherweise nicht geschworen; die Zeche, die sie jetzt bei ihm auf dem Kerbholz hatte, sollte sie ihm noch einmal mit Zins und Zinseszins bezahlen!

Ihn kümmerte jetzt Näherliegendes. Er verdankte seine Freiheit zunächst Jutta's Bemühungen und wußte, welchen Lohn sie dafür von ihm erwartete. Daß er sie um diese Hoffnung betrügen mußte, schmerzte ihn tief und aufrichtig. Aber ohne Oda's Wunsch und Oda's Liebe hätte er den Pakt mit dem Rathe nie unterschrieben.

So war seine Erlösung das Werk der beiden Frauen, die dort oben unter einem Dache wohnten, die ihn beide liebten, von denen aber die Eine einen hohen Preis für seine Rettung forderte, während die Andere, in reiner, selbstloser Freude, ihn frei zu wissen, nichts begehrte, nichts erwartete und nicht im Entferntesten ahnte, welches Glück seine Freiheit ihr entgegentrug. Und nun war er auf dem Wege zu ihnen, um der Einen das Herz mit unaussprechlicher Seligkeit zu füllen und der Anderen die bitterste Enttäuschung zu bereiten.

Eine Strecke vor dem Kloster, auf dem Wege von der Stadt her, stand Bock in Dunkelheit und Regen und wartete auf seinen Herrn; aber ehe er den Grafen sehen konnte, erkannte er seinen klirrenden Schritt und eilte dem Kommenden freudig entgegen.

„Da bin ich, Bock!" sprach der Graf und drückte seinem treuen Manne die Hand, „nun führe mich zur Gräfin Oda."

„Erst einen Trunk, Herr Graf, und eine kurze Ruhe," erwiederte Bock; „jetzt sitzen sie oben im Schlosse schon beim

Nachtmahl, das sie immer sehr früh einnehmen und von dem sich das gnädige Fräulein nicht so schnell entfernen kann."

Der Graf mußte sich fügen, und erst nachdem er sich beim Prior ein wenig erfrischt hatte, stieg er mit Bock den Schloßberg hinan. Oben trat er vom Schloßhofe durch das neue, von Jutta gebaute Portal in die Krypta, wo bei den Königsgräbern und der Ruhestätte der ersten Äbtissin eine ewige Lampe brannte und den großen gewölbten Raum mit seinen schattenwerfenden Säulen matt erhellte. Hier blieb er in sehnender Erwartung der Geliebten, den Blick auf die Thür und die Stufen gerichtet, die von der hohen Basilika in die Krypta hinabführten. Bock war ins Schloß gegangen, um Florencius und Eilika zu benachrichtigen.

Endlich erschien Oda, aber nicht von der Kirche her, sondern auf demselben Wege, den Albrecht gekommen war, und von Florencius geführt, der sich gleich wieder zurückzog und die Thür hinter sich schloß, um mit Bock und Eilika vor dem Portale Wache zu halten.

Graf Albrecht schritt der Zitternden entgegen, und sie war in einer so überwältigenden Aufregung, daß sie nicht wußte, was sie that, als sie sich seinen umfangenden Armen überließ und das Haupt an seine Brust gelehnt, in Thränen ausbrach. So hielt er sie lange umschlossen, die Lippen auf ihren duftigen Scheitel gedrückt.

„Oda! Oda!" sprach er endlich leise, „bist Du nun mein?"

Bei dem Klange seiner Stimme schrak sie auf und wollte sich von ihm losmachen. Er aber zog ihre schöne Gestalt fester an sich und sagte: „Weißt Du denn nicht, Oda, daß ich Dich grenzenlos liebe seit langer Zeit? daß ich nur Deinetwegen aus meinem Kerker ging?"

Da schaute sie ihn an wie Jemand, der aus einem tiefen

Traum erwacht, sich nicht gleich besinnen kann, wo er ist, und die Worte noch nicht versteht, die zu ihm gesprochen werden. Liebe? Albrecht liebte sie? Hatte sie schon lange geliebt? — Ach sie träumte ja und wollte nicht erwachen. Sie blickte ihn so selig lächelnd an, als flehten ihre blauen Augen: o wecke mich noch nicht! es ist so süß von Deiner Liebe zu träumen! Aber wie sie sich deutlicher an seiner Brust, in seinen Armen fühlte und seinen sonnigen Blick in den ihren gebannt, da kam sie allmählich zu Bewußtsein und Klarheit, und in ihrem Busen begann ein Klopfen und Wogen, die Gedanken kreisten, die Stimme versagte ihr. Sie schlang die Arme um Albrechts Nacken und preßte ihn an sich, damit ihr das Herz nicht zerspränge von einem so unfaßbaren, untragbaren Glück.

„Oda, hast Du es gewußt, daß ich Dich liebe?" frug er nun.

„Nicht gewußt und nie geglaubt und nie darauf zu hoffen gewagt, aber darum gebetet wie um meiner Seele Seligkeit!" sagte sie, mit innigem Entzücken zu ihm aufschauend.

„Und liebst mich, liebst mich wirklich?" sprach er glückestrunken.

„Ach! über alles Denken und Verstehen!" jubelte sie. „Seit ich Dich zum ersten Male sah, bist Du meines Lebens Stern und meines Herzens Abgott, Albrecht!"

„So sind wir Eins auf ewig!" sprach er, „fortan soll uns nichts mehr trennen."

Da schauderte sie leise zusammen und hauchte mit einem schmerzerfüllten Tone: „Siegfried steht zwischen uns. Er hat den Tod gesucht um meinetwillen."

Albrecht fuhr betroffen auf. „Wer sagt das, Oda?"

„Er selber hat mir's angedeutet," erwiederte sie, „beim Abschied; damit wir glücklich würden, sagte er."

„Das hat er selber gesagt?" frug Albrecht.

Oda nickte.

„Siegfried ist in meinen Armen gestorben; seine letzten Worte waren: Nun bin ich Euch nicht mehr im Wege;" halblaut nur, dumpf und gedankenschwer kam es von Albrechts Lippen.

„Er ist uns doch im Wege, Albrecht," sprach Oda traurig. „Wie sollen wir ein Glück finden, um dessentwillen Siegfried in den Tod gehen mußte?"

Albrecht sah düster vor sich hin. So wie er die Geliebte hier in Armen hielt, so hatte es Siegfried gesollt, und so hatte er selber den verscheidenden Bruder gehalten, dessen Sterben die Brücke war, über die Albrechts und Oda's Herzen zu einander kamen. Aber war Siegfried denn nicht in den Tod gegangen, damit sie beide glücklich würden? Hatte er dazu nicht dem Bruder die Botschaft von Oda's Liebe gesandt?

„Oda," sprach Albrecht nun, „ich will es Dir gestehen: von Siegfried selber weiß ich es, daß Du mich liebst."

Sie sah ihn erschrocken an.

„Nicht er hat mir's gesagt," fuhr Albrecht fort. „Als er mit der Todeswunde in der Brust am Wege lag, hat er's dem Ritter Bock vertraut, und der hat es mir gestern gesagt, wie er es dem Sterbenden hatte geloben müssen. Es ist ein Vermächtniß unseres Todten, daß wir uns lieben sollen und glücklich werden. Wir müssen es erfüllen, Oda, wie er es gewollt hat und wie es unsere Sehnsucht will. An Siegfrieds Grabe wollen wir uns die Hände reichen, sein Geist wird uns segnen."

„Aber wenn er es nicht thut, Albrecht?" frug Oda in bangem Zweifel. „Wenn er sich zürnend zwischen uns drängt und statt Segen Fluch und Unheil in unser Leben bringt? Albrecht, mir graut vor dem vergeltenden Schicksal!"

„Meines lieben Bruders Geist wird uns nicht schrecken,
Oda," verſetzte Albrecht, „denn wir ſind nicht ſchuld an ſeinem
Tode. Er ging dahin, damit wir glücklich würden; laß uns
an ſeine Liebe glauben und getroſt den Bund ſchließen, auf
den er mit verklärtem Antlitz lächelnd von oben niederſchaut."

„So ſei es und geſcheh' es denn in Gottes Namen, mein
Geliebter!" erwiederte ſie mit ſchimmernden Augen und bot ihm
den Mund zum erſten Kuſſe. —

Nach dem Abendeſſen ſaß die Äbtiſſin einſam in ihrem
Gemach an einem Tiſche, auf dem ein mit prächtigen Bild=
werken geſchmücktes Officiale aufgeſchlagen lag. Sie hielt den
Kopf in die Hand geſtützt und blickte auf die großen, bunt
verzierten Blätter, ohne zu leſen, was dort geſchrieben ſtand.

Da trat die Kammerfrau ein und meldete eilig: „Gnädigſte
Domina, ſoeben hat ſich Gräfin Oda mit dem Junker Florencius
in die Krypta begeben."

Die Äbtiſſin fuhr wie aus einem Traume geſchreckt empor.
„Wie ſagſt Du? Gräfin Oda mit Florencius in die Krypta?"
frug ſie, als hätte ſie nicht recht gehört. „Haſt Du Dich
auch nicht geirrt?"

„Nein, gewiß nicht, Domina!" erwiederte die Kammer=
frau, „ich habe es mit dieſen meinen Augen geſehen, wie ſie
beide zuſammen durch das Portal eingetreten ſind."

Die Äbtiſſin erhob ſich und ſchritt überlegend im Zimmer
auf und nieder. „Geh," ſagte ſie nach einer Weile, „und rufe
mir ſämmtliche Damen des Kapitels zuſammen. Sie ſollen
ſich alle ſofort hier einfinden, jede wie zu einem Bittgang mit
einer großen Kerze verſehen. Weiter ſagſt Du ihnen nichts!"

Die Kammerfrau verbeugte ſich und ging ab, um zu
thun, was ihr befohlen war.

„O wir wollen die Heuchlerin entlarven!" ſprach die

Äbtiſſin, als ſie allein war. „Eine Gräfin von Regenſtein wollte ſie werden, die tugendſtrenge Unſchuld, und giebt ſich ein nächtliches Stelldichein mit einem Stiftsſchreiber? Daher alſo der Übermuth ſchon beim Frühmahl, daher das Lachen und Jubiliren den ganzen Tag! Darum alſo wollte ſie an der Gruft ihres Verlobten nicht ſchwören, weil ſie wohl wußte, daß ſie das ſündenfrohe Blut nicht bändigen würde! O wenn es doch Graf Albrecht erführe, wie ſich ſeine keuſche Lilie hier geberdet!"

Immer heftiger redete ſie ſich in ihre Zorngluth hinein, immer böswilliger ſann ſie über die unbarmherzigſte Weiſe, die Verhaßte vor den Augen ihrer Stiftsgenoſſen zu brand=marken.

Die Conventualinnen, von jeher an die ſeltſamſten Launen ihrer Domina gewöhnt, fanden ſich mit ihren Kerzen im Gemach der Äbtiſſin ein, allerdings neugierig, zu welchem Zwecke der außergewöhnliche Bittgang führen ſollte.

„Vielliebe Schweſtern," ſprach die Äbtiſſin zu den Ver=ſammelten, „wir haben uns fern von hier auf unſerer Reiſe gelobt, wenn wir glücklich heimkehrten, mit unſerem ganzen Kapitel ein ſtilles Dankgebet in der Krypta am Grabe unſerer in Gott ruhenden erſten Vorgängerin, der Äbtiſſin Mathilde, zu thun. Kommt nun, das Gelübde zu erfüllen!"

„Gräfin Oda fehlt noch," ſagte die Scholaſtika; „ſoll ich ſie rufen?"

„Nein!" erwiederte die Äbtiſſin ſchnell, „wir können auch ohne ſie gehen."

Da mochten manche der Damen, denen das üble Ver=hältniß der beiden nicht verborgen war, wohl merken, daß hier irgend etwas nicht in Ordnung war, aber nur Gräfin Adelheid frug leiſe: „Was haſt Du vor, Jutta?"

„Still! laß mich!" gab diese flüsternd zurück.

Die Kerzen wurden angezündet, und die Damen reihten sich zum feierlichen Zuge. Etwas vor der Äbtissin zu ihren beiden Seiten gingen die zwei jüngsten Conventualinnen, um ihr zu leuchten; sie selber schritt allein an der Spitze der Übrigen. Sie brauchten nicht über den Hof zu gehen, sondern konnten unmittelbar aus dem Schlosse in die Kirche gelangen, deren Schiff sie bis zu jener Thüre, die von dort zur Krypta führte, in tiefem Schweigen langsam durchwandelten.

Schon von der leise geöffneten Thür aus hatte die Äbtissin mit boshafter Freude die beiden Gestalten an den Königsgräbern sofort erblickt; aber weil ihr Oda den Rücken zukehrte und mit ihrem Körper den des Grafen verdeckte, so glaubte sie, die Verrathene wirklich in den Armen des Stiftsschreibers zu überraschen, und eilte mit heißgieriger Fanglust auf ihre Beute zu.

Da, von dem Geräusch erschreckt, wandte sich Oda zur Seite, und vor der Äbtissin stand auf einmal hoch und frei Graf Albrecht von Regenstein.

Sein Panzer blinkte im Lichterglanz, sein Blick traf fest und streng die Äbtissin; mit dem linken Arm hielt er Oda umfaßt, die sich in der ersten Bestürzung von ihm trennen wollte, nun aber zitternd und schutzsuchend sich an ihn lehnte.

Die Äbtissin war sprachlos, mit offenem Munde, weit aufgerissenen Augen, wie zur Bildsäule erstarrt; ihr stockte der Athem, ihr wankten die Knie. Den Kapitularinnen, die sich herzu drängten und sie im Halbkreis umgaben, bebten vor Staunen und Erregung die Kerzen in den Händen. Niemand sprach; es war ein fürchterliches Schweigen.

Endlich begann der Graf mit ernster, tiefer Stimme: „Ihr seid mir zuvor gekommen, gnädige Frau! nicht so solltet Ihr meine Befreiung erfahren. Mein zweiter Gang sollte

mich zu Euch führen mit meinem Danke für das, was Ihr
für mich gethan habt, mein erster aber galt der, die Ihr hier
als meine Braut an meiner Seite seht."

Die Äbtissin bewegte ein paarmal langsam nickend das
Haupt. Dann sagte sie mit gepreßtem Tone, daß es zischend
durch die auf einander gebissenen Zähne klang: „Und Ihr suchtet
und fandet sie hier, heimlich, im Halbdunkel der Krypta. —
Nun — Herr Graf, — ich wünsche Euch Glück — zu der
Braut! — Ihr nehmt sie doch gleich mit, nicht wahr?"

„Gleich morgen!" erwiederte er, „und dann hoff' ich —"

„Spart jedes Wort! — ich weiß genug!" rief sie
drohend, warf mit trotziger Geberde den Kopf in den Nacken
und sagte zu den Conventualinnen gewendet: „Kommt! wir
wollen ein andermal beten." Dann schritt sie, von jenen ge=
folgt, denselben Weg zurück, den sie gekommen war. —

„Albrecht, da geht unsere Todfeindin hin," flüsterte sich
ängstlich an ihn schmiegend Oda, als die Thür zur Basilika sich
hinter der letzten Kerzenträgerin geschlossen hatte und die Krypta
nun wieder im matten Dämmerschein der ewigen Lampe lag.

„Hast Du einen Nachtriegel in Deiner Kemenate?" frug
Albrecht.

„Ja," erwiederte sie.

„So stoße ihn vor, ehe Du Dich zur Ruhe begiebst,"
sagte der Graf, „und genieße hier im Schlosse nichts mehr,
als was Du aus Eilika's Hand empfängst. Morgen nach dem
Frühmahl haltet Euch bereit, dann hol' ich Euch."

„Wohin, Albrecht?" frug Oda leise.

„Wohin, Du Liebe?" sprach er glückselig lächelnd. „Nach
dem Regenstein, auf unsere Burg! In zwei Tagen bist Du
mein Weib; der gute Abt von Michaelstein soll unsere Hände
in einander legen."

Oda barg ihr erröthendes Antlitz an der Brust des geliebten Mannes.

Er küßte sie und sagte: „Schlafe wohl, meine Oda! dies ist unsere letzte Trennung." Dann ging er zur Thür und rief Florencius, Bock und Eilika herein. „Gräfin Oda von Falkenstein ist meine Braut," sprach er freudevoll zu den Dreien. „Morgen reiten wir heim, Bock! Du sendest Botschaft an meine Brüder; in zwei Tagen ist Hochzeit auf dem Regenstein."

Bock beugte das Knie vor seiner jungen Herrin, Eilika küßte ihr gerührt die Hand, und Florencius wünschte ihr und dem Grafen Heil und Segen.

Nun begab sich Oda mit den letzteren beiden in das Schloß, und Graf Albrecht kehrte mit Bock nach dem Wipertikloster zurück.

In der Kemenate frug Oda mit strahlenden Augen und bebender Stimme ihre Vertraute: „Sage mir, Eilika, ist es ein Traum oder ist es Wahrheit? bin ich seine Braut? werde ich sein Weib?"

„Gnädiges Fräulein," lachte die Zofe, „übermorgen seid Ihr Gräfin von Regenstein!"

Und Oda fiel in der Überfülle ihres Glückes dem Mädchen schluchzend um den Hals. —

Die Äbtissin war in einer schrecklichen Verfassung. Den Rückweg von der Krypta, wo Graf Albrecht mit zwei Worten ihre Hoffnungen gebrochen hatte, wie der Richter den Stab über einen Verdammten bricht, legte sie festen Schrittes und stolz erhobenen Hauptes zurück. Aber in ihrem Gemache angekommen, brach sie von der übermäßigen Anstrengung, sich vor ihren Kapitularinnen so beherrschen und verstellen zu müssen, einer Ohnmacht nahe, zusammen und glaubte einem hitzigen Fieber anheim zu fallen. Ihre starke Natur sträubte sich jedoch mit Gewalt gegen jede Schwäche und behielt die Oberhand. Sie schrie und tobte nicht, sie hatte nicht einmal Thränen. Ohne Rast und Ruhe schritt sie auf und ab, bis sie nicht mehr konnte und erschöpft auf eine Polsterbank sank, wo sie mit glanzlosen Augen vor sich hinstarrend liegen blieb, daß die Kammerfrau sie nur mit vieler Überredung erst spät in der Nacht zu Bett bringen konnte. Ihre Seele war so mit Haß gegen Albrecht und Oda erfüllt, daß sie dafür keinen Aus= druck hatte und sich keines anderen Gefühles mehr bewußt war, als einer grenzenlosen Rachgier.

Am anderen Morgen, nachdem sie den Kapitularinnen Lebewohl gesagt hatte, begab sich Oda reisefertig zur Äbtissin, um auch von ihr Abschied zu nehmen. Es war ein schwerer Gang.

Die Äbtissin empfing sie sitzend und sagte, ohne sich vom Platze zu erheben: „Also Ihr folget dem Grafen von Regenstein nun wieder auf seine Burg, wo es Euch so gut zu gefallen scheint, daß Ihr um jeden Preis dahin zurück= zukehren wünschet, ist's nicht mit dem Einen, ist's mit dem Andern."

„Mit keinem Andern, als mit Graf Albrecht, würde ich dahin zurückgekehrt sein," erwiederte Oda.

„So! — Ei saget mir doch, mein Fräulein," versetzte die Äbtissin, „waret Ihr nicht mit Graf Siegfried ver= sprochen?"

„Nein, das war ich nicht, Domina!" antwortete Oda.

„So! — Ihr leugnet es," sagte Jutta. „Nun, er ist todt und kann Euch nicht mehr widersprechen."

„Domina! ich habe nichts zu leugnen, ich sprach die Wahrheit," entgegnete Oda erregt.

„Aber Graf Albrecht hat mir doch gesagt, daß er Eure Verbindung mit Siegfried dringend wünschte, — der Grafschaft Falkenstein wegen, natürlich!" sprach die Äbtissin. „Und als ich selber auf dem Regenstein Euch mit Siegfried verkehren sah, mußte ich annehmen, daß Ihr Brautleute wäret."

„Das war ein Irrthum, gnädige Frau," erwiederte Oda. „Allerdings wünschte es Graf Albrecht, so lange sein Bruder lebte, hat sogar für ihn bei mir geworben, aber ich konnte mich nicht entschließen —"

„Weil Ihr Albrecht liebtet?!"

„Ja," sagte Oda sanft erröthend.

„Liebt Ihr ihn jetzt noch?" frug Jutta mit scharfer Betonung.

„Würde ich ihm sonst folgen, Domina?" sprach Oda leise.

„Und Ihr bedenkt Euch keinen Augenblick, seine mit dem Blute des Bruders befleckte Hand zu nehmen?"

„Was sagt Ihr?" rief Oda zitternd.

„Ich sage," erklärte Jutta mit grimmigem Nachdruck, „daß er den Bruder aus dem Wege räumte, um sein Erbe in Eurer — Gunst zu werden."

„Domina! — was hat Euch Albrecht gethan, daß Ihr ihn —," sie konnte nicht weiter sprechen vor Scham und Entrüstung.

„Was kümmert das Euch, was Graf Albrecht mir gethan hat?!" sprach die Äbtissin hochmüthig und sich schnell erhebend. „Euch hat er den Einzigen, der Euch liebte, in den Tod geschickt!"

„Das ist eine Lüge!" schrie Oda außer sich.

Ein gellendes Lachen war Jutta's Antwort.

Da ließen sich aus der Vorhalle dröhnende Schritte

vernehmen, und mit der anmeldenden Kammerfrau zugleich trat Graf Albrecht ins Gemach, gewaffnet, behelmt und ge=panzert.

Oda flog auf ihn zu. „Albrecht, fie fagt, Du hätteft Siegfried in den Tod geschickt!" rief fie unter hervorstürzen=den Thränen.

Da ftand nun der Graf zwiſchen den Zweien, denen er ſeine Freiheit verdankte. Die Äbtiſſin mit einem finſteren Blicke meffend ſprach er ſtolz und ruhig: „Wer Euch das geſagt hat, Domina, — —"

„Euer Bruder Bernhard," unterbrach ſie ihn höhniſch.

„Nein! das hat Graf Bernhard nicht geſagt und nicht gemeint," fuhr Oda empor. „Ich war zugegen, als er uns den Tod Siegfrieds meldete."

Aber den Grafen hatte das Wort getroffen wie ein Speerwurf.

„Ich werde Bernhard fragen, wie er's gemeint hat," erwiederte er ſehr ernſt; „aber jetzt frage ich Euch, Domina, — und bedenket wohl Eure Antwort! — glaubt Ihr's?"

„— Ja! —"

Albrecht machte eine raſche Bewegung, als wollte er auf ſie losſtürzen. Oda hielt ihn ſanft zurück.

„Dann habe ich nichts mehr mit Euch zu reden; nicht den Dank bring' ich über die Lippen, den ich Euch ſchuldig bin!" ſprach er heftig, und wie von einem Grauen erfaßt, wandte er ſich von ihr ab und ſagte: „Komm, Oda! hier hauſen Geiſter der Hölle!"

So ſchied er von ihr und ſchritt, Oda in ſeinen Armen mit ſich führend, zornbebend hinaus.

Bock, der immer und überall Rath wußte, hatte in der Frühe ſeinem Herrn ein Pferd beſorgt, ſeinen Schecken aus dem Klosterstalle gezogen und war mit Albrecht aufs Schloß geritten, wo sie Oda's und Eilika's Pferde schon gesattelt und gepackt fanden. Als Albrecht gehört hatte, daß Oda bei der Äbtissin wäre, hatte er sich von dieser Unterredung nichts Gutes versehen und war zu Oda's Beistand geeilt. Jetzt kam er nun mit ihr die Treppen hinab auf den Hof; die Vier saßen auf, kehrten dem Schlosse den Rücken und ritten durch den kühlen, nebligen Morgen ihres Weges nach dem Regenstein.

Albrecht und Oda, noch von dem Auftritt mit der Äbtissin erschüttert und in ihren Gedanken damit beschäftigt, ritten voran, Bock und Eilika eine Strecke hinter ihnen.

„Seht Ihr wohl, herzliebe Jungfer Eilika! hab' ich es Euch nicht gesagt?" begann der vortreffliche Ritter zur Angebeteten seines Herzens, „nun reiten wir wieder denselben Weg wie vor einem halben Jahre, aber wie anders heute, als damals!"

Sie nickte ihm freundlich zu und sagte: „Heute folgen wir Euch lieber, mein edler Ritter, als damals, da Ihr uns ohne unsern Dank als Gefangene diese Straße schlepptet."

„So manches gute Ritterstück hab' ich vollführt," sprach er wohlgefällig, „aber dies dünket mich von allen das beste, daß ich Euch gefangen nahm und auf den Regenstein brachte. Ein solcher Fang wird mir so bald nicht wieder glücken."

„Das wollen wir allerdings auch hoffen, Herr Ritter!" erwiederte sie lachend.

„Denkt doch, welcher Gestalt sich das Alles nach Will' und Gewalt des Allmächtigen so wunderbar gefügt hat!" sagte er. „Ich hatte nicht anders gemeint, als von dem lieben Oheim in Quedlinburg, den Ihr mir damals frischbacken auf die Nase bandet, ein erkleckliches Lösegeld für Euch zu erhalten, und nun wird aus der Gefangenen, die Ihr als

Euer Ehrenwabel ausgabt, die Herrin des Regensteins, und Ihr — Ihr braucht nun auch nicht Nonne zu werden."

„Meint Ihr?" frug sie aufmerksam.

„Nein, holdseligste Jungfrau!" erwiederte Bock, „ich habe mein Herz geprüft und Eures auch, und so ich nur erst über andere umständliche Dinge mit mir einig bin, werde ich an den Herrn Grafen ein gebührliches Ansuchen richten, und wenn der Entscheid, wie ich hoffe, nicht abgünstig ausfällt, so werde ich eines Tages vor Euch hintreten, Jungfrau Eilika, und Euch fragen, ob Ihr Lust habt, die Gemahlin eines Ritters zu werden."

„Ach Herr Ritter!" sagte Eilika freudig bewegt und sehr verschämt thuend, indem sie sich auf den Hals ihres Pferdes beugte.

„Antwortet mir jetzt nicht," sprach er; „ich lasse Euch noch lange Zeit zur Überlegung, und wenn es Euch eine zu schwere Sache bedäucht, so ist es ja immer noch nicht zu spät, ins Kloster zu gehen."

Eilika seufzte; aber der höfliche Ritter ließ die Unter=haltung nicht ausgehen und brachte das Gespräch auf andere Dinge. So ritten die beiden immer munter plaudernd neben einander her. —

Zu derselben Stunde trug ein Bote vom Quedlinburger Schlosse einen versiegelten Zettel zum Bischof von Halberstadt; darin standen von zitternder Hand die Worte geschrieben:

„Rächet mich und fordert! Jutta."

Neunundzwanzigstes Kapitel.

— — ⚬ — —

Es war ein trüber Herbsttag, als die Familie der Regensteiner auf ihrer hohen Felsenburg beim Hochzeits-
mahle saß. Der Domherr Ulrich hatte nicht so schnell
von Hildesheim herbeigeholt werden können, aber Bernhard
mit seiner Reginhild, Poppo und Günther waren gekommen,
und der würdige Abt von Michaelstein, der in seinem langen
Leben schon viel Freud und Leid mit dem Grafenhause getheilt
und den Ehebund des neuen Paares heut in seiner Klosterkirche eingesegnet hatte, saß als hochgeehrter Gast an Oda's
Seite und ihm gegenüber der Ritter Bock von Schlanstedt.

Oda's Blicke hingen dankerfüllt an Albrechts Antlitz,
denn mit ihrem bescheidenen Sinn sah sie in seiner Liebe und
in der beseligenden Wirklichkeit, sein Weib zu sein, eine über-
schwänglich große und unverdiente Gunst des Schicksals. Die
Übrigen nahmen an dem Glücke der beiden den innigsten Antheil;
namentlich Reginhild kam der jungen Schwägerin mit schon
bewährter Freundschaft herzlich entgegen und war mit ihrem
munteren und gewandten Wesen mehr als die Anderen bemüht,
Leben und Heiterkeit in die kleine Gesellschaft zu bringen. Vollständig gelang ihr dies nicht. Alle wußten die näheren Umstände von Siegfrieds Tod und kannten den unseligen Befehl
Albrechts, der ihn herbeigeführt hatte. Keiner maß dem älteren

Bruder die geringste Schuld bei, sondern Jeder bedauerte ihn um das schmerzliche Bewußtsein, das er durch sein Leben zu schleppen hatte, aber sie sahen ihn doch Alle an Siegfrieds Stelle hier neben Oda und waren heute noch der Meinung, daß er diesen Platz nicht inne haben würde, wenn Siegfried noch lebte. Jeder suchte den Gedanken aus seiner Seele zu verbannen und las ihn doch wieder auf der Stirn jedes Anderen, und was sie auch thaten, um froh und fröhlich zu sein, — der Schatten Siegfrieds saß mit ihnen zu Tische und warf in jeden Becher Wein einen Tropfen Bitterniß.

Bald nach dem Mahle trieb Bernhard zur Heimkehr, so gern auch Reginhild noch geblieben wäre. Nur Albrecht zu Liebe hatte er sich gezwungen, heiter und sorglos zu scheinen, was er doch nicht war. Er erblickte in Oda die eigentliche, wenn auch schuldlose Ursache aller Streitigkeiten und Kämpfe dieses Sommers, die fast mit dem Tage des Erscheinens der jungen Gräfin ihren Anfang genommen, zur Belagerung des Regensteins, zur Fehde mit Quedlinburg, zur Demüthigung Albrechts und zum Tode Siegfrieds geführt und damit noch keineswegs ihr Ende erreicht hatten. Denn Bernhard wußte, was Albrecht noch nicht wußte, daß der Bischof von Halberstadt sich Albrechts Gefangenschaft zu nutze gemacht und sich des Falkensteins bemächtigt hatte. Es stand also den Regensteinern ein erneuter Kampf mit dem immer weiter um sich greifenden Bischof bevor, und wieder um Oda's willen.

Gleich am Tage seiner Rückkehr auf den Regenstein war Albrecht noch zu Bernhard und Reginhild hinüber geritten, die den frei gewordenen Bruder mit überschwänglicher Freude empfingen. Fast sein erstes Wort war die Frage nach Bernhards Meinung über Siegfrieds Tod gewesen. Da hatte ihm Bernhard die befriedigendste Erklärung gegeben und sich mit

Reginhild bemüht, ihn über die schweren Vorwürfe, die er sich
selbst dieserhalb machte, zu beruhigen, ihm verschweigend, wie
wenig er jenen verhängnißvollen Befehl Albrechts gutheißen
konnte.

So war in der Freude des Wiedersehens dieser Stein des
Anstoßes zwischen den Brüdern beseitigt, aber das alte, herzliche
Vertrauen zu einander war damit doch nicht wieder hergestellt.

Vernhards von Zeit zu Zeit wiederholte Vorstellungen
gegen Albrechts rastloses Streben nach Macht und Besitz und
gegen die unheilbringende Festhaltung Oda's hatten keinen
anderen Erfolg gehabt, als daß aus diesen Meinungsverschieden=
heiten allmählich eine merkliche Erkältung zwischen den Brüdern
entstanden war und der ältere, kriegerischere, begehrlichere sich
des stets wohlbedachten Rathes des friedlicheren, genügsameren,
jüngeren immer seltener bediente. Auf Vernhards Geheiß
waren die beiden Harzgrafen von dem schon eingenommenen
und besetzten Falkenstein wieder abgezogen und hatten diesen
dem schnell zufassenden Bischof preisgegeben, worüber — so
fürchtete der Jüngere — Albrecht, sobald er es erführe, in
keinen geringen Zorn gerathen würde.

Dieses Alles und dazu noch das Zerwürfniß mit der
leidenschaftlichen, schwer gekränkten Äbtissin, deren Rache der
vorsichtig Abwägende ernstlich fürchtete, machte Vernhard schwere
Sorgen und ließ an dem heutigen Tage keine frohe Stimmung
in ihm aufkommen. Darum brach er frühzeitig auf und ritt
mit seiner Gemahlin nach der Heimburg zurück.

Poppo, Günther und Bock begaben sich darauf in eines
der Weichhäuser, um mit den zu einem Festgelage vereinten
Reisigen und Knechten noch einen Ehrentrunk auf das Wohl
der jungen Herrin zu thun, und die Neuvermählten blieben
mit dem Abte allein im Saale.

Albrecht und Oda standen Arm in Arm vor dem großen gemauerten Kamin und blickten sinnend in das flackernde Feuer.

Da trat der würdige Greis an sie heran, sah ihnen freundlich in die Augen und begann mit seiner milden, wohlklingenden Stimme: „Höret mich an, Ihr beiden! Ich habe auf den Augenblick gewartet, wo ich mit Euch allein wäre, und wäre es heute nicht gewesen, so wäre ich ein ander Mal gekommen, um Euch das zu sagen, was mir meine Liebe zu Euch und mein heilig Amt Euch zu sagen gebietet. Mein Haar war schon ergraut, Albrecht, als ich Dich, ein nacktes Kindlein, bei der Taufe in das Becken tauchte. Dein ganzes Leben liegt offen vor mir; ich kenne Dein Herz besser als Du selbst, und auch Eure jungfräuliche Seele, Gräfin Oda, ist dem Achtzigjährigen kein verschlossenes Buch mit sieben Siegeln. Als ihr aber beide heut in unserem Kreuzgang an der Gruft Siegfrieds knietet, da hat mich der allbarmherzige Gott noch einen besonderen Blick in Eure Herzen thun lassen. Ich habe Trauer und Schmerz darin gesehen, aber auch ein tief Verzagtsein und bittere Zweifelsnoth, ob der Allgütige Euern Bund mit gnädigen Augen ansehe, oder ob er sein Angesicht von Euch wende um dessentwillen, für dessen Seelenruhe Ihr gebetet habt. Ich weiß es, Ihr seid beide rein von Schuld; darum will Euch der Herr durch meinen schwachen Mund von allem Kleinmuth und von aller Angst erlösen, auf daß Ihr in dieser vergänglichen Zeit in keinerlei Wirrniß fallet, sondern ein wohlgefällig und treulich Leben in Gottvertrauen, in christlichen Freuden und in Hoffnung auf die ewige Seligkeit führen könnt bis an Euer selig Ende. Mit diesem heiligen Zeichen segne ich Euch den Frieden Eurer Seelen und nehme von Euch heut und immerdar, was Eure Herzen bedrückt und beladen hat. Ruhe den Todten, Trost den Lebendigen und ein glückseliges Wiedersehen im ewigen Jenseits! Amen!"

So sprach der gute, weise Abt und machte Albrecht und Oda, die sich in Demuth vor ihm beugten, das Zeichen des Kreuzes auf die Stirn. Albrecht führte die Hand des greisen Freundes an seine Lippen, und Oda küßte ihm den nackten Scheitel; dann ruhte Blick in Blick und Mund auf Mund, und mit freiem, frohem Herzen gingen die beiden den Weg ihres Glückes. —

Am dritten Tage nach Absendung ihrer Botschaft an ihn wurde der Äbtissin der Besuch des Bischofs Albrecht von Halberstadt gemeldet. Das rüttelte sie wie ein Donnerschlag aus ihrer Theilnahmlosigkeit auf, in die sie bei verschlossenen Thüren völlig versunken war. „Willkommen!" rief sie der Kammerfrau zu und war mit einem Male Feuer und Flamme. Den ersten Schritt hatte sie gethan, jetzt durfte sie auch vor dem zweiten nicht zurückbeben.

Der Bischof trat ein, und kein Zug in seinem undurch= dringlichen Gesichte verrieth etwas von der Siegeshoffnung, womit er sich in seinem Innern trug.

„Heil und Segen Euch und alles Liebes genug, erlauchte Domina!" sprach er in einem etwas salbungsvollen Tone.

„Euer Gruß klingt wie Spott, hochwürdigster Herr!" entgegnete sie bitter.

„Man spottet nicht über ein gebrochenes oder doch ge= beugtes Herz," gab er zur Antwort.

„Mein Herz ist weder gebrochen noch gebeugt, aber es ist empört und —"

„Und schreit nach Rache," fiel er ihr ins Wort; „das glaub' ich Euch."

Die Äbtissin schwieg und deutete, selber Platz nehmend, mit der Hand nach einem Sessel.

„So wären wir denn auf demselben Flecke, auf dem wir schon einmal waren," fuhr der Bischof sitzend fort. „Nur ist ein großer Unterschied zwischen jetzt und damals, als Ihr bei mir in Halberstadt waret. Ich bot Euch an, Eure Sache gegen den Grafen zu führen, und damals war noch Zeit und Gelegenheit, ihn zu Allem zu zwingen, was Ihr wolltet. Aber Ihr wieset das sehr streng zurück, wolltet ihn warnen und schützen und habt das ja auch zu guter Letzt mit dem besten Erfolge gethan. Trotzdem ich ihn niedergeworfen und gebunden in Eure Hände geliefert, —"

„Ihr?" unterbrach ihn die Äbtissin.

„Wer sonst als ich?" entgegnete der Bischof. „Wer hat zuerst den Kampf mit ihm begonnen? Wer hat seine Feinde in Blankenburg und Wernigerode geworben und geschürt? Wer hat das Bündniß der Städte gegen ihn geschlossen, den Grafen von Falkenstein aus dem Schlafe geweckt, den Quedlinburgern zur rechten Zeit Hülfe geschickt, die ihm in den Rücken fiel und ihn im Hackelteiche fing? Wer hat ihnen den Rath gegeben, das Fürstengericht anzurufen und von den hochgeborenen Schöffen vor dem Gericht und im Gericht seinen Tod gefordert? Das Alles, gnädigste Domina, habe ich gethan. Aber Euch gefiel es, den Schutzengel des Grafen zu machen; Ihr habt große Worte für ihn gesprochen, seid für ihn vor den Kaiser geritten, habt überall meine Pläne gekreuzt und unseren Feind gerettet und befreit. Nun seht, wie er Euch seine Rettung dankt!"

Aus der wogenden Brust der Äbtissin rang sich ein schwerer Seufzer.

„Und hättet Ihr ihn noch für Euch selber gerettet!" fuhr der Bischof fort. „Warum habt Ihr unter die Bedingungen nicht die geheime Klausel gemischt, daß er nur dann Leib und Leben retten könnte, wenn Ihr die Herrin des Regensteins würdet?"

„Weil ich ihm traute," sprach Jutta mit verbissener Wuth.

„Weil Ihr ihm trautet und mir nicht!" versetzte der Bischof. „Ja, sagt mir doch, Domina, hattet Ihr ein Wort von ihm, worauf Ihr bauen konntet?"

„Nichts, nichts," erwiederte sie.

„Und trautet ihm doch," höhnte der Bischof.

„Das that mein leichtgläubig Herz," sprach die Äbtissin. „Und er hatte mir gesagt, daß er Oda seinem Bruder Sieg= fried zum Weibe bestimmt habe."

„Aber als Siegfried gefallen war —"

„Gefallen, Herr Bischof?" sagte die Äbtissin. „Wenn nun Graf Albrecht seinen Bruder in den Tod gehetzt hätte?"

„Könnt Ihr das beweisen?" frug der Bischof.

„Nach gewissen Andeutungen aus seines eigenen Bruder Bernhards Munde —"

Der Bischof schüttelte das Haupt. „Eine Hypothese, weiter nichts! dabei können wir ihn nicht fassen."

„Faßt ihn, wobei Ihr wollt, aber er darf nicht schwelgen in seinem Glücke!" rief die Äbtissin.

„Er hat es theuer bezahlt," sprach der Bischof, „und es ist zu spät, es ihm wieder zu nehmen. Er ist uns entschlüpft durch Eure Schuld und wird sich nicht zum zweiten Male fangen lassen."

„Theuer erkauft?" spottete die Äbtissin. „Seine Macht ist ungebrochen. Die Schutzvogtei war nur ein Ehrgeiz von ihm, hat ihm mehr Ärger als Freude bereitet, seine Kraft mehr geschwächt als gestärkt. Und glaubt Ihr, daß er Ruhe halten wird? Meint Ihr etwa, daß er Euch ungestört in dem Erbe seines Weibes sitzen, den Falkenstein in Euren Händen lassen wird? Wenn der Frühling ins Land kommt, wird Euch auch der Raubgraf über den Hals kommen. Denkt Ihr, er wüßte nicht, wem er alle diese Kämpfe, seine Niederlage, seine Demüthigung zu danken hat? Ihr habt es mir soeben an den Fingern vorgerechnet, und glaubt mir, er rechnet es Euch sehr genau nach! Er vergißt Euch nicht, daß Ihr seinen Tod gefordert habt, was Euch allerdings jetzt leid zu thun scheint. In Euch sieht er seinen gefährlichsten Feind, von dem er nie und nimmer ablassen, den er bedrohen und bedrängen und verfolgen wird bis aufs Blut. Schon einmal hat er es zu Wege gebracht, daß Ihr von Eurem Bischofssitze schmählich fliehen mußtet; das nächste Mal setzt er Euch nach, und kommt Ihr in seine Gewalt, so rettet Euch nicht Kaiser und Papst. Ihr seid jetzt keine Stunde mehr Eures Lebens sicher, — das bedenket, Herzog Albrecht!"

Der Bischof hatte, in den Sessel zurückgelehnt, der in leidenschaftlicher Erregung auf ihn Einredenden ruhig zugehört und sie dabei unverwandt angesehen. Jetzt sagte er mit einem eigenthümlichen Lächeln um den sinnlichen Mund: „Eure Worte schmeicheln meinem Ohre wie Gesang und Saitenspiel. Ich hätte mir nicht träumen lassen, daß Gräfin Jutta von Kranichfeld noch einmal in Sorge um mein armes, liebeleeres Leben zittern würde. Ich danke Euch aus gerührtem Herzen, vielschöne Domina! aber wie meint Ihr denn, daß dem Allen, was Ihr fürchtet, vorzubeugen wäre?"

Sie erhob sich rasch mit dem Ausdruck von Unwillen im Gesicht, daß er sie nicht verstehen wollte. „Wenn Ihr es nicht wißt," sprach sie kalt, „ich weiß es auch nicht." Dann schritt sie heftig auf und nieder.

Der Bischof erhob sich ebenfalls, trat ihr in den Weg und sagte: „Sprecht es aus, Gräfin Jutta! Was verlangt Ihr?"

Sie hielt seinen tiefen Blick eine Weile aus, als besänne sie sich „— Nichts!" antwortete sie dann und schritt an ihm vorüber.

Da griff er in die Tasche seines langen violetten Gewandes, holte ihren Zettel daraus hervor, entfaltete ihn und las mit besonderem Nachdruck: „Rächet mich und fordert!" Dann blickte er sie wieder fragend an.

„Gebt her!" sprach sie schnell danach greifend, „in die Flammen damit! es war eine Thorheit. Ihr seid ein Anderer geworden, als Ihr im Sommer waret."

„Mit nichten, gnädige Domina!" erwiederte er lächelnd und den Zettel wieder einsteckend. „Ich vollziehe jeden Eurer Befehle, aber dazu muß ich sie vor allen Dingen wissen."

Sie warf den Kopf in den Nacken und antwortete mit trotzigen Lippen: „Ich habe Euch nichts zu befehlen. Seht selber zu, wie Ihr Euch vor Eurem Feinde schützt; mir kann er nichts anhaben."

„Graf Albrecht hat jetzt Besseres zu thun, als auf meinen Schaden zu sinnen," sprach der Bischof, und um die Äbtissin, die er fortwährend mit den Augen verfolgte, zu reizen, fuhr er mit eindringlichem Flüstertone fort: „In seinen Armen ruht liebeselig sein junges Weib; er küßt ihr die bleichen Wangen roth und raunt ihr lustige Geschichten in die lauschenden Ohren, und dann lachen sie beide —"

„Macht mich nicht rasend!" rief Jutta.

„Ja, wie wollt Ihr's denn hindern?" frug er lächelnd und lauernd.

„Nicht leben darf er!!" — Mit heiserer Stimme, mit dem Gesicht einer Furie stieß sie die Worte heraus.

„Ah! — Meint Ihr es so?! Das ist was Anderes!" sagte der Bischof. „Ihr verlangt seinen Tod!?"

„Habt Ihr ihn nicht verlangt?"

„Ja, nach Urtheil und Spruch; aber jetzt, auf seiner unnahbaren Burg, im Arm der Geliebten —"

„Wagt Ihr Euch nicht an ihn!" sprach die Äbtiffin mit einem höhnischen Lachen.

Der Bischof verschränkte die Arme über der Bruft und frug: „Was bietet Ihr dem, der Euren Willen vollzieht?"

„Fordert!" sagte sie von ihm abgewandt.

„Ihr wißt den Preis. Wird er bewilligt?"

Sie stand in einem tobenden Kampfe; ihr Athem kam hörbar aus ihrer wogenden Bruft.

„Es ist Euer Wille wie meiner; Ihr schützt Euch mehr als mich," sprach sie bebend.

„Wird mein, was ich fordere?" frug er beftimmt, ohne ihren Einwurf zu beachten.

„— Ja!" hauchte sie und schlug die Hände vor das glühende Geficht. Ein Schauer überlief sie von Kopf zu Füßen.

Er trat ihr näher, ganz nahe. „Sieben Jahre liebe ich Dich, sieben Jahre hat mein Herz um Dich geworben und gedient und sich in Sehnsucht verzehrt," flüfterte er; „nun endlich! endlich! —"

Sie wehrte ihn ab und bat in höchfter Verwirrung: „Geht! geht, Herzog Albrecht!"

„Gräfin Jutta, wenn geschehen ift, was Ihr verlangt, — wo sehen wir uns wieder?"

„Auf dem Falkenftein," sprach sie nach Athem ringend.

„Gut! ich ftelle Euch ficheres Geleit."

Damit ging der Bischof.

Die Äbtiffin sah dem Jugendgenoffen mit einem langen Blicke nach. „Wenn geschehen ift —!" murmelte sie — und fuhr schaudernd zusammen.

Von Stund an verschloß sie sich nicht mehr, war wieder die ftolze, lebensprühende Jutta, als hätte kein Wölkchen ihren Himmel getrübt.

Dreißigstes Kapitel.

———•———

Der Winter war im Anzuge, sandte Regengüsse und rollende Stürme, Reif und Schneegestöber als Boten voraus und kam dann selber mit dem vollen Ernste seiner frostigen Gewalt, die alles Land erstarrt und gefesselt in eisigen Banden hielt. Immer tiefer hüllte sich der Brocken in ein leuchtendes Schneegewand, das sich bald über das ganze Gebirge und endlich auch weit und breit über die Ebene erstreckte. Nur der Regenstein, an dessen steilen Felswänden der Schnee nicht haften konnte, stand mit seinem düsteren Grau trotzig inmitten des blendenden Weiß, als wäre er allein zu stolz, die Farbe des Zwingherrn zu tragen. Aber sein Scheitel mußte sich gleich den anderen Gipfeln den Schmuck des Winters gefallen lassen, so oft auch der Sturmbesen darüber hin fuhr und die freie Höhe rein fegte.

Innen aber in der Burg, in Palas und Häusern und in den Felsenhallen und Grotten war es traulich und heimisch für die Insassen, die wie Fuchs und Dachs in ihrem verschneiten Bau nicht gerade einen Winterschlaf hielten, aber ein ungestörtes, behagliches Leben führten.

Für Albrechts und Oda's Liebesglück war der Winter wie geschaffen. Von der Außenwelt abgeschlossen, von keinen Händeln beunruhigt, von keinen Kämpfen bedroht, lebten sie

nur Einer im Andern und Einer für den Andern in traum=
seliger Einsamkeit, die sie nicht als einen widerwillig erduldeten
Zwang empfanden, sondern als das freudenreichste Glück er=
füllter Sehnsucht genossen.

Wenn ihnen der Sturm nicht sein brausendes Lied sang,
so umgab sie eine lautlose Ruhe, denn auch auf den Höfen
war es nun still; da wurde jetzt weder mit Ackergeräth noch
mit Waffen und Rüstzeug hantiert; nur in der Schmiedegrotte
klang zuweilen fleißiger Hammerschlag.

In den Kaminen brannten lustige Feuer, und in Albrechts
nun sauber geordnetem, behäbig eingerichtetem Gemach saßen
die zwei Glücklichen und wurden nicht müde mit Plaudern
und Erzählen aus den Erinnerungen früherer Tage. Der
waffenfrohe Kriegsmann hatte sich in einen zärtlichen Gatten
verwandelt und war fügsam und schmiegsam mit allerhand
gefälliger Dienstbarkeit um sein junges Weiblein bemüht, über
die sie oft beide lächeln und manchmal laut lachen mußten,
weil es sich gar zu drollig ausnahm, wie sich die starke
Schwerthand des Helden so täppisch und linkisch in kleinen
häuslichen Verrichtungen zeigte, die er der Geliebten zu
Gefallen vornahm, aber selten glücklich zu Ende brachte. Aus
dem Blicke seiner Augen, aus dem Klange seines Mundes
sprach eine völlig wunschlose Heiterkeit, ein wahrhaft kind=
licher Frohmuth; er dachte wohl kaum noch daran, daß er
in der Welt noch irgend etwas Anderes war oder besaß oder
zu thun hatte, als hier in seinem sonst so furchtbaren, jetzt
so traulichen Felsenneste neben Frau Oda zu hocken, sie anzu=
lächeln, sie auf Händen zu tragen.

Oda blühte an Albrechts Seite, im warmen Sonnen=
strahle seiner Liebe von Tage zu Tage herrlicher auf. Die
bleiche Lilie war zu einer anmuthsvollen Frau geworden, die

ihre Stellung als Gemahlin des Grafen Albrecht von Regen=
stein mit einer sanften, unbewußten Hoheit ausfüllte und in
ihrer grenzenlosen Verehrung und hingebenden Liebe zu ihm
keinen Augenblick vergaß, daß sie ihren Himmel auf Erden
allein dem edlen Manne verdankte, der sie zur Ersten im
Lande gemacht hatte. Ihre einzige Sorge, ob sie ihm als Ge=
fährtin seines Lebens auch wohl zu genügen vermöchte, küßte
er ihr lächelnd von der reinen Stirn, zog sie innig an seine
Brust und nannte sie sein höchstes Glück, für dessen Schätzung
er keine Worte hätte. Da ruhten ihre blauen Augen wonne=
blickend in den seinigen, und wie sie ihn fest umschlang und
an sich drückte, da sang und sprang ihr das Herz und schlug
in überquellender Freude dicht an dem seinigen.

Sie gebrauchte Zeit, es zu fassen und zu glauben, daß
sie hier, wo sie fünf Monde lang als eine aus ihrer Heimath
Verstoßene, als rücksichtsvoll behandelte Gefangene gelebt und
sich in Zweifel und Sehnsucht nach einem sie unerreichbar
dünkenden Glücke verzehrt hatte, nun wirklich die gebietende
Herrin war, und manchmal noch in Albrechts Armen überfiel
sie ein leiser Schrecken, als wenn sie diesen trauten Platz nicht
mit allem Fug und geheiligten Recht als sein ehelich Weib
einnähme, sondern immer noch als Gefangene sich dem Willen
ihres Gewalthabers in fesselloser Liebe ergeben hätte. Dann
war es ihr wie ein Trost, wenn Eilika sie beim Morgengruß
nicht mehr gnädiges Fräulein, sondern recht nachdrücklich be=
tont Frau Gräfin nannte. Wie oft mußte sie an ihren Ein=
zug hier mit dem Ritter Bock von Schlanstedt denken, als
sie in den Saal gerufen wurde und sich im Kreise der
Männer zaghaft und hülfesuchend nach der einzigen Frau,
nach Reginhild umsah! und dann wieder an ihren wehmüthigen
Abschied, als die Grafen zur Quedlinburger Fehde ritten!

Damals war sie fest überzeugt, daß sie den Regenstein niemals wieder mit einem Fuße betreten würde, und nun war sie die Burgfrau hier und Alle, vom Burgherrn bis zum jüngsten Troßbuben, waren bemüht, sie zu ehren und ihr zu dienen. Zum Weihnachtsfeste kamen Albrechts Brüder, Ulrich, Poppo und Günther, und man feierte die Tage theils auf dem Regenstein, theils auf der Heimburg im einträchtigen Familienkreise, bei dem Bock von Schlanstedt so wenig fehlen durfte wie der Abt von Michaelstein, und keine Sorge, kein düsterer Gedanke trübte die Freude der festlichen Zeit. Als Bernhard sah, wie glücklich Oda seinen Bruder machte, faßte er eine aufrichtige Zuneigung zu der jungen Schwägerin und zeigte ihr dies durch unverhohlene Beweise entgegenkommender Freundschaft. Auch das Verhältniß zwischen den zwei ältesten Brüdern gestaltete sich wieder inniger, und Albrecht verzieh dem Jüngeren seinen Fehler, den er mit dem Aufgeben des Falkensteins begangen hatte. Er nahm ihn am heiligen Abend einmal bei Seite und raunte ihm lächelnd etwas zu, worauf ihm Bernhard fröhlich und herzlich die Hand schüttelte. Reginhild bemerkte es und schnell herzutretend hörte sie Albrecht noch sagen: „Wir wollen ihn Siegfried nennen". Da lief sie schnell zu Oda und umschlang die Erröthende, innige Wünsche flüsternd.

So ging dieses ereignißreiche Jahr seinem Ende entgegen, und was es auch an Lust und Leid gebracht hatte, es ließ das Regenstein'sche Geschlecht nach überstandener schwerer Niederlage in einer gesegneten, noch nie erreichten Machtfülle, im Glanze eines weithin strahlenden Ruhmes und mit einer hocherfreulichen Hoffnung zurück.

Albrecht und Oda waren wieder allein und verbrachten die letzten Stunden des ablaufenden Jahres am Kaminfeuer, sowohl rückwärts wie vorwärts schauend und sich freundliche Bilder auf den dunklen Grund der Zukunft malend.

In dem großen Weichhause der Vorburg hielten die Reisigen und Knechte einen Sylvestertrunk, und Bock von Schlanstebt führte den Vorsitz dabei. Die Schaar war etwas kleiner geworden, denn Mancher fehlte von denen, die im Herbste mit ihrem Herrn gegen Quedlinburg gezogen waren, und während der Winterruhe wollte man keine neuen Kriegsleute anwerben; das hatte Zeit bis zum Frühjahr, wenn das Fehdereiten wieder anfing. Auch die böse Sieben war nicht mehr vollzählig; Gutdünkel und Feuerlein waren im Kampfe geblieben, und Bock hatte nur noch vier seiner Getreuen um sich. Die Bezeichnung ‚böse Sieben‘ hätte keinen Sinn mehr gehabt, und weil es mit ihm selber gerade noch soviel waren wie Finger an einer Hand, so hatte er sich mit seinen vier Auserwählten den Namen ‚die rauhe Hand‘ beigelegt.

Der tapfere Ritter war heute besonders aufgeräumt, denn morgen, am Neujahrstage, wollte er seinen Herrn um Erlaubniß bitten, Eilika freien zu dürfen, und dann seine feierliche Werbung bei ihr selber anbringen. Um bei diesen wichtigen Geschäften nicht einen schweren Kopf zu haben, brach er gleich nach Mitternacht, nachdem das neue Jahr fröhlich begrüßt war, aus dem Kreise der lärmenden Zecher auf und begab sich nach seiner im östlichsten Theile der Burg belegenen Kemenate.

Es war eine klare Winternacht; der Mond schien, und der Schnee glänzte, so daß es sehr hell war; hie und da zogen kleine weiße Wölkchen am Himmel. Bock ging ruhig seines Weges über den oberen Burghof und dachte an die wohlgesetzten Reden, die er morgen halten wollte. Er hoffte, Graf Albrecht würde ihn mit seiner Angetrauten als Vogt auf eine

Burg setzen; aber auch auf dem Regenstein war für das neue Pärchen noch Raum genug. Diesem schmeichelnden Gedanken nachhängend blieb er stehen und schaute sich lächelnd um, als wollte er sich in den Häusern und Felsenbauten das Plätzchen aussuchen, wo er am liebsten mit Eilika unterschlupfen möchte.

Wie er so zum Palas empor blickt und über den Palas hinweg, da — barmherziger Gott! was ist das?! Da oben auf dem Felsen bewegt sich etwas, wallt und schwebt langsam dahin, eine weiße Menschengestalt hebt sich klar vom dunklen Himmel ab, — der Tempelherr ist es! der Tempelherr zeigt sich und geht um in der ersten Nacht des neuen Jahres! Welche Gefahr, welches Unheil, welche Schreckensthat will sein gespenstisches Bild dem edlen Grafenhause verkünden?

Dem Ritter grauste; wie angewurzelt stand er, den Blick zu der schwebenden Gestalt empor gewandt. Ihn kam die Lust an, den Felsen zu ersteigen, sich dem nachtwandelnden Geiste kühn in den Weg zu stellen und ihn zu befragen. Schon hob er den Fuß zum ersten Schritte, da fiel ihm ein, daß er sein Schwert nicht bei sich hatte, und nicht bedenkend, daß ihm dasselbe bei einer solchen Begegnung wenig nützen würde, wagte er es nicht, der Spukgestalt waffenlos gegenüber zu treten. Er rührte sich nicht und hielt den Athem an, als fürchtete er, das Gespenst dort auf der Höhe mit dem leisesten Geräusch oder der geringsten Bewegung zu verscheuchen. Jetzt stand es eine geraume Weile regungslos auf der obersten Fels= platte und schien nach einem bestimmten Punkte im Lande zu spähen, der in der Richtung über Derenburg nach dem Huy liegen mußte. Was mochten seine Geisteraugen dort erblicken, daß sie so lange Zeit auf der einen Stelle hafteten? Sah es von dorther das Unglück kommen, das dem Grafenhause drohte? Nach langem Hinschauen immer nach dem einen

27*

Punkte bewegte sich's wieder, schwebte den Stufen zu, die vom Felsen herabführten, und wie sich die Gestalt nun nicht mehr gegen den freien Himmel zeichnete und der weiße Mantel auf dem Untergrund des Schnee's zerfloß, war die Erscheinung Bocks Augen plötzlich entschwunden.

Quälende Sorgen und beängstigende Träume umringten in dieser Neujahrsnacht Bocks einsames Lager in seiner Felsenklause, und wenn er morgen mit der Bitte um Gestattung seines Liebesglückes vor seinen Herrn trat, so geschah es zwar nicht mit schwerem Kopfe, aber mit einem desto schwereren Herzen. Er fragte sich sogar, ob es unter diesen Umständen nicht seine Pflicht wäre, das Heirathen aufzugeben, um alle seine Aufmerksamkeit, Zeit und Kraft ungetheilt seinem von Unheil bedrohten Herrn zu widmen. Nicht aus den Augen lassen wollte er ihn und seine Gemahlin fortan, und von einem andern Wohnsitze als dem Regenstein konnte keine Rede mehr sein. Zweifelhaft war ihm, ob er dem Grafen von dem Erscheinen des Tempelherrn Mittheilung machen sollte oder nicht. Es that ihm in der Seele weh, seinem geliebten Herrn die sonnenhellen Tage seines jungen Glückes durch die schreckliche Kunde verdüstern und ihm damit die nie schlafende Sorge heraufbeschwören zu sollen vor einem grauenhaften Ereigniß gänzlich unbekannter Art, das im Finstern lauerte, jede Stunde mit erschütternder Gewalt die Ungeschützten überfallen oder in aufreibender Angst und Pein noch lange auf sich warten lassen konnte. Nach gründlicher Erwägung des Für und Wider· sah er jedoch ein, daß er dem Grafen das Gesehene nicht verheimlichen durfte, damit dieser, gewarnt, sich in allen seinen Schritten einiger Vorsicht befleißigte.

Als er nun am Neujahrsmorgen dem Grafen sein Anliegen vorgetragen hatte, gab dieser sofort und von Herzen gern seine Einwilligung und sagte lachend: „Hat sie Dich alten Junggesellen also doch noch herumgekriegt? Nun, so thut Euch in Gottes Namen zusammen, meinen Segen habt Ihr! Suche Dir selber den Platz aus, wo Du mit Deiner Herzallerliebsten hausen möchtest, und wenn es die Lauenburg wäre!"

„Herr Graf," erwiederte Bock sehr ernst, „ich gehe nicht vom Regenstein fort; wir wollen uns mit Eurem Verlaub schon einrichten hier."

„Du willst nicht Burgvogt werden?" frug der Graf erstaunt. „Ei, Bock, ich hätte Dir mehr Ehrgeiz zugetraut."

„Ich verlasse Euch nicht, und Ihr werdet mich brauchen, Herr Graf," sagte Bock.

„Das hoff' ich," entgegnete der Graf. „Denkst Du, ich werde Dich zu Hause lassen, wenn wir im Frühjahr gegen den Bischof ziehen? wir müssen ihm ja den Falkenstein nehmen, wenn er ihn nicht gutwillig hergiebt."

Bock schüttelte das Haupt und seufzte.

„Was hast Du, Bock?" frug der Graf, ihn scharf anblickend. „Du siehst mir nicht aus wie ein glücklicher Bräutigam."

„Bin ich auch nicht," sprach Bock finster. „Herr Graf, ich habe Schlimmes zu melden. — Der Tempelherr hat sich gezeigt."

Graf Albrecht sprang vom Sessel auf. „Der Tempelherr hat sich gezeigt? wann?"

„Diese Nacht, oben auf dem Felsen."

„Wer will ihn gesehen haben?"

„Ich selbst," erwiederte Bock. „Als ich kurz nach Mitternacht von der Vorburg nach meiner Klause ging, habe ich ihn gesehen, wie er auf dem Felsen wandelte und von der Höhe in das Land schaute nach dem Hutywalde zu; hätte ich mein Schwert bei mir gehabt, so hätte ich ihn gestellt."

„Warſt Du auch bei klaren Sinnen, Bock?" frug der Graf.

„So klar wie ich hier vor Euch ſtehe, und die Nacht war von Schnee und Mondſchein tageshell," erwiederte Bock.

Der Graf ſtarrte eine Weile in düſterem Schweigen vor ſich hin und ſprach dann: „Kurz nach Mitternacht war es, ſagſt Du, alſo auf der Schwelle zwiſchen dem alten und dem neuen Jahre. Bedeutet nun das Umgehen des ruheloſen Geiſtes eine Klage über vergangenes Leid oder eine Drohung mit künftigem Unheil?"

Bock zog die Schultern hoch. „Es heißt doch, er ließe ſich nur hören oder ſehen, wenn Trauriges bevorſteht," er= wiederte er. „Er rumorte im Verließ auch an dem letzten Abend vor unſerem Ritt zur Quedlinburger Fehde, und wer weiß, ob er nicht in der Nacht umgegangen iſt, ehe Graf Siegfried fiel."

„Du willſt ſagen, Bock, der Tempelherr verkündete meinen Tod?" ſprach Graf Albrecht.

„Es muß ja nicht Euch betreffen, Herr Graf."

„Wen ſonſt, Bock? doch nicht mein liebes Gemahl, meine Oda?" rief der Graf erſchrocken.

„Ihr habt ja noch Brüder, Herr Graf," erwiederte Bock. „Wir ſtehen Alle in Gottes Hand; aber ich dachte, ich dürfte es Euch nicht verſchweigen."

„Nein, Du treuer Freund, das durfteſt Du nicht," ſprach der Graf. „Wir wollen auf unſerer Hut ſein. Sage Niemand, was Du geſehen haſt, auch Eilika nicht, hörſt Du?!"

„Nein, Herr Graf! Niemand ſoll es erfahren," gelobte Bock und legte ſeine Hand in die des Grafen.

„Verrathe durch kein unbedachtes Wort, keine noch ſo entfernte Andeutung, daß wir etwas zu fürchten hätten," fuhr der Graf fort. „Thu', als wäre nichts geſchehen, wähle Dir

Deine Behausung hier, richte Dich ein nach Deinem Gefallen und sage mir, wann Du mit Deiner Eilika in Michaelstein am Altar knieen willst."

Bock nickte bloß und ging schweigend ab. Aber nun war er nicht in der Stimmung, vor Eilika zu treten und seine Liebeswerbung bei ihr anzubringen. Kopfhängerisch schlich er umher, machte sich bald hier, bald dort zu schaffen, wo er jetzt eigentlich nichts zu suchen hatte, und fand nirgends Ruhe. Mehr als einmal begegnete ihm Eilika, die ihm heute recht absichtlich in den Weg zu laufen schien und ihn dabei stets mit fragenden und vorwurfsvollen Blicken ansah. Schon zu Weih= nachten hatte sie seinen Antrag erwartet, hoffte nun heute, am Neujahrstage, mit aller Bestimmtheit darauf und wurde von Stunde zu Stunde betrübter, als er noch immer keine Anstalt machte, das entscheidende Wort zu sprechen. Zu Mittag war er der geladene Gast des gräflichen Paares, und zu seiner Verwunderung und Freude war Graf Albrecht heiter und wohl= gemuth und scherzte mit seiner Gemahlin und seinem ritter= lichen Dienstmann in der gewohnten Weise, als wäre die Meldung des letzteren vom Umgehen des Tempelherrn aus seinem Gedächtniß völlig entschwunden.

„Nun, Bock, wie steht es?" frug ihn der Graf froh ge= launt, „hast Du das Schlößlein erstürmt, und ist die Brücke gefallen? oder mußt Du vor Deiner Spröden erst noch einige Zeit lagerhaftig werden?"

„Noch bin ich nicht Sturm gelaufen, Herr Graf," er= wiederte Bock verlegen.

„Ja, worauf wartest Du denn noch, Du blöder Knabe?" lachte der Graf. „Ist das Regenstein'sche Art, sich vor dem Feinde zu fürchten und nicht zuzugreifen, wo gute Beute winkt?"

„Kommt, trinkt Euch Muth, lieber Ritter!" lächelte Oda

und füllte ihm den Becher mit feurigem Weine. „Auf Eilika's
Wohl! und wenn mich nicht Alles täuscht, so wird der Kampf
so heiß nicht werden."

„Wenn Du aber Hülfe brauchst, Bock, so sag' es nur,"
fügte der Graf hinzu, „mich hast Du immer an Deiner Seite."

„Ich denke, den Strauß bestehe ich noch allein, Herr
Graf," erwiederte Bock und that einen tiefen Zug aus seinem
Becher.

Als das heitere Mahl beendet war und Graf und Gräfin
den Saal verließen, blieb Bock allein noch sitzen und blickte
gedankenvoll vor sich hin.

Nach kurzer Zeit trat Eilika mit einem frisch gefüllten
Kruge herein und sprach: „Herr Ritter, die Frau Gräfin
schickt Euch hier noch einen Krug Wein; Ihr hättet es heute
besonders nöthig, sagte sie, und ich sollte Euch so lange Gesellschaft leisten, bis er leer wäre."

Da erhob sich der Held in seiner ganzen Länge, glättete
sich das zimmetbraune, ledergestickte Feiertagswams, strich sich
den Schnurrbart rechts und links von den Lippen und begann
feierlich: „Herzliebste, holdseligste Jungfrau! Duftige Blume
am dornigen Wege meines Lebens, blinkendes Sternlein am
Himmel meiner einsamen Nächte! Der Augenblick ist gekommen, in welchem mein Herz den Helmsturz aufschlägt, um
Euch mit den zärtlichsten Gefühlen, mit denen es von Kopf
zu Fuß geharnischt und gepanzert ist, ebenso sanft wie un-
erschrocken entgegenzutreten. Euch ist gewiß längst unverborgen,
hochachtbare Jungfer Eilika, daß ich von der heftigsten Liebe
zu Euch entzündet bin und wie das Schlachtroß seinen Reiter
nur noch den einen unbesiegbaren Gedanken trage, Euch mit
Leib und Seele, mit Haut und Haar mein eigen zu nennen.
So beuge ich denn hier geziemender Weise das Knie vor der

Dame meines Herzens und thue die dienstliche Bitte und höfliche Anfrage, ob Ihr, tugendsame Jungfrau, als mein ehelich und ritterlich Gemahl den Platz an meiner rechten Seite einnehmen, mich lieben und ehren wollt, wie ich Euch liebe und ehre, und mit ewiger Treue im Diesseits und im Jenseits bei mir aus= harren wollet."

Er war vor ihr niedergekniet, streckte ihr die Hand ent= gegen und sah sie mit einem seiner bohrenden Blicke an, den er, den Kopf etwas schief haltend, durch eine schmachtende Zärtlichkeit und ein süßes Lächeln so verführerisch wie möglich zu machen versuchte. Sie hatte ihn mit einem zur höchsten Freude verklärten Angesicht ruhig ausreden lassen.

Nun nahm sie seine Hand und sprach mit züchtig nieder= geschlagenen Augen in einem zierlichen und verbindlichen Tone: „Hochedler Herr Ritter! ich fühle mich durch Euren höflichen und dankenswerthen Antrag dermaßen geehrt und gerührt, daß mein entzücktes Herz das Geständniß seiner brennenden Liebe zu Euch nicht länger zurückzuhalten vermag. Ich beantworte Eure sanftmüthige Frage mit einem ebenso unerschrockenen Ja! ich will Euch dienstlich und huldvoll mit Leib und Seele, mit Haut und Haar zu eigen sein, Euch als meinen ritterlichen Herren und Gemahl lieben und ehren mit grenzenloser Hin= gebung und Treue bis an Eures Lebens Ende."

„Ich danke Euch, liebwertheste Jungfrau;" erwiederte er schwärmerisch; „gebe Gott und die lieben Heiligen, daß Ihr es niemals bereuet! Schenket mir jetzt den bräutlichen Kuß als unverletzliches Siegel unseres feierlichen Gelöbnisses."

Sie umschlang ihn und küßte ihn auf den Mund. Dann erhob er sich von den Knieen, hielt sie aber in seinen Armen fest, und sie schmiegte sich innig an seine sie weit überragende Gestalt.

„Nun bist Du mein Bräutchen, liebe Eilika!" lispelte er und zwinkerte mit verliebten Augen. „Bist Du denn auch recht glücklich?"

„O mein — ja, wie nenn' ich Euch denn, mein lieber —"

„Du! Du! Dich! nicht mehr Euch!" unterbrach er sie.

„Also Du, Du herzlieber Mann," lächelte sie, „wie heißt Du denn?"

„Wie ich heiße?"

„Ja, wie ich Dich nennen soll, wie Dein Rufname ist, meine ich."

Da blickte er sie ganz erschrocken an und faßte sich mit der Hand nach der Stirn. „Daß Dich der Bock stößt!" rief er aus, „ich weiß es nicht, ich habe meinen Namen vergessen! seit dreißig Jahren wohl habe ich ihn nicht gehört, ich kann mich nicht mehr darauf besinnen, und hier weiß ihn Niemand."

„Ja, was machen wir denn da?" frug Eilika lachend. „Bock mag ich Dich nicht rufen; so werde ich Dich wohl noch einmal taufen müssen."

„Nein, nein, warte mal!" sprach er in seinen Gedanken suchend. „Ich habe da unter meinen hundert kleinen Er= innerungsstücken ein altes Breviarium, das mir meine Mutter — Gott hab' sie selig! — hierher nachgeschickt hat, als sie hörte, daß ich auf dem Regenstein Dienste genommen hätte. Da hinein hat sie von einem Mönche einen frommen Spruch und meinen Namen schreiben lassen. Komm, mein Herz! komm mit nach meiner Klause, wir wollen es suchen; aber freilich —" er stutzte plötzlich und sah Eilika mit einem zagenden, fragenden Blicke an — „ich kann nicht lesen."

„Aber ich!" jubelte Eilika, „komm!"

Nun gingen sie beide Arm in Arm über den Burghof zu Bocks Behausung, und sie gingen sehr langsam und blickten stolz erhobenen Hauptes nach rechts und links, ob sie auch wohl als neu verlobtes, glückliches Paar gesehen würden. Vor dem Weichhause, in welchem sich Bocks Felsenkemenate befand, sagte er: „Warte hier, meine geliebte Eilika! es geziemt sich nicht für eine jungfäuliche Braut, das Gemach eines ledigen Mannes und gar ihres Bräutigams zu betreten; ich hole das Büchlein heraus.“

Sie lächelte verschämt und schritt, während er im Innern des Hauses verschwunden war, auf dem glitzernden Schneepfade auf und nieder. Bald kam er zurück und brachte das Buch.

„Hier ist es!“ rief er erfreut, „nun lies mir vor, wie ich heiße!“

Eilika schlug den Deckel auf und las. Dann warf sie, sich auf den Zehen hebend, die Arme um seinen Hals und jauchzte: „Benjamin heißt Du!“

„Benjamin!“ wiederholte er schmunzelnd, „richtig! Benjamin heiß ich! und das Sprüchlein?“

„Das ist lateinisch, das versteh’ ich nicht,“ erwiederte sie. „Aber nun komm! komm zum Herrn und zur Herrin, mein lieber, süßer Ritter Benjamin Bock von Schlanstedt!“

––––––––––

Einunddreißigstes Kapitel.

Noch niemals hatte Graf Albrecht so lange Zeit auf seiner Burg still gelegen wie in diesem Winter, der mit einer ungewöhnlichen Beständigkeit tief in das Jahr hinein dauerte und die Geduld des kampfbegierigen Mannes auf eine harte Probe stellte. Dagegen war Oda dem Himmel für alle den Schnee, mit dem er nicht aufhörte das Land zu überschütten, um so dankbarer, weil er ihr damit half, den Gatten an ihrer Seite fest zu halten, was ihre noch so schmeichelnden Bitten allein vielleicht nicht vermocht hätten. Sie wußte wohl, wenn der Frühling ins Land kam und sein warmer Sonnenschein die jetzt verschneiten und gefrorenen Wege erst aufthaute und dann die grundlos gewordenen wieder trocknete, so zog Albrecht den Harnisch an und ritt hinaus zu Kampf und Fehde, wonach er sich sehnte und wovon er trotz Oda's Angst und Abwehr doch immer wieder zu sprechen anfing. Alle Lust und Wonne, alle das müßige Glück an der Seite der geliebten Frau konnte doch die nach kühnem Wagen dürstende Seele des hochstrebenden Mannes nicht ausfüllen; immer stärker regte sich wieder in ihm der Drang nach Kriegsthaten und der ihm angeborene Trieb, seine Macht zu brauchen und zu mehren.

Noch war Oda's Erbe, die Grafschaft Falkenstein, nicht in Albrechts Besitz, sondern in dem des Bischofs von Halber=

ſtadt, und der lange Winter kam dem letzteren ſehr zu Statten, die darüber ſchwebenden Verhandlungen mit einer meiſterhaften Geſchicklichkeit ins Endloſe auszuſpinnen. Dieſe Verhandlungen führte übrigens nicht Albrecht ſelber, ſondern in ſeinem Namen der Graf Burchard von Mansfeld, der ſich zum Vermittler an= geboten hatte und auch der rechte Mann dazu war. Graf Albrecht aber verlor wie über den Winter ſo auch über dieſen Federkrieg die Geduld und erklärte ſeinem Freunde Burchard, wenn er im Frühjahr nicht damit zu Rande wäre, das Schwert ziehen und die Sache auf kürzerem Wege zum Austrag bringen zu wollen.

Als nun der Frühling nahte und der Biſchof, der trotz ſeiner heimlichen Kriegsbereitſchaft einen ehrlichen Waffengang vermeiden zu wollen ſchien, die Grafſchaft noch immer beſetzt hielt, fing Albrecht an zu rüſten, um den Gegner mit Gewalt daraus zu vertreiben. Oda that, was ſie konnte, ihn davon zurückzuhalten und ihm vorzuſtellen, daß er für ihrer beider Glück und Zufriedenheit mächtig genug wäre und ſich ihres Erbes wegen nicht in Gefahr begeben ſollte. Ihre Bitten fanden aber kein Gehör; die Rüſtungen nahmen ihren, aller= dings auffallend langſamen Fortgang.

Graf Albrecht ſah voraus, daß die Erſtürmung des Falken= ſteins der Anfang eines Entſcheidungskampfes zwiſchen ihm und dem Biſchof ſein würde, der nur mit dem Untergange des Einen oder des Andern von ihnen enden konnte, und in den er nicht wieder mit ſo überſtürzter Haſt eintreten wollte wie in die Fehde mit der Stadt Quedlinburg. Deßhalb betrieb er die Vorbereitungen dazu mit großer Sorgfalt, die aber doch nicht der eigentliche Grund war, daß er damit nicht recht von der Stelle kam.

Als hätte er im Arm der Liebe oder während des Ver=

liegens in dem langen Winter das Befehlen verlernt, so fühlte er jetzt eine beständige Unruhe und nie gekannte Unsicherheit in seinem Wesen, ein Schwanken und Zaudern in seinen Ent=schlüssen, das ihn um viel kostbare Zeit brachte. Es war etwas Fremdes in ihm, das seinen Blick trübte, seinen Willen lähmte, ihm alle seine Freudigkeit, ja in manchen Stunden sein Selbst=vertrauen nahm, und das er doch nicht von sich abschütteln konnte. Furcht war es nicht, gegen die war er gefeit, es lag auf ihm mit dem Druck einer düsteren Ahnung, und wenn er sich selber prüfend frug, was es war, so mußte er sich gestehen, daß es nichts Anderes war, als der Gedanke an die drohende Erscheinung des Tempelherren. Er war überzeugt, daß die=selbe in Beziehung zu dem vorhabenden Kampfe stand und daß sich dabei etwas Unerwartetes, vielleicht Schreckliches ereignen würde, was der umwandelnde Geist hatte warnend anzeigen wollen.

Endlich schlagfertig, aber durch den Glauben an Ueber=sinnliches beirrt und wie von Geisterhand in seiner Thatkraft gehemmt, zögerte Graf Albrecht immer noch mit dem An=griff, und dieses Zögern sollte ihm verhängnißvoll werden.

Bock von Schlanstedt, nun längst der glückliche Gatte seiner ebenso glücklichen Eilika, stand unter demselben Einfluß wie sein Herr, obwohl zwischen ihnen der Erscheinung des Gespenstes mit keinem Worte wieder erwähnt war. Er be=obachtete den Grafen auf Schritt und Tritt, und wenn der=selbe, wie jetzt zuweilen geschah, mit seinem Schildknecht Schatte einen Ritt nach einem seiner Burgställe oder festen Häuser unternahm, so ritt er ihm heimlich nach und ließ von seinen vier Reitgesellen die Gegend durchschweifen, um ihm bei Annäherung einer Gefahr womöglich Hülfe leisten zu können. Graf Albrecht bemerkte es, weil Bocks hoch=beiniger Schecke weithin kenntlich war, und ließ sich die sorg=

liche Vorsicht seines treuen Mannes stillschweigend gefallen; was aber er und die in großer Entfernung von ihm bleibenden Knechte nicht bemerkten, war, daß er auch von bestochenen und verkleideten feindlichen Kundschaftern unablässig umspürt und umlauert wurde.

In der Neige eines schönen, warmen Frühlingstages Ende Mai standen Albrecht und Oda auf der Höhe neben der Felsbank und blickten in das Abendgold der sinkenden Sonne. Während er die Geliebte mit einem Arm umschlungen hielt und sie sich an seine hohe Gestalt lehnte, gedachten sie vergangener Zeiten und so manchen Gespräches, das sie hier oben mit einander gehabt hatten. Oda war weich und Albrecht sehr ernst gestimmt. „Weißt Du noch, Albrecht," begann sie, „wie Du hier für Siegfried um mich warbst? Damals liebtest Du mich wohl noch nicht?"

„So heiß und innig wie jetzt!" erwiederte er, „aber ich hatte ihm mein Wort gegeben, und hättest Du Ja gesagt, so —"

„So lebte er vielleicht noch, meinst Du? und ich wäre nicht Dein, sondern sein Weib geworden?" unterbrach sie ihn. „Nein, Albrecht! ich hätte es doch nicht über mich gebracht, so sehr ich mich auch eine kurze Zeit lang mit dem Gedanken vertraut zu machen suchte. Ich liebte Dich, und Deine Werbung für Siegfried hat mir viel bittere Stunden bereitet."

„Vergiß sie, Oda!" bat er freundlich. „Nun sind wir ja in Glück und Liebe auf ewig vereint; nichts kann uns mehr trennen, als der Tod."

„Sprich nicht vom Tode, Albrecht!" sprach sie schaudernd, „das Leben ist so schön an Deiner Seite, und ich habe ohnehin eine unsägliche Angst, weil Du wieder in Krieg und Fehde willst."

„Du bist eines Ritters Weib," entgegnete er. „Nur draußen im Felde weht die Luft, die mir das Herz stärkt, daß es Dich lieben kann mit seiner ganzen Kraft. Wenn ich zu Dir reite, so heißt mein Roß die Sehnsucht, und wenn ich als Sieger zu Dir heimkehre und den Feind zu Boden geschlagen habe —"

„Wenn Du heimkehrst!" rief sie angstvoll. „Der Bischof ist ein tückischer Feind, und er ist vielleicht noch nicht Dein schlimmster. Fürchtest Du nicht die Rache der Äbtissin?"

„Eines Weibes Rache!" sprach er verächtlich, „eine Nadel gegen einen geharnischten Mann!"

„Von Weibes Rache wird viel in Liedern gesungen," erwiederte sie träumerisch. „Albrecht, bist Du Deines Sieges wirklich so sicher?"

„Ich war nie so stark gerüstet wie diesmal!"

„Dennoch sehe ich Wolken auf Deiner Stirn. Albrecht, laß ab von dem furchtbaren Kampfe, bei dem Du Alles wagst und wenig gewinnen kannst!" Sie umschlang seinen Nacken, streichelte ihm das lange, blonde Haar und die ge= bräunten Wangen und blickte ihn so bang und innig flehend mit ihren blauen Augen an, daß es ihm seltsam zu Herzen ging.

Auch um seinen Mund spielte ein schwermüthiges Lächeln, als er sie nun mit starken Armen umfing. „Thöricht Kind!" sprach er zärtlich, „Du machst mir ja Schwert und Lanze stumpf mit Deinem Liebesblick! Ich will an Dich denken, wenn es Mann gegen Mann geht."

„Wenn Du das thätest, so bliebest Du bei mir," ent= gegnete sie schnell.

„Soll ich vor unserm künftigen Sohne einmal die Augen niederschlagen, wenn er mich nach dem Erbe seiner Mutter frägt?" sagte Albrecht in aufwallender Kampflust.

Oda barg erröthend ihr Antlitz an seiner Brust und antwortete nicht.

„Ich bringe Dir den Schlüssel zum Falkenstein mit, meine Oda!" fügte er freudig hinzu. „Willst Du den nicht haben?"

Sie schüttelte das Haupt, ohne es von seinem liebsten Platze zu erheben. Dann fuhr sie plötzlich auf und frug mit ängstlichem Blick: „Reitest Du noch vorher wieder auf Kund= schaft?"

„Ja, morgen!" erwiederte er.

„Wohin?"

„Dorthin!" er zeigte mit der Hand nach dem Huy, „nach Derenburg und von da über Danstedt nach Wester= burg, muß neues Kriegsvolk mustern und nach den Gäulen sehen."

„Und mit wem?"

„Mit meinem Schatten," lächelte er, „aber warum fragst Du?"

„Ach! wenn ich doch mit könnte!" seufzte sie, „mir ist so schwer ums Herz."

„Ich bin ja zu Abend wieder bei Dir," beruhigte er sie; aber es war ihm selber tief beklommen zu Muthe. Oda's Fragen und ihre zitternde Angst ergriffen ihn mehr, als er sich merken lassen wollte.

Ganz von ihrer beglückenden Liebe zu einander erfüllt, hielten sich die Gatten schweigend umfangen, und Jeder suchte mit besorgten Blicken in der Seele des Anderen zu lesen. Oda's bleiches Gesicht war vom Wiederschein der Abendröthe sanft angeglüht, Albrechts Haar bekam davon an Stirn und Schläfen einen lichten Glanz, daß sein mächtiges Haupt wie von einem goldigen Schimmer umrandet war, und die

Schatten ihrer beiden Gestalten lagen lang hingestreckt auf dem Felsen.

„Sieh, wie herrlich die Sonne untergeht," sagte Albrecht; „sie nimmt wieder einmal Abschied von einem schönen Frühlingstage, der nun unwiederbringlich dahin ist."

„Sie hat ihn selber geschaffen," sprach Oda, „gerade so wie Du mein Glück geschaffen hast, Albrecht! denn Du bist die Sonne meines Lebens."

„Und Du mein holder Frühling," lächelte er; „nur daß ich nicht von Dir scheide und Dich in Nacht und Finsterniß zurücklasse."

„Ja, das wäre Nacht, ewige Nacht, wenn Du von mir gingest," erwiederte sie mit schwimmenden Augen. „Albrecht, ich fürchte mich vor der Stunde, in der Du von mir Abschied nimmst."

„Laß es uns gleich jetzt thun, Oda," sprach er mild und ernst.

„Jetzt? heute?" frug sie erschrocken. „Albrecht, willst Du morgen in den Kampf?"

„Nein, mein Lieb!" versetzte er ruhig; „aber dann könnte ich eines Morgens, ehe Du aufwachst, mich still davon machen, und der bittere Abschied wäre uns erspart."

„Albrecht, Dein Antlitz ist roth wie Blut," rief sie erschrocken.

„Es ist die Sonne, die untergehende Sonne," sagte er.

„Die untergehende Sonne!" hauchte sie und warf sich schluchzend an seine Brust. Er hielt sie still umschlungen und küßte sie auf ihr dunkles Haar. Da fühlte er, wie sie ihn fester an sich zog und am ganzen Körper erschauerte.

„Komm hinab!" sprach er, „es wird kühl hier oben." Sie löste sich langsam aus seinen Armen, als könnte

sie nicht von ihm lassen, warf sich ihm noch einmal ent=
gegen, und nach einem stummen, thränenverschleierten Blicke
küßte sie ihn heiß auf den Mund und sagte leise: „Komm!"

Behutsam führte er sie die Felsenstufen hinab. Die Sonne
war untergegangen.

Am nächsten Morgen schickte Graf Albrecht den Ritter
Bock mit einem Auftrage nach Benzingerode. Als Bock sah,
daß Schatte für sich und seinen Herrn die Pferde sattelte, frug
er ihn: „Wohin reitet Ihr heute?"

„Westerburg," gab Schatte zur Antwort.

Darauf befahl Bock seinen Gesellen Rupfer und Spring=
wolf, dem Grafen langsam zu folgen, doch so, daß dieser sie
nicht bemerkte, und bei Derenburg zu warten, bis er selber
mit Nothnagel und Hasenbart zu ihnen stieße. Dann ritt er
mit den letzteren beiden ab.

Bald war auch Graf Albrecht in den Bügeln und schlug
mit Schatte den Weg nach Derenburg ein. Es war wieder ein
warmer Tag, und der Graf hatte nur ein leichtes Kettenhemb
angelegt ohne sein gestepptes Büffelwams. In Derenburg fiel
die Besichtigung zu seiner Zufriedenheit aus; darum hielt er
sich dort nicht lange auf, sondern ritt mit seinem Schildknecht
in der Richtung auf Danstedt weiter, um bei Zeiten nach Wester=
burg zu kommen.

Als sie die Holtemme hinter sich hatten und im ruhigen
Schritt durch das hügelige Land ritten, sahen sie in ziemlicher
Entfernung vor sich einen einzelnen Reiter, anscheinend einen
Bauer in blauem Kittel, desselben Weges traben. Sie achteten
seiner aber nicht, und er kam ihnen schnell aus dem Gesicht.

Plötzlich wurden sie bei dem Dorfe Danstedt von einer
Schaar bischöflicher Reiter überfallen. Sie stürmten mit ge=
schwungenen Schwertern auf Albrecht los, und Rudolf von

28*

Dorstadt als Vorderster rief: „Holla, Herr Raubgraf! kennt Ihr den Pfaffenknecht noch?"

Blitzschnell war Albrechts Schwert aus der Scheide. „Schurken und Mörder hat nur der Bischof!" rief er, und es begann ein verzweifelter Kampf. Wie ein Löwe wehrte sich Albrecht gegen die feindlichen Ritter, während sich deren Knechte über Schatte hermachten, der von einem Kolbenschlag aufs Haupt getroffen, bald am Sattel hing und herabglitt. Albrecht hatte einen seiner Feinde mit einem wuchtigen Hiebe kampfunfähig gemacht, blutete aber selber schon heftig aus einer Kopfwunde und wurde dadurch am Sehen gehindert. Von beiden Seiten zugleich bedrängt, von zwei gewandten Fechtern in die Mitte genommen, konnte er seinem Schicksal nicht entrinnen. In dem Augenblick, wo er einen Hieb seines Angreifers zur Linken abfing, bohrte sich zur Rechten Rudolf von Dorstadts Schwert mit gewaltigem Stoß tief in seine Brust, daß er mit einem Aufschrei zurücksank und vom Pferde herab schwer zu Boden fiel.

Die Mörder jagten nach vollbrachter That eilig davon und ließen die Ueberwältigten liegen, wo sie lagen. In dem Einen war noch bewußtloses Leben; das Herz des Anderen hatte zu schlagen aufgehört.

Graf Albrecht von Regenstein war todt.

Ritter Bock, mit seinen beiden Gesellen von Benzingerode kommend, traf die anderen zwei unweit Derenburg und ritt nun mit den Vieren nach Danstedt zu, als ihnen auf dem Wege daher zwei reiterlose Pferde entgegen gelaufen kamen, die sie sofort als die des Grafen und Schatte's erkannten. Bock stiegen die Haare zu Berge. „Sporen ein!" schrie er, und den Hufspuren nach sausten sie vorwärts. Auf der Mordstelle fanden sie die Erschlagenen, waren von den Gäulen herunter, sie wußten nicht wie, und bei den in ihrem Blute Liegenden.

„Todt! todt!" heulte Bock mit Mark und Bein erschütternder Stimme, „zu spät! ein Vaterunser zu spät! er ist noch nicht
kalt!" Dann lag er in wilder Verzweiflung über seinen todten
Herrn gestreckt, selber einem Todten ähnlich, nur daß ein Zucken
seines Körpers und ein leises Wimmern und Schluchzen von
dem grenzenlosen Schmerze eines Lebendigen zeugte.

„Schatte lebt noch!" rief plötzlich Einer, und schnell waren
sie Alle, auch Bock, bei dem Schwerverwundeten, der schwach
athmete und eben die Augen aufschlug.

„Schatte!" rief ihn Bock an, „hörst Du mich? kannst
Du sprechen? Wer ist's gewesen?"

Mit größter Noth brachte Schatte hervor: „Rudolf von
Dorstadt, Albrecht von Bodenteich, Albert von Semmenstedt —"

„Nur Drei waren's?"

„Und die Knechte. — Ist Graf —"

„Todt, Schatte, todt!" jammerte Bock.

„Dann — auch sterben," hauchte Schatte.

Die vier rauhen Gesellen, die den Tod in fast jeder Gestalt kannten, standen zitternd vor den beiden Erschlagenen,
und ihre Augen wurden feucht. Bock kniete mit gefalteten
Händen neben seinem Herrn und starrte geistesabwesend vor
sich hin, während ihm die hellen Thränen über die Wangen
liefen.

Endlich berührte ihm Nothnagel die Schulter und sagte:
„Herr Ritter, wir müssen sie einbringen."

Bock nickte leise, rührte sich aber nicht von der Stelle.

„Im Dorfe müssen sich die Schurken versteckt gehalten
haben," sprach Hasenbart, „sollen wir das Nest abbrennen?"

Bock wandte sich langsam nach ihm um und sagte: „Holt
einen Wagen."

Dann erhob er sich und sah nach dem Regenstein hin-

über. „Es stimmt, es stimmt," murmelte er. „Dies hier ist
die Stelle, wohin der Tempelherr schaute in der Neujahrs=
nacht. Der hat's gesehen, was heute hier geschah."

Die Knechte verstanden ihn nicht. Ihrer Drei ritten ins
Dorf und kamen bald mit einem bespannten Ackerwagen zurück.
Erst legten sie den Grafen darauf, und als sie auch Schatte
aufheben wollten, war er verschieden. Mit zwei Todten kehrten
sie langsam nach dem Regenstein zurück.

Bock ritt vor dem Wagen, die vier Knechte dahinter.
Als sie Nachmittags auf dem Burghofe anlangten, war es
ihnen, als wankte und bebte der Felsen unter ihren Füßen.
Wehklagen erfüllte die Luft. Als Gräfin Oda die Wahrheit
erfuhr, brach sie ohnmächtig zusammen. In der Nacht gebar
sie ein Knäblein. Ursula und Eilika pflegten sie, und Mutter
und Kind blieben am Leben.

Nach drei Tagen ruhte Graf Albrecht neben seinem
Bruder Siegfried im Kreuzgange zu Michaelstein. —

Ein Sturm der Entrüstung ging durch das Land und
schrie zum Himmel über die furchtbare That. Der Graf von
Regenstein todt! die hohe Eiche gefällt, die den Gau beschattet,
allen Wettern getrotzt, die Bedrängten beschirmt hatte! Vom
Harze, von Hackel und Huy, von Städten und Dörfern
blickten die Menschen nach dem Regenstein, ob sein stolzer
Felsenbau noch ragte, oder ob er von dem Falle des gewaltigen
Mannes in seinen Grundfesten erschüttert, in die Tiefe ver=
sunken wäre. Mit Fingern wies man auf die Mörder, aber
als den Anstifter der Bluttthat nannten alle Zungen den Bischof
Albrecht von Halberstadt, der zwei Tage danach den Petershof
verlassen hatte und auf einem seiner Schlösser, vermuthlich in
Gröningen oder auf dem Falkenstein hauste. Umsonst erbot
er sich zu einem Reinigungseide. Niemand glaubte an seine

Unschuld, zumal er die Mörder in seinen Diensten behielt.
Er hat den Eid auch nie geschworen. —

Am Abend des Tages, da Graf Albrecht ermordet wurde,
erschien auf dem Schlosse zu Quedlinburg ein Bote aus Halber=
stadt und überbrachte der Äbtissin einen Brief des Bischofs.
Darin stand in lateinischer Sprache: „Was Du gewünscht
hast, ist geschehen; ich erwarte Deinen Dank. A."

Ein wildes Frohlocken blitzte in Jutta's dunklen Augen
auf, das Blatt bebte in ihrer Hand. „Er ist todt, und sie ist
Wittwe; ich bin gerächt!" kam es haßerfüllt von ihren Lippen.

Aber in der Nacht, als sie sich auf ihrem Lager hin und
her warf, bald in einem kurzen, unruhigen Schlafe, bald in
langen, qualvollen Stunden des Wachens in Schuldbewußtsein
und Gewissensangst, da nahten ihr Träume und Gesichter von
sinnverwirrender Art. Graf Albrecht kam geschritten in seiner
blühenden Kraft und Hoheit, streckte ihr die Hand entgegen
und sagte mit lächelndem Munde: „Komm, Geliebte! Du
sollst mein eigen sein." Aber als sie wonnebebend seine Hand
ergriff, da fuhr sie schaudernd zurück, denn es war eine kalte
Todtenhand; durch seinen Panzer rieselte rothes Blut, seine
Augen wurden starr und bohrten sich mit grausigem Blick in
die ihren, und mit einer Grabesstimme sprach er: „Du hast
mich vom Herzen meines Weibes gerissen, mich morden lassen
durch den Bischof, Deinen Buhlen; vor Gottes Thron will
ich Dich verklagen." Ächzend erwachte sie und lag lange mit
offenen Augen im Dunkeln. Dann wieder erschien ihr im
Halbschlummer des Bischofs jugendlich schlanke Gestalt in der
Tracht des fürstlichen Junkers von der Wartburg. Mit heißen
Augen sah er sie an und flüsterte: „Was Du gewünscht hast,
ist geschehen; ich habe Deinen Willen gethan, jetzt thue den
meinen, Du hast mir Dein Wort gegeben." Immer näher

kam er ihr, umschlang sie und küßte sie. Ihr war, als schwebte sie mit ihm, wie auf Wolken getragen, weit hinweg, bis sie plötzlich wie nach einem jähen Sturze wieder erwachte. Kopf und Busen brannten ihr, sie fühlte, wie ihr das Blut in den Schläfen pochte und glühend durch die Adern rollte. Sie schlief nicht wieder ein, und in ihrem Hirne jagten sich wilde Gedanken und verzweifelte Entschlüsse.

Als es heller Tag war, stand ihr Plan fest; sie hatte sich in einem bitteren Herzenskampfe ihren Weg bis zu den letzten Schritten vorgezeichnet.

Sie kleidete sich ganz schwarz, und das anschließende Trauergewand verlieh der vollendeten Schönheit ihres Wuchses einen unsagbaren Reiz. Aber sie war über Nacht eine Andere geworden. Ihre edelgeformten Züge waren streng und marmorkalt; kein Lächeln schwebte mehr um den üppigen Mund, und die dunklen Augen hatten den ernsten Blick eines unbeugsamen Willens.

Sie ging nicht zu dem gemeinsamen Frühmahl der Kapitularinnen, sondern blieb in ihrem Gemach und schrieb zwei Briefe. Einen an den Bischof von Halberstadt und einen an die Äbtissin des Jungfrauenklosters Walbeck in der Grafschaft Arnstein, das dem Hochstifte Quedlinburg unterstellt war. Ehe sie mit dem zweiten fertig war, trat mit verstörtem Gesicht die Kanonissin zu ihr ins Zimmer und sagte tief erregt: „Jutta, bereite Dich, Entsetzliches zu hören! Graf Albrecht ist erschlagen!"

„Ich weiß es, Adelheid," erwiederte die Äbtissin dumpf.

„Du weißt es schon?" frug die Kanonissin erstaunt. „Ach, ich sehe, du führst Schwarz; aber woher —"

„Still! höre mich an und rede nichts dagegen, denn es wäre vergeblich," sprach die Äbtissin mit einer düsteren Ruhe.

„Ich gehe fort von hier. Frage mich nicht wohin. Den Anderen werde ich sagen, nach der Wartburg, wo ich der Landgräfin einen Besuch gelobt hätte. Die Scholastika soll mich begleiten, und ich werde dafür sorgen, daß sie schweigt."

„Aber das Geleit —"

„Ich reise unter bischöflichem Geleit, das mich in zwei Tagen von hier abholen wird. Du allein magst heute schon erfahren, daß ich niemals wiederkehre."

„Jutta! was bedeutet dies Alles?"

„Es bedeutet — — nein! jetzt nicht! laß mich, Adelheid! von Dir gehe ich nicht ohne Abschied. Sende mir die Scholastika her; sonst will ich Niemand sehen!"

Die Kanonissin warf einen besorgten Blick auf ihre Freundin und ging schweigend ab.

Zwei Tage danach ritt die Äbtissin mit der Scholastika unter bischöflichem Geleit von dannen, aber nach Thüringen führte die Straße nicht, die sie zogen.

In der dritten Woche kehrte die Scholastika allein zurück, sagte Niemand, wo sie mit der Äbtissin gewesen war, brachte aber einen Brief derselben mit, des Inhaltes, daß die Gräfin Jutta von Kranichfeld ihr Fürstenamt mit Stab und Kreuz niederlegte und dem Kapitel des freiweltlichen Stiftes auf ewig Lebewohl sagte mit der Anzeige, daß sie aus der Welt geschieden und in das Kloster Walbeck eingetreten sei, um hier als Nonne ihr Leben in Gebet und Buße zu beschließen. Zu ihrer Nachfolgerin empfahl sie den Conventualinnen die Thesauraria Gräfin Luitgard von Stolberg, die auch bald darauf zur Äbtissin gewählt wurde. —

In dem natürlichen Drange, den Ermordeten zu rächen, begannen nun Albrechts Brüder unter Bernhards Oberbefehl den Kampf mit dem Bischof, nachdem sie sich der Bundes=

genoffenſchaft des Grafen von Mansfeld verſichert hatten. Aber
der Biſchof war ebenſo ſtark gerüſtet wie die Regenſteiner, und
nun ſtand ihm kein Albrecht mehr im Felde gegenüber. Darum
hatte er ſeinen großen Gegner ſo lange mit ränkevollen Verhandlungen hingehalten und war dem offenen Kampfe ſo lange
ausgewichen, bis es ihm, Dank deſſen unſeligem Zögern, gelungen war, den Einzigen, den er zu fürchten hatte, aus dem
Wege zu räumen. Denn was er nie gewagt hätte, ſo lange
Graf Albrecht lebte, das that er jetzt; er ging von der Vertheidigung ſchnell zum kühnſten Angriff über und ſchlug die
Regenſteiner überall, wo er ſie traf. Er erſtürmte Burg
Gersdorf, fiel dann in die Grafſchaft Mansfeld ein, ſie mit
Feuer und Schwert ſchrecklich verwüſtend, zog darauf wieder
nach Norden, nahm Emersleben und Schwanebeck im Sturme
und endlich auch das noch niemals eroberte Crottorf. Danach
erzwang er den Frieden.

Er hatte ſein Ziel erreicht, die unbeſchränkte Herrſchaft
im Gau, die ihm ſtreitig zu machen, kein ebenbürtiger Gegner
mehr vorhanden war. Keiner von allen Grafen und Herren
wagte es noch, ſich gegen ihn zu erheben; ſie beugten ſich alle
vor ihm, ſeit ihrer Aller Stolz und Stern, Albrecht von Regenſtein dahin war. Von der Oker bis zur Bode und darüber
hinaus bis tief in den Schwabengau hinein erſtreckte ſich nun
ſein Gebiet als ein ſelbſtändiges, geſchloſſenes Fürſtenthum
Halberſtadt, das von dieſem bedeutendſten und kriegeriſchſten
aller Halberſtädter Biſchöfe gegründet, drei Jahrhunderte be-
ſtanden hat.

Die Übermacht des Regenſtein'ſchen Grafenhauſes war
für alle Zeiten gebrochen, aber es war ihm doch ein immer
noch ſehr anſehnlicher Beſitz geblieben, den Bernhard für
Albrechts jungen Sohn bis zu deſſen Mündigkeit ohne weitere

Einbuße klug und friedliebend regierte. In diesem Sohne fand Gräfin Oda den einzigen Trost in ihrem unendlichen Schmerz, aber den Gemahl und das an seiner Seite genossene kurze Glück konnte sie nie vergessen. Ihr rechtmäßiges Erbe, die Grafschaft Falkenstein, hat sie nie erhalten. Bock und Etlika blieben bei ihr auf dem Regenstein bis an ihres Lebens Ende, und von keinem Andern lernte der junge Graf reiten und fechten, als vom Ritter Bock von Schlanstedt.

Das Geschlecht blühte noch in einer langen Reihe tapferer und tüchtiger Männer, und Alle ehrten sie das Andenken des größten und ritterlichsten ihrer Ahnherren, Albrecht II., der von seinen zitternden Feinden der Raubgraf genannt wurde.

Unter diesem Namen lebt er heute noch, nach mehr als einem halben Jahrtausend, im Volksmunde seiner Heimath, und der Wanderer, der von dem Schlosse König Heinrichs des Vogelstellers in das Land hinabschaut, der sieht in der Ferne den trotzigen, schroff abfallenden Regenstein, auf dem heute noch staunenswerthe, zum Theil unvergängliche Reste der gewaltigen Felsenburg stehen, gerade unter sich aber die alte Stadt Quedlinburg und in ihrer Umwallung die hohen Mauerthürme, die Graf Albrecht auf seine Kosten erbauen lassen mußte. Das freiweltliche Hochstift, dessen Schirmvogt er war, hat noch zu Anfang dieses Jahrhunderts bestanden, bis es Napoleon 1803 aufhob. Es ist von diesem Schlosse aus von sechsunddreißig Äbtissinnen und einer Pröpstin (Aurora von Königsmark) regiert worden. Die letzte Äbtissin, Prinzessin Sophie Albertine von Schweden, starb 1829, und ein Vorfahr des Erzählers dieser Geschichte war ihr Stiftshauptmann, derzeit Kammerrath genannt.

Wenn nun der Wanderer vielleicht von den Gräbern König Heinrichs, seiner Gemahlin und seiner Enkelin, der erften Äbtiffin Mathilde` in der Krypta durch das von Jutta von Kranichfeld erbaute schöne Portal heraus träte und den Schloßberg hinab über den „Finkenherd" ginge, jenen Platz, der heute noch diesen Namen nach der Überlieferung trägt, daß man hier dem mit Vogelfang beschäftigten Herzog Heinrich von Sachsen die deutsche Königskrone überbrachte, so würde er bald nach dem stattlichen, alten Rathhause gelangen. Hier könnte er heute noch Albrechts Käfig, „den Raubgrafenkasten", sowie seine Waffen, Jagdtasche, Sporen und Urkunden und Briefe von ihm sehen, und wenn er auf der Gasse ein Quedlin= burger Schulkind früge: „Kannst Du mir sagen, wer Albrecht von Regenstein war?" so würde es lachend antworten: „Das weißt Du nicht? das war ja der Raubgraf!"